戚盛中 / 编著

泰国民俗与文化

第二版

北京大学出版社
PEKING UNIVERSITY PRESS

图书在版编目(CIP)数据

泰国民俗与文化 / 戚盛中编著. —2 版. —北京：北京大学出版社, 2017.8
ISBN 978-7-301-28592-3

Ⅰ. ①泰… Ⅱ. ①戚… Ⅲ. ①风俗习惯—泰国 Ⅳ. ① K893.36

中国版本图书馆 CIP 数据核字 (2017) 第 195803 号

书　　　名	泰国民俗与文化（第二版） TAIGUO MINSU YU WENHUA
著作责任者	戚盛中　编著
责 任 编 辑	邓晓霞　杜若明
标 准 书 号	ISBN 978-7-301-28592-3
出 版 发 行	北京大学出版社
地　　　址	北京市海淀区成府路 205 号　100871
网　　　址	http://www.pup.cn　新浪微博：@北京大学出版社
电 子 信 箱	zpup@pup.cn
电　　　话	邮购部 62752015　发行部 62750672　编辑部 62753334
印 刷 者	北京虎彩文化传播有限公司
经 销 者	新华书店 650 毫米 ×980 毫米　16 开本　20.75 印张　360 千字 2013 年 8 月第 1 版 2017 年 8 月第 2 版　2025 年 6 月第 6 次印刷
定　　　价	48.00 元

未经许可，不得以任何方式复制或抄袭本书之部分或全部内容。
版权所有，侵权必究
举报电话：010-62752024　电子信箱：fd@pup.pku.edu.cn
图书如有印装质量问题，请与出版部联系，电话：010-62756370

目 录

第一章 泰国概述 …………………………………………… 1
　一、优越的生态、地理环境 …………………………………… 1
　二、中南半岛上的泰族 ………………………………………… 4
　三、泰国历史 …………………………………………………… 9
　四、泰王国 ……………………………………………………… 16
　五、黄袍佛国 …………………………………………………… 32
　六、泰国的婆罗门教(印度教) ………………………………… 35

第二章 民俗形成的原因 …………………………………… 43
　一、地缘原因 …………………………………………………… 43
　二、经济原因 …………………………………………………… 46
　三、社会环境原因 ……………………………………………… 50
　四、政治原因 …………………………………………………… 54
　五、宗教原因 …………………………………………………… 55
　六、民俗文化交流 ……………………………………………… 59

第三章 衣、食、住、行 ……………………………………… 68
　一、服饰民俗 …………………………………………………… 68
　二、饮食民俗 …………………………………………………… 73
　三、居住民俗 …………………………………………………… 77
　四、交通运输民俗 ……………………………………………… 83
　五、衣食住行与文化 …………………………………………… 89

第四章 社会民俗 …………………………………………… 93
　一、泰国家庭 …………………………………………………… 93
　二、社会关系的纽带 …………………………………………… 96
　三、社会民俗与文化 …………………………………………… 100

第五章　岁时节日民俗 ·········· 103
　　一、泰国节假日概说 ·········· 103
　　二、年节 ·········· 105
　　三、生产性节日 ·········· 113
　　四、宗教性节日 ·········· 117
　　五、现代节日 ·········· 121

第六章　礼仪之邦 ·········· 126
　　一、礼貌和礼节 ·········· 126
　　二、人生礼仪 ·········· 132

第七章　民俗信仰 ·········· 149
　　一、信仰对象 ·········· 149
　　二、信仰表现方式 ·········· 160
　　三、民间禁忌 ·········· 170
　　四、现代宗教在民间的传承 ·········· 172
　　五、民俗信仰与文化 ·········· 187

第八章　民间伦理道德观念 ·········· 191
　　一、泛道德主义 ·········· 191
　　二、民间伦理道德观与成因 ·········· 194
　　三、民间伦理道德与文化 ·········· 198

第九章　民俗语言 ·········· 199
　　一、常用型民间谚语 ·········· 199
　　二、特用型民间谚语 ·········· 207
　　三、语言与民俗 ·········· 208

第十章　民间文学 ·········· 211
　　一、民间故事 ·········· 213
　　二、民间歌谣 ·········· 230
　　三、民间说唱 ·········· 241
　　四、民间文学中的婚姻习俗 ·········· 246
　　五、民间文学与文化 ·········· 247

第十一章　民间艺术 ……………………………………………… 252
　　一、民间音乐 …………………………………………………… 253
　　二、民间表演艺术 ……………………………………………… 256
　　三、民间工艺 …………………………………………………… 272
　　四、民间艺术与文化 …………………………………………… 275

第十二章　民间游艺 ……………………………………………… 279
　　一、生产性的民间游艺 ………………………………………… 279
　　二、模拟性的民间游艺 ………………………………………… 280
　　三、竞技性的民间游艺 ………………………………………… 281
　　四、语言性的民间游艺 ………………………………………… 284

第十三章　都市民俗 ……………………………………………… 288
　　一、民俗的差异 ………………………………………………… 288
　　二、都市民俗的特征 …………………………………………… 289

第十四章　民族文化旅游 ………………………………………… 292
　　一、宗教、信仰旅游 …………………………………………… 292
　　二、民族历史风貌旅游 ………………………………………… 307
　　三、民俗风情旅游 ……………………………………………… 314
　　四、海滩海湾旅游 ……………………………………………… 317

结　语 ………………………………………………………………… 321
第二版后记 …………………………………………………………… 323
主要参考文献 ………………………………………………………… 324
配图目录 ……………………………………………………………… 326

第一章 泰国概述

一、优越的生态、地理环境

泰国山河秀丽、四季如夏、土地肥沃、物产丰富,加之200多年来的和平环境,天时、地利、人和使泰国成为中南半岛上的一颗明珠。

1. 金色的国家

雷神拉玛逊在天界与另一神争斗,雷神的斧子掉在中国南部与印度之间的大地上,但人们没有看到雷神的斧子,却见到了一个金色的国家——"素万那蓬"。

这是泰国的一则神话故事。"素万那蓬"为泰文音译,意为"黄金之地",中外史学界对其确切的地理位置尚有争议,但它在中南半岛上是确定无疑的。

泰国位于中南半岛中部,东与柬埔寨毗连,东北与老挝交界,西和西北与缅甸为邻,南与马来西亚接壤,东南临暹罗湾,西南濒安达曼海。中国与泰国虽不接壤,但山水相连。

泰国全国行政区划分为77个府,面积51.3万余平方公里。据泰国行政厅2016年2月统计,泰国全国人口总数6573万人。泰国城市化水平较低,2016年城市人口占全国人口的33.8%,低于世界的平均水平。三分之二的人居住在农村,泰国是一个农业发达的国家。

2. 热带气候

泰国地处世界上受季风影响最明显的地区。每年从4、5月份到11月份受到海洋季风的影响,从11月到次年春季又受到来自亚洲大陆冬季风的影响。所以,泰国气候有明显的雨季和旱季之分。全国平均最低气温为20℃左右,最高气温为39℃左右。

3. 热带季雨林分布带[①]

泰国的地理位置:东经97°至106°,北纬5°至20°,正处于地球上环绕

---

① 李晓山总编导:《同饮一江水》,中国国际电视总公司出版发行,2008年。

赤道的一条雨林分布带上,也即是地球上三大雨林之一。但由于泰国离赤道还有些距离,确切地说应该是热带季雨林。所谓"雨林",即是生物资源最丰富的热带原始森林。这里汇集着最古老的珍稀动植物。尽管热带雨林的面积只占地球陆地面积的7%,然而它所拥有的植物种类却占地球总数将近一半。这里有地球上最适宜动物生存的生态系统,是野生动物的天堂。它拥有的动物总类占到亚洲的四分之一,因此成为地球上物种资源最丰富的地区之一。热带雨林的存在,保证了人类和所有生命在地球上的生存。因为雨林在生长过程中向大气源源不断地提供生命不可缺少的氧气,人们把雨林形容为"地球之肺"。因此,有些国家把雨林保护起来,称"自然保护区"等。

泰国的自然保护区称"国家公园",目前约有63个。公园内有着极其丰富的野生动物,各种鸟类有上百种,包括罕有的犀鸟。各种植物种类也极为丰富,在1公顷的林地上很难发现两种树木属于同一物种。2005年,泰国的考艾国家公园被联合国教科文组织确定为"世界自然遗产地"。

4. 野生稻生长线[①]

泰国处于从印度北部到中国云南一条长长的野生稻生长线上。这里的野生稻是地球上最初、最原始的野生稻之一。后来在这条野生稻生长线上的各国稻米品种都是从这里的野生稻培植、改良、分化出来的。处在这条生长线上的各国都在保护和利用它,以利于改进本国的稻米品种。泰国自古以来以种植稻米为主,稻米是泰人的主食。因稻米种植而带来的风俗习惯、文化娱乐等构成了泰国的稻作文化。当今,泰国稻米出口到世界各地,是世界上重要的稻米出口国。泰国出产的"茉莉香米"香飘世界。

5. 河网如织,水资源丰富[②]

国内河网如织。流入泰国湾的有昭帕耶河(汉译"湄南河")、夜功河、佛丕河、挽巴功河等,流入安达曼海的有董里河、北展河等,流入南海的有湄公河,流入湄公河的有蒙河、锡河。

湄公河发源于中国青海,经云南流入东南亚各国,即老挝、缅甸、泰国、柬埔寨、越南,由越南流入中国南海。全长4350公里。位于中国部分的那段河称"澜沧江",真可谓"一河通六国"。湄公河在泰老边境处有一段河道,水深流急,礁石密布,只通小船只。

---

① 李晓山总编导:《同饮一江水》,中国国际电视总公司出版发行,2008年。
② 部分数据来自田禾、周方冶编著:《泰国》,社会科学文献出版社,2005年,第22、178页。

泰国东北部大部分地区被湄公河环绕。这条流经中南半岛的大河孕育了世界上最丰富的淡水鱼类生态系统。鱼类多达1700多种,其多样性在世界大江河水系中名列第二。淡水鱼的年捕捞量在180万吨以上,是世界上最大的内河淡水鱼产区。

湄南河是泰国的一条主要河流,由北部的宾、汪、永、难4条河流汇合而成。全长1352公里。其河谷宽阔,水流量变化很大。每年雨季河水泛滥,造成水患,但又给沿河的农田带来河肥。

泰国海岸线长达2600多公里,漫长的海岸线和发达的水系不仅提供了航运上的便利,还带来了丰富的水产资源。泰国是全球十大渔业国之一,渔业仅次于种植业。2016年从业人员39.7万人。多处滨海城市如芭提雅、华欣、恰安等已成为国内外游客的避暑胜地。迷人的热带风光和丰富的水产资源为国家挣得了大量的外汇。

水资源丰富、发达,造成泰人生活须臾离不开江河。江河的重要性体现在各个方面,无论是风俗、仪式,还是民间文学、艺术以及城市的规划都留下了江河的印痕。

6. 古今板块强烈活动地带[①]

泰国地处地球上古今板块强烈活动地带,但不是地震多发的地区,多样而复杂的各种类型构造岩浆带构成了特定的岩浆组合和成矿环境。这里有世界级的成矿带,包括全世界最长、最重要的含锡花岗岩带,也是世界级的红宝石、蓝宝石、翡翠、镍、石油、天然气、钾盐等矿产集中分布带。金、铜、钛、钨、煤及其他非金属矿产在亚洲占有重要地位。由于锡矿藏丰富,泰人早期便有精湛的冶铜技术,创造了古代的青铜文化。

7. 地形

泰国地形南部半岛部分细长,整个国家的地形像一把斧子或一个象头,南部就是斧柄或象鼻。

地形特征:地势东南低,西北高;地貌基本上由平原、高原、山地三大部分构成,并各占 $\frac{1}{3}$ 的面积。泰国政府依据地形特征把它分成五个自然区,即西北部(山地)、东北部(高原)、中部(平原)、东南部(半岛部分)、南部(半岛部分)。

分布在北部、西部和南部的山地,它是中国云贵高原怒山山脉延伸至泰马边境,进入马来西亚。怒山山脉由北至南纵贯泰国全境。这就是"中泰山水相连"中的山。怒山山脉进入泰国北部与西部部分被称为"登劳山

---

① 李晓山总编导:《同饮一江水》,中国国际电视总公司出版发行,2008年。

脉""他念他翁山脉"等。

二、中南半岛上的泰族

(一) 泰族起源

关于泰族的起源,20世纪60年代前曾有多种说法,这里不作介绍。当今有如下几种说法。

1. 土著民族说

泰人清·裕里和索·汕威迁为首的泰国土著民族说。他俩一致认为现在泰国这块土地上,就是"泰人祖先自史前以来繁衍生息的地方"。清·裕里认为远在50万年延续至今,都可以看到各个时代的文化痕迹。医学教授索·汕威迁比较了在大、小桂河两旁出土的37具新石器时代的遗骨,认为这些遗骨与今日泰人的骨骼一模一样。

2. 印尼群岛起源说

泰国医生颂萨素旺那汶于1963年提出。他认为泰人和印尼人的血型相似。泰族起源于印尼,后北迁泰国和中国南方。

3. 起源于中国说

这一说法在20世纪60年代后论说最多,目前较有影响的有两种:

(1) 中国云南傣泰民族说。这是中国学者郑晓云的说法。他说:"傣泰民族……主要分布于越南、老挝、缅甸、泰国、印度等国家。"[1]他认为,西汉时云南的古滇国是傣泰民族的先民,泰人在古代文献中为越的一种,称"滇越",滇是傣。"傣泰民族的先民不是从中国南方迁徙到云南的,它是一个居住并在云南发展起来的民族。"[2]

(2) 中国南方百越说。"百越"是指生活在中国南方的少数民族。现今多数学者认为百越不是一个民族,而是指具有共同民俗文化特征的多个民族的集合体或民族的统称。中国有些学者称"族群",即"百越族群"。国内外多数学者倾向这一说法。近年来,中国有不少学者进一步论证,"今日的傣泰民族与壮族过去属于同一个群体。……东南亚和云南的傣泰语民族大概是在1000多年前才从我国南方迁徙过去的。……傣泰民族的先民在向中国云南省西南边地和中南半岛迁徙过程中逐渐分化,并

---

[1][2] 郑晓云:《全球化背景下的中国及东南亚傣泰民族文化》,民族出版社,2008年,第1、56页。

在分化过程中不断与当地其他民族融合逐渐形成了一些新的支系,最终形成了我们今天见到的这些虽然关系密切又有差别的新民族。"①

4. 中国云南南部的峡谷平原地带和中南半岛北部掸族说

这是由中国学者陈吕范提出的。他认为掸族和百越是两个民族,各有自己的文化。从中国浙江、钱塘江以南到源自中国云南流经越南北部的红河以东广阔的弧形地带,即古代百越之地。红河以西到缅甸的伊洛瓦底江上游,延至印度曼尼坡广阔的弧形地带,即古代掸人之地。早在2000多年前,泰傣族的先民掸人就活动在今缅甸掸邦、泰国北部与东北部、老挝中部与北部以及我国云南德宏与西双版纳广大地区,又说:"古掸人的居住区和滇中高原相距不远,说掸人'源于东方人'不是比说'源于越人'更为恰当吗?"②

5. 混合来源说

泰国学者苏拉腊潘2005年出版的《泰人从哪里来》一书中提出了泰人既有本土来源,又有沿着湄公河等大河从北方迁来和从海路迁来的人的观点。③

综上所述,泰族起源何地？国内外学术界还没有一致的看法。

(二) 今日的泰人和境外泰族人

1. 今日的泰人

"今日的泰人"是从国家的角度说的,不是从民族角度说的。今日的泰人即生活在当今泰国国土上的人,是由30多个民族组成的。人数较多的民族的分布如下:泰族主要分布于湄南河两岸的平原和谷地地区以及遍及全国各地的城乡中,占总人口的52%;分布于东北部的佬族,占总人口的30%;分布于全国各大小城市为数不等的华人(泰籍华人和华侨)占12%;分布于南部马来半岛地区的马来族占4%;分布于东南和东北泰柬边境的高棉族,占1%;其他民族人口占1%。泰、佬族为泰国的主体民族。人数较少的民族有:分布于中部的孟族人;分布于南部边缘地区的尼格利陀人;分布于北部山区和坝区的少数民族:苗族约62万、克伦族约23万、瑶族约6万、掸族约5万、傈僳族约3万、崩龙族(德昂族)约3万、母瑟

---

① 何平:《壮泰族群的分化与现代傣泰诸民族的形成》,载《东南亚纵横》,2010年第12期。
② 陈吕范:《关于泰族起源问题》,载《现代化进程中的中泰关系》,世界知识出版社,2000年,第86、93、96页。
③ 黄兴球:《壮泰族群分化时间考》,民族出版社,2008年,第25页。

人约3万、阿卡人约3万、佤族约1万等。上述这些人都可自称为"泰人"。

今日泰人中,最古老的民族是尼格利陀人,约四万年前东南亚大部分地区居住着尼格利陀人。孟族人、高棉族人是中南半岛上立国最早的民族。

"华人"在泰国有两层含义,一是指具有中国国籍在泰国定居的中国人,我们习惯称为"华侨";一是指具有泰国国籍的华裔。这两部分人的总数约730万人。他们多数聚居于泰国各大城市,保留着部分汉文化,对外讲泰语。有些华人家庭家内仍讲汉语,但大部分出生于泰国的子女都不会讲汉语了。有些能讲汉语,指的是家乡地方话,如潮州人讲潮州话等。华人中以广东潮州人居多,依次是客家人、广州人、肇庆人、福建人、江浙人以及云南、广西、海南、台湾人等。曼谷以潮州、客家人为多。泰南以福建人为多。云南人多分布在泰北。

2. 境外泰族人

当今生活在泰国境外的泰族人主要有:中国云南西双版纳、德宏地区的傣族、红河流域的花腰傣等;越南西北部的白泰(Tai Khao)、黑泰(Tai Dam)、红泰(Tai Deng)等和义安省的泰勐(Tai Muong)、泰清(Tai Thanh)、泰蒙(Tai Muoi)人等;老挝的普泰人(Pu Tai)和泰泐人(Dai Lue)等;缅甸掸邦的掸族,自称"泰耶(Tai Yai)""泰隆(Tai Long)"和泰昆人(Tai Khoen)等;印度东北部阿萨姆地区的阿洪泰人(Tai Ahom)。

当今泰人中的泰、佬、掸民族加上境外泰族人就是当今从语言相似而归类的傣泰民族。

3. 当今的百越族群

百越族群至今有哪些民族?有人[①]归纳如下:壮侗民族有中国境内的壮、侗、布依、仫佬、毛南、黎、水族,越南的岱、侬、泰、布依、热依、高栏族;傣泰民族有中国的傣族,老挝的佬、普泰、泐、润、央、赛克人,泰国的泰族(包括柬埔寨和马来西亚中的泰族)、佬族,缅甸的掸族,印度阿萨姆邦的阿洪人。

(三) 百越民族的一支

关于泰族的起源,中国学者张公瑾认为:"从古代百越到现代傣泰系统民族,其历史脉络如今已经比较清楚了。原来分布在江苏、浙江、福建、广东地区的古代越人,由于受华夏文化和楚文化的影响,已被同化为汉人

---

① 王文光、李晓斌:《百越民族发展演变史》,民族出版社,2007年,第1页。

了。这是一部分越人后来的情况。其次分布在中国广西、海南、贵州的越族,他们也受到汉楚文化和其他文化的影响,受汉族文化影响的程度较深,但还保留着自己民族的最根本的特点,如语言、建筑和习俗特征。这就是现在的壮族、布依族、侗族、水族、仫佬族、毛南族以及黎族和海南岛部分用临高话和村话的人的情况。至于分布在中国云南省西南部、泰国中北部、缅甸东北部以及印度阿萨姆部分地区的越人,他们地处中印两大文化的中间地带,而且这一带山峦起伏、江河纵横,又属于内陆地区,交通阻塞,最易保存自己的传统特点。他们虽受到中印两大文化的影响和浸润,但都能消化和吸收,并没有被外来文化所同化。他们以百越民族传统文化为主干,又以语言的亲属关系为核心,以信奉南传上座部佛教为特色而成为一个独特的傣泰民族文化区。"①

这也是本书的观点。傣泰民族是古代分布在中国南方等地百越民族的一部分,由于历史的发展,使他们成为今日不同的多个民族,其中泰国的泰族属"傣泰民族",这也是当今学术界的观点。傣泰民族与百越民族既有共同的文化特征,也有不同的文化特征。而傣泰民族是本地的,还是迁徙来的?如果是说分布,不是起源,本书认为既有本地的,又有迁徙来的,但不是从印尼来的。

"在泰人的先民迁徙的过程中,另外还有一些支系进入了湄南河流域,一些人与当地的孟人和高棉人统治集团成员通婚融合,逐渐形成了一个新的族群——泰暹人或暹泰人。……后来暹泰人这一支势力日益壮大,逐渐发展成了今天泰国的主体民族。"②

(四)泰国学者谈泰国文化

何谓"文化"?简言之,"凡是超越本能的、人类有意识地作用于自然界和社会的一切活动及其结果,都属于文化;或者说,'自然的人化'即是文化。"③"任何一种文化体系作为完整的结构,可以分解为不同的层面(如物质文化层面、制度文化层面和观念文化层面),每一层面又可分解为若干要素,换言之,文化要素构成文化层面,文化层面构成文化系统。"④"文化"有广义与狭义之分,广义文化是物质财富和精神财富的总和,狭义

---

① 张公瑾:《中国傣族与国境外近亲民族语言文字的历史、现状和前途》,载云南大学贝叶文化研究中心编《贝叶文化论集》,云南大学出版社,2004年。
② 何平:《壮泰族群的分化与现代傣泰诸民族的形成》,载《东南亚纵横》,2010年第12期。
③④ 张岱年、方克立:《中国文化概论》(修订版),北京师范大学出版社,2014年,第3、364页。

文化主要指心态文化层,也有人称"精神文化""观念文化"。

泰国民俗学家阿努曼拉查东也曾说:"泰族传统文化基本上是一种农业文化。"①民俗学家希拉蓬·纳·塔朗也持此论,她的论文称作"稻米文化",泰语称"瓦塔纳他考"。②

这是从社会物质生产角度分析泰国文化。

"泰人不断南下,和当地孟人通婚,泰语终于取代了当地孟语……出现了以阿瑜陀耶为特征的泰语。后来孟泰混血儿成了这个地区的全部居民,共同管理了这个国家。……这么一来,操泰语的孟泰混血儿成了素攀莆米邦的人口,而华富里原阿约他耶邦是泰高棉孟的混血民族。……这些混血民族在这里共同统治着,他们血缘相混,所用的是泰语混孟语,行的是泰孟混合文化;在东边的罗斛,又再混有高棉语和高棉文化。"③

"生活在泰国中部土地上的孟、泰、拉瓦、高棉、华人等民族融合在一起,即成以梵泰文字为载体、为外壳,以小乘佛教为精神支柱、为信仰主流的暹泰文化。这种文化看似是泰族的,但仔细查看后可以发现,它还带有深深的孟族文化、高棉文化以及中华文化的烙印。不论是语言词汇、宗教信仰、风俗习惯都是如此。"④

"民族性、国度性是文化的重要属性之一。"⑤谈文化的民族性,就是我们常说的某民族的"传统文化"。上述两段引文是本书作者引述泰国学者普米萨对泰国文化的看法,也即是从文化的重要属性——民族性的角度分析泰国文化。

泰国文化名人阿努曼拉查东曾说:"从根本上来说,泰国文化可以用一个词来概括,即宗教。……只是在近代,由于西方文化的影响,其文化才有了某些变化。在国内的先进地区里,泰族文化已趋于世俗化,然而对整个人民说来,宗教文化仍然是一个现实的力量。"⑥

这是从意识形态角度去分析,泰国文化是宗教文化。

以上泰国学者从不同的角度,分析了泰国的文化。这对于理解一国的民俗是有益的。

---

① 〔泰〕披耶阿努曼拉查东著:《泰国传统文化与民俗》,马宁译,中山大学出版社,1987年,第20、27页。

② 〔泰〕希拉蓬·纳·塔朗:《泰族创世神话:从神话探析文化·提要》,载《泰国社会与文化》,诗琳通人类学研究中心出版,1999年,第89页。

③④ 〔泰〕黎道纲:《泰国古代史地丛考》,中华书局,2000年,第243、244页。

⑤⑥ 〔泰〕披耶阿努曼拉查东著:《泰国传统文化与民俗》,马宁译,中山大学出版社,1987年,第27、20页。

三、泰国历史

(一) 震惊世界的考古发现

泰国的史前考古,有系统的发掘与研究始于20世纪60年代,由泰国和西方国家的考古学家、人类学家组成几支考古队活跃于泰国西北部、东北部(乌隆府、孔敬府)和中部,他们用汗水和足迹描绘泰国的史前史。

具有惊人发现的是东北部孔敬府的一个叫能诺他的地方,出土了一块约1平方英寸有稻壳印的陶片,经^{14}C测定,时间在公元前3500年。泰国有影响的历史杂志《往事》于1974年发表文章写道:"发现这一遗物说明,到1971年为止,泰国种稻已有5471年的历史,比中国或印度早约1000年。"[①]

同样,在能诺他的发掘中,又在第20地层中发现了青铜器,而经过对第19地层进行^{14}C测定,其年代为4275±200年(TF651)和4120±90年(GAK956)。[②] 对这一发现,泰国著名考古学家清·犹地在《泰国东北部早期青铜文化及其他》一文中写道:"这说明泰国东北部制造青铜器比目前所知道的中国商朝开始制造青铜器的时间要早约1000年,也比印度的印度河流域哈拉巴文化的主人开始制造青铜器早约100年或百余年。"

这样的比较向更广泛的领域发展,于是考古学家又作出了如下的惊人判断:

世界最早的作物栽培始于泰国,因为泰国西北部北碧府赛育区的帕洞穴内,在公元前一万年的地层中发现了瓠、瓜、豆类的植物化石。

世界最早的动物饲养始于泰国,因为泰国东北部孔敬府能诺他遗址内,在公元前3590±320年的地层中发现了牛骨化石。

上述一系列惊人的判断,对世界考古学家提出了一个又一个的疑问。有人推测人类文明可能从东南亚,而不是首先从中东开始。这个推测动摇了美索不达米亚两河流域是世界文明摇篮的观点。

中国学术界同样受到了震惊,认为对于这些新发现和新论点应持一种审慎的态度,不轻易否定或肯定;还认为整个东南亚地区,古代文明发展的高度有可能超出过去学术界的估计,甚至不排斥某些新的文化因素

---

① 据考证,中国水稻种植有7000年历史,此说法未必准确。——本书责编。
② 世界上最早的青铜器在6000年前的两河流域,中国青铜器大约出现在4500年前。——本书责编。

最早就出现在这一区域的可能性。

上述考古发现,一方面仍有待作进一步考证和发掘;另一方面也给泰国史学界留下一个难题、一个谜,即迄今为止,仍没有一个考古学家或人类学家能根据上述考古发现,判断泰国史前史的人类遗骸是何种人、什么民族?

自上述考古队相继发表考古报告后,泰国历史学家根据考古成果编写了泰国史前史,即旧石器时代后期、新石器时代和金属器时期。

(二) 素可泰时期前各古国

除了上述考古发现为今人提供材料编写了泰国的史前史外,过去泰国历史一般都以13世纪泰族人民在今日泰国国土上建立的素可泰王国为开始。随着考古和泰国国内外史料(包括中国古籍)的发现和发掘,发现素可泰王国之前还有其他民族存在、发展。即使是泰族,素可泰王国也不是泰国历史上第一个王国。为此,越来越多的人认为泰国历史应该包括素可泰时期以前泰族和其他民族的历史。这使泰国历史又从13世纪的素可泰王国推演到公元初期的各古国时期。下面对这些古国作些简要介绍。

1. 泰国东北部古国

(1) 泰国东北部曾是柬埔寨高棉族人约公元1世纪建立的高棉王国和公元6世纪建立的真腊王国的一部分。其中心都在今日柬埔寨国土上。两国的统治地域曾达泰国的东北部及其他地方,尤其在泰国东北部留下众多历史文化遗迹。

(2) 参半国。中国史籍《新唐书》记载说:其时有一个参半国。该国原为孟、高棉族的拉瓦人的居住地。实际上在公元1世纪扶南时期已经出现,为扶南的属国。后又为真腊属国,其地在泰国清迈一带。

2. 泰国北部古国

(1) 哈利奔猜国。孟族人的国家,中国史称"女王国"。中国史籍记载"女王国",最早见于唐代樊绰的《蛮书》。哈利奔猜国是由一位名叫"章黛维"的公主于768年在南邦城建立的。1292年被兰那泰王国所灭。

(2) 庸那迦。约于8世纪从中国西南南下进入泰国湄南河流域的泰族,曾建立起若干个小国。有人研究认为1050—1250年,从北部和东部方向进入泰国北部地区的泰人,后来被人称为"泰阮(Yuan)人"或"泰允(Yun)人"或"泰庸(You)人",即传说中的"庸那迦"国人。有人据傣文史书记载和民间传说进一步论证:"公元9—11世纪,居住在滇南、滇西南和中南半岛北部的傣（泰、老、掸）族各部落已建立了一系列的部落国家,例如在南部,有泰北部清迈一带的兰那国、老挝北部的勐老国、缅甸景栋的勐艮国、越南北部的勐交国和西双版纳的勐泐国。为了抵抗吉蔑（高棉）人的侵扰,这些小国曾联合起来,组成了一个强大的部落联盟国家——庸那迦国。"①后来的兰那泰国,即当时的庸那迦国的一部分。

（3）兰那泰王国。中国史称"八百媳妇国",并在史籍中解释说："八百媳妇者,其长有妻八百,各领一寨,故名。"这说明该国是由相当多的大、小不同的村寨组成的,其首领都是妇女。兰那泰王国是泰族人的国家,处于泰国的昌盛时期（《泐史》称"兰那"）,泰语称"纳空庸那迦昌盛国"。1261年孟莱王继位,国势日强。1292年灭女王国。1296年建新都——清迈。中国元、明王朝时,曾一度臣属中国。1558—1564,1627—1732,1762—1774,兰那泰王国数度被缅甸统治。1932年作为"清迈府"归入泰国版图。

3．泰国中部古国

（1）金邻国。公元1世纪在今下缅甸,泰国中部靠近暹罗湾一带有一"金邻国",又译"金陈国""金地国"。但这个国家的政治中心在今泰国佛统。6世纪被堕罗钵底国取代。

（2）堕罗钵底国。又译为"投和国""堕和罗""杜和钵底"等,来自巴利文"Dvaravati",意为"门户"。孟族人的国家。该国出现于6至11世纪,在今泰国缅南河下游,都城为佛统。约10世纪末至11世纪初被真腊征服。

4．泰国南部古国

（1）室利佛逝国。泰语称"西维差（ศรีวิชัย）"。中国史籍又称"佛逝""三佛齐"等。"三佛齐""室利佛逝"来自梵文"Srivijava"的音译。马来族人的国家。其政治中心在何处尚有争论,但"强盛时,其领土包据苏门答腊岛、爪哇岛的一部分,马来半岛的大部分,甚至到锡兰岛。"②中国古籍《大唐西域求法高僧传》上提到佛逝国（672年）。实际上该国的建立要更早一些。14世纪,三佛齐被爪哇王国所并。15世纪后,在马来半岛上出现了当时最强盛的伊斯兰王国——马六甲王朝。

（2）狼牙修国。又译"狼牙须""凌牙斯加"。2世纪其地在马来半岛

---

① 征鹏：《试论傣泰是同一个民族》,载《云南文史丛刊》1993年第1期,第12页。
② 段立生：《泰国文化艺术史》,商务印书馆,2005年,第90页。

西岸,在今泰国洛坤。10世纪兼并赤土国一些地盘,13世纪为单马令之属国。孟族人国家。

(3) 林阳国。中国三国吴时即3世纪上半叶,官员朱应、康泰奉命出使扶南。归来后写有《吴时外国传》《扶南异物志》。两书都记有林阳国。因此,该国建国应早于3世纪。中国古籍有的把"林阳国"译成"嘑阳国",两译名都来自 Ramanya。孟族人的国家。其地应在泰国西部地区。

(4) 盘盘国。《梁书》等记载:南北朝时期刘宋元嘉年间(424—453)有一"盘盘国"来朝。据两《唐书》记载提供的方位,盘盘国北接堕罗钵底,南接狼牙修,它的领域万伦(Bandon)湾一带。孟族人国家(5至7世纪)。

(5) 单马令国。该国在洛坤。10世纪至13世纪为室利佛逝的属国,13世纪末至14世纪初为极盛时期,15世纪后逐渐消亡,17世纪初为大城王朝属国。孟族人国家。

此外,1世纪,有都元国(在今曼谷湾附近)、邑卢没国(在今克拉地峡一带)、湛离国(在今佛统等地)。6世纪,宋卡和北大年一带有赤土国,孟族人国家。

(三) 素可泰时期至今

1. 素可泰时期(1238—1349)

泰国史学家认为1238年邦央(今彭世洛府)的泰族首领胞坤邦克朗刀(Po Kun Bankhranghao)联合孟叻的泰族首领坤帕孟(Po Kun Pamuong)摆脱了吴哥王国高棉人的统治,攻占了素可泰城,建立了以泰族为主体的素可泰王国。邦克朗刀被尊为素可泰王国的第一位君主,尊号"西因塔拉铁"。素可泰国名最早见于中国古籍《元史》(1299年)。

1851年发现的兰甘亨石碑为我们了解素可泰王国西因塔拉铁为王以后的历史和社会情况提供了证据。石碑记载了素可泰王国三世王兰甘亨本人的历史和家庭情况:兰甘亨父王西因塔拉铁有子女3男2女,大儿子幼年夭折,二儿子继承了王位(1257—1279)。约1279年,小儿子兰甘亨继兄为王(1279—1299),创立泰文,推崇小乘佛教等。石碑还记载了素可泰王国在三世王兰甘亨统治时期的疆域:南到马来半岛,北到南邦府,东北到难府,西到缅甸白古,东南到南中国海。

兰甘亨被泰国史学界尊为泰王国历史上七大帝之一。(原为五大帝,但1982年庆祝曼谷建都200年时,曼谷王朝拉玛一世被尊为大帝;1987

年5月8日,国王普密蓬被泰国人民尊为大帝,泰王国历史上就有了七位大帝。)

兰甘亨逝世后,由其子吕泰(1299—1340)继位,但国势开始衰落,约1438年被罗斛国吞并。素可泰王国前后共经历了200年,有9位君主。

2. 阿瑜陀耶时期(1350—1767),亦称"大城时期"

泰语"阿瑜陀耶"意为"不可攻克"。泰国华人称"大城"。

中国的学者依据中国古籍中的记载"暹降于罗斛",认为"暹"即"素可泰","罗斛"即后来成立的"阿瑜陀耶"。阿瑜陀耶时期开始于素可泰被阿瑜陀耶并吞。现在有人考证[①]认为"暹"不是素可泰,而确有一个暹国(约13世纪,素攀地区)。至于暹降于罗斛,也不是降,而是一种联姻关系。

罗斛国的乌通王在阿瑜陀耶城建立阿瑜陀耶王国。泰国史称"阿瑜陀耶时期"。阿瑜陀耶地处湄南河冲积平原,土地肥沃,农业发达,国势强盛。

1370年乌通王(清莱王系)死,其子拉梅萘登基,但不到一年,让位给舅舅拉差贴拉第一(素攀普王系สุพรรณภูมิ,1370—1388)。1388—1395年仍由拉梅萘(清莱王系)为王。1395—1409年拉差贴拉(清莱王系)继位。但该王系至此终结。这以后又由暹国素攀普王系为王直至1569年。

1448—1488年戴莱洛迦纳王统治时期,国王进行了一次政治上的重大改革。确立了封建领主制和加强中央集权统治的"萨克迪那"制。"萨克迪那"意为占有土地的权力。规定全国土地归国王所有,由国王分配。广大平民和奴隶能分得少量的土地,但必须将人身依附于某个贵族或官吏。泰国从此有了较为完整的国家机构和建立起有奴隶阶层存在的中央集权的封建制国家。

1569年,泰国第一次被缅甸征服后,缅甸扶持亲缅军的素可泰王系玛哈塔玛拉差贴拉为王,臣服缅甸,15年后才由纳黎萱王子(玛哈塔玛拉差贴拉之子)复兴。纳黎萱被尊为泰王国历史上七大帝之一。素可泰王系统治至1630年被另一王系(巴塞通王系ปราสาททอง)所替代。

16世纪,随着航海事业的发展,西方国家积极开展获利丰厚的对外贸易,它们相继来到东南亚国家。1518年和1591年,葡萄牙和西班牙分别与泰国签订了商贸条约。但自1664年荷兰与泰国签订了不平等的商贸条约后,泰国与西方殖民者的矛盾尖锐。1664年,一批法国传教士来泰。他们的目的是规劝泰国那莱王(1657—1688,泰王国历史上七大帝之一)皈依天主教,从而通过向牧师忏悔,由牧师左右国王。于是在宫廷中

---

① 〔泰〕黎道纲《泰国古代史地丛考》,中华书局,2000年,第145页。

形成了以天主教徒亚派耶脱王子与在泰国宫廷供职的官员希腊人君士坦丁·华尔康为首的亲法派和以那莱王乳母之子帕丕拉差为首的反法派。两派斗争结果反法派获胜。1688年那莱王死，众臣推举帕丕拉差（1688—1703）为王。阿瑜陀耶王国从此成为版普露峦王系（บ้านพลูหลวง）统治的王国。

1763年，缅甸占领了泰北清迈和老挝的琅勃拉邦，接着南下直抵泰国京城阿瑜陀耶。1767年，京城陷落。阿瑜陀耶王国灭亡，阿瑜陀耶时期结束。

阿瑜陀耶时期一共经历了5个王系，分别为清莱王系、素攀普王系、素可泰王系、巴塞通王系、版普露峦王系。计417年，共33位君主。

3. 吞武里时期（1767—1782）

当缅军围困京城阿瑜陀耶时，有一支500人的泰人、华人的部队在华人后裔郑信侯爵率领下冲出重围，于1767年2月武力夺取泰东南沿海不愿合作的受地方势力控制的罗勇城，自立为王，随后号召泰国军民奋起抗缅复国斗争。

1767年10月，泰国光复。1767年12月28日郑信定都吞武里，建立吞武里王朝，史称"吞武里时期"。郑信被泰国史学界尊为大帝，是泰王国历史上七大帝之一。

1782年，故都阿瑜陀耶发生骚乱，郑信派帕耶讪带兵前往镇压。帕耶讪抵故都后被其弟、骚乱头目之一说服而倒戈，率兵回攻京都吞武里。当时京城主力部队已被郑信派去柬埔寨作战，京城内只剩少许兵力，不足以抵挡帕耶讪的进攻。郑信不得已退位，出家为僧。在柬作战的主帅帕耶却克里闻讯领兵赶回，控制吞武里，并趁机处死郑信及其直系子孙等。1782年4月，却克里登泰国基为王，建立却克里王期。吞武里时期结束。

郑信祖籍中国广东澄海华富村，父名郑镛。郑镛移民泰国后，因包揽赌税而发迹，娶泰女洛央为妻。1734年4月17日生下郑信。"信"，泰语意即"财富"。郑信童年时受过寺院教育。成年后，入宫充任御前侍卫，之后被委任为达府的府尹，封为侯爵，即泰语"帕耶"。泰人常称呼他为"达信"，"达"来自达府。"信"来自其泰名的音译。

4. 叨德纳哥信时期（1782年至今），亦称"曼谷时期"

（1）却克里王朝

吞武里时期的却克里公爵登基为国王以后，即在河（湄南河）对岸曼谷建立新都，建立新王朝。称却克里王朝，泰国华人译为"节基王朝"。因建都曼谷，泰人给"曼谷"取了个吉祥的名字，简称"功贴"（意为"仙都"）。

泰国史称该时期为"叻德纳哥信时期",泰国华人称"曼谷时期"或"曼谷王朝"。1982年庆祝曼谷建都200年,尊却克里为大帝,成为泰国史上七大帝之一。

因为自缅军入侵至却克里王朝的建立,15年连绵不断的战争,却克里王朝的一世王(1782—1809,泰国史称"拉玛一世")至拉玛三世(1824—1851),面临的主要任务是恢复经济、稳定政局、恢复和改革旧有的典章制度、巩固和发展中央集权的封建统治秩序。

19世纪中叶,西方殖民主义势力开始在东南亚各国划分势力范围,争夺殖民地。1855年,英国派约翰·鲍宁到暹罗,用威逼利诱的手段迫使拉玛四世签订了不平等的《暹英友好通商条约》。各列强相继效仿,暹罗不得不又同各列强签订类似的不平等条约。继而英、法又用武力等手段侵占暹罗部分领土。1896年1月,英、法在伦敦缔结《伦敦条约》,规定湄南河以西属英国势力范围,以东属法国势力范围。正因为英、法势力相持不下,谁都无力独吞暹罗,才保持了暹罗名义上的"独立"。在这种形势下,拉玛四世至六世,一方面与西方列强进行政治、外交上的斗争以维护国家的独立,另一方面大力进行国内的改革,以求进步、强盛。其中以拉玛五世的政绩最为显著,因此,成为泰国历史上七大帝之一。拉玛六世去世后,由其弟继位为拉玛七世(1925—1935)。1929年爆发的世界经济危机给泰国带来破坏性影响,工农业生产停滞不前,人民生活每况愈下,中下层官吏不满情绪增长,社会矛盾激化,封建制政体摇摇欲坠。

(2)"6·24"政变至今

1932年6月24日,以帕耶拍凤、乃比里等知识分子、军人和文官组成的民党,发动军事政变,推翻君主专制,成立民主政府,颁布临时宪法。拉玛七世在临时宪法上签了字,泰国从此走上君主立宪制国家的道路。1935年3月2日拉玛七世自动退位。因拉玛七世无子嗣,国会召开紧急会议,依据拉玛六世颁布的王位继承法,推选六世王的同父异母弟玛希敦·阿杜德亲王的长子阿南塔·玛希顿继承王位,即拉玛八世。但当时阿南塔才10岁,又在国外瑞士洛桑学习。因此,国会又任命以阿努瓦扎杜仑亲王为首的三人摄政团代理国王职责。1946年6月初,临时返国的拉玛八世在寝室的床上被一颗不明来历的子弹打死。国会召开紧急会议,推选拉玛八世的弟弟18岁的普密蓬·阿杜德继位为拉玛九世,并于同年同月9日登基。

拉玛九世在位70年,于2016年10月逝世,享年89岁,是泰国历史上在位最长的国王,创世界历史之最。他在位期间,勤政爱民,从而赢得了"泰国最勤奋的人"的非正式称号。他关注农业,为改善农民生活、改良和发展农业倾注了巨大的精力,人民称他为"农业国王"。为此,1987年被泰国人民尊称为"普密蓬大帝",1988年获麦格赛赛国际奖,2006年获全球第一个联合国开发计划署人类发展终身成就奖。他扮演仲裁者角色,成功化解多次政变实现和解,确保泰国社会稳定。他多才多艺、兴趣广泛,深受泰国人民的爱戴和尊敬,也是中泰友谊发展的推动者。他生有三女一男。

这个君主立宪制的国家从"6·24"政变至今,军事政变不断。君主立宪制建立后的军事政变不是民主社会发展的象征,而是民主社会倒退的象征。自1932年到2006年为止,泰国政坛共发生了19次军事政变,制定了15部宪法,举行了18次大选。这期间基本上找不到能完成任期才解散的议会,大部分都因军事政变而夭折[1];有52年是军人统治,民选的文人统治只有25年。2011年7月,他信盟友组成的"为泰党"赢得了下议院的多数席位。他信的妹妹英拉·西那瓦成为泰国历史上第一位民选女总理。2014年5月陆军司令巴育·占奥差发动政变,英拉下台,巴育当选总理。

四、泰王国

泰国全名是"泰王国",与各国政府间的公文来往都称此名。

(一) 国王

自1932年政变废除了泰国自古以来的君主专制政体,建立了类似英国式的君主立宪政体以来,国王的权力受到宪法条款的限制,但仍享有很高的职权和地位。宪法规定:国王通过国会行使立法权;通过内阁行使行政权;通过最高法院行使司法权。因此,一般来说,泰国国王对政治不具有决定性的影响。国王根据国会议长的提名任命内阁总理;根据总理提名任免内阁成员;根据国会决议和内阁决定履行各种条约、法规、命令的批准手续。但国王对立法享有有限的否决权,有权颁布与宪法不相抵触的法令。国王可根据被告的申诉,建议最高法院重新考虑最终判决。国王的尊严神圣不可侵犯,宪法规定:任何人不得以任何方式指责或控告国王。

---

[1] 焦佩、马晓雯:《军事政变和独裁交替下的泰国民主化道路》,载《南洋问题研究》,2009年第1期。

王室设枢密院,由国王任选 14 名成员组成。但成员不能从党派人士、上下议院议员、常务官员、国营企业工作人员等人中选用。枢密院是国王的咨询机构。此外,还另设官务秘书处,处理国王的日常事务。

政府规定:公共集会场所要挂国王的肖像;政府宴会、电影放映前,要全体参与人员肃立,奏《颂圣歌》;电视和报刊的新闻中,国王和王后的活动消息要安排在最前面和最显要的位置。

王位的继承为世袭制,由王储继位。

1. 当今国王拉玛十世

拉玛九世逝世后至新国王拉玛十世登基,这段时间由枢密院主席炳·廷素拉暖将军担任摄政王。王储哇集拉隆功于 2016 年 12 月 1 日登基为拉玛十世。拉玛十世生于 1952 年 7 月 28 日。王储期间,由于他对军事感兴趣,1964 年成为一名空军军校学员。1966 年去英国及澳大利亚接受中学教育,先后在澳大利亚新南威尔士大学和泰国素可泰塔玛提叻远程教育大学获得文学学士学位。1970 年去澳大利亚学习军事。1972 年 12 月 28 日册封为王储。1972—1976 年在堪培拉的丹特伦王家军事学院接受军事训练。回国后,在王室指挥和参谋学院继续深造。1978 年成为王室禁卫军第一师禁卫团团长,拥有陆、海、空军上将等军衔。他持有喷气式战斗机、直升机及民航机飞行员资格证,曾任王室空军军官教练。他热爱体育,尤其是足球,也酷爱音乐。他自称"不善言辞"。1977 年与颂萨瓦丽结婚,婚后育有一女儿,名"帕昭兰探·帕翁昭帕查叻吉滴娅派"。但后来与颂萨瓦丽离婚。后与平民女子西拉米(srirasmi)同居,于 2005 年 4 月 29 日生有一子,名"帕昭兰探·帕翁昭提邦贡叻萨米措"(พระเจ้าหลานเธอ พระองค์เจ้าทีปังกรรัศมีโชติ)。儿子出生后宣布正式结婚,于是西拉米及儿子被拉玛九世授予王室头衔。2014 年西拉米因涉及贪污,要求放弃王室头衔并获批准。他常代表国王出席一些重要的国事活动和庆典,协助国王处理日常事务。1987 至 1998 年间曾 4 次率团访华,也曾以个人名义向四川地震捐款。

2. 王室主要成员

(1) 王太后诗丽吉

1932 年 8 月 12 日,诗丽吉诞生于曼谷的一个王族家庭。1948 年,她在法国巴黎结识了还未登基的国王普密蓬。1950 年与国王一起回国结婚,同年 5 月 5 日被册封为王后。1956 年,国王剃度出家期间,她任摄政王代理国政。长期以来,她十分关心社会公益事业。她十分热心于农村妇女工作,以及农民家庭手工业的生产和产品推销。印支难民进入泰国后,她以泰国红十字会会长名义,兴办难民营,收容和救济印支难民。为此,美国总统里根夫妇和英国安妮公主授予她功勋章。王后对环境保护事业的贡献受到国际社会广泛赞誉,并获得世界野生生物基金会颁发的"环保最佳个人"奖等多个国际大奖。

(2) 国王前妃颂萨瓦丽

国王前妃颂萨亚丽是王太后诗丽吉的哥哥的女儿,即侄女。婚前爵位为蒙銮,也是王族的后代。1977年1月3日与国王结婚,生有一女。后与国王离婚。现爵位和名字为"帕呦沃呦旺探·帕翁昭颂萨瓦丽·帕沃呦拉差贴纳达玛杜","帕沃呦拉差贴纳达玛杜（พระวรราชาทินัดดามาตุ）"意为"国王孙女的母亲"。虽与国王离婚,但仍是王室主要成员,常出席重大的王室活动。

(3) 王姐乌蓬呦

王姐乌蓬呦生于1951年4月5日,在泰国完成初级教育和中级教育后去美国,先后在麻省理工学院和加州大学洛杉矶分校读书。毕业后于1972年与荷裔美籍人彼特·詹逊结婚,并移居美国。婚后生有两女一男。按泰国王室规定,嫁给外国人的王室成员自动放弃王室爵位,不算王室成员。1999年她与有外遇的丈夫离婚。2002年,她携两个女儿回国,拉玛九世原谅乌蓬呦的行为,仍旧归属王室成员,但爵位要低一些。她被封为"吞格呦蒙媖（ทูลกระหม่อมหญิง）",爵位比"昭法"小,比"帕翁昭"大。

(4) 王妹诗琳通

诗琳通是拉玛九世的第二个女儿,1955年4月2日生于曼谷。3岁进吉拉达学校学前班学习泰文和英文。她端庄贤淑,平易近人,兴趣广泛。她从小勤奋好学,1973年以高考总分第4名进入朱拉隆功大学文学系学习。1977年,她在毕业考试中以全系第一名的成绩获荣誉证书,次日,国王又颁发给她连续4年(1974—1977)获全系第一的金质奖章。后又去曼谷艺术大学进修。大学学习期间,曾获多个学位,如朱拉隆功大学梵文巴利文硕士学位、艺术大学考古学硕士学位、诗纳卡琳威洛大学教育学博士学位。她经常随拉玛九世到各地巡视,参与拉玛九世赞助的一些慈善活动。1975年12月5日被册封为"玛哈节基公主",获此封号,有权继承王位。她爱好文学、音乐和绘画。她曾应邀访问过德国、奥地利、日本、印尼、缅甸、菲律宾等国。1981年至2017年经常因国事、私事访问中国约有30多次。她还是泰国红十字会副会长,朱拉隆功大学、清迈大学、宋卡大学和朱拉隆功王家军事学院的讲师。由于她对中泰友谊事业作出的贡献,曾获中国颁发的多项重大奖项,2009年获得由中国民间约6000万网名参与投票评选出的"中国缘·十大国际友人"的荣誉称号,不愧为中泰文化交流的使者。

(5) 王妹朱拉蓬

1957年7月4日,朱拉蓬生于曼谷,是拉玛九世最小的一个女儿。她喜好化学和古典音乐。1979年,她毕业于农业大学,获有机化学博士学位。1981年1月7日,与平民威拉育·立沙耶沙邻空军中尉结婚。按规定应辞去公主爵位,但拉玛九世认为她为国家多有贡献,允许她与平民结婚,无须辞衔,仍是王室成员。婚后生有两个女孩,后与丈夫离婚。现在玛希敦大学从事化学教学和研究工作。她曾设立自己的研究所"朱拉蓬研究所"。1985年,获得泰国玛希敦大学有机化学博士学位,其后又先后留学于德国和日本。她曾因在致癌化学物和环境污染研究方面的卓越成绩而获世界优秀科学家奖。她曾几次与诗琳通公主一起访问中国。

(二) 王位的继承

泰国古代没有王位继承的法令、法规,王位的继承大多传位于国王的长子或其他儿子。但泰国除了这个王位继承的传统外,有时还设立前宫副王的形式作为王位的继承人。前宫副王(泰文称"玛哈乌巴拉")较多是立长子,但也有立国王的兄弟。如立兄弟为副王,那么他也有权继承王位。副王的官职始于大城时期的第8世王戴莱罗格那时代,原则上立长子为副王。后来有了变化,如大城时期第18世王纳黎萱登基后,就立其弟埃加托萨洛为副王。18世王死后,第19世王即由其弟继位。"前宫"一词出现在第17世王颂迪帕玛哈塔拉差铁拉时代,国王在王宫前建立一宫殿称"前宫",但并没立副王。前宫即副王的概念出自第28世王颂迪帕丕拉差时代。曼谷时期也沿用了这一习俗,并有前宫宫殿作为副王的办公地点。

这种做法使泰国王位的继承法中出现了由弟或兄继位的现象。这在中国封建王朝中也曾有过,因为皇帝无子。但泰国不完全是这样,有的国王有儿子,但继位的是其兄弟。

兄终弟及的王位继承的现象直到曼谷时期拉玛五世时有了进一步的改革。1878年,拉玛五世在前宫副王其堂弟(王叔之子)还在世时,就册立正宫王后的长子玛哈瓦漆伦喜为王储。1895年,王储早死。拉玛五世又立昭娃帕彭喜王后的儿子玛哈瓦漆拉乌(拉玛六世)为王储。尔后前宫副王死后,拉玛五世也没再立新副王。立前宫副王的王位继承制从此终止,改为用立王储来确定王位继承人。拉玛六世是曼谷时期首次因遗诏合法继位的国王,他在拉玛五世77位子女中排行第29位。在他登基前

15年,就被拉玛五世封为王储。

1924年拉玛六世时,泰国历史上第一部王位继承法——《关于王位继承的宫廷管理法》颁布。该法规定:

……作为国家统治者的暹罗国王,须来自以下3系:

(1) 来自王太后千岁昭娃帕彭喜(เจ้าเสาวภาผ่องศรี)一系为首选。

(2) 来自沙旺瓦他娜(สว่างวัฒนา)王太后一系为第二选。

(3) 来自苏库嫚玛拉喜(สุขุมลมารศรี)一系为第三选。

除上述三选外,仍无王位继承人者,可追寻到与上述3系最近的一系。国王作为国家元首,必须是男性。不可有外国人为后妃,不可有外国人做母亲……如果哪位王室成员有此缺陷,不应考虑继位。^①

拉玛六世以后,泰国王位继承人拉玛七世、八世、九世都按这部王位继承法继承王位。1979年拉玛九世册封诗琳通公主为"玛哈却克里公主",获此封号的公主有权继承王位。这就打破了拉玛六世在王位继承法中"国王必须是男性"的规定。"6·24"政变后,泰国有了宪法。宪法在王位继承上也作了规定:国王如果没有王太子,国会也可以同意让公主继承王位。如果王位空缺,由枢密院提出嗣位人选,但人选必须依据1924年《关于王位继承的宫廷管理法》来选,然后报请国会审议,国会同意后即由议长奏请继承人登基并向全国宣布。

(三) 王事礼仪

1. 12个月的王事礼仪

"王事礼仪"即"宫廷礼仪"。《王事礼仪十二月》是曼谷时期拉玛五世的御著,写于1888年。书中介绍了宫廷中每个月的王事礼仪,从12月写起,到次年的10月终止。书中虽然涉及的是宫廷礼仪,但实际上是泰国古代风俗之大全,也是一本经典性的风俗类著作。书中有的王事礼仪现已不举行了;有的礼仪举行的时间有所变动;不少礼仪中,有的是当时的民俗,宫廷也同时举行,而有的仍是当今的民俗,民间、宫廷届时都举行。现将12个月的王事礼仪(实际11个月)罗列如下:

12月:迎接婆罗门教三大神仪式,升灯仪式,为王族死者揭去盖尸布诵经仪式,华盖吉祥仪式,漂水灯,向婆罗门法师、星相家、十大工匠赏金仪式。1月:赛舟,驱水仪式,念《大本生》功德仪式,吃泰式春卷仪式,王

---

① 范军、孙洁萍:《千古兴亡九朝事——泰国王室》,社会科学文献出版社,1998年,第179页。

子给牛喂草仪式等。2月：沐浴仪式，迎那莱神仪式，奉献迦稀那衣功德仪式。3月：河中洗罪仪式，万佛节功德仪式，中国春节功德仪式，为稻谷吉祥举行烧谷仪式。4月：驱鬼除病仪式，岁末仪式，王室定期举行的仪式，过新年为僧侣、王后、国王举行洒水祝福仪式。5月：庆祝新年祭神祭祖仪式，宋干节，堆沙塔功德仪式，举行《水咒赋》献忠仪式，捕象前检查绳套仪式，为象、马举行祝福去邪仪式，游象、牛、马、车和武器等仪式。6月：春耕节，维莎迦节。7月：婆罗门掷陀螺占卜仪式，为国王灌顶或洒水仪式，做守夏节花烛功德仪式，抽签奉献给僧侣食物功德仪式，为已故王妃、王子举行功德仪式。8月：守夏节，庆祝守夏节花烛功德仪式，国王去佛寺赠送烛台仪式，宫廷式诵颂《大本生》仪式，玉佛换装仪式。9月：消灾祛邪仪式，求雨仪式，驯象试斗仪式，拉玛一世逝世纪念日。10月：秋节，国王施斋蜂蜜仪式，国王生日庆祝仪式（拉玛四世生于10月）。

2. 王事礼仪举例

下面介绍两个如今仍在举行的、较为重要的王事礼仪。

（1）国王登基仪式

泰国国王登基仪式也即是国王的"加冕典礼"举行时间要视新君登基的时间，但它是王事礼仪中最隆重的仪式。下面描述的是拉玛九世登基时举行的仪式，而每年这一天只作纪念性的仪式庆祝。

仪式是宗教性的，主要是婆罗门教和佛教仪式。国王登基仪式可能仿自印度婆罗门教"苏摩祭"中国王即位时举行的即位礼。仪式上将宣布新一代国王的产生，国王接受国王应有的一切权力和职责，接受各种赞誉等。其主要内容有：灌顶、授予五件御器、铭刻王名、举行水路或陆路巡行王都仪式、恭铸本世王吉祥佛、铸造纪念币、三年不征税、特赦等。泰国自素可泰时期以来国王登基的仪式主要是婆罗门教仪式。

曼谷时期国王登基仪式沿袭了大城时期的登基仪式。但到拉玛四世时，有了重大的改革，即在仪式中增加了佛教仪式和祭拜佛像仪式。此后，各代王也都有些小的变更和改革。

拉玛九世普密蓬于1950年5月5日登基，日程安排为：5月4日佛教仪式。5日，登基仪式。上午灌顶、洒圣水。灌顶是泰国国王拉玛九世登基仪式中的一项重要内容。"'灌顶'来自梵文 Abhiseka 的意译。本为古印度国王即位的一种仪式，国师以'四大海之水'灌于国王头顶，表示祝福。"[①]仪式由婆罗门法师执行。泰国灌顶水是从泰国五大河即湄南河、

---

① 任继愈主编：《宗教词典》"灌顶"条，上海辞书出版社，1981年。

佛丕河、邦巴功河、巴塞河、碧武里河及素攀府内四大湖的水混合而成的。灌顶水来自五大河是模仿印度灌顶水的组成来自印度五大河流,而泰国又增加了四大湖水。当婆罗门法师向国王灌顶、行滴水礼后,婆罗门法师用摩揭陀语致颂词,说明国王得到人民的拥戴。随后,国王坐上御座。婆罗门法师念"开盖拉山"吠陀经,请印度教主神湿婆降身于国王,使国王从此处于神的地位。接着法师把刻有王名的金册敬献给国王,为了人民的幸福履行国王的职责。祭司要把伞盖交给婆罗门法师,再由他授予国王。之后,婆罗门法师念吠陀经祝贺,并把象征王权的五件御器依次授予国王。这五件御器是:王冠、御剑、御杖、御扇、御鞋。按印度巴利文经典解释,国王登基仪式上要由婆罗门教的神因陀罗(帝释天)授予五件御器、华盖和御车等。仪式上,神通过婆罗门法师作中间人授予国王,这说明王权神授的意思。6日,庆典仪式。7日,上午接见各国使节,黄昏接受百姓朝觐祝贺。8日,向有功臣民颁发勋章,封爵晋级,听经。仪式的最后一天要举行陆路巡行王都仪式,但当时拉玛九世未举行。后来在1963年12月7日举行。

登基仪式的有些工作在日程前已开始,如4月27日于玉佛寺举行铭刻王名、名号、生辰八字于金册上的仪式等。拉玛九世刻在金册上的泰文全名为"帕巴颂代帕波隆明塔拉玛哈普密蓬阿杜约台玛希德拉贴斐拉玛贴抱底却克里委抱定萨亚明塔拉贴拉波隆那托披(พระบาทสมเด็จพระปรมินทรมหาภูมิพลอดุลยเดชมหิตลาธิเบศรรามาธิบดีจักรีนฤบดินทร์สยามินทราธิราชบรมนาถบพิตร)",中文音译有48字。其意为:至高无上的帝释天、伟大的普密蓬•阿杜德国王、大地之神、罗摩王、世界之王、暹罗神王、至尊至高的保护人。

登基仪式是婆罗门教的,但并不排除佛教的礼仪。据说作为佛教徒的印度阿育王登基仪式中就渗有按照佛教经义中的礼仪。如国王的华盖和象征国王权力的五件御器,就不见于吠陀经或婆罗门教经籍,而是在多处佛经中有所提及①。印度佛教经典中对五件御器的解释、甚至哪5件等都有所出入。当今泰国宫廷规定的<u>五件御器</u>是:王冠、御剑、御杖、御鞋、拂尘、羽扇。这五件御器象征王权,"御杖象征公正,拂尘表示国王能替百姓去除各种灾难,羽扇能给百姓带来凉爽(象征幸福),御鞋表示百姓对帝王表示忠心的顺从。泰语中称呼国王时,常把自己处于国王的脚下来表示对国王的尊敬。"②

---

① 〔泰〕克立•巴莫:《泰国社会》,载克立•巴莫等编写《泰国特点》,瓦塔那派妮出版社,1982年,第32页。

② 〔泰〕尼蓬•素萨瓦:《有关泰国风俗的文学》,内迪滚戈劈出版社,1985年,第12—13页。

(2) 玉佛换装仪式

供奉在曼谷玉佛寺中的稀世国宝玉佛像,有三身价值连城的服装(包括头饰)。像高 60.96 厘米的玉佛原先有两身服装,即**热季服**和**雨季服**,系曼谷时期拉玛一世所恭制。后来,拉玛三世恭制了**凉季服**,使玉佛像在泰国不同的季节都有了服装。

到了不同的季节玉佛要换装,换装要举行仪式,由国王主持。这仪式始自曼谷时期拉玛一世时代。但自从拉玛三世恭制凉季服以来,换装由一年 2 次改为 3 次。换装的日子分别为:热季服 4 月 16 日,雨季服 8 月 16 日,凉季服 12 月 16 日。

届时,国王来到玉佛寺,在进玉佛殿前,从祭司手中接过拉玛一世铸的护佛剑递给一名国王侍从,这名侍从在仪式过程中紧随国王,起到"护佛神"的作用。国王进殿后,走向供奉玉佛的玉佛亭后的梯子,拾级而上。到玉佛处,向玉佛膜拜。脱去玉佛的王冠或螺发头饰(玉佛衣在国王到来前已由祭司脱去),拿起拉玛四世敬献的法螺,为玉佛行滴水礼。礼毕,用 4 块洁白的布抹干佛像上的水滴,为佛像戴上王冠或螺发头饰,下梯。国王把 4 块白布放进盛香水的器皿中浸湿,再把白布上的香水拧在一个盛水器皿中。上香明烛。祭司把盛香水器皿中的水倒入法螺。由于法螺中的水渗有流经玉佛像的水,所以尤为吉祥。故此,国王先由婆罗门法师用此水为他行滴水礼。之后,国王再为匍匐到国王跟前的王亲国戚、宫室人员依次行滴水礼,礼毕。婆罗门法师点燃"巡烛"用的香烛。这时,民族乐队敲锣、吹法螺。王亲国戚、宫廷人员随国王绕玉佛巡烛 3 周。婆罗门法师为玉佛点粉,祭司登梯为玉佛穿衣,国王跪拜玉佛像。国王走出殿外,向来观看仪式的平民百姓洒水祝福。最后,在离开玉佛寺前,把护佛剑送还祭司。

3. 宫廷习俗

(1) 国王不用真名

国王的真名是不对外公布的,也不让百姓知道。在国王登基仪式上刻在金册上的国王名字不是其真名,而是假名。这个名字起得很长,含意很深,有很多表示吉祥的修饰词。平时,要另起一个易于呼喊的、较短的假名。如曼谷王朝拉玛五世称呼为"帕巴颂迪帕尊召格劳昭尤霍"。这比写在金册上的名字短多了,平时呼"尊召","召"是拉玛四世的名,"尊"是"小"的意思,称自己比父小,这不是真名。"尊召"的前后都是修饰词。这些修饰词都同样地用在拉玛三世至七世短小的假名的前后。从拉玛八世开始至九世才使用真名。也即是说泰国史籍记载的曼谷时期一世至七世王的名字都是假名。包括素可泰和大城时期各世王的名字。之所以不用真名,是怕仇敌用其名搞法术,危害国王。

(2) 神圣的宫门门槛

宫门的门槛是禁止任何人踩踏的,如有人不小心踩踏,轻则挨骂,重则要跪拜门槛,请求宽恕。民间传说,门是住宅的入口,十分重要。因此,门有鬼或鬼头看守,门槛是守门鬼的住处、地域。而王宫的宫门更为重要,每年宫廷还要为宫门举行仪式祭供。

(3) 严禁男子入内宫

泰国大王宫可分内宫和外宫,十分森严。内宫是国王的私宅,宫内有些习俗是以条令、禁令出现的。内宫禁止一般男子进入,除非特殊情况,还必须两人以上,并受内勤人员的监督。

(4) 念《拉差巴立经》

内宫有一习俗,每日下午内宫要有僧侣进入,念禳灾祈福的《拉差巴立经》,洒法水驱邪。据说,念《巴立经》这习俗来自斯里兰卡。后来这种经又因不同的仪式需要,细分为很多种。其中有一种专为宫廷或王事礼仪上念的,称《拉差巴立经》。传到泰国后,民间也纷纷仿效,遂成习俗。

(5) 恭铸拉玛九世寿令佛

恭铸国王寿令佛的习俗始自曼谷时期拉玛三世,是庆贺国王生日(祝寿)的一种方式。国王祝寿习俗在大城时期就有了,只是不在真实诞生月日来庆贺,如 7 月,每一代王都以 7 月的某一天庆贺生日。到了这一天,就做功德来庆贺。到了曼谷时期拉玛三世就以恭铸佛像作为功德来庆贺,但同样不以真实的生日庆贺,而以年节为准恭铸佛像。过了年节就长了一岁,就铸一尊佛像。佛像用银铸,用银多少相当于各王的年龄数。拉玛四世开始,王以真实诞生日满 12 年祝寿,做功德恭铸佛像。像都很小巧,便于挪动,可在不同仪式上供奉。像内放有佛陀舍利。但自拉玛四世以来,像内改符箓,基座上铭刻王名。恭铸的时间由本世王自定。恭铸时要举行仪式。

拉玛九世的寿令佛宽约 14.5 厘米,高约 18.7 厘米。佛像为降魔印结跏趺坐于五重华盖下,内藏星占图。佛像基座前刻有铭文,意为"志也,忍也,成功之要素也。成功者哲人也,凯歌常奏,幸福美满"。基座后铭刻着国王的名号和出生年月。

4. 宫廷禁忌

(1) 禁止百姓观瞻国王

大城时期以来,由于神化国王,因此,普通百姓别说有机会觐见国王,即使国王出巡,无论是陆路或水路,不仅禁止百姓靠近观望,而且还要远远地回避。大城后期,更为严厉。国王出巡时,如果卫队发现有人窃窥圣容,卫队可开枪射击。曼谷时期拉玛二世时代,由于有人在国王出巡时偷看圣容,以致被卫队打瞎了眼。为此,拉玛二世修改了这条禁令,改举枪射击为举枪警示。禁令虽改,但百姓因此被枪击伤致残之事仍有发生。拉玛四世再次颁布御令,明确规定,今后国王出巡,市府官员、县长以及有关机构的官吏,不要阻拦或驱赶百姓。商店、住家不必关门闭户。让店主、户主出来觐见国王,国王也可随意与百姓攀谈,了解民情。从此,百姓才有机会接近国王,观瞻圣容。

(2) 禁止百姓接触国王的身体

古代,泰人认为国王身上会发出明亮耀眼的光芒,并有炽热的热量,谁要触碰国王的身体,谁将受到伤害,所以禁止百姓接触国王的身体。按佛教解释,神都有光芒从体内发出。宫廷法还规定,国王坐船出巡,船的两边必须备有成对的干硬椰子壳。一旦船出事下沉,把椰子壳掷向国王,禁止人们游泳救国王,触及国王的身子。传说曼谷时期拉玛五世爱妃素南泰泛舟湄南河时,河面突起风浪,掀翻船只,素南泰落入水中。因禁止百姓接触王后的身体,无人施救,溺水而亡。

(3) 国王不许光脚

泰国气候炎热,古代泰人及现代农村多数人都不习惯穿鞋、袜,光脚。但国王不许光脚,必须穿鞋(国王剃度为僧时除外)。因为国王身子是热的,如果光脚走在地上,土地就会干旱,不长粮食,种什么,什么不长。

(4) 王室成员死刑严禁出血

当有人夺取国王的王位后或因其他事由,要把原先的国王处死。也由于上述同一原因,不能让国王的血滴在地上。因此,处死国王及王室成员时,不能砍头,要把他装进红绸布做的筒内,再把它放在有白布铺地的芭蕉叶上,以便隔热。然后用檀香木击打筒内人的后颈,使其断裂丧命,而不流一滴血。吞武里时期的国王达信,就是被这种方法处死的。

(5) 禁问国王的身体状况

按佛教说法,国王是假想神,不同于一般百姓。他不会发胖变瘦,不生病、不死亡。因此,禁止百姓问候国王的身体状况,否则将被认为大逆不道。古代,国王死了都不发布消息。"死了"说"去天堂了"。直到曼谷时期拉玛五世逝世才开始允许发布消息。

(四) 王事礼仪与政治文化

"政治文化是在特定的政治体系中。在长期的社会历史传统的作用之下形或的,持久地影响政治主体(包括团体和个人)的政治行为和政治活动的政治心理、政治思想和政治价值评判的综合。"①

政治文化有阶级、民族和区域性,在各国的封建社会中,西欧国家是神权至上,中国是王权主义,而东南亚国家是神王一体。

神王一体的政治文化在泰国是如何确立的?自婆罗门教(印度教)传入泰国后,印度教有一种信仰,泰文称"迢瓦拉"或"赛伦",这两个词是一个意思。迢瓦拉意即国王是神。赛伦意即住在盖拉山上的湿婆,湿婆是印度教三大神之一。据说这种信仰在印度阿育王时代就已经有了。这一信仰由印度的婆罗门法师随着婆罗门教在东南亚的传播而推广到东南亚各国的宫廷中。起初,东南亚各国的国王没有这类信仰,只是供奉城外山上的神鬼,目的是祀求神鬼保佑城市的平安。如泰国素可泰时期,在素可泰城外山上的卡蓬鬼。婆罗门法师为了更好地传播婆罗门教,就说山上的神鬼即是湿婆,同时,也把国王是湿婆的信仰,通过举行仪式来传播给东南亚各国的国王。②当说国王是湿婆,就好比国王是神。泰国为了加强中央集权的统治,宫廷中十分重视婆罗门教有关神化国王的仪式,目的是神王一体。如在泰国国王的登基仪式上就有婆罗门法师念"开盖拉山"吠陀经,请印度教主神湿婆降身于国王。历代国王的取名也有取"拉玛""那莱"等印度教三大神的神名为名的,泰人习惯称"毗湿奴"为"那莱"。"拉玛"即"罗摩",因为《罗摩衍那》中的罗摩(后登基为国王)按印度教说法,他是印度教主神之一毗湿奴的第 7 次化身,泰人习惯称"拉玛"。尤其是曼谷时期历代国王有了代称,干脆用"拉玛"称呼,称"拉玛一世……"直到当今国王"拉玛十世"。王后也有取名"素媥他(印度婆罗门教神'因陀罗'之妻)"的。

再如曼谷时期盖建的大王宫主殿取名"兜率宫"。"兜率"两字是佛教宇宙观中天堂六欲天的兜率天,兜率天是佛陀投生前的住处。主殿取名兜率宫,表明国王即佛陀,而在民间推崇佛教。

来自印度的佛教也同样神化国王。"'神',佛教教义认为有 3 种:即'假想神'如国王、王后、王子;天生神是自生的,因为自己的功德生在天堂中的神,如婆罗门教三大神等;纯清神意即纯洁的神,如没有任何欲望的漏尽者。"③佛教对神的解释起到了神化国王、加强王权的作用,如登基仪

---

① 李会欣、陈静主编:《政治学》,上海财经大学出版社,2006 年,第 254 页。
② 克立·巴莫:《泰国社会》载克立·巴莫主编:《泰国特征》,泰瓦塔那旅尼出版社,1982 年,第 27 页。
③ 哲·萨德威廷:《文学典故》,邦吉出版社,1979 年,第 83 页。

式上对代表王权的五件御器的解释。自曼谷时期以来,各世王都要铸本世王"寿令佛"仪式。如当今九世王普密蓬的寿令佛的基座后铭刻着国王的名号和出生年月。意味着国王相当于佛。佛教教义也助长了婆罗教仪式在宫廷中的流传。正是出自于泰国政治的需要,所以宫廷中才会有上述一系列王事礼仪的政治文化。当今泰国社会仍能处处感到这种政治文化的存在。

(五) 小知识

下面介绍的小知识,不是可有可无的。它不仅与民俗文化有关,而且是泰国日常生活不可与缺的、家喻户晓、人人皆知的事物。

1. 国名

泰国古称"暹罗"。暹罗人自称"沙炎姆"(Siam),出自印度梵语"Syama",意为"金色"或"棕色"[①],它是泰文的音译。"暹罗"两字不是"沙炎姆"的意译名。"暹罗"来自中国明朝对该国的称呼。

当今,该国国名称"泰国"。国名由"沙炎姆"(暹罗)改为"泰国"是不到百年之事,而且几经反复。第一次更改发生在1938年末,陆军上校銮披汶·颂堪被摄政团委任为总理,组成銮披汶政府。銮披汶得知在中国南部、中南半岛上的邻国及印度的阿萨姆省等地都有泰族人居住,意欲把泰族人联合成一个"大泰国"。于是他向议会提出,把国名"沙炎姆"改为"泰国"。1939年10月3日,经议会通过及摄政团签名正式生效。1945年二战结束后,銮披汶因战犯罪名而被捕入狱,成立他威·汶耶吉政府。他威把国名"泰国"又改回"沙炎姆"。1946年3月,由于美国的压力,銮披汶被无罪释放。1947年11月8日,銮披汶发动政变,成立宽·阿派旺政府。1948年4月,銮披汶再次出任总理,他又把"沙炎姆"改成"泰国"。从此一直沿用至今。中文"泰"字是该国国名的音译名,"据考,tai字的原意是'人',后来才派生成民众、族名和国名的。"[②]当今泰文词典解释为"自由、独立"等。"泰国"是中国对该国的通称。

2. 国旗

现今泰国国旗是以红、白、蓝3色作色条组成的国旗。但它不是三色条旗,而是其中二色复出的五条旗,其顺序是红、白、蓝、白、红。它实际是三色五条旗。五条中除了蓝色条的宽度比其他各条宽一倍以外,其他各

---

① 净海,《南传佛教史》,宗教文化出版社,2002年,第191页。
② 梁志明等主编,《东南亚古代史》,北京大学出版社,2013年,第119页。

条的宽、窄都相等。三色中的红色象征国家、民族,白色象征宗教,蓝色象征国王。

采用三色五条旗作国旗始于1917年。当时拉玛六世见到世界各国的国旗大多是三色旗,而拉玛四世时期的国旗是白象红旗(无法轮),平民百姓有时悬挂颠倒,拉玛六世见后十分不悦,而色条旗没有这个问题。

3. 国歌

现泰国国歌创作于1932年"6·24"政变后,当时身为国防部长的銮披汶感到国家应有一首深受人民喜爱、又能激励人心的国歌。于是授意一位乐队名作曲家帕检杜列扬创作乐曲,歌词由坤维吉·玛德腊创作,共16句。后在个别处作过几次修改。1934年8月20日,政府正式颁布该歌曲为国歌。

1938年,因国名由"沙炎姆"改成"泰国"。显然,国歌中的歌词不适用了,因歌词中的第一个词就是"沙炎姆"。1939年的銮披汶总理,下令成立一个委员会评选国歌。同年9月,委员会认为原国歌的曲谱没有必要重新创作,只认为歌词要重写,并向全国征文。结果经委员会评选,銮沙拉努帕攀上校以陆军署名义创作的歌词中选。后对个别字作了修改,于1939年12月10日正式颁布。歌词大意如下:

> 泰国是泰族子孙的国家,/每寸土地归泰人所有。/泰族人民酷爱团结,/泰族国家万古长存。/我们热爱和平但不惧怕战争,/国家独立不容任何人来蹂躏。/为国捐躯不惜最后一滴血,/愿泰国繁荣昌盛,万岁!

4. 国都

泰王国的国都是曼谷。大城时期,曼谷原是湄南河边的一个小渔村。由于它靠近泰国湾,又是沿河北上到达京都大城的咽喉,来自印度、中国、日本和欧洲的商船都要在此停泊。因此,曼谷在该时期被辟为通商口岸。1534—1546年,为了缩短湄南河入海口至京都的航程,国王在曼谷地区的河套最窄处开凿运河,从而把这一地区分成两半。河西称"吞武里",1770年郑信王建都吞武里;河东称"曼谷"。1782年,却克里即位,建立叻达纳哥信(意为"因陀罗神的宝石")王朝,即曼谷时期。王把都城从吞武里迁至河东曼谷。1971年,政府把河西的吞武里并入曼谷,合称"大曼谷"。

曼谷现是泰国的政治、经济、文化中心,人口约占全国人口的$\frac{1}{10}$,居全国城市人口的首位。水、陆、空交通方便,是全国交通枢纽。曼谷是世界著名的旅游城市,设施完备。

世界各国都称泰国国都为"曼谷",这都名是从泰文"邦戈(บางกอก)"(意为"滨岛")一词音译而来的,中译名是依据中国闽南话音译的,泰人只有在对外通信时才用。他们自称为泰文"功贴",意即"仙都",这是简称。泰人在书写时,要在"功贴"后加上泰文中的省略号。全名有 127 个泰文字母(กรุงเทพมหานครอมรรัตนโกสินทร์มหินทรายุทธยามหาดิลกนพรัตน์ราชธานีบุรีรมย์อุดมนิเวศน์มหาสถานอม-รพิมานอวตารสถิตสักกะทัตติยวิษณุกรรมประสิทธิ์),意思是:"天仙之都、供奉玉佛的王都、攻而不克的京城、富饶雄伟的世界都城、琼楼玉宇仙宫、毗湿奴的宫殿、因陀罗恩赐的都城。"都名之长可谓世界之最。

5. 颂圣歌

颂圣歌常在电影院正式影片开映前播放,或在国王出席的重要仪式、宴会上演奏。颂圣歌的重要性仅次于国歌,这也许是因为泰国是君主立宪国之故。英国的国歌名叫《神佑女王》,就是用颂圣歌这类歌曲作国歌的。泰国与英国国情不同,既有国歌又有颂圣歌,而且颂圣歌早于国歌。

乐曲由著名乐师帕延派劳(米)创作,其基调模仿历朝国王出朝时吹奏的曲调。歌词由帕耶西孙他拉窝含创作。歌曲产生后先在宫廷中唱颂。1888 年,为了使歌曲能在广大人民中唱颂,原歌词作者又重新改写。现把泰籍华人黄荣光的《颂圣歌》译文抄录如下:

> 我辈臣民,心虔首俯,/敬祝吾王,至德君主。/峻极圣王,泰暹之邦,/福祚永昌。仁化安黎,/德泽宏施,丞庶雍熙。/王有何愿,臣祝其成,/顺遂圣意,如庆歌声。

6. 王徽

王徽是由国王的玉玺演变而来的。国王的玉玺很多,多由各种图案构成。不同的玉玺有不同的用途,国王向全国人民发布文告或重要文件要加盖国王的玉玺,这样用途的玉玺有 3 枚,象征婆罗门教的三大主神。其中有一枚即为金翅鸟,象征毗湿奴,后来成为国王的王徽。由于泰国是王国,所以有时在应用中其作用相当于国徽。它不能用中国国徽的意义和用法去套,有些地方中国用国徽,泰国却用国旗。

泰王国的王徽是一只展翅的金翅鸟。泰语称"克鲁"。但金翅鸟的形象不是一只普通鸟的形象,而是一只人鸟。它的头是鸟头,但从颈项到腰却是人身,下半部又是鸟的形状。白色的脸、红色的翅膀、金色的身子。除了王徽外,很多与国王有关的东西都用金翅鸟作标记,如王旗、宫廷文件、御用物品等。

7. 王语

在泰国，除了人们常用的语言外，还有王语，亦称"宫廷语"。宫廷语或王语顾名思义也即王室用语。宫廷语中大多词汇是外来语。

王语最早出现于素可泰时期五世王帕耶立泰时代。其实，在素可泰时期五世王时代前，已在佛寺中的僧侣之间应用。到了大城时期，一世王更推崇高棉语，甚至在王名前加高棉语"颂岱"以示尊敬。到了八世王颂岱戴莱洛加纳时，国王在《宫廷法》中规定了国王用具的词汇、接受谕令和觐见国王及王室重要成员时的某些词汇，选用高棉、梵、巴等词汇。之后该时期的国王为了强化王权，将这种词汇称作"宫廷语"应用于宫廷中。从此，这些词汇就被正式称作"宫廷语"而沿用至今。

宫廷语没有独特的文字和语法，它与泰语的文字和语法相同。区别只是一些专为宫廷或对国王、王后、王储等王室主要成员用的词汇。

8. 泰国的语言和文字

(1) 语言

泰语、汉语都属汉藏语系，泰语属汉藏语系侗台语族壮傣语支。因此，汉语、泰语在语法上基本上相同。

泰语的语音。从语言学角度来看，泰语语音与汉语语音比较：泰语有5个声调，汉语普通话只有4个声调；声调都有区别字义的作用；泰语中有入声字，汉语普通话没有。若泰语与中国广东话相比，则上述两项广东话中都有或相同。

泰语的词与汉语一样没有形态变化；量词丰富，以量词区分事物的类别。但今天的泰语词汇，除了泰语词汇外，外来词约占30%，其中主要是古印度的巴利语和梵语词汇；其次是英语词汇，尤其是在科技方面的，大多直接音译英文。最后是中国的汉语词汇以及潮州话词汇和印尼的爪哇语词汇。

语法上，泰语主要靠语序和虚词来表达意思。它与汉语比，区别大的是语序。泰语的部分结构是顺行结构；汉语是逆行结构。所谓顺行、逆行是从人们说话时的思维顺序说的。正如梁敏、张均如二位教授所说：人们在观察各种事物和现象时，总是先看到事物的本身，然后才看到附着于该事物的各种属性。用在语法上，凡与人们感知、思维的顺序同步的就称顺行结构；反之，则称逆行结构。因此，无论名词短语，还是动词短语，修饰语都依次置于被修饰语之后的结构是顺行结构（泰语），把修饰语依次放在被修饰语之前，则是逆行结构（汉语）。这现象，在语言学上称"语序"。汉、泰两种语言区别最大的是部分语言中的语序差别。这主要是指在偏正词组或语句的语序中。

汉语普通话的修饰语在前,中心词在后。如"美丽的花",泰语先说中心词,后说修饰词,变成了"花美丽",这是汉、泰两种语言在语法上最大的区别。但有人研究这种偏正结构在古汉语中也有,如"计未定,求人可使报秦者,未得。"(《史记·廉颇蔺相如列传》)。可译为:"寻求可使回报秦国的人没有。"古汉语中"可使回报秦国的"就在"人"后。而用中国南方广东话与泰语比,也相同。如"公鸡",广东话说"鸡公"与泰语语序同。再如泰语常把介宾结构放在谓语后,普通话没有,但古汉语有。如"阳处父至自温"(《左传·文公六年》)可译为"阳处父回来从温国"。现代汉语要说:"阳处父从温国回来。"再如泰语常把状语放在谓语后,普通话没有,但广东话有。如普通话"小孩儿先走",广东话说"细佬哥行先",与泰语语序同。为此,从上述汉泰两种语言比较来看,正如中国古籍《咸宾录》中《南夷志卷之六·暹罗》中所说:"言语多类广东。"句中"言语"指"泰语"。

之所以泰、汉在语法上有此差别,而又与中国的广东话类同,正如《中国文化地理》一书,在谈到汉语扩散的形式时,说:"语言还可以根据语言扩散的主体——'人'的空间移动距离长短划分为迁移扩散和扩展扩散。……汉语句法结构的扩散就是一个很好的例子。有学者认为,古汉语的句法结构是顺行结构。……如今南方汉语方言大体上依然是顺行结构,而现代北方方言多为逆行结构。……桥本万太郎认为在古汉语顺行结构向南方扩散之后,汉语北方方言区又受到北边阿尔泰语言的逆行结构扩散的影响。"[1]

(2) 文字

泰人都说泰国文字是素可泰时期兰甘亨大帝创造的,其依据是兰甘亨大帝纪念碑第4块石碑上的记载:以前没有文字,1283年兰甘亨创造了泰文。依据文字学知识,哪国的文字都不可能是某人包括国王创造的。如我们考察一下泰国邻国的文字,会发现柬埔寨文、缅文、老挝文与泰文的字母十分相似。泰文字母似乎像五线谱上的音符,大多字母都有一个小圆圈,至于缅文字母其圆圈更大。据文字学家研究,原来这几国文字同出一源,即南印度的格兰他字母,它随佛教传入东南亚。素可泰帕銮王朝是从古代柬埔寨王国势力范围下独立出来的,更何况其地以及周围还有同处在柬埔寨势力范围下的孟族小国。因此,在泰文创立前的古代叙事文学所用的文字:泰中、泰南用高棉文(柬埔寨文),泰北用兰那文(改良后

---

[1] 王恩涌等编著:《中国文化地理》,科学出版社,2008年,第212—213页。

的孟族文字,也称"孟族泰文"),泰东北用"多坦文"(音译,近似兰那文)和小泰文(参有兰那文的泰文)。所以文字学家认为兰甘亨是在古高棉文和古孟文的基础上加工、修改,而不是创造。

文字与汉字比,泰文字属表音体系的文字。有42个辅音字母和若干个表示元音及声调的符号。拼写时,元音符号写在辅音字母的左右上下。

五、黄袍佛国

泰国素有"黄袍佛国"或"黄衣国"之称,因为泰国僧侣身穿黄色袈裟。佛教在泰国流传的历史悠久,影响深广。全国信仰佛教的佛教徒占全国人口的93%,有僧侣30万,有佛寺3.2万座。

关于佛教传入泰国的时间,国内外学术界有诸多说法,看法不一,这主要是缺乏足够的证据。现根据泰国出土的最早佛像来看,东北部呵叻府发现的印度阿马拉瓦蒂时期或锡兰阿努拉达普拉初朝的金属佛像,时间约在公元4—5世纪。此外,中部碧武里府、南部的那拉提瓦府也有公元5—6世纪的佛像出土。因此,最保守的说法,在公元4—6世纪时,泰国已有佛教流传。迄今,佛教在泰国流传的时间,至少已有1500年。

1. 崇信小乘佛教

泰国自素可泰时期至今,信仰小乘佛教。佛教有大乘和小乘之分,小乘佛教僧侣自称"上座部佛教"。"小乘"是梵文"希那衍那"的意译,是大乘佛教对原始佛教和部派佛教的贬称。学术界沿用该说法,无褒贬意。小乘是相对大乘而言的,大乘是梵文"摩诃衍那"的意译。"摩诃"意为"大","衍那"意为"乘载"(如船、车)或"道路"。确切说应译为"承载工具"。大乘自称能运载无量众生从生死大河之此岸到达菩提涅槃之彼岸,成就佛果。认为佛无处不在,其数量如"恒河沙数"即多得像印度恒河里的沙粒那样无法计算。小乘追求个人自我解脱,把"灰身灭智"、证得阿罗汉作为最高目标。教义较接近原始佛教,把释迦视为教主。泰国小乘佛教只认一佛一菩萨,佛即现世释迦佛和菩萨即帝释天菩萨(泰人称呼为帕英)。在义学上,只否定人我的实在性。在修习上,主张修"戒、定、慧"三学和"八正道",特别注重禅定。还保持早期某些戒律,如托钵化缘、过午不食、雨季安居等。

将佛陀的诞生日、成道日、涅槃日合并在一起纪念,称"维莎迦节"。用巴利文佛经。小乘佛教有时也称"南传佛教"。佛教发源于印度。之后,佛教分成大乘和小乘两派。这两派基本上分南、北两条路线向外传播。南传佛教主要是小乘佛教,而北传佛教主要是大乘佛教。

中南半岛上,信仰小乘佛教的国家还有老挝、缅甸、柬埔寨。由于地理、历史等原因,这些信仰小乘佛教的国家形成了地域性的共同特征,也可说"小乘佛教文化圈"。下面以泰国为例:

泰国小乘佛教的僧侣依靠佛教徒在清晨的布施,一日两餐。他们一般从凌晨5时至正午就餐,过午不食,没有晚餐。中国大乘佛教僧侣靠自己耕种维持生命,不必托钵化缘。泰国佛教徒不仅要供应僧侣的饭食,而且必须预先准备好施斋的食物,不能让前来化缘的僧侣等候。否则,将是一件羞耻之事,会被人指责这是罪孽。

泰国至今仍有"沙门不拜王者"之说。一般佛教徒对僧侣施礼、跪拜,僧侣一概不予答礼,即使国王也如此。而中国僧侣见了皇帝则要跪拜叩首。

"吃肉和尚"是辱骂中国僧侣的话,但对泰国僧侣不适用。泰国僧侣禁酒不禁肉,但不能自己宰杀、烹饪。不能吃猫、狗、马、蛇、象、虎、豹、狮的肉。《新唐书》对泰国古代盘盘国僧侣也有此记载:"僧食肉,不饮酒。"由于小乘佛教僧侣的饭食需要挨家挨户去托钵化缘,所以人家吃什么,僧侣就吃什么,素食、肉食不能自选。其实,佛教戒律中没有吃不吃肉的规定。大乘佛教虽禁食肉,也只是自梁武帝提倡素食开始的。但信奉大乘佛教的蒙、藏人,蔬菜很少,不吃肉不能生存。所以,在中国只有汉人僧侣不吃肉。

泰国僧侣不像中国僧侣头上烧有戒疤(近来也取消了);念经时也不打器乐;袈裟的样式、穿法也与中国不一样;光脚,但可穿拖鞋。化缘时必需光脚,表示放生、不杀生。因为穿鞋走,会踩死蚂蚁等动物,那是罪孽。戒律规定僧侣不许站立小便。

泰国僧侣不像中国僧侣手拿念珠。在佛事仪式上,常见泰国僧侣手拿长柄扇。这扇不是散热用的,它表示僧侣的僧衔、僧职、学位。扇还有吉祥扇和丧事扇之分,不能误用。

泰国佛教没有比丘尼及沙弥尼的制度,即没有尼姑,但有"学戒女"或"学法女"。这是南传佛教因不设比丘尼制,为了方便女子出家的一种形式,在南传佛教中归属"优婆夷"或"邬婆斯迦"(Upasika/梵文/意为"近事女、近善女、近宿女、信女")。优婆夷指接受五戒的在家女居士,亦通称一切在家的佛教女信徒。学戒女也剃光头,身披白布。也可住宿佛寺,听经、听戒;也可接受信众的供养以及托钵化缘;也可进佛学院深造;也可终身守戒;也可随时蓄发还俗。全国约有2万余人。

泰国小乘佛教因只认一佛一菩萨,因此,其佛寺中的佛像极其单调。绝大部分是释迦牟尼佛像,可谓"千佛一面"。不像中国大乘佛教,有诸多佛、菩萨、罗汉、观音、诸天、明王等塑像。

2. 僧伽的分派和组织

粗略地看,泰国僧侣似乎都一模一样,但若仔细观察,深入了解,便会发现区别很大。这是因为泰国佛教与世界上的佛教一样,其内部有派系,也各有组织。

(1) 分派

泰国佛教分派,古已有之。素可泰时期流传的小乘佛教,就分有由缅甸传入的旧派和由锡兰传入的新派(山村派),后来新派逐渐取代了旧派。

曼谷时期初,拉玛四世针对僧侣戒律不严等问题,决心丕振律仪,重兴慧日,于1833年创立了法宗派。该派戒律严格,强调研究和宣讲原始佛教经典,注重佛教教育。法宗派只允许王亲国戚、显贵要人及其子弟剃度为僧,直接受王族布施;寺院规模大而精美,称"王寺",王寺住持由国王任命;戒律严格。(1932年政变后,才允许一般平民剃度为僧。)而没有剃度为法宗派的僧侣,由于人数众多,被称为"大众派"。

当今,泰国僧侣分大众派和法宗派两派。在衣着上,大众派外出时僧侣披覆右肩,露左肩,在室内披覆两肩;法宗派外出时,僧衣披覆两肩,在室内露右肩,覆左肩。外出托钵时,大众部在左腰部位,以左手持钵;法宗派则用双手将钵捧在胸前。

两派的区别主要在戒律上,而不是在教义上。法宗派在戒律上较大众派严而条例多,管理上也较细,如不接受金钱、不视听歌舞等。此外,在职责上也有差异,两派大部分僧侣的教育由法宗派管理。在对佛经的研究上,法宗派用现代科学和哲学的研究成果来研究。另外,在读巴利文佛经时,大众派读讹成泰语音,法宗派则近似斯里兰卡的读音。

泰国僧侣除了有派别之分以外,还有有无僧爵、僧职、僧侣学位之别。

(2) 组织①

任何国家的统治者都不希望有一种势力或集团高于自己。要管理好僧侣,僧伽组织很重要。大城时期自八世王戴莱洛格纳至今,国王、政府曾对僧伽组织进行多次改革,每次颁布的僧伽管理法令都是为了加强对僧侣的控制,以便更好地利用佛教。此外,泰国宪法还规定:"比丘、沙弥、修道者不得行使选举权。"这进一步说明国家不允许僧侣参政。但实际

---

① 净海:《南传佛教史》,宗教文化出版社,2002年,第241页。

上,只要有利于统治,不等于宗教不能参与社会政治。

泰国佛教有严密的组织。最高领导为僧王,由国王任命,终身制。

僧王下设高僧委员会或称"大长老(僧伽)会"。它由以僧王为主席的13名委员组成,4位副僧王为当然委员,其他8名由推选产生,任期2年,对于僧伽的行政、教育、宣传、福利、戒律、规章等有决议权。教育部宗教厅是国家和宗教界之间联系和协作的中央机构。宗教厅厅长兼任大长老会秘书长。

六、泰国的婆罗门教(印度教)

对泰国感兴趣的读者,若稍想深入地了解泰国,就需要了解印度教、婆罗门教的基础知识。因此,下面略作介绍。

1. 泰国婆罗门教(印度教)

泰国不少著作、民间常以婆罗门教概括印度教,不严格区分婆罗门教和印度教。不过,婆罗门教在印度也可称"古婆罗门教",印度教亦称"新婆罗门教",所以不严格区分也可理解。泰国婆罗门教的信仰集中体现在宫廷王室举行的仪式。民间,采用婆罗门教仪式的人也很普遍,但作为正式婆罗门教的信徒,古代也许有一些,但现代,无论是宫廷王室人员还是人民大众,信徒都极少。现今,印度婆罗门教教徒的后裔在泰国各府都有一些,但数量极少,并都与泰人结婚或有泰人血统,加入泰国国籍,纯印度婆罗门教教徒几乎没有,所以称"泰国婆罗门教"。

泰国婆罗门教主要集中在泰国南部自碧武里府至那空是贪玛叻府一带,约有4000多户印度婆罗门教后裔。现任宫廷婆罗门太师是全国婆罗门教的最高首领。婆罗门教的全国领导机构是"泰国婆罗门教会"。全国有婆罗门教寺庙21座。

2. 泰国婆罗门教的特点

泰国婆罗门教与印度婆罗门教有很大差别。印度婆罗门教教徒有四行期,即梵行期、家住期、林栖期和遁世期。而泰国婆罗门教教徒只有梵行期和家住期。印度婆罗门教要做祭祀,如家庭祭、火祭等。而泰国婆罗门教大部分的活动是主持宫廷仪式和充当国王某些事情的顾问。泰国婆罗门教教徒与印度婆罗门教教徒的最大差别是泰国婆罗门教教徒也可信仰佛教。这一大不同还影响到泰人的民间宗教信仰,自古至今,泰人的婆罗门教信仰一直与佛教信仰混在一起,构成宗教生活的重要内容,形成泰国宗教信仰的特点。泰国婆罗门教认为佛教也来自印度,佛陀也是那莱神的化身。因此,在泰国的婆罗门教神殿中也供奉佛陀,当到了重大的佛日,如佛诞节,也去佛寺参加活动,也给僧侣化缘等。

3. 印度教众神

(1) 印度教三大神

严格说,"三大神"是属印度教的,但泰人习惯称婆罗门教三大神。三大神在泰国,上至国王下至平民,妇孺皆知无人不晓,对其信仰、崇拜十分普遍。

1) 婆罗贺摩

婆罗贺摩为印度教"创造之神",梵文音译"婆罗贺摩"(Brahman),泰语音译为"琶隆"。泰人为了表示对神、佛等受尊敬的人的尊敬,常在其名前加"帕",所以常称"帕琶隆"。泰籍华人称他为"四面佛"。据说他是从金蛋中破壳而生,又说他是从开放在毗湿奴的肚脐上的莲花中生出来的或是在太空中出现的。他有妻子和儿子,但儿子不是他与妻子生的,而是生于他的精气、心脏、乳房、右手大拇指。之后,他的儿子又分别生出天神、修道士、凡人、妖魔、禽兽等宇宙万物。所以他是创造之神。正因为他创造了万物,包括灾难和魔鬼。人们认为他创造世界后,天职已尽,加之把女儿当妻子,乱了伦常。因此,对他的崇拜和信仰日渐减少。他的形象是4头4手。4手分别持有弓箭、经书、念珠、匙子或钵。皮肤红色。通常坐在莲花座上。他的坐骑是凤。后被佛教吸收为护法神,称"大梵天",亦称"梵天"。为佛陀的右胁侍,持白拂;又为色界初禅天之王,称"大梵天王"。

佛教中的梵天有很多称号,他的形象不是4头,没有妻子。

婆罗门教中帕琶隆的妻子称"辩才天女",泰文音译"萨拉萨伐底(สรัสวดี)"。她有时是帕琶隆的女儿,有时还是毗湿奴的妻子。她是文艺女神,语言、知识女神,掌管诗歌、音乐,还是艺术和科学的保护者。后被大乘佛教吸收为菩萨,称"大辨才天女"或"妙音佛母",是文殊菩萨之妻。

2) 毗湿奴

毗湿奴为"保护之神"(一种介于破坏和创造之间的力量),但他还能创造与降魔。"毗湿奴"梵文"Visnu"音译。泰语称"帕维萨努"。他的称号极多,据说有上千个,但主要有"那莱""那罗延那"(印度古代的圣人,泰文音译"帕赫里")"救世主""世界之主"等,泰国多称"那莱"。他原是吠陀教中的牛神,说他三步跨过了大地。后来逐渐发展为大神。佛教意译为"遍入天",意即无所不在或高于一切的神。

他的皮肤是绿色或黑色的。有4手,分别持神盘(象征圆周的无限时间)、弓箭、法螺(象征无所不在的虚空的声音)、仙杖(象征摧毁一切仇敌的力量),一手有时还持有莲花。他有时骑在金翅鸟上;有时坐在莲花上,右边坐有其妻;有时卧在乳海上千头蛇王的身上,在他肚脐上生出一朵莲花,莲花上坐着梵天。他不能以神的身份拯救世人,必须化身下凡才能除暴安良。他曾化身下凡24次,重要的是10次化身,即鱼、龟、野猪、人狮、倭人、持斧罗摩、罗摩、黑天、佛陀、伽尔基(手持宝剑,骑白马的救世主)。可以说世上任何地方发生灾难,他都会化身下凡在那里消灾、除魔。

毗湿奴住在韦贡天堂。毗湿奴的妻子是吉祥天女,泰语为"帕西"。其名泰语音译为"帕拉萨米(พระลักษมี)"。关于她的出生有多种说法。泰国文学著作《那莱十化身》中描述吉祥天女是在天神与阿修罗搅乳海时出现的荷花中生出来的。她曾多次在毗湿奴化身下凡时,也随着化身下凡。

泰国很崇信毗湿奴。古代,每年二月还举行婆罗门教迎奉毗湿奴、湿婆下凡的仪式。该仪式在1932年政变后才取消。至今,仪式中的秋千还完好地矗立在曼谷苏特佛寺前。

3) 湿婆

湿婆称"毁灭之神"。"湿婆"梵文"Siva"音译。泰语称"帕锡瓦"或"帕依苏"。佛教称"大自在天"。他由婆罗门教前身吠陀教中的暴风神楼陀罗演化而来。他住在盖拉山顶,山上整年白雪覆盖,是喜马拉雅山最高的山峰。大白牛是他的坐骑。此牛原是一神,被点化成牛。湿婆常以不同的形象显现自己,因此就有众多的称呼,但主要是4种:

苦行之神。终年在喜马拉雅山的盖拉山顶修苦行,以此获得深奥的知识和神奇的力量。头盘发辫,三眼四手。第三只眼睛长在额中间,其上方有一弯新月,所以又称"以月亮为簪者"。一次,第三只眼睛睁开,喷出一股神火,烧毁了扰乱天神的三座妖魔城市。所以又称"三眼神",泰语音译"德丽罗乍那"。手持的武器有三股叉、弓箭、仙杖,有时也手持法螺和套索。头上有一道银河水的象征物。据说银河下泻时,他被应邀用头顶住银河下来的水势,使银河缓缓流向人间。颈挂用骷髅串成的念珠。赤身裸体。

舞蹈之神。湿婆善舞,跳舞时,大白牛会敲起双面鼓为他伴奏。他跳舞象征世界毁灭。

破坏之神。形象恐怖,颈挂骷髅串成的念珠,脖缠一蛇,身穿虎皮。常住在墓地,游荡于鬼魂之间,管理死者的"时限",所以又称为"鬼灵之主"。颈脖是青色的,这是因为在天神与阿修罗搅乳海时,出现了一种能毁灭世界的毒药。他吞下毒药,救了世界,但颈脖被毒药烧成青色。

再生之主。印度教认为毁灭与再生互为因果,因此湿婆又称"再生之主"。男性生殖器林伽是再生之主湿婆的象征。印度湿婆教派把林伽当作神来祭拜。泰国曼谷的切杜蓬佛寺内有此雕塑品。

湿婆之妻名"乌玛"(泰语称"帕乌玛พระอุมา"),又称"雪山女神"。她是喜马拉雅山的女儿、恒河女神的姐妹。她温柔、美丽。因陀罗神曾派爱神引诱湿婆去爱雪山女神,被湿婆用第三只眼睛烧死。后雪山女神苦修千年,终得湿婆的欢心,成为湿婆的妻子。她在和牛魔战斗时有十个变形。不同的变形有不同的形象,所以她有时仁慈、美丽;有时狰狞、可怕,如变形为"难近母"(泰语音译"帕图拉卡พระทุรคา")"时母"(泰语音译"娘伽里พระนางกาลี")。尤其是时母形象,全身黑色,4头4手,额上有三只眼睛,口吐火舌,手提头颅,胸前挂一串髑髅,喜嗜魔血,十分可怕。后来,雪山女神、难近母、时母等,被佛教密宗吸收。

湿婆与乌玛生有两子。一个叫"欢喜天"或"象头神",泰语音译"劈克内(พิฆเนศ)";一个叫"韦驮天",泰语音译"帕坎特古曼(พระขนททกุมาร)"。后来,韦驮天被大乘佛教吸收为守护神,称"韦驮"。

(2)其他神

印度教的神众多,被泰人提及最多、最崇信的是因陀罗神。其次有:象头神、工匠神、乐神,也可通称为"行业神"。他们的传说故事很多,这里对因陀罗和象头神略作介绍。

1)因陀罗

因陀罗原是印度婆罗门教前身吠陀教中保护农业的雷雨神。婆罗门教于公元前10世纪中叶后在印度逐渐形成的。在婆罗门教中,因陀罗确实是一位大神,他由雷神发展到战神、天神之王。到了公元4世纪后,婆罗门教过渡到了印度教。在印度教中,其地位下降,在印度教三大神中都没有他的地位,只是喜见城之主,因杀死蛇妖弗栗多,又有"杀弗栗多者""水中取胜者""城堡破坏者"之称。他是一名小神、战神。他的皮肤是红色或铜色,后变成绿色,手持金刚杵、弯钩。他的坐骑是由两匹红马拉的战车。他嗜好苏摩酒。能随意变形,十分英勇。后来,佛教在印度发展,因陀罗被佛教吸收,称他为"天帝释""帝释天""天帝""帝释""释帝桓因"。佛教(大、小乘佛教)认为帝释天是佛教的护法神,为六欲天之一的忉利天(泰语称"道登",意为"三十三")之主,居于须弥山顶的善见城,是一位菩萨。他有4位妻子,分别叫"素娴他""素集他""素他玛""素差达"。

因此,泰人崇信的因陀罗,他既是婆罗门教中的神,又是佛教中的菩萨。他在泰国民间信仰中很受民众信仰和崇拜,被尊为创造世界万物的神;在泰国历代帝王心目中也是一位大神。泰国民众至今仍习惯称他为"帕英"。"帕"为神、佛的尊称,"英"即因陀罗。素可泰时期一世王名"胞坤西因塔拉铁",其中"因塔拉"即"因陀罗"。

2)象头神

象头神是湿婆和其妻乌玛的儿子。他是智慧之神、排难之神、写作之神,颇得泰人的祭祀和供奉,古代泰国诗人作诗前都要祈祝他。他形象奇特。体形像个矮胖子,肚子鼓起。头是象头,下垂的象鼻向左拐。两大耳下垂,但只有一只牙,是单牙象。他有4手,分别拿着套索、制象钩、三股叉、金刚杵,也有说其4手拿着法螺、神盘、仙杖、莲花。他身为红色,坐骑是鼠。其形象现是泰国艺术厅的标记,一些学校内也有他的塑像,受人供奉。泰人常叫他为"劈克内"。有关他的诞生和其奇特的形象有多种解释。

现介绍婆罗门教神话故事中的一个小故事《象头神故事》,梗概如下:

一次,在为劈克内举行剃发留顶髻的仪式时,湿婆因要唤醒酣睡的那莱神来剃发,吹起了法螺,吵醒了那莱神。那莱神很不高兴,迷糊中失口诅咒湿婆儿子的头会失去。由于那莱神的神力,劈克内的头颅被割去了。当湿婆见到割去头颅的儿子时,十分吃惊,急忙吩咐"工巧之神(เพชฉลูกรรม)"到人间寻找死人的头来接替。但工巧之神到了人间没找到,因当天没有人死亡。湿婆重新吩咐说:"不管是人还是动物,只要头向西睡的,就割来。"工巧之神再次来到人间,遇见一象正在睡觉,象头朝西。于是他便把该象的象头割了下来,接到劈克内的颈脖上。从此以后,劈克内就有了象头头颅。

至于为何只有1只象牙?也有多种解释,而曼谷时期四世王写的剧本中所持有一种解释被泰人所认可。这段解释说:

一天,持斧罗摩(ปรศุราม)想拜见湿婆。刚好劈克内守门,由于湿婆正在睡觉,劈克内不让他进门。持斧罗摩认为自己也是一大神,一定要进去。于是两人就打了起来。劈克内用象鼻把他举到空中旋转,使他几乎失去知觉。后来他找到机会,拿起湿婆给的斧子向劈克内的头上砍去。劈克内见是湿婆的斧子,不敢发力,就用一颗牙去接招。牙被锋利的斧子砍断。从此,劈克内就成了单牙象。

这故事中有一段工巧之神寻找头颅的情节使泰人认为睡觉不能头朝西,死人躺时才把头朝西。后来,这种认识成为泰国的一种习俗。

4. 婆罗门教仪式

佛教没有那么多的祭祀仪式。自婆罗门教、佛教传到泰国后,自古以来,婆罗门教和佛教常常混在一起,以至于有时很难区分哪是婆罗门教仪式,哪是佛教仪式。尤其是当代,真正的婆罗门教徒十分稀少,很多婆罗门教的仪式由僧侣完成,有的还加以佛教诠释,更以为是佛教仪式。据懂行的人士说[①]:凡洒水、点粉、咒语等都属婆罗门教仪式,凡念经、拜佛、布施等都属佛教仪式。

下面介绍一些婆罗门教的仪式:

(1) 洒水仪式

洒水仪式这一项仪式或活动,在当今泰国社会中十分普遍,颇受欢迎。它不仅出现在婆罗门教的仪式中,而且也出现在佛教仪式中。洒水仪式又可分洒圣水或洒法水仪式。

"洒法水"表示某件赠品通过洒水,已按洒水人的意愿把赠品赠给了被洒水之人了。因为这种赠品是洒水人不能直接用双手递送的。泰文称"格鲁南(กรวดน้ำ)",译成中文有时译"洒法水",有时译"洒圣水",依据不同场合和用途而译。

喜庆吉祥之仪式常用洒(滴水、淋水)圣水仪式(ประพรมน้ำมนตร์),禳灾消祸的仪式常用洒(洒水)法水仪式。

(2) 吹法螺

法螺是印度婆罗门教仪式用的一种法器。它是一种带螺旋状的海螺壳,大小如拳。海螺壳被用作宗教仪式的器具后,称"法螺"。它在婆罗门教的仪式中有两种用途:一作滴水器,用于滴水礼。用时,把念过经或咒语的水倒入海螺壳中。然后,把壳中的水滴入人的手中或头上等,以示吉祥。据婆罗门教传说,海螺壳中曾放过吠陀经书;神话传说中又说,海螺壳是搅乳海时出现的14件宝物中的一件。二用作吹器,在海螺壳螺旋尖顶处开一个孔,即可吹。常见泰国婆罗门法师在吉祥仪式上吹用。据婆罗门教说法,海螺吹出的号音,魔鬼听了会失魂落魄,众神听了会斗志昂扬。泰国古代战争中,还以吹海螺指挥军队。

(3) 点粉(เจิมจุณ)

泰国点粉礼仪用得十分普遍。除了王事礼仪以外,在节日上,如宋干节;在人生礼仪上,如婴儿四日礼、剃度礼、婚礼等;在仪式上,如拜师仪式

---

① 〔泰〕塔那吉:《泰国风俗、吉祥仪式和重要日子》,比拉密印刷,儿童中心发行,1996年,第335页。

等,常见僧侣、婆罗门法师给人点粉祝福。有的器物,如华盖、招牌、舟、车、孔剧面具以及比帕乐队中的鼓等,也要在适当的仪式中点粉。

点粉仪式源自婆罗门教,后在泰国佛教中也流行。按婆罗门教的信仰,认为点粉能得神灵保佑,消灾祛病、辟邪驱鬼、迎祥纳福等。点粉所用的粉和器皿,要经僧侣诵经或婆罗门法师念咒。一般用丁香、豆蔻、肉桂等研成粉末,加添菜油、奶酪等配制成粉,多带色、香。由于用处不同、目的不同,粉有多种配方。点粉时,僧侣或婆罗门法师多用拇指或无名指蘸粉。如用食指,必须戴辟邪戒指。一般将粉点在额头上,有点三个点排成"一"字或三角形的,有点在两眉间一个点的。若要对器物点粉,则要视器物而点。

(4) 圈圣纱

圈圣纱按古代泰国婆罗门教说法,圣纱是法力或真言通向病人或物品、场地的"桥",得到真言的保护。佛教认为这与佛教仪规不违,也能使佛的真言通过圣纱传递,于是也应用之。

圈圣纱的范围由主人按自己的需要而定。有的圈仪式的场地,有的圈房子的周围,包括土地小庙。圈时,用圣纱从供桌上的佛像开始,由左向右圈绕。最后回到供桌上的佛像原处,包括圣水钵等供品。把剩余的圣纱放在供桌的高脚盘上,等待僧侣就座后,再由僧侣一个接一个地传递到手中。凡被圣纱圈进的地方,是受佛、法、僧保护的"圣地",是大、小魔鬼进不来的地方。人只能从圣纱下进出,切忌跨越;切忌圣纱断裂。圈圣纱只用于吉祥仪式。

(5) 咒语

"婆罗门教常用'吠陀'和'咒语'这两个词。原先'吠陀'和'咒语'两词的词意是有区别的,但使用起来后就没有多大区别了……其实,'吠陀'最初是婆罗门教经典的名称,共有四大卷。第一卷是《梨俱吠陀》,即泰人熟知的《吠陀》。……《梨俱吠陀》是祭祀时用来赞美神的诗。如果用于乞求鬼神帮助自己实现某种愿望时诵读,就成了咒语。"[①]

婆罗门教咒语种类繁多,此外还有:施法水为产妇接生时念的、医治红眼病的、治霍乱时念的、治疗外伤时念的、给牛治病时念的等咒语。

咒语用的语言有三种,即泰语、梵语、巴利语。但当今使用泰语时总要加入梵语、巴利语,认为更有神力。

"咒语的产生几乎可以推测到和原始语言产生为同时,它是人类崇信

---

① 段立生译:《泰国当代文化名人——披耶阿努曼查东生平及其著作》,中山大学出版社,1987年,第231页。

自己语言具有神秘魔力的必然产物。"[①]相信泰国也是这样,它应该是有悠久历史,早于婆罗门教传入前的一种民俗信仰。因此,咒语不是婆罗门教信仰的唯一表现方式,它也是泰族古老的民间信仰的表现方式,只不过婆罗门教的咒语更复杂、更规范,泰人认为更有神力。

[①] 乌丙安:《中国民俗学》,辽宁大学出版社,2006年,第311页。

第二章 民俗形成的原因

当今中国民俗学从不同角度对民俗的形成有所阐述,但没有统一的说法。大致有:经济的、政治的、宗教的、语言的、地缘的、社会环境的原因等。

下面从泰国民俗出发,从地缘的、经济的、社会环境的、政治的、宗教的以及民俗文化交流的原因分析泰国民俗的形成。

一、地缘原因

"每一个民族的民俗文化的形成,首先可以从各个民族独特的地理形态和自然环境中找到说明。"[①]

(一) 地缘与民俗

为什么各国的"衣食住行"等民俗都不相同或不完全相同?原因很多,其中各国所处的地理环境是民俗形成的原因之一。"俗话说'百里不同风,千里不同俗'。由于各民族所处的山川地理环境不同,而形成不同的风俗和习惯。这表现出民俗对自然环境具有很强的适应性和选择性。……有什么样的自然环境,就会形成什么样的民俗。"[②]

泰国传统服饰(服饰民俗)的下装是筒裙,上装,女子是一块围胸布,男子是不着上衣,下装是纱笼。有人研究,世界上衣着方式依据气候特点,月平均气温在20℃—30℃之间的地区极少着衣,东南亚的服装形态为挂布型。"(东南亚)男女皆穿用干曼——意即围幔或横幅,今日称之为筒裙者,早期不需缝合,发展直到近代才形成今日式样。"[③]这就是对"挂布型"服装形态的介绍。纱笼、筒裙都是整块布。泰国男子上身不着衣服;男女光脚,喜穿拖鞋也是热带气候造成的。热带气候也是泰国地处地球赤道附近的缘故。

[①] 仲富兰:《中国民俗文化学导论》,浙江人民出版社,1998年,第135页。
[②] 陶立璠:《民俗学》,学苑出版社,2003年,第29页。
[③] 李谋:《试析中国文化、印度文化与古代东南亚》,载东方文化集成·东南亚文化编《古代东南亚历史与文化研究》,昆仑出版社,2006年。

干栏式建筑是东南亚乃至中国西南少数民族的民居。泰国的传统交通工具(交通民俗)是舟、大象。这是泰国江河纵横,盛产大象之故。

泰人在吃的方面(饮食民俗),自古以来吃鱼和米饭,嗜辣,吃得杂,喜食花,烹调时调料多。古代人喜吃介壳类等水产;喜嚼槟榔。当今人喝饮料时,爱放冰块。这也是泰国天气炎热、花香四季等地缘原因使然的。

以上种种民俗都是泰人所处的地理环境造成的。

(二) 语言与"文化地理"

"文化地理就是从文化的时空发展中探索人类文化与自然、经济和人文诸环境因素的关系,并注意人与地通过文化相互影响的作用所形成的文化景观。文化地理学虽然研究文化与地理环境的关系,但只注意与地理环境有关联的那一部分文化,并不包括文化的所有方面。"[①]

语言联系地理环境的研究可以归类为文化地理,也是研究一个民族的习俗特质的最根本依据,而下面将从汉、泰两个民族的语言比较来谈语言民俗与地缘之间的关系。

在语言内部各系统中,词汇、谚语受地理环境影响最大,也最直接、快捷。语言中最能体现民俗特征的是民众的俗语套话,主要是谚语,在民俗学上称"民俗语言"。它自然生长于民众丰厚的生活土壤,通俗易懂,生动活泼,是广大民众世代相传的集体智慧和经验的结晶,传达和反映着民众的思想情感和习俗。

1. 地理环境对谚语的影响

泰、汉语言在表达意思时,由于人们所处的环境不同,同一个意思所用词汇、谚语也不一样。

泰国地处热带,气候炎热。人们普遍喜凉恶热,因此在词汇中常把"热"字来比喻不好的事物,如"痛苦""焦躁""上火"等词中都有"热"字。泰语"避热靠凉"意为"避灾趋福",热是灾祸,凉是幸福。"凉"常与"舒服"一起用,意为"舒适、舒服"。中国北方人,则与泰人相反,怕冷喜热。因此,好事都会用"热""暖"等字,如形容关心、帮助他人的人,会说"热心人"等。如形容好的家庭常用"温暖、幸福的家庭。"形容好的政策常用"××政策暖人心"等。再如泰国盛产大象。汉语"杀鸡用牛刀"比喻办小事花大力气,而泰国却用"骑象捉蚱蜢"比喻。汉语"欲盖弥彰",泰语说"用荷叶盖大象的尸体"。汉语"看儿先看娘,看兵先看将",泰语说"看象看其

---

① 王恩涌等:《中国文化地理》,科学出版社,2008年,第5页。

尾,观女观其母"。又因泰国盛产凶恶如虎的鳄鱼,所以,汉语"前门拒虎,后门进狼",泰语说"躲过老虎,又遇鳄鱼"。汉语说"一山不容二虎",泰语说"一洞难存双鳄"等。这样一比较,环境对语言的影响就明显了。

2. 人文环境对谚语影响

文化地理学中的"环境",除了自然环境外,还有人文环境。人文环境影响指行政区划、移民、国家政策及经济发展水平等因素的影响。泰语中有许多汉语词汇,如:豆腐、饺子、桌子、椅子等。这都是大量华人移民泰国造成的,这些东西和词汇泰国原先是没有的,由于受华人移民的影响才有的。由此,泰国语言中也就有了这些词汇组成的谚语,如泰语"京笃",直译为"吃桌",意译为"酒席、筵席"。而如今泰人生活中除了有桌子、酒席等的饮食民俗外,还有了反映上述民俗的谚语。

(三) 地缘与文化圈

地理环境不仅与本国、本地的民俗有关,地理环境还造成泰国文化与处于相同、相近地理位置的其他国家也有相似的文化。人类由于所处的地理环境不同,而创造的文化不同。后人常常依据不同地理区域划分出各个文化圈,在一定的地理环境作用下,同一文化圈内的文化中必然会有其共同的相似的民俗。

下面列举的文化圈是得到多数学者公认的:泰国及其周围地区或民族根据所处的地理环境,可以从不同的角度,划分出"傣泰文化圈""稻作文化圈""象文化圈""小乘佛教文化圈"等。处在同一文化圈中的不同国家、民族,会因地理环境相同有相同的文化,相同的文化必会有相同的民俗。如"象文化圈",其涵盖的地理范围十分广阔,"东南亚诸国以及印度等地区均为象文化的发源地之一,这些地区跟中国南方一起构成了象文化的最广阔的文化圈。"[①]这些国家和地区如印度、东南亚诸国、中国南方的傣族区除了象文化的各类产品相同外,在民俗上也有相同的事象。如崇拜大象、敬蛇习俗、挂布型服装、时行火葬、爱吃辣、喜欢光脚不穿鞋等。这是从文化角度分析地缘是民俗形成的原因。

(四) 地缘与泰国文化

"依据文化原型理论,人类各种文化都具有不同的价值体系,这是由

---

① 岩峰:《热带丛林的古代文明》,载云南大学贝叶文化研究中心等编:《贝叶文化与民族社会发展》,云南大学出版社,2007年,第287页。

于每个民族的文化都是由自己的生成'土壤'条件和具体的生态环境所决定的。作为人类民俗文化的母体——从远古的原始文化就奠定了该民族民俗文化的深层结构,成为该民族民俗文化的主旋律和民族精神,制约着这一民族不同于其他民族民俗文化的发展。"[1]

这段话说明每个民族的文化都有自己的独特之处,它是由自己的生成"土壤"条件和具体的生态环境所决定的。

那么什么是"土壤"和生态环境呢？实际上指的即是地缘,那么泰国的地缘具体指什么呢？

"河水不仅仅是泰国人熟悉的自然资源,而且还是交通渠道、食物产地、文化艺术以及与水相关的风俗习惯的发源地。"[2]

这段话说明泰国河网如织的河水即是泰国文化的生态环境和"土壤"。因此地缘与泰国文化有着深刻的内涵和密切的关系,是泰国文化的包括风俗习惯的发源地。

综上所述,人们所处地域同或不同,就会有同或不同的文化和民俗。地缘是民俗形成的原因之一。

二、经济原因

"决定民俗文化性质的第二个因素是在地理环境基础之上的经济和生产方式。"[3]

古代,泰国经济以农业为主,渔业为副,正如素可泰石碑上所说:"田里有米,水中有鱼。"当今,泰国也是一个工业化的国家,2014年工业总产值占国内生产总值的42%,但农业等其他行业的比重仍很大。

(一) 经济与民俗

1. 稻作生产与民俗

泰国可以说从古至20世纪60年代前一直是以农业为主导的国家,具体说也即是以稻作生产为主的国家。当今,农业等非工业的生产仍占很大的比重,它是几千年来长期形成的。泰国稻米种植面积为1078公顷,水稻是泰国最主要的农作物。泰国在20世纪60年代初,还是一个以

---

[1] 仲富兰:《中国民俗文化学导论》,浙江人民出版社,1998年,第133页。
[2] 〔泰〕《泰国文化艺术》编辑委员会编,裴晓睿等译:《泰国文化艺术》,泰国外交部出版,2010年,第44页。
[3] 仲富兰:《中国民俗文化学导论》,第138页。

农业为主导的国家。

（1）节日

1）宋干节。4月的宋干节正处于稻米收割完毕的农后和准备再次播种稻米的农前,也是泰国气候最热的时候。稻农们在这时节要举行种种有关稻米获取丰收的仪式或活动,同时也是妇女们最空闲的时候,妇女们走出家门参加各种祈求丰收的仪式和各种文化活动。

宋干节中最重要、最热闹的节目是泼水祝福。参加泼水的人们不管男女老少都希望泼水越多越好,泼得身子越湿越好。正如泰国民俗学家阿奴曼拉查东在其著作中叙述宋干节时说：如果人们少泼水或不泼水,意味着今年的雨水不充沛或缺水,则会大大影响稻米的收成。

2）春耕节。6月的春耕节原是国王在稻米耕种前召唤稻农下田开耕而举行的仪式。作为现今节日中的一个全民节日,每年国王或国王委托某大臣主持春耕仪式。仪式上有象征性的犁田、撒稻种等。最后还要用牛来预测天气、预卜作物收成的好坏,祈祝风调雨顺、稻谷丰收。

3）水灯节。12月月圆之日的水灯节,人们制作或购买各式水灯,漂放江河湖泊。人们膜拜、祭祀、感谢河神,感谢河神让河水滋润正在抽穗的稻秧。

（2）各种仪式

为了农业丰收而举行的仪式,除了上述节日中的仪式以外,稻农们从农前到农后,在耕种的每一步都在祈祷或举行大小祈神、祭神的仪式。如在开耕前要对犁、耙、牛等生产工具做祈祝仪式。插秧后,若天气干旱,要举行声势浩大的"母猫游行"和"放高升"的求雨仪式。收割前,面对金黄色的稻穗要做祭祀田神的仪式。有的稻农为了获得更好的收成不止一次地祈拜谷神。收割后的稻谷在打谷前要对打谷场做招魂的仪式。每年1月王家要举行驱水仪式,因为低洼的地方如果水涨不退,会给稻谷抽穗带来影响。

（3）民间歌谣

收割歌、镰刀歌、扬场歌等的产生来自稻作生产的种种劳动。劳动时,一起为了丰收而歌唱。民歌除了在农业生产劳动时调节劳动强度,田间休息、娱乐的需要外,还有祈祝农业丰收的各种仪式的需要。稻米的种植从开耕到入仓要举行一系列的仪式,仪式上的祈祝词要唱诵。有的是自己一个人唱诵,有的是男女对唱,更有多人的配唱或合唱。仪式上的祈祝歌、请神歌、祭神歌、酬神歌都是这样产生的。至于"母猫游行""放高升"的求雨仪式更需要男女高唱激情、猥亵的对歌,让上苍听了动情而下雨。这些因稻作生产而产生的民歌,对民歌的发展起了积极的作用,至今还能听到以"收割歌""镰刀歌"命名的民歌传唱。

(4) 民间谚语

与稻作业有关的民间谚语很多,有的用稻米比喻某事物,有的用水、牛等与农业有关的事物比喻某事物。说明很多谚语来自稻作生产。现举例如下。

1) 来自稻米的:"稻米是国家的脊梁骨",比喻稻米对泰国国家的重要,同时也说明泰国是一个以稻米种植为主的国家。"男是稻谷,女是稻米。"说男子到哪里都能自立谋生像稻谷一样能发芽成长。女子则要依靠别人,像稻米一样不能发芽生长。"新米肥鱼"意即"新婚燕尔"。"饭馊鱼臭"意即"婚久生厌"。"吃蒸糯米的人"意即"北方人",因北方人多吃糯米。

2) 与农业生产有关的牛:"拉琴给牛听"意即"对牛弹琴"。"牛丢失,修围栏"意即"亡羊补牢"。"牛不吃草,别强揿牛角"意即"别强人所难"。"削尖牛角让其相撞"意即"挑拨离间"。"看牛观尾,察女看母"意即"有其母必有其女"。

上述节日、仪式、歌谣、谚语等民俗都是围绕稻作生产而产生的。

(二) 生产方式与文化

上面谈了经济与民俗,下面从生产方式谈文化。

生产方式即物质资料的生产方式。物质资料中生产作物的不同,会产生不同的生产方式。不同的生产方式也决定了不同的文化,如中国北方由于生产作物是粟类,所以其文化是粟作文化,而南方生产作物是稻米,其文化是稻作文化。而我们发现不同民族、地区、国家其生产方式相同,其文化、民俗就会有相同。上述"经济与民俗"中的民俗不仅泰国有,其他民族、地区、国家也有。其原因是相同的生产方式带来的相同文化,相同的文化必然会有相同的民俗。

1. 稻作文化

泰国长期以来的生产作物是稻米,因此其生产方式是稻作生产,这就决定了泰国的文化是稻作文化。

泰国民俗学家阿努曼拉查东、民俗学家希拉蓬·纳·塔朗都曾说:泰族文化是"农业文化""稻米文化"。

"所谓农业文化,并非说构成这种文化的物态成分中没有其他产业的产品,而是说整个文化的物质基础的主导方面和支配力量是在自然经济轨道上运行的农业。"① 稻作文化实际上是狭义的农业文化,只是它更具体是指"稻米"。

稻米虽不是文化,但人们通过种植稻米(生产方式)形成的一系列民俗、观念、行为规范、器物等社会生活的方方面面而创造了一种文化,称"稻作文化"。

2. 稻作文化圈

有研究②认为稻作文化的起源与栽培稻起源有关。从中国东南到云南,再到中南半岛的越南北部、老挝北部、缅甸北部、泰国北部,印度阿萨姆邦这一广阔的半月形地带是亚洲栽培稻的发源地。生活在那里的人们对"稻"字读音都很相近,如西双版纳和德宏地区和泰国都读为"考",缅甸掸族读为"镐",越语为"gao"。生活在这一广大地区的各民族由于都种稻,有相同的生产作物,可以说有相同的"稻作文化",这一地区的文化称为"稻作文化圈"。

姜彬主编的《稻作文化与江南民俗》一书,③书名中"江南"具体是指中国古代吴越地区,吴越即是中国古代生活在长江下游地区的百越民族。书中提到的民俗事象很多。我们对照泰国的民俗,发现两者有很多民俗相同。

从远古时代起,讲故事就作为人们传承知识、表达思想感情等的一种民俗流传至今。神话是一种最古老的故事体裁。我们发现稻作文化圈中的民族、地区、国家中流传着同一母题的神话。现举例流传于老族、越南西北部的黑泰、白泰中的一则《稻谷被打》神话如下:

> 从前,稻谷自己从野田里飞来,不必种植。稻谷大如槟榔,一粒稻谷吃一个月都吃不完。老妇埋怨稻谷太大,吃时舂米也困难。于是拿来木棍敲碎稻谷。稻谷神很失望,回到了田野。自此以后,再想要稻谷就必须去请稻谷神。

《稻谷被打》这一神话属于谷物起源神话中的"飞来稻型"神话,这类神话广泛流行于缅、泰、老、印度阿萨姆以及中国的云、贵、桂地区。这些国家和地区也正是处在野生稻生长线上。

泰人不吃狗肉,中国壮族也不吃狗肉,而且还有其由来。壮族有一个神话是这样解释的:人类遭受洪水以后,狗去天庭或一高山上,带回了稻

---

① 张岱年、方克立:《中国文化概论》(修订版),北京师范大学出版社,2014年,第271页。
② 李昆声:《亚洲稻作文化的起源》,第四届泰学研究国际会议论文。
③ 姜彬:《稻作文化与江南民俗》,上海文艺出版社,1996年。

种给人类。自那以后,人类才懂得种植稻米,因此不吃狗肉。

泰国有人研究[①]有关狗的神话。在中国南方少数民族,如中国壮、苗、瑶等民族和中南半岛各民族,如孟、高棉、泰、佬等族中都有关于狗的神话。这类神话的主题大致可分4类,即人类的祖先;原始社会文化的引路人;人类繁衍和丰收的象征;人类与神界的联络人。有的民族的神话还说,稻种是沾在狗尾巴上带来给人类的。传说狗曾有9条尾巴,后被神砍去,只留下了一条。同时,有的民族文化中还反映了人类感恩于狗的思想意识,推崇狗为有功于人类的圣者。如中国云南德宏傣族每年正月的狗日要用新米祭祀狗。

由此可见,有的民族之所以不吃狗肉,是因为狗是神圣的。狗之所以神圣,是因为它为人类带来了稻种,带来了文化。

综上所述,为何上述不同地区、国家会有相同的民俗,原因是有相同的文化。这种文化都是由稻作生产带来的。生活在亚洲栽培稻的起源地的各民族,在亚洲构成了一个稻作文化圈。在这个圈内的民族、地区、国家就会有相同的民俗。

这一节谈的是民俗产生的经济原因,上一节谈的是地缘原因,为何都谈到了文化?其实,民俗是文化的一个组成部分,从文化来谈民俗也许更透彻、更全面,请看下面所引民俗学理论是如何解释的:

"按照传统的理解,民俗是人们在日常生活中靠口头和行为传承的一种文化模式。这种模式是用来规范人们的思想和行为的。这样的理解当然是不错的,但仔细推敲,这一理解有许多的局限性。首先是它模糊了民俗的文化内涵。民俗的形成是一种历史过程,民俗是在不断地传承中演变和发展的,所以民俗既是历史的又是现实的,应该将民俗理解为一种历史文化的积淀。只有民俗所含有的文化内涵才能体现民俗的本质。"[②]

三、社会环境原因

"所谓社会环境,指的是民众群体生活所面临的各种社会经济形态、政治制度和文明程度等。……伴随着历史的发展和前进,人类生存所依赖的群体也在不断发展和变化着。可是这些群体一旦产生即能够在很长一段时间内发挥着重要作用,致使有些人类群体虽然在远古时代已经产

---

① 〔泰〕巴统·宏素万:《很久以前:论神话与文化》,朱拉隆功大学出版社,2007年,第360—362页。
② 陶立璠:《民俗学》,学苑出版社,2003年,第112页。

生,但直至今天不但没有消失,而且仍然在人类生存中发挥着重要作用,如原始社会已经产生的氏族、家族乃至家庭等。"①

氏族大约产生于旧石器时代晚期。氏族也称"氏族公社",它是由原始社会最初阶段"原始群"发展而来的。原始社会也称"原始公社制度"。母系制也称"母权制",是氏族公社制度中的一种制度。"氏族经历母系制和父系制两个发展阶段。母权制是原始社会低下的生产力和早期群婚制的必然产物。在这种制度下,人们无法确定孩子的父亲,只知道孩子的母亲;妇女经营农业,管理家务,在经济生活中起着主导的作用,她们在氏族中居于支配地位;世系按母系计算;财物归母系血缘亲族继承。"②

"在东南亚一些地区,母系氏族制的残余延续很久。如东南亚绝大部分民族没有姓氏之分;父母系亲缘关系的称谓完全相同;直至近现代男女婚后,仍以'入赘'方式入住女家为主皆说明了妇女地位较高,在祭祀、管理以及贸易活动中往往起着重要作用。"③

母系制是人类进化必经的阶段,泰国同样如此。在泰国,父权制(男权主义)并没有彻底征服过泰国的家庭、社会,而是有些古代氏族社会中的母权制演变成社会某种制度、习俗或风气,一直保持至今。正如《壮泰民族传统文化比较研究》一书所述:"泰族社会中父系结构和母系结构并存,甚至保留比壮族更加浓厚的母系结构色彩。"④母系制社会的民俗至今仍残留在今天的泰国社会中,成为当今泰国民俗中的一大特色。

1. 女子的神圣地位
(1) 民间神话

泰人巴统·宏素万在他的著作《很久以前:论神话与文化》一书中,列举了当今境内外泰族的很多神话,如泰国兰那的《创世神话》说世界原是一片空白,有一位女子从土中生出,后与从火中生出的男子婚配,从女子身上生出人类。也有的神话说,早先世上只有女子一个,后来该女子又制造了男、女和两性人,才有了人类社会。再如《葫芦神话》《擎天柱神话》。《葫芦神话》叙述人类、万物都自葫芦中出,葫芦象征女性的腹部。《擎天柱神话》说:原先天地是连在一起不分开的,也没有生物,因为有很多太阳和月亮绕大地,河流的水都沸腾了。是女人在舂米时用舂米杆把太阳打掉,把天地分开。于是有了昼、夜,地面上有人类出生、有万物生长。再

---

① 叶涛、吴存浩:《民俗学导论》,山东教育出版社,2002 年,第 159 页。
② 《中国大百科全书·哲学》"母权制"条,中国大百科全书出版社出版,1988 年。
③ 梁志明等主编:《东南亚古代史》,北京大学出版社,2013 年。
④ 覃圣敏:《壮泰传统文化比较研究》,广西人民出版社,2003 年,第 3185 页。

如《萨河神话》说萨河每年11月河水变红,那是因为女魔的月经流淌造成的,这期间任何人身带灵物巫咒过河都会失灵不起作用,说明女人月经的超自然力。

以上神话说明泰国古代同世界一样,曾有过母系制社会,有崇拜女性的信仰或制度,因此产生了上述符合母系制社会的民俗事象——民间神话。神话告诉我们女子是创世主,是世上万物包括人类之始。

(2) 历史上

"在泰国和柬埔寨还发掘到大约4000年前的女性墓葬,它的结构反映了当时女性拥有比较高的社会地位。"[1]泰国素吉·翁特、素万那彭在《东南亚泰族先民》一书中说:"主持仪式的首领为女性,也是社区的首领,随着社区发展成城镇,她们成为城主,掌握商贸大权。""由社区到城镇",这说明社会已进入早期封建制。再如:公元768年泰北出现一个由孟族女子统治的"女王国",直到1292年才被兰那泰王国所灭。12世纪泰北出现一个"兰那国",中国古籍称"八百媳妇国"。有人研究认为,这个国家由相当多的村寨组成,八百是"多"的意思。这些村寨的头领都是女的,或大部分是女的。再如:中国明代(1368—1644)古籍《瀛涯胜览》中关于暹罗国有一段叙述:"其俗凡事皆是妇人主掌。其国王及下民,若有谋议、刑罚轻重、买卖一应巨细之事,皆决于妻,其妇人志量果胜于男子。"

(3) 自然宗教仪式主持人

西方学者Kirsch曾发表过一篇有关泰国宗教信仰的文章[2],文中谈到当今泰国佛教、婆罗门教的仪式主持人是男性,而民间信仰仪式的主持人为女性。男性主持人是僧侣或婆罗门教祭司,女性主持人称"女巫或巫婆"。为何民间信仰仪式的主持人是女性?有人研究认为原因是母系氏族社会的遗风,也是当今泰国农村中流行的民间信仰仪式主持人是女性的原因。现今,在泰人农村地区仍存在的巫术治病仪式上的女巫,她是鬼魂与人沟通的中介者,能通神。当女巫被鬼附身后,她就具有了神鬼的神秘力量。但附身的鬼,有时是祖先的鬼魂,有时是天神、天鬼,女巫因此获得广泛的崇拜。

(4) 语言上

至今,泰语中保留下来有不少词汇,如泰语称"母亲"为"曼"。在"水"词前加"曼",意即"江河";加在人物前,不管男、女,有头领的意思;如在

---

[1] 梁英明著:《东南亚史》,人民出版社,2013年,第13页。

[2] 〔泰〕泰国社会的宗教和信仰编写委员会:《泰国社会的宗教和信仰》,素可泰大学出版社,2004年,第17页。

"军"词前加"曼",意为"统帅"。此外,"新郎、新娘"泰语称"昭抱、昭绍",而"抱"是"奴才、仆人"的意思,新郎是奴才、仆人。在语句方面也有,如"父故如篙折,母逝如筏散""无父尚可,无母不行"①等。人是母亲生育的,于是"母亲"一词在长期的应用过程中被引申为事物的根源、基础等概念。如在"颜色"词上加"曼",其意为"原色"或"基色"。有人把它称作母权社会的一种文化——女权文化的反映。

上述《很久以前:论神话与文化》一书以当今泰境外普泰人的巫术治病仪式上的女巫(泰语称"迈勐")为例,分析泰国母权社会以及妇女的神圣地位。同样,他从词汇"迈"分析,说"迈"意"母亲",是称谓"生育和养育子女"的女子。这是从女子生理上特权授予女子的崇高地位。不过,他进一步认为:还有很多泰语词汇带有"迈"字,如护婴女神、土地女神、稻谷女神、护船女神、树木女神、天女、能带来鸿运的女像等,这些女神已不是局限于妇女生理特征,而是以文化意义上的社会特征授予女子的神圣地位。女子的神圣地位是母系制社会的特征。

2. 经济生活中的主导地位

大城时期至曼谷时期初期(泰国封建社会),泰国女子在经济生活、家庭生活中常占主导地位。原因有多种,其中为国王服劳役的制度是一大原因。该时期孩子不分男女一出生就要去地方长官处登记。成年男女结婚成家后,除女子外,男子一年中要为朝廷服劳役半年,即一个月为朝廷干活,一个月在家干活,直到60岁。因此,女子在家庭要担负起全部的家务劳动,即使男子有一个月在家劳动,也很难把农事耕作干得有始有终,何况从朝廷干活回家,还需要适当休息。如果遇上战争,更是长期不能回家。战死沙场上也是有可能的。据统计:从大城时期至曼谷初期约300年间,与缅发生战争44次,与柬发生战争14次,与老挝发生战争2次,平均每5年1次战争。这样,女子还要忙种田、种菜,里里外外都由女子担当,成为经济生活、家庭生活中的主宰。可以说这种社会制度造就了泰国女子的经济生活、家庭生活中的主导地位。

进入资本主义社会后,妇女在有些经济领域中仍占主导地位。写于1935年的《南洋群岛一瞥》一书记载:"暹俗多女作男息,所以女子多辛苦从事农耕操舟售货等业,男子反在家逗小孩子取乐。"当今,段立生教授去泰国南奔府参观了解,说:"……她们善于理财,街上所有商店掌柜,几乎是清一色的女性。"

---

① 吴圣杨:《八百媳妇遗风余韵》,载《南洋问题研究》2007年第2期。

3. 世系按母系计算

泰国历史上出现的王位继承中的"兄终弟及"事例，严格说不是法，而是有此习俗。这习俗实际上是一种母系氏族社会中出现的王位继承法。因为在母系氏族社会，如果帝王想在自己的氏族内选举男性政治领袖，只能从他的兄弟辈或外甥辈中物色人选，因为他的儿子属于别的氏族。

而从拉玛六世颁布的王位继承法中可看到，国王的继承人要来自拉玛五世的3位王后血统的子孙中。如果没有，也要在与这3位王后血统最近的子孙中找。这种王位继承的规定，不规定国王所生的子孙，而是规定王后所生的子孙。这是一种"母系计"的王位继承法。"世系按母系计"是古代母系氏族社会的一个特征。

兄终弟及、母系计都是母系氏族社会的一种社会现象或惯例，却出现在泰国封建社会的王位继承中，而按母系计则明确地写于曼谷时朝拉玛六世的王位继承法中，作为一种制度来实行。这说明泰国王室还没有真正确立父系制的王位继承法。泰国王位继承法中有母系氏族社会的特征。

4. 入赘婚

入赘婚是母系氏族社会群婚制婚姻形态的遗风。蔡文星写于1943年的《泰国》一书说："男子结婚后必移居妻家，女家亦不啻得一男仆。但在法律上男子又并非赘夫，一切对内对外之法律行为仍以丈夫为主体，继承权亦以男子占优。然而在习惯上社会人士喜欢女儿较男儿为甚，故在继承财产时女儿所持较多于男儿。"此外，农村至今还有入赘婚的习俗，孩子出生后，其周围都是母系亲戚。家中大女儿出嫁后，小女儿为父母养老送终，继承家产。

今日泰国社会上没有像中国那样重男轻女的观念。

以上情况说明：当今有母系制倾向民俗的存在，这是泰国自母系氏族社会以来，由于社会的经济形态、政治制度、生产发展水平、文明程度等社会因素发展不平衡的结果，这是社会环境造成的。社会环境也是民俗形成的原因之一。

四、政治原因

当人类社会进入阶级社会之后，统治阶级往往就要求整个社会实行统治阶级的思想意识，甚至出现统治阶级的思想就是被统治阶层的思想的情况。因此，民俗不可避免地要受到阶级和政治的影响。

民俗是由民众、集体约定成俗的,有它形成的种种客观原因,不是靠一个人的力量使然的。但国王作为封建社会最高权力的代表,政府作为当今社会的最高权力机构,其政治作用不可忽视。由于国王、政府主观因素(政治目的)的提倡和推广,经过民众长期的认可和接受,成为一国的民间习俗的例子在世界各国中也不少见。民俗学的理论也指出:民俗的集体性并不排除个人因素,有些民俗事象的倡导者也许是个人。因为在阶级社会中,国王和政府的思想意识就是统治阶级的思想意识。

以下举例谈泰国民俗形成的政治原因。

泰国天气炎热,古代泰人一般不习惯穿上衣。现在,泰人多数都穿着上衣。这是由曼谷初期几代国王提倡而形成的,原因是不被西方先进国家耻笑为落后、野蛮民族。古代泰人有名无姓,现在泰人都有了姓。这是由曼谷时期拉玛六世提倡和制订《姓氏法令》才有姓。《姓氏法令》的颁布也是出于王国能更好地管理、统治子民。因为人口的增加,没有姓,只有名,而且名都很短,造成重名现象很严重,当某人干了好事或坏事,要调查十分困难。印度的印度教史诗《罗摩衍那》流传到到泰国后,成为各种版本的民间故事。后经拉玛一世改编成剧本《拉玛坚》,成为各种民间表演艺术如孔剧、皮影戏、木偶戏广为演出的剧本。后来,《拉玛坚》又经拉玛二世整理、加工、提高,又促使民间文学、民间歌舞剧的提高。经过改写的《拉玛坚》,其主题已由宣扬印度教改为佛教,其目的是教导民众崇信佛教。中国古代通俗小说如《三国演义》流传到泰国后,经过拉玛一世时期华人的翻译和宫廷官员和文人的加工,在民间广为流传。据说拉玛一世是出于军事目的叫人翻译的。流传于民间的泰国佛教故事《五十本生》中的《金螺》剧本,也经过宫廷文人的加工和提炼后,广为流传于民间。泰国古代,春耕节举行的是婆罗门教仪式,后由曼谷时期拉玛四世的提议,增添了佛教仪式。迄今,春耕节已由一种宗教仪式改变为两种宗教仪式并举的节日。这还不仅限于春耕节的仪式,其他由婆罗门教主持的重大仪式也渗入佛教仪式。1913年,国王把佛教节日万佛节定为全国性节日。这都是为了提高佛教信仰的政治目的。由于泰国是君主立宪的王国等种种原因,在政府的推动下,国王的生日成为全民的国庆节,这是政府为了提高国王的政治地位作出的决定。

五、宗教原因

"在现实生活中,有许多民俗事象的传承,是和宗教信仰有关的。或者说有些民俗就是由原来的宗教仪式演变而来。宗教分民俗宗教和现代宗教。这两种宗教都曾对民俗产生深远的影响。……'宗教'是一个很现代的概念,严格来说它是指人为的现代宗教而言,民间除专门的宗教团体之外,一般只有信仰而无宗教。"①

下面以泰国的小乘佛教和婆罗门教为例分析民俗产生的原因。

(一) 奉佛教为国教

佛教是阶级社会出现后形成的人为现代宗教(古典宗教)。但由于泰人普遍信仰佛教,因此,佛教成了全民性宗教,佛教的很多活动都是全民性的,是民众生活的重要组成部分。

泰国对佛教实行的是"国教制"。"'国教制',这是一种把宗教神权置于国家权力之下的宗教政治。它是统治集团把某一特定宗教作为政治统治的精神力量,并以法律形式把它固定下来。在国教制中,教权是受君权支配的,僧侣集团是在统治集团支配下进行活动的,没有自己的独立性。在某种情况下,连宗教领袖也由国家首脑根据统治集团依据统治集团的政治的利益来选择和指定,教义也要依据统治集团的政治要求来进行修改。"②

泰国 1932 年"6·24"政变后成立的君主立宪制国家,更把国王是佛教徒用文字形式写在宪法上。宪法规定:"国王是佛教徒和宗教赞助人。"泰国国旗红、蓝、白三色,白色代表宗教。1976 年的泰国宪法的前言中写道:"为了改革以国王为首的民主制度,实现本宪法的宗旨,那就是:国家的稳固和人民的幸福,要牢牢把握好国家主柱,即国家、宗教和国王。"1950 年,举行拉玛九世普密蓬国王登基仪式,拉玛九世在仪式上以泰语致词说:"为了泰国人民的幸福,朕将以'达摩'(泰语,意即法)治国。"季羡林教授曾对"达摩"有过如下的诠释:"梵文 dharmo,巴利文 dhamma,中国旧译、意译是'法',音译为'达摩'。这个字意思很多,归纳起来,约为两类;一类是'一切存在的事物',佛经所谓'万法皆空'的法,就是这个意思。一类是'法规''法律',指的是万物万事的内在法则……"③拉玛九世说的"达摩"应是前一类的意思,也就是说泰国国王以佛经经义作为指导思想来治理国家。宪法前言里的"宗教"即佛教,佛教是国家三大支柱之一,这个"支柱"即是精神力量。

---

① 陶立璠:《民俗学》,学苑出版社,2003 年,第 30 页。
② 陈麟书、陈霞:《宗教学原理》,宗教文化出版社,1999 年,第 380 页。
③ 季羡林译:《罗摩衍那·童年篇》中的注释,人民文学出版社,1980 年。

一个国家奉某一宗教为国教,也就是说该宗教成为"全民宗教",它必然会与人民生活的方方面面发生联系、产生影响,对该国家的民俗形成有很大的影响。民俗本是民众的生活文化,即使不奉为国教,民俗的形成也有宗教原因,更何况泰国奉佛教为国教,这个原因就更加明显与重要。

(二) 宗教与泰国民俗

1. 婆罗门教与泰国民俗

婆罗门教不是泰国的国教,但它对泰国民俗也产生过很大的影响。泰国婆罗门教教徒极少,但影响深广,如婆罗门教的宇宙观、万物起源四大元素(火、土、水、气)说被泰人当作自己的世界观。三大主神家喻户晓、妇孺皆知。占星术被泰人用作预卜自己的命运等。婆罗门教的各种仪式还渗透到泰国的佛教和民间生活中。

印度的书面文学——印度教史诗《罗摩衍那》流传到泰国后,在泰国民间,流传的《罗摩衍那》也有各种地方文本。流传过程中,也不断掺入地方的民风民俗,现已成为具有泰国民族特色的一则家喻户晓的民间故事。地方文本的流传对各种民间表演艺术如皮影戏、木偶戏、孔剧等影响很深。印度教中的舞蹈之神湿婆、象头神、乐神等成为泰国民间歌舞剧、民间音乐、文艺创作的行业神,还在上述行业举行拜师仪式时受民间艺人供奉、膜拜。

2. 佛教与泰国民俗

佛教对泰国社会的影响广泛而深远,上到国王治理国家的指导思想,下到人们行为所遵循的哲学伦理观念。从一般日常礼节到百姓晋谒国王的礼节,从学校教育到民间文学艺术,可以说泰国的文化、教育无不闪烁着佛学的哲理之光,蕴含着玄妙的佛教的神话传说。下面着重谈对民俗的影响。

(1) 对民间伦理道德观念的影响

"生死轮回""因果报应"等佛教教义,已成为泰人人生观的一个重要组成部分。人们普遍认为善有善报、恶有恶报。至善的人死后升天堂,至恶的人死后下地狱。今世的祸福是前世善恶的报应。这种宿命论一方面常被普遍应用在社会的方方面面,另一方面积德行善成为人们行为的一个基本准则。乐善好施蔚然成风。

虽然小乘佛教认为佛陀只不过是觉者、传教师、教祖,但人们仍普遍认为佛陀是万能的救世主,是世界万物的主宰。当人们遭遇挫折、不幸、灾难时,求佛陀保佑;当人们追求、向往某种心愿时,求佛陀相助;当人们犯了错误、作下罪孽时，求佛陀宽恕。佛陀无处不在、无所不能，成为民间主要的神灵崇拜。

（2）对文字语言的影响

小乘佛教的经典是用印度巴利文写的。因此，佛教的早期传布对泰国的文字、语言产生一定的影响。泰国文字趋近方形，是受巴利文的影响。现代泰语中，也有不少巴利文的词汇或词根。

（3）对民间文学、艺术的影响

佛教对文学的影响是巨大的。在泰国，有些文人把宗教称为文学创作（包括民间文学）的源泉之一。"宗教"主要指婆罗门教和佛教。"至于文学，大多数作品也都是从寺庙里产生的。因为大部分文学作品的作者和读者都是和尚，或者是曾经在寺庙里呆过一段时期的人。"[①]对文学影响最大的是佛教的《三藏经》和泰国素可泰时期立泰王的《三界经》，从古至今，泰国的民间文学作品中大部分都渗透着上述佛经中的哲理名言。其次是印度僧人写的《本生经》和泰国僧人写的《五十本生》，不少民间作家把这两部作品改写成民间的说唱文本、诗文、歌舞剧本等。

"艺术方面，例如建筑艺术、雕刻艺术、绘画艺术……寺庙是所有这些艺术的直接或间接的发源地。"[②]按泰国民俗学理论，佛寺、佛殿、佛塔也是民间建筑[③]佛寺、佛殿、佛堂都是按佛教教义装饰和建筑。泰国佛寺中的壁画，大部分是泰国僧侣创作的。内容大多是与佛教有关的，这是不容置疑的。佛寺壁画中的那些技法、风格对泰国绘画界的影响至今尚在。泰国民间歌舞剧中的重要剧目《金螺》、皮影戏的剧目《萨姆阔》等，就来自《五十本生》。

（4）对礼仪、岁时节日的影响

佛教对民间的各种仪式、礼节、节日、风俗习惯等无不打上佛教的烙印，本书的各章节也都有些介绍。如人们之间，无论是否佛教徒，见面都以僧侣间的合十礼致意、致敬。国家用佛历记年。有的全民性的节日就是佛日，如万佛节、三宝节、维莎迦节、守夏节。青年男子的短期剃度为僧已成民俗。每逢重大节日或个人的婚丧喜庆，大多举行佛教仪式，如斋僧、斋僧法会、礼佛、行善积德、布施放生、听经等，这些都是泰国民俗的一个组成部分。

[①②] 〔泰〕阿努曼拉查东著，段立生译：《泰人过去的生活》，载《泰国当代名人阿努曼拉查东生平及著作》，中山大学出版社，1987年，第309、308页。

[③] 〔泰〕玛里伽·克娜努叻：《民俗学》，奥定萨多出版社，2007年，第51页。

(5) 佛寺与民俗

泰国佛寺不仅仅是僧侣、佛教徒烧香拜佛、做佛事、弘扬佛法之处,还是国内外游客参观游览的胜地。

此外,凡遇全国大选或地方选举,佛寺还是选民的投票站。农村佛寺则是村民心目中的村公所,召开村民大会的会场。德高望重的高僧、住持还是民间纠纷的调解人。一些僧侣因懂些医学,佛寺又成了简陋的医务所。每逢节日,佛寺还是举行文化娱乐、体育活动的场所,举办庙会的好地方。

古代,佛寺的作用更大,用处也更多。除了上述某些作用外,古代泰国没有专门学校,佛寺即学校、僧侣即教师、佛经即教材。很多家庭的子弟,从小剃度为小沙弥,进佛寺学习文化知识,因为僧侣有文化,又是传授各种文化和科学知识的中心。铸金工艺也诞生于佛寺,佛像的铸造、镀金等技艺的流传也离不开佛寺。"泥水匠、木匠、铁匠、陶瓷匠、画匠、灰匠、瓦匠和草药医生等具有专门技术的人才,都是住在寺里。这些匠人的主要任务,就是修建寺庙。"[1]佛寺平时,可供商旅歇息,战时可作临时避难所、粮站、物资仓库、地方势力割据的堡垒等。

综上所述,泰国现实生活中,有许多民俗事象的传承,是和宗教信仰有关的。宗教是民俗形成的原因之一。

六、民俗文化交流

"人类由不同民族组成的。不同的民族在不同的自然环境、生态环境和历史条件下,所产生的民俗文化……各不相同。正因为不尽相同,才有民俗文化的交流与碰撞,以及在碰撞后发生的变异。所以,民俗文化的交流与民俗文化是同时产生的。"[2]

民俗文化交流主要有两种:一种是广义上的交流,指人与人之间行为举止的互相感染与模仿,互相学习与传播;另一种是狭义上的交流,主要是指不同风格与气质的风习文化的互相渗透和影响,互相传播和学习,这主要是在不同地区,不同民族,不同国家之间发生。[3]

世界上两国文化交流,一般是文化水平高的、先进的国家较多地把文化传向文化水平较低的、后进的国家。民俗文化也同样如此。

---

[1] 〔泰〕阿努曼拉查东著,段立生译:《泰人过去的生活》,载《泰国当代名人阿努曼拉查东生平及著作》,中山大学出版社,1987年,第319页。

[2][3] 仲富兰:《中国民俗文化学导论》,浙江人民出版社,1998年,第370页。

(一) 中泰民俗文化交流

文化交流有官方的,也有民间的。一般民间的较活跃,多样。中泰文化交流除了相互来往、迁徙等方式进行交流外,在泰族立国后的中泰文化交流还采取一种移民的方式。因种种原因,在近代中国人曾几次大规模地向泰国移民,带去了很多中华文化、技术。下面着重介绍民间的民俗文化交流。

1. 素可泰时期前的民俗文化交流

自古至今,泰国一直是中国的近邻,尤其在古代双方也没有明显的疆域,你来我往,所以民间的中泰文化交流的历史远比官方要早得多。

(1) 先于丝绸之路的稻米之路

"云南原产稻与现今世界各国栽培的稻谷有亲缘关系,并公认云南是稻谷发源和演化变异中心。最早种稻谷的农民是居住在云南的百越民族。"[①]

始于云南而达老挝、泰、缅、越的"稻米之路"是一条非常古老的传播之路。中国南方的部分越人迁入中南半岛北部地区,并带去了他们所创造的特有的稻作文化。申旭等学者认为,从中国的南方青铜文化和稻作文化的产生和传播来看,泰人应起源于中国的南部与中南半岛毗邻的地区,云南是中国的南部与中南半岛毗邻的中心地区,是泰人的主要发源地之一。

根据 20 世纪 80 年代初期从浙江余姚河姆渡遗址发现 6800 年前的炭化稻谷来看,这条路线应是距今 7000 年前就早已形成。

2. 泰国班告(บางเก่า)文化与中国百越文化

"泰国班告文化"是 20 世纪 60 年代泰国—丹麦联合考古队在泰国西部北碧府的班告发掘出新石器时代的人类遗址,后被丹麦考古学家索伦森总括泰国南部一批同类遗址而命名的。

这里简要地引述中国学者刘稚 1990 年在第 4 届泰学研究国际会议发表的论文《泰国考古材料所见百越文化考》来作介绍,文章使我们了解到泰国新石器时代的班告文化与中华百越文化的共同点。泰国班告文化的主人是百越民族的一支。至于其发源地,不是本书探讨的内容。但中国南方的百越文化与泰国的班告文化有 10 个共同的文化特征,其中还涉

---

① 梁志明:《东南亚古史研究视角、分期与发展进程》,载东方集成·东南亚文化编:《古代东南亚历史与文化研究》,昆仑出版社,2006 年,第 19 页。

及两国很多的民俗,这正是本书需要介绍的内容。

刘稚的文章认为,班告文化与百越文化有10种共同的文化特征:肩石斧、几何形纹陶、种植水稻、喜食异物、凿齿之俗、精于冶铜、铜鼓文化、船棺葬、蛇图腾崇拜、居住干栏。其中有的特征仍是百越民族的主要或独有的特征,如肩石斧是百越新石器文化最显著的特征。在班告文化遗址中出土了不少肩石斧。该文在谈到几何印纹陶时,引述了中国学者梁钊韬概括百越陶器文化主要特点的论说:夹砂或夹炭粗陶、拍印绳纹。后期进入铜器时代则有几何印纹软陶及硬陶;陶器组合有鼎、豆、壶共存。泰国班告文化的多处遗址中有拍印绳纹陶器,陶器也以夹沙陶为主。器形有壶、罐、盘等,多三足器和圈足器。其中三足器颇类"鼎",这与百越鼎、壶、豆共存的陶器基本相符。拔牙、凿齿是越人的一个突出文化特征。在班告文化附近的大小桂河两岸发掘出来37具新石器时代人类遗骸。发现这些遗骸有两个特点:一是到青年时期要拔掉门牙;二是要锉磨,修饰牙齿。其他地方出土的遗骸也有此特征。百越民族人死后有各种葬式,其中最具民族特征的是船棺葬。泰国翁巴洞发现了公元前3世纪的大量船棺,数量竟达90多具。主要随葬品有铜器、铁器和陶器,其葬具与百越族群几乎完全一样。

另外,"中国南方新石器时代出土的段石锛和肩石斧,是扬子江以南的百越民族创造的,它比越南和东南亚发现的同一类型器物在年代上要早。据民族学家研究,在距今5000年以前的新石器时代,属南蒙古利亚人种的中国南方'百越'民族的族群不断迁徙入东南亚,正是古代移民将此类器物传入东南亚的。学者们对中国南方和东南亚的印纹陶作了比较研究,指出在制作、造型和纹饰上都很相似,说明至少在3000多年前,中国南方兴盛发达的几何印纹陶就已经传播到了东南亚……"[①]

这种共同特征或共同点的出现,为两国或两种民族文化的交流、影响,甚至民族渊源的研究提供了物证、素材。也正如童恩正教授指出:(中国)西南与东南亚的古民族及其文化,应置于一个大整体来考察,两地的古人类交往可谓源远流长。

(3) 丝绸之路与茶马古道[②]

西南丝绸之路始于何时?据说战国末期楚国庄蹻率部入滇,为丝绸之路揭开了序幕,而秦汉时期对云南"五尺道""南夷道"的建筑为西南丝

---

① 梁志明:《东南亚古史研究视角、分期与发展进程》,载东方集成·东南亚文化编:《古代东南亚历史与文化研究》,昆仑出版社,2006年,第19页。

② 仇学琴、蒋文中:《云南民族文化探源》,中国社会科学出版社,2006年,第252页。

绸之路创造了条件。同时也为后来的"茶马古道"的形成创造了条件。中国学者申旭认为,中国西南与泰国等地的贸易始于公元前3世纪,随西南丝绸之路的产生而出现。

公元前2世纪出现的"茶马古道",从中国云南起始,究竟有多少条线路,谁也说不清。其南向可通东南亚各国,西向可通中国西藏、尼泊尔、印度,其东向可通中国四川、中原地带。在这条古道上活跃着一大群马帮,他们把云南大理、普洱盛产的茶叶压成易于保存和运输的茶饼,组成骡马商队,去各地交换马、布以及所需的一切物品。可见当时的中国茶已通过古道与东南亚各国等进行文化交流。

(4) 使用"干支"纪年①和十二生肖

根据泰国出土的1292—1518年间的20块素可泰碑铭中,使用干支纪年纪日的有7块碑。

有人考证,中国殷代就有了干支纪日,西汉时期还曾以"母""子"称干支。泰国泰族也曾以"母"称天干,以"子"称地支。干支纪年萌芽于西汉初,始行于王莽,通行于东汉以后。

19世纪末,经老挝迁移到泰国黎府的越南北部的黑泰人至今仍用干支纪日纪年。但他们很重视12地支所起的生肖纪年作用,以致后来单纯使用地支纪年,即以12地支为代称的生肖纪年。泰国泰族早先也使用过12生肖纪年,后来,泰族吸收印度文化,又与巴利文1—10的序数循环相配,合成以60年为一个周期的生肖纪年法。

十二生肖纪年是中国古代术数家拿十二种动物来配十二地支,即子为鼠,丑为牛,寅为虎……后以为人生在某年就肖某动物,如子年生的肖鼠,辰年生的肖龙……亦称"十二相属"。至今泰人仍使用与中国一样的十二生肖,即鼠、牛、虎、兔……泰国"龙"年,也有人称"大蛇"年,而"蛇"年称"小蛇"年。12个动物名的泰语发音中,仍有几个很近似汉语的发音,如鼠、龙、兔、蛇。

生肖纪年法实际上是中国六十甲子周派生的,是干支纪年的一种变种。使用干支纪年纪日的现象还发生在从印度的阿萨姆,缅甸的掸族,泰北、老挝、越北等地的壮侗语族的人群中。而且还发现素可泰人、兰那泰人、缅甸掸邦、老挝寮人、越南黑泰人对干支的称呼都借用古汉语。同时在上述石碑以及兰那泰的石碑都清楚地表明干支纪年法是本民族的历法。

---

① 谢远章:《从素可泰石碑使用干支看泰族族源》,载1983年《东南亚》创刊号。

(5) 泰语中的古汉语①

泰语把正月、二月中的"正""二"读为"将""义"。有人考证②"将"是古汉语"正"的谐音,"义"是古汉语"二"的谐音。今日广东话读"正、二"为"将、义"。更有人③指出:"在《汉字古音手册》里'二'的上古音为'ȵiei',中古音为'ʈi³'。""汉语中送气韵尾入声的消失,发生的时代在唐至宋元之间。而泰等民族借用于汉语的数词'一''六''八''十'等的读音中仍然保留着这种韵尾。说明这些语言都是在汉语的这种韵尾消失之前借用的,借用的时间在唐朝以前。"④

泰国北部的城镇清莱、清迈、昌盛、昌孔、昌佬等地名中的"清、昌"都是汉语"城"的音译。泰国北部的泰人称"伞"为"总(zong)"。"总"实为中国古代帝王或贵族的仪仗中的一种"幢"。

泰语"坤(khun)"在古代意为"国王"。"坤"是古汉语"君"的音译。"君"在古汉语中也读"gun"。当今中国客家话读"君"为"guen"。"鞋"在泰国古代发音为"gek",实为古汉语"屐"的译音。至今中国广东话读"kiek",客家话读"kiak"。泰语读"魂"为"宽(khwan)",实为古汉语"魂"的谐音。泰语称"巫医"为"冒(mao)",实为古汉语"巫"的谐音。"巫"古汉语发音为"mu"。泰语称"酒"为"劳(lao)",实为古汉语的"醪",即为酒。此外,泰语中的金(kham)、银(ngen)、马(ma)、鸡(gai)、郡(kwuen)、社(she)等也都来自古汉语,并保留着古汉语的读音特征⑤。

2. 素可泰时期后的民俗文化交流⑥

素可泰时期素可泰西春寺佛殿隧道内,约有60多块素可泰时期的石壁刻画,其中5块石壁上刻有中国牡丹花卉图案。泰国学者认为,该图案是模仿中国元明以来进入泰国陶瓷上的牡丹花卉图案画的。

大城创立之初,三简一带的市区已有华侨出售药材、药品。说明当时已有中医行医,行医的对象除了华人外,还有泰人。两国医师互相取长补短,中医也采用泰医的草药。泰医所用的药物中,中药占30%。诊治方法也用中医的望、闻、问、切。

---

①② 谢远章:《泰——傣古文化的华夏影响及其意义》,载《东南亚》,1989年,第1期。
③④ 黄兴球:《壮泰族群分化时间考》,民族出版社,2008年,第62、69页。
⑤ 何平:《中南半岛民族的渊源与流变》,民族出版社,2006年,第251、256页。
⑥ 文中部分材料来自:傅增有:《中泰文化交流的特点研究》,载《东南亚文化研究论文集》,经济日报出版社,2004年,第133—143页。葛治伦:《中国文化科技对泰国的影响》,载《东南亚》1990年第3期。邢慧如《中泰文化交流》,载《现代化进程中的中泰关系》,世界知识出版社,2000年,第219—222页。

英国东印度公司驻暹代表报告称,1679年时,暹罗的航运船只几乎全是华侨建造和经营的。从18世纪开始,木材价格和造价仅为闽、粤两省半数的暹罗成为华侨的海外造船中心。

曼谷时期初,米粉从中国传入泰国。其制作方法、烹调方法及用料不断改进,成为适合泰人风味的泰国米粉。"米粉"一词也进入泰国日常食品名词之中。在泰国食品名词中不乏中国食品的名词,如饺子、包子、面条、豆腐、茶、酱油、芹菜、韭菜、香肠、桃子、荔枝等。此外,还有桌子、椅子等词汇。这正说明这些食品或家具泰国原先是没有的,都来自中国或受中国的影响。

泰国的橡胶、玉米、茶叶、烟草、棉花、荔枝、龙眼等经济作物和水果也是由华侨传入泰国的。

值得一提的是中国俗文学对泰国文坛的影响。小说在中国封建社会中是不登大雅之堂的俗文学,元明时期的《三国演义》《西游记》等著作在中国文学史上被称为"市民文学""俗文学""古代通俗小说"等。1805年(拉玛一世)《三国演义》在泰国被译成泰文后,揭开了中国小说在泰国流传的序幕,自拉玛二世至拉玛五世相继有《列国志》《说岳全传》等32部中国小说被译成泰文。泰国的报纸、杂志等纷纷刊登或转载。不仅泰国华人喜欢,也受泰人的喜爱。中国小说在泰国的流传和影响曾先后掀起了3个高潮,泰国文坛称之为3个时期,即"《三国》时期""鲁迅时期""金庸、古龙时期"。其中以《三国》时期的中国小说对泰国文坛的影响最广、最深,持续时间也最长。《三国演义》是由拉玛一世委托当时著名作家昭披耶帕康(宏)组织翻译,先由中国华人口译,然后经昭披耶帕康(宏)整理、润色、用泰文写成的,取名《三国》。

下面以《三国》时期(约1805—2004年)为例,略说中国小说对泰国文坛的影响:

1. 由于1805年中国古代通俗小说《三国演义》在泰国的翻译出版,标志了《三国》文体的产生。它是泰国文学史上的一种新的文体,也可以说是"泰国式的小说体"。2. "模拟中国古代通俗小说"的出现。由于中国通俗小说的广泛流行,供不应求,1925—1937年泰国作家创作了一批被泰国文坛称为"模拟中国古代通俗小说"的作品。其成功之作有《钟王后》《田无貌》《左维明》等。3. 促进泰国历史小说的创作。1928年一部地道的泰国历史小说《哥沙立》问世。在这类小说中,最受欢迎的是取材缅甸历史写的《无敌英雄》。4. 对泰国诗圣顺通普的叙事诗《帕阿派玛尼》的影响。《帕阿派玛尼》完稿于1928年前,泰国有人推测作为宫廷文人顺通普一定看到过《三国演义》等中国小说的译本。该诗作中的主要角色的塑造及描写手法、故事情节等都能找到中国小说《三国演义》等作品的影子。5. 对泰国文学语言的影响。中国小说中的短句、成语等被泰国文人或读者广泛应用。如"良药苦口利于病,忠言逆耳利于行""百闻不如一见""火冒三丈""路遥知马力,日久见人心"等。6. 对泰国各剧种的影响。如木偶剧、舞剧、歌舞剧等,有不少取材于中国古代通俗小说。舞剧有:《董卓迷恋貂蝉》《兀术攻打潞安州》《隋主赵兵伐陈》等。歌舞剧有:《董太师大闹凤仪亭》《王司徒巧使连环计》等。7.《三国》影响长盛不衰。1914年泰国前王家研究院从泰国的文学作品中挑选出7部最优秀的文学作品,结果《三国》也在其中。近百年来,泰国教育部一直把《三国》中的部分章节选作中学语文范本。20世纪40—60年代泰国作家取材《三国》中的人物或事迹,按作家所要表现的主题创作了一批作品。如《伶人本三国》《咖啡馆本三国》《终身总理曹操》《孟获》等。有的作品还联系当时政局进行冷嘲热讽,如1970年在《国旗报》上连载发表的《广阔的暹国领土》。这类作品到上世起80年代还有作家在报上的周日专栏上发表。2004年又一部以《三国演义》为题材的长篇历史小说《卖国者〈三国〉》出版。

应该指出:自吞武里时期至曼谷时期,泰国官方采取对待华人的政策与其他外侨不同,使华人在泰能保持自己的民族特点和民俗传统,如保留自己的姓氏及留辫习俗等。泰人也从不把华人当成外国人,华人能与泰人结婚,这就有了向泰国上层活动的渠道。华人的这种特权还体现在不必同泰国平民一样为宫廷服劳役。华人能在泰国自由移动,从事私人业务。这些都为中华民俗、文化的传播创造了优越的条件。

(二) 与其他民族的民俗文化交流

泰国地处中、印交通要道,又处在古代各民族迁徙、移动路线的"民族走廊"上。因此,古代泰国文化艺术受邻近国家或民族的影响。泰族立国前,在今天泰国国土上生息着其他民族如高棉族、孟族、马来族等。泰族立国前后,他们创造着本民族的文化,同时受到邻近古国文化的影响,如上述高棉文化、孟族文化、爪哇文化,尤其是印度文化。这些民族创造的文化对当时被统治下的,而后来强大起来成为统治民族的泰族文化发展有深刻影响。其中,这些民族因受印度宗教影响而创造的佛教艺术十分突出。因为出土的大多是佛教造型艺术,如建筑、雕塑、绘画、工艺品等,泰国学术界统统把它归入"泰国艺术史",而泰国《民俗学》则把佛寺、佛殿、佛塔以及宗教性石宫分属于民俗中的民间建筑。下面再作具体地介绍。

　　高棉族人是一个深受印度文化影响的民族,其祖先曾创建了高棉王国、真腊王国。早期高棉人使用的文字主要是印度的梵文,真腊中期后的碑铭中,除了梵文以外,出现了本民族的高棉文。他们创造的高棉文化、吴哥文化对泰国的民俗文化有很大的影响。如泰国素可泰时期创立的,在高棉文基础上改良而成的泰文,当时在中部或南部并未使用,使用的还是高棉文。在视觉艺术(美术)方面,如今日泰国东北部、东部、中部发现一批7—13世纪由高棉人建筑的遗迹——石宫多处。石宫建筑的主体部分的屋顶都仿柬埔寨吴哥寺主塔尖顶莲花蓓蕾型尖顶。这种佛塔的尖顶造型对泰国素可泰时期的佛塔建筑有很大的影响。这些石宫建筑有印度婆罗门教的,也有佛教的。其中心在华富里,华富里曾是高棉族中的拉佤族(Lawa)人的国家,称"罗斛国"。故该时期的佛教艺术作品又被称为"罗斛艺术",在泰国艺术史上被称为"华富里艺术"或"泰国的高棉艺术",它构成泰国艺术史的一部分。此外,大城时期开国君主乌通王十分重视和接纳高棉王国的统治方式和文化传统,如吴哥王国对湿婆神崇拜与对国王崇拜结合一起的提高王权的统治方式"神王合一"等。这种统治方式亦可称"政治文化"。泰国与百姓有关的宫廷礼仪中的禁止百姓观瞻国王、顶礼跪拜等习俗即出自于这种政治文化。再如泰国的宫廷舞蹈是在吴哥的宫廷舞蹈的基础上发展起来的,而泰国的宫廷舞蹈又影响泰国的民间舞剧。

　　孟人在公元初期至6世纪,在泰国湾北岸以及泰国马来半岛上最狭窄的克拉地峡都曾建立过孟人的国家,如中国史籍记载的林阳国、堕罗钵底国、盘盘国、赤土国等。因这些国家所处的地理位置,正好是古代海上丝绸之路的南海航路的一个中转站。因此,孟人在促进中、印两国民俗文化、贸易方面起到了重要的作用,也为印度佛教文化进入泰国,甚至在传播小乘佛教方面起到了奠基作用。

　　孟人建立的堕罗钵底国家,泰文称"他瓦叻瓦蒂(ทวารวดี)",泰国称该时期这一带发现的文物、古迹为"他瓦叻瓦蒂时期艺术"。他瓦叻瓦蒂早期信奉小乘佛教,8—12世纪信奉从西维猜(泰南)和吴哥传来的大乘佛教。他们创造了辉煌的堕罗钵底佛教艺术,成为古代东南亚佛教艺术的优秀代表,并对其周围国家和地区产生影响。这种艺术受到印度笈多和后笈多时代佛像艺术的影响,并具有柬埔寨高棉时期或华富里前期佛像艺术的特征。其部分佛像具有孟族艺术的民族特征。现已成为构成现代泰国民族艺术的一块基石,在泰国艺术史上称"他瓦拉哇底时期艺术"。

8—13世纪,从泰国的马来半岛北部的洛坤,到半岛南部,再跨马六甲海峡到苏门答腊岛这一带,崛起一个东南亚强大的马来族人统治的西维猜国。中国古籍称该国为"室利佛逝"等。该国信仰大乘佛教,也接受了印度波罗王朝的密宗。西维猜佛教艺术受印度笈多、后笈多和帕拉(8—11世纪,兴起于印度东北部)佛教艺术影响,融有本民族的艺术传统,如中爪哇夏连特拉王朝艺术。所以泰国有人把西维猜艺术称作"中爪哇夏连特拉王朝艺术"。大乘密宗对该时期的佛教艺术也产生影响,在今日泰南和泰东北部的佛教艺术造型体现了密宗的教义。室利佛逝佛教艺术是继吴哥文化后东南亚佛教艺术史上又一个高峰,对周围各国佛教艺术的影响极大。它所创造的佛教艺术,在泰国艺术史上称"室利佛逝时期艺术"。

　　泰国接受印度的佛教艺术是通过第三国或民族进行的。佛教艺术,说到底是印度文化。印度文化主要是宗教文化。印度婆罗门教、佛教对泰国民俗影响之深、广(上面已谈到),以至于20世纪很多西方学者把泰国视为印度化国家。可以说泰族在今日泰国国土上立国、强盛,主要是吸收、接受了印度文化,其中的小乘佛教文化已成为区别于其他百越后裔民族文化的傣泰民族文化的特色。

　　综上所述,泰族自古至今,受到中华文化、印度文化的影响,同时也受到了周边民族文化的影响。当今,受西方文化的影响。这些影响通过泰民族的吸收、融化、变异,于是使泰国民俗文化形成了不同时期各具特点的民俗文化。所以,民俗文化的交流也是民俗形成的原因之一。

第三章 衣、食、住、行

人们的衣、食、住、行在民俗学中称"服饰民俗""饮食民俗""居住民俗""交通民俗",归属于"物质民俗"。

早在700年前,泰国的素可泰石碑上就铭刻着"田里有米,水中有鱼"的鱼米之乡的语句。当今泰国农副市场上的食品,如生猛海鲜、四时鲜果、美味小吃等琳琅满目。四季如夏的气候,使人们的穿着、居住十分简便。生活好过,真可谓"物阜民康"。

一、服饰民俗

服饰包括衣着即衣裤鞋帽,附加装饰物即耳环、项链等,人体自身装饰即文身、染齿等,具有装饰作用的物品即伞、扇、佩刀等。

服饰中的衣着最为重要。泰国纺织服装业是目前制造业中规模最大的部门,产值约占制造业总产值的23%,从业人员120多万。相关企业有9000多家,其中主要是服装厂,从业人员占行业总人数的80%。泰国的服装制作精细、式样时尚、价格低廉。

(一)现代泰人服饰

现今泰国服装式样,已不像旧时来自宫廷、节日、庙会。而是多渠道的,如民族服装、时装表演、服装杂志、外国电影、留洋回国的海归族等。一般人都喜买成衣穿,爱整洁、舒适、合时。在花色上,年轻人爱穿单色或素色衣服,而老年人喜穿花哨些的衣服。

1. 日常衣着

(1)女服

女服式样千变万化,杂而不奇;花色繁多,艳而不俗,而且价格低廉,颇受女士的喜爱。一般女子天天换装,一周之内不见重复。穿裙子的比穿长裤的多,爱穿上装与下裙分开的套裙。上装多穿宽大舒适宽松式衣服,下裙后开衩的较多。不习惯穿连衣裙,很多女子仍爱穿传统的筒裙,尤其在家中。外出旅游爱穿长裤,女青年穿牛仔裤的也不少。衣色中的黑色颇受欢迎。一些肤色黝黑的女子爱穿一身黑色服装,配上红色、白色的装饰品,自有一种南国风姿、热带女郎的妩媚。

(2) 男服

男服式样单调,大多是上身穿长、短袖衬衣,T 恤衫和猎装;下着西式长裤或短裤。衬衣内不习惯加穿贴身背心。一些公司、银行、机关工作的职员,不管天气多热,都在长袖衬衣外打领带或领结,不习惯把衬衣袖口卷上胳臂,甚至袖口的纽扣也要扣上。中上层社会的男子一般也天天换装,但式样不多,大多从衣色上的微小区别来判别。一些官员、经理或社会名流也好穿西服。城市下层干体力活的男子以及农村的男子光着上身的很多。

(3) 鞋

泰国因天气炎热和自古人们有光脚的习惯,所以泰人本没有穿鞋的习俗,其俗始于近代。

古时泰人光脚不穿鞋,因为周围环境不是丛林就是园圃、田地,到了雨季走路更是一脚泥,不宜于用鞋。不过,有鞋的历史记载早就有了,当时柬埔寨在中南半岛称雄时,由于受印度文化的影响,国王的五大御器中的一件就是鞋,它与当今鞋样不同的是鞋头尖尖往上翘。泰人建国中南半岛后,袭用了这套礼仪,但只限于国王和元帅穿。到了曼谷王朝拉玛四世才有外国商人在曼谷开设鞋厂,销售鞋,当时也仅有王室或军队的高级官员穿着。后来,由于拉玛五世在官员中提倡欧服,官员中时行起穿鞋,但也只限于首都曼谷,其他城市由于周围环境、道路交通等状况,还不宜时兴穿鞋。直到二战时期的銮坡汶政府用国家命令要百姓穿鞋,并开设两家制鞋厂,才使泰人有了穿鞋的习俗。

泰国一般人的鞋的种类较少,如没有雨鞋、棉鞋等。拖鞋是泰国的一大特色。一般男女都喜穿拖鞋,不穿袜子。拖鞋的式样也很多,但大多喜穿鞋脸是"一"或"人"字形拖鞋,一些小姐、女士穿高跟皮拖鞋,年轻人爱穿旅游鞋,收入较高的男子多穿皮鞋,下层穷人光脚的也不少。

2. 民族服装

当今泰人的民族服装,无论哪部分泰人,大体上大同小异。

男子上穿长、短袖开襟衫,圆领或立领,有的束腰带,有的也披披肩;下穿长裤或短裤。

20 世纪 80 年代以来,泰国流行一种名叫"帕叻差他服"的男装。该名可译为"钦定服",它被公认为具有民族特色的男服。据说,由炳总理带头穿着。它是用本地布料制作的,式样近似新中国成立前的学生服。立领,开襟,5 个扣,长、短袖都可。衣服上方有无口袋两可。若有,在左上方。衣服下方左右各有一个口袋。腰间有无缠腰布两可。

女子上身穿长袖或七寸袖的对襟衣衫,鸡心领、立领;外披宽大的披巾,从左肩披向右下方,有的再从背后披向左肩,垂至左腰下或从左肩下垂至背后;有的以宽大的围胸布围胸至腰间,束至腰带内;下身穿筒裙,大多系各式腰带,有的还爱系银腰带;少数人头上戴头帕。花色多体现在筒裙上,喜欢各式几何图案,编织成带状,颜色对比强烈,崇尚蓝、黑、红、白。一般农村妇女的上衣领口、袖口、襟边饰有彩锦。贫富体现在布的质量上以及金银珠宝的佩戴上。

20世纪80年代曾提倡一种泰式女服,政府曾对此有过说明:所谓"泰式女服",下装必须是筒裙,布料必须是泰国所产,并有泰国花色、纹祥或特征。泰式女服有9种式样,基本上是在泰国女子习惯穿着的服装基础上改良、发展的,具有一定的民族特色,也称"泰族服装"。泰式女服在发展过程中受到当今王太后诗丽吉的提倡和支持。

3. 纱笼和筒裙

"男套纱笼,女围筒裙"。这是过去形容泰国男女着装的一句口头禅。当今,很多阔佬、贵妇人虽然外出时多着西服、猎装、时尚的衣裙,但回到家中仍习惯穿纱笼或筒裙,尤其是筒裙仍是女子的主要服装。一些贵妇人外出时也穿着筒裙,只是用高档布料做的,还有些花样、装饰。纱笼在城市中很少见,农村中也不多,但农村中老人穿着纱笼的仍不少见。

纱笼和筒裙都是由一块色布或花布两头对缝成筒状,前者要比后者宽长些。

4. 绊尾幔(ผ้าขาวโจงยาว)

绊尾幔是一种下装,男女都穿,据说源自泰国的印度婆罗门法师。由于受印度婆罗门法师的影响,素可泰时期已流行于泰人之中,男女穿着后便于劳动。直到曼谷王朝五世王访欧归来,提倡欧服,才开始不时行。至1941年銮披汶政府明令禁止穿着,才不见泰人穿着。它与筒裙、纱笼一样是一块布,但两端不对缝。穿缠的方法是:将布围住身子,然后往前拉并扭成一束,再从两腿间往臀部后拉紧,塞到腰背即成。这种下装从背后看像是有条尾巴,故称"绊尾幔"。现在这种下装已很少有人穿了,只是在部分地区还能见一些妇女特别是老年妇女穿着。在演古典剧目时,也能看到绊尾幔的穿着。

5. 妆饰

泰国女子好装扮,留长发。女孩从小就在耳朵上打了耳孔。大了以后,多爱描眼、抹口红、洒香水、涂指甲、戴首饰、耳环等。民间、农村妇女多爱盘发扎髻,在发髻上插戴金银饰、鲜花、彩色发夹、木梳等。近些年,女子涂指甲已不满足于涂上各种单色,还在小小的方寸指甲上涂上釉,画上各种花卉图案,既精致,又美观。一般女子随身都带有化妆盒,以便随时修饰面容。女子佩戴首饰很普遍,有的穷苦少女舍得用一年时间给人当保姆的全部收入买一件金首饰。一般女子都有金戒指、金项链或金手镯。有钱人的小姐,不仅两手戴手镯、戒指,而且往往一手戴两三件,金的、银的、玉的手镯。此外,还会戴耳坠、耳环、项链。真可谓"五光十色,珠光宝气",除了妆饰外,还是一种储蓄。

男子戴戒指、项链的也很普遍。多数男子颈脖子上都挂有各种质地的辟邪物。一些体面的人士手指上爱戴大颗粒的宝石戒指。每逢隆重的集会,如国事仪式或王事仪式,一些官员还要佩带各种勋章和肩带。

其实,泰人爱装饰的习俗由来已久,可"从多处堕罗钵底时期遗址出土的人物塑像可以看出:该时期,无论男女都蓄长发、盘发髻,并且佩戴耳环、手镯和项链等饰品"[1]。蓄长发"其源头可能是古代越人的发式"[2]。

(二) 旧时穿着习俗杂谈

1. 男子不着上衣

旧时,泰国男子因气候炎热,上身都不习惯穿衣。据昭帕耶贴派功逢《曼谷时期拉玛三世时代历史》一书描述,曼谷时期初期,唯有官员凉季上朝时才穿上衣。当时宫中悬挂红灯一盏,每年12月15日,红灯下落,官员要穿上衣上朝,违者要被罚去车水数日。中国明代典籍《西洋朝贡典录·暹罗第十》中也有记载:"其王缠首以白布,上无衣……"

拉玛四世时,宫廷与西方人接触开始增多。国王感到官员在洋人面前不着上衣,会被耻笑为落后、野蛮。于是下旨文武百官,不管春夏秋冬,一律穿上衣上朝。但据一名英国使节回忆,在拉玛五世时,当他觐见某位亲王时,亲王上身赤裸,环顾四周侍从毫无二致。1898年,国王下令不准成人在王宫和佛寺周围赤裸上身,违者要被监禁或罚款。此后,命令的范围又扩大到其他公共场所以至孩童。直至20世纪初,不着上衣的习惯才被摒弃。

---

[1] 〔泰〕《泰国文化艺术》编辑委员会编,裴晓睿等译:《泰国文化艺术》,泰国外交部出版,2010年,第68页。

[2] 钟敬文:《民俗学概论》,上海文艺出版社,1998年,第91页。

2. 一日一色

曼谷时期初,宫廷人员所穿衣服的颜色,自周一至周日衣色依序都有规定,一日一色,日不重色。如黄、桃红、绿、橙黄、蓝、紫、红或红、黄、紫、绿、橙、灰、黑等。否则会降低身份,被看作是一般平民百姓或乡巴佬。于是社会上体面人士也相继仿效,一时成为上流社会的风尚。据说,按色穿着有吉祥之意,因为衣色是按婆罗门教认为吉祥的九颗行星中的七颗规定的。这一习俗直到1932年,宫内男子由于西方服装的流行才不按色穿着。至于宫中女子仍保留旧习,任其自然。

3. 裙、帽风波

二战前夕,泰国女子习惯穿绊尾幔。政府为了赶学西方,出告示号召女子改穿裙子。但人们仍我行我素。于是政府不得不强制执行,规定各级政府机构不为不穿裙子的女子办理事务。逼得一些不愿穿裙子的女子,只好在绊尾幔外面套上裙子,事务办完即脱去。

二战期间,政府号召男女百姓模仿英国人都戴帽子,非如此不能显示国家的文明与进步。同样,政府实行强迫命令,规定凡不戴帽子去各级政府机构办理事务的人,政府公务人员一律不予办理。逼得有急事而忘戴帽子的人只好随地抓来一个水瓢或搪瓷饭盆扣在头上。平时,有的人戴帽子也是做做样子,一旦需要,脱下帽子当盛物器皿用。直到该届政府下台,这种强制性的规定才不了了之。至今,泰国人因天气炎热仍不习惯戴帽子。

这现象的出现,正说明了民俗的特征之一———稳定性。

(三) 筒裙与民俗信仰①

古往今来,泰国女子普遍穿着筒裙,因此,筒裙也成了泰国女子的象征,人们用筒裙来比喻那些缺乏阳刚之气、胆小怕事的男子时说:"女人婆,回家穿筒裙吧!"不仅如此,筒裙还是泰国女子、母亲的象征而具有民俗信仰中的一种神秘力量。如用母亲的筒裙束绑于树枝上,能救醒昏迷的儿子;出征男子撕一小块母亲的筒裙,披挂在肩上或系于脖子,以此作为灵物能保佑儿子平安;每当发生月食、日食和每月阴历三十,人们就拿旧筒裙绑在树上,祈求多子多孙。因为人们相信,结果少的树像怀孕的女子一样怕羞,绑上筒裙,就像遮羞一样,它会多结果。忌讳新生婴儿睡用母亲筒裙改做的睡垫或吊床。人们相信儿子长大后要剃度出家,如出家

---

① 覃圣敏:《壮泰传统文化比较研究》,广西人民出版社,2003年,第1751页。

男子曾睡过用低贱的筒裙改做的睡垫和吊床,会因此感到羞愧,还会给母亲带来极大的罪孽。

二、饮食民俗

饮食在人们生活中占有十分重要的位置。它不仅能满足人们生理需要,而且也因其具有丰富的文化内涵。以下分饮食结构、饮食习俗两部分给以介绍。

(一) 饮食结构

"饮食结构是指日常生活的一日三餐的主食、菜肴和饮料的搭配,即配餐方式。"[①]

泰国素可泰时期的石碑上铭刻着:"田里有米,水中有鱼。"自古以来以渔业、农业经济为主。进入工业社会后,农业仍很重要,渔业也仍是其主要的副业。鱼、米是泰人的主要饮食结构。

米饭和鱼菜也是泰人的传统餐食。在班告文化遗址中发现了大量的鱼等动物遗骨,说明遗址的主人在公元前 2000—前 1300 年就以鱼为食物了。

喜食介壳类水产。

在班告文化遗址中发现了大量牡蛎壳、蚶壳、螺蛳壳、龟壳以及鱼骨和小贝。说明遗址的主人喜食介壳类水产。这是米饭和鱼菜的配菜。

一餐正宗的普通泰餐,应该有一道被誉为泰国国汤的冬阴功汤,也可叫"酸辣汤"。汤由柠檬叶、柠檬干、青柠汁、辣椒、鱼露、鲜虾、冬葱、香茅草等混合而成。一道有调味品的咖喱菜(以青红咖喱为主)。一道鱼和几道蔬菜和生菜。主食是米饭或粉面。餐后是时令水果或用面粉、鸡蛋、椰奶、棕榈糖做成的各式甜点。餐间饮品随客便,如可乐、啤酒、各种果汁饮料等,但不少泰人倾向柠檬饮品。

(二) 饮食习俗

1. 古代饮食习俗

(1) "掬而食之"和多餐。

"饮食以葵叶为碗,不施匕箸,掬而食之。"这是中国宋代典籍《诸蕃

---

① 陶立璠:《民俗学》,学苑出版社,2003年,第 168 页。

志》中记录当时泰人用膳情况的话。泰人吃饭不用碗、筷,捧而食之。这一习惯一直保持到近代。泰人用叉匙饮食始于1870年曼谷时期拉玛五世时代,由宫廷内首先试用。但据20世纪30年代初,中国的一位旅暹人士记载:"暹人虽食米,其食法及肴蔬则与华人异,大抵以手取食者多,用匙箸者少。"此外,《壮泰民族传统文化比较研究》一书中说:"古代泰人吃饭没有一定的时间,想什么时候吃都可,所以一天可能吃很多餐。1938—1944年,政府颁布了一项法律,要求泰人每天不超过四餐,同时还要求改变用手抓饭吃的习惯。"当今,泰人已摒弃掬而食之的习俗,善用筷、匙。但在部分贫民中,尤其是东北部,仍有人习惯用手抓饭。吃饭时间一般也与世界各国一样,早、中、晚三餐。

(2) 嚼槟榔

古代,泰人不分男女老少都好嚼槟榔,是一种风尚。槟榔是各种礼仪和交际应酬的首要物品,宾客到家,先敬槟榔。每家都备有槟榔盘盛槟榔,大户人家多以银及良木细藤制作,工艺十分讲究。槟榔还是结婚、订婚必备的礼品。男方去女方家订婚、送聘礼或结亲迎娶时,都要用槟榔盘盛槟榔相送,有的多至上百盘,并以此为荣。不过,这时的槟榔盘是聘礼的代名词。盘中也可以是细软什物等其他物品。槟榔也是远行随身必备之物。当时,凡公共场所都有盆盂,以便吐槟榔渣汁之用。

槟榔果实呈椭圆形,大小同橘子,为橙红色。可作药用、食用、工业用。食用有两种吃法,如是干果,切碎,咀嚼即可;如是鲜果,切为若干瓣后,蘸上细石灰,包上山萎,即可入口咀嚼。嚼时味香,且有醇劲。初尝者往往像初尝"佳酿"一样醺醉,面色红润,精神焕发。据说,吃槟榔能解暑;吃槟榔的人很少患牙病,能除口臭,牙齿会变黑。在古代,泰人以牙黑为美。今天,泰人几乎没有嚼槟榔的习惯了,但在一些老年人中还能见到。

2. 当今饮食习俗

(1) 调料丰富

调料除了一般家庭常用的酱、醋、盐、糖以外,有辣椒、柠檬汁、虾酱、鱼露、茴香、咖喱、椰奶、姜粉、胡椒、桂皮、菠萝丁、薄荷、豆蔻、罗望果、香芋等。还有植物的嫩叶、花瓣的鲜汁,凡无臭无毒的都可作调料,如芭蕉蕾、含羞草、劳孝花、椰子汁等数十种。由于泰国地处热带,气候炎热、潮湿。调料中,首先辣椒自古以来为特嗜之物,辣椒仍是今日泰人的首选调料。所以辣味调料的花样最多。其次是柠檬汁。泰国的柠檬个儿较小,味酸,香味独特、浓郁。常用作饮料和菜的调料。因此,当今泰菜的特点是酸、辣。

（2）吃得杂

蜗牛、田鸡、乳猪、鸽子、蛇、老鼠甚至各种昆虫，如蚂蚁、竹毛虫、蝎子、蚱蜢、蝗虫等都是餐桌上的美味佳肴，而且营养丰富，其蛋白质高于其他动植物。蝗虫肉很鲜，价格便宜。

（3）好吃生

对一些蔬菜、海产，爱放些调料生吃，不爱吃很油腻的菜。

（4）饮料

一是加冰块，不管什么饮料，如汽水、可口可乐、各种酒，都爱加冰块。有时，一边吃热腾腾的饭菜，一边喝加冰块的饮料。二是嗜酒，泰国男子嗜酒，喝一种本地产的白酒，约三四十度，有的拿来就喝，不必吃菜。近些年来，随着健康卫生知识的普及，嗜酒现象有所减少。

（5）美味小吃

泰国女子爱吃零食，且多爱吃酸辣味的零食。公司、企业中的上班族的女青年职员，一般在办公桌抽屉内总放有零食或小吃，稍有空闲，拿出来就吃，还分给同事们吃。

泰国的各式风味小吃很受广大民众欢迎。它种类多、价格低。有一种泰人称它为"甜食"，常用椰子浆、糖和淀粉为主料，如蜜饯香蕉、椰浆甜南瓜、椰浆糯米糕等。较为普遍的吃食有：各种盖浇饭、米粉、各式包子、炸烤食品、各类汤食等。米制品有：烤米粉薄饼、蘸酱吃的炸锅巴、爆薄青米花、酒酿、各种花样的粥、各种粽子等。

下面介绍几样小吃：

1）香竹饭。曼谷很少见，多在外府，如佛统府等地。摊贩上排放着一节节竹筒，竹筒表面经烘烤而成焦黑色。香竹饭实际是竹筒糯米饭。它需用新糯谷，舂成米后，用水泡透。然后，选取大、小青竹，截成节。把泡过的糯米装入竹筒，用火烤熟。吃时，用刀剖开竹筒，饭香四溢，分外香腻。

2）花汁浸染粽子。泰人饮食中有一道小吃叫"花汁浸染的粽子"。粽子大小似乒乓球，用糯米粉做成，呈粉绿色。问其故，原来粽子之色来自一种淡紫色的小花，用手一搓，小花便渗出绿汁。吃时，有一股淡淡的清香。此外，其他菜食中那些五彩缤纷的颜色也大多来自各种花草。泰人爱栽花、送花，还善吃"花"。其实，在食物中掺入花汁草液，泰国自古有之。如一种小吃叫"渍水饭"，也称"掺花汁饭"。在布施时，常作斋僧的一种饭食，也是宋干节相互宴请的小吃。据传，渍水饭是现今古老少数民族孟族人的传统吃食，开始时流行于那空沙旺府，之后逐渐流行于各地。

（6）水果

泰人饭后爱吃水果、甜品，因吃了辣的食物后，吃甜食可以减轻舌头的辣感。

泰国的气候适宜种植温带、亚热带、热带的水果，但以热带水果在世界最享美誉。热带水果的出口量占世界第 4 位。山竹、红毛丹、榴梿、龙眼等水果占世界出口量第 1 位。2016 年菠萝罐头出口量约 200 万吨，占世界菠萝罐头出口总量的 55.4%。2016 年出口芒果肉 6.5 万吨。

水果分季节性和长年水果。长年水果有：香蕉、柑、橘、柚、西瓜、葡萄、木瓜、椰子、凤梨、番石榴、菠萝蜜等；季节性水果有：荔枝、龙眼、枣子、杜果、芒果、榴梿、山竹、红毛丹、菠萝、莲雾、缅甸波漆等。多年来，泰国又移植一些温带水果，如草莓、苹果、油桃、鳄梨等，并获得成功。因此，泰国有"水果王国"之称。泰国中南部的罗勇府有"水果之乡"的美称，80% 以上的农业人口都是果农，是泰国主要的水果产地。

曼谷好似热带水果的天堂。曼谷有不少水果批发市场，其中以塔卡水果市场最有名，各种水果琳琅满目，是中南半岛上各国中规模最大的水果批发市场。市场上除了原地出产的水果外，还从世界各国引进一些水果品种。因此，这里也是水果博物馆。下面介绍泰国有名的水果——榴梿。

果王榴梿：榴梿是从马来半岛移植来的，马来语音为"徒良"，汉语译为"榴梿"。据传"榴梿"两字来自中国明朝航海家郑和下西洋时的一则故事。当时郑和来到南洋群岛（东南亚），随从因人地生疏，思乡心切，郑和无法排解，颇觉愁苦。一日，郑和见路旁有一果树，果实奇特。于是吩咐一人上去摘下数只，与众共尝。一尝则觉果味鲜美，令人神魂颠倒，乐不思乡，留连忘返。故此，郑和取其名曰"留连"。后来植物学家取其音，改写为"榴梿"。

泰国有 200 多个榴梿品种，普遍种植的有 60 多种，在泰国各种水果中最享盛名。在各种水果果树中，数它高大，干枝最高可达 40 米。一棵榴梿树一年可结 80 多个榴梿。每年采摘一次。5 月是泰国采摘榴梿的季节，当地常举行吃榴梿比赛。

榴梿果实大如柚，其形丑陋，黄绿色的果皮长满钉刺，好似绿色的刺猬。剥开果皮，则是七八瓣黄色果肉。人们对于榴梿褒贬不一。褒者谓其鲜美可口，香味浓郁，久久不散，美不可言，誉为"果王"。贬者认为果味有腐臭味，刺鼻难闻，加之外貌不扬，故敬而远之。其实，对于第一次品尝的人，最好挑选上好品种的新鲜榴梿，腐臭味少而淡，上口之后，就会留连忘返。中国古代曾有人写诗赞榴梿,如"天南何物最相思,雪样心肠玉样肌。饱极香从何处得,味尝甘到尽时知。""我欲群芳常订谱,让他果部潜称王。"所以榴梿有"果王"之称。

3. 当今的饮食礼仪
(1) 以右为上
泰国有以右为上的习俗。无论餐桌上或会议的长桌上,排位时,最受尊敬的人的座位要排在主人的右边。这种排位上的礼貌虽与国际交往礼貌巧合,但泰国有其自己的解释,它来自小乘佛教的宇宙观。这种观念认为,宇宙有4个方向,东方是太阳升起的地方,象征诞生、光明。南方象征生命和幸福。这是两个吉祥的方向。而西、北方是衰弱和死亡的象征,是不吉利的方向。因此,佛像和国王的宝座都面向东方。唐杜佑《通典》卷一八八记载海南诸国中的投和国也说"坐亦东向"。一个人当面向东方时,其右手方向正是南方。所以,泰国以右为上。如泰国传统婚礼上,新娘、新郎并肩跪在铺有坐垫的地上,低着头,双手合掌向前,等待亲朋好友来滴水祝福。新娘跪在新郎的左侧,而新郎必须在新娘的右侧。当人们向新郎新娘滴水时,也是先向新娘滴水,从右开始。巡烛时,也是从右向左。这都是一种以右为上的习俗的表现,而习俗的由来与小乘佛教的宇宙观有关。

(2) 在泰人大家庭中用膳,通常先给孩子吃,然后才大人们吃;也有大人和孩子分开吃的。在农村,遇到红白喜事等,受到邀请而赴宴,通常是男女分开就餐。

泰餐上菜,一般是一次性上齐,没有先后间隔。

4. 饮食禁忌
泰人在吃鱼时,只能从上至下吃,不能把鱼翻过来吃。这也许来自渔民的饮食禁忌,因把鱼翻过来,意味着"翻船"。不吃乌龟和鳖等长命动物,也不吃象、猫、狗等动物,认为吃了是罪过,这与佛教信仰"不杀生"有关。一些信观音菩萨的佛教徒不吃牛肉。

三、居住民俗

获取居住空间,是人类解决生存条件和安全条件的必然结果。

(一) 古今居住方式
人类的居住方式,经历了两个阶段,一是利用天然空间;二是人造居住空间。

1. 利用天然空间

狩猎和采集时期（距今约 60 万年—4500 年），"那时的人们尚未学会定居耕种和建造房屋，……他们居住在山洞或岩穴里，……在泰国还发现了多处同时期的著名遗址，如甲米府的学校后山洞（Tham Lang Rongrien）和莫乔洞（Tham Mo Khieo）遗址，等等"①。这说明泰人先民曾利用天然空间过着穴居生活。

"巢居是华南和东南亚及其岛屿最常见的古代房屋之一。"②巢居，在泰国没发现古代完整的遗址，也许是无法留存至今。

2. 人造居住空间

泰国气候炎热、多雨、潮湿，加之江河湖泊密如网的地理环境，每年雨季的倾盆大雨，常使各河流洪水泛滥，北部高山的雨水向南部倾泻，泰国主要经济区的中部尤为严重。这就造成泰国自身的居住方式——高脚屋、屋舟。

（1）高脚屋

"'虚悬构屋'的干栏式建筑是人类巢居的复制和发展。"③高脚屋是由远古时代的"构木为巢"发展而来的。高脚屋的型制好似筑在树上的鸟巢。

泰国在新石器时代就有干栏式（高脚屋）建筑，"在班高文化的遗址中，还发现了干栏式建筑的柱干"。④

泰国古代，一般民居多是高脚屋。高脚屋即干栏式建筑。中国明代典籍《咸宾录·暹罗》有记载："民楼居，上联槟榔片或陶瓦覆之，坐卧即于楼上。藉以毡及藤席，无床几之制。"上述中的"楼"即类同中国西南地区少数民族居住的高脚屋，也称"干栏式建筑"，不是多层楼房。高脚屋原先用竹子盖建，后发展以木为主。多呈方形或长方形。分上下两层，上层住人。屋层由数根竹桩或木桩高高托起，桩高不一，有的高达数米，低的约1米。一般建在高地、干旱地区的高脚屋的桩不高，靠近江河地区或海边的高脚屋的桩高。下层无墙，只是数根柱，以作饲养牲口、碾米、储藏物品等用。为了躲避雨水和炎热的阳光，人字形屋顶的两坡面（两流水式）延

---

① 〔泰〕《泰国文化艺术》编辑委员会编，裴晓睿等译：《泰国文化艺术》，泰国外交部出版，2010 年，第 63 页。
② 谢崇安：《雨林中的国度》，重庆出版社，2001 年，第 59 页。
③ 钟敬文：《民俗学概论》，上海文艺出版社，1998 年，第 94 页。
④ 贺圣达：《东南亚文化发展史》，云南人民出版社，2010 年，第 35 页。

伸得较长。三角墙高,能通风散热。走廊较宽。上下楼梯建在屋外,有的接凉亭。凉亭也能当客厅。一般贫民民居的楼梯是挂梯,放在屋外,能移动。房间大小根据需要能伸缩。

高脚屋在民间、农村如今仍多有盖建。一般用料是木、竹或半木半竹。全用竹盖的房多是捆绑式。古代,高脚屋在东南亚各国、太平洋岛国以及中国的南方都有。这是共同的文化地理因素使然的。高脚屋是一种生活在傍水或水上居民的民屋,与生活在陆地上居民的民居不一样。泰国学者认为,进入近代,由于世界都被陆地居住的民族所统治,他们的生活习惯、科技进步使生活在水上居民放弃了自身特点。如曼谷繁华地区已看不到水上居民的住屋——高脚屋,满目高楼大厦。

民居的方向没有严格的规定,哪个方向都可。但一般为了避开炎热的日照,房屋面朝西或坐西面东,也即是长方体房屋的外形,其长边面向东或西,使日光只在早晨和傍晚,不是正午最炎热的时候照在房屋两边的大面积上。另外,房屋的长边面向东或西后,其短边必向南或北,使常年从海洋吹来的南风,通过房屋南北向的三角墙(หน้า)而吹散屋内的热气。这样,泰国民居的大门会开在房屋短边的南或北的方向上或三角墙下方。这与中国汉族民居的大门开在长方形的长边上不相同。因此,房屋建在与东、西方平行的方向上最为适宜。

(2) 屋舟(เรือนแพ)

泰国有一种古代民居称"屋舟",也可叫"船屋",是当作居住的船。中国晚清《游历笔记》一书,在谈到曼谷居室时写道:"又有水上建屋者,名曰屋舟。法用极大竹排为基,上建竹屋,浮于水面,水涨则屋为之高,水退则屋为之低,如有事来去,即撑屋移行如大舟然。又于屋之前开设一店,以便买卖食物等,诚便法也。"这类屋舟,一般分有3间。最前面靠船头的一间,可开一小店,做些买卖。船头有围栏,以防孩子掉入水中,也可用于洗澡。中间是卧室。船尾一间为厨房、饭厅。他们的流动性很大。他们不仅仅以捕鱼为生,做买卖、上岸打工都可以。

这种屋舟自古以来直到近代仍是泰人的主要民居之一。据统计,曼谷时期拉玛三世末期,曼谷人口约35万,而屋舟有7万艘。

如今在中部北柳府、北部彭世洛府、南部素叻府还都有这类屋舟。彭世洛等府的屋舟旁还有水上园子。园子是用麻或竹编的筏子漂在船边水上,筏子上的烂泥是从河底挖上来的,泥上种着各种蔬菜等植物。

(3) 钢筋水泥结构

泰国城市建筑发展很快,高楼大厦鳞次栉比。私人住宅样式很多,有公寓式、排屋式、花园洋房式等,外形美观,内部装饰精致,设施先进。

(二) 居住的民俗表现

居住不仅仅是方式,同时它和各地区、各民族的居住习俗有密切关系。种种传统习惯规定制约着住宅的结构和日常生活。泰国高脚屋的建筑会因地理环境、气候特点、生活习惯等的不同,而有些区别,甚至有的地方房屋的称呼也有不同。

1. 群屋与长屋

群屋是指一个大家庭中,子女成家后在父母或岳父母家周围盖的房,以共有的阳台为中心围在一起,称"群屋"。有的以某一屋为起始,"一"字延长开去,称"长屋"。

群屋、长屋是适应泰国风尚习俗的民居建筑。由于泰国古代入赘婚较多,女儿成家,女婿进门。因此,老丈人的屋子就要扩建加长,女儿越多,屋子越长。短的10多米,长的100多米。这样的风俗和民居其他东南亚国家也有。现在,长屋已不多见了。留存至今的长屋一般被当作僧舍。

群屋和长屋都不是一种新的建筑结构,都是上述干栏式建筑。只是为了体现一种居住的习俗,反映来自生活习俗的一种居住的民俗。

2. 盖房仪式与习俗

(1) 盖房习俗

古时,盖房有很多旧俗,形成一套仪式,贯穿许多信仰成分。盖房时,不能有半点差错或不符合仪式、信仰的做法,否则会给房主的家庭带来不幸或灾祸。盖完房后,要建土地神庙。

盖房的日子和立奠基柱(盖房时最先立的一根柱子)的时辰必须选黄道吉日。宅基的选择要看风水,如是否靠近河流等。宅基的地面要平坦,要去除树根、白蚁窝、不祥物等,否则不吉利,不便盖房。宅基的形状要矩形、圆形、半圆形为佳。甚至其土壤的香臭、酸味、淡味如何都要口尝、鼻闻,因为这也关系到今后房主幸福与否。盖房的木材要来自同一个林地,否则林神不一,要打架,给房主带来不安。伐木的时间要在1—4月,这段时间砍伐,将来会财源滚滚,平安吉祥。伐木时,树木倒地的方向也与日后的祸福有关。每根柱子的形状及柱木上长的木瘤的位置、数量都会影响居住的安危。挖柱穴时,要注意蛇神躺卧的方向。挖前要祭蛇神。挖穴时,挖出不吉利的东西,要洒水驱邪。立柱,建山墙前,要为柱子、山墙举行招魂仪式。立奠基柱时,也要做立柱仪式。门要向东开。盖完房后要举行新屋落成仪式。

当今,上述木结构建筑的盖房习俗与仪式,随着社会的发展,如地皮、木材的砍伐都日见昂贵和受到限制,更由于钢筋水泥的应用及木材代制品的推广,古时的很多仪式,甚至一些信仰也逐渐减少或废弃。但有些重要的仪式,盖房时仍有保留,即使是钢筋水泥建筑也要举行立奠基柱仪式、新屋落成仪式。

(2) 盖房与民俗信仰

泰国盖房旧俗繁文缛礼,如中部地区大部分是按照星相术经书里规定的内容盖建房屋,存在不少迷信成分,但有些却源由一种自然崇拜、鬼魂信仰的习俗。有些习俗还有一定的科学性。

如星相术经书规定:禁止建侧面对太阳的房屋;禁止在泰国阴历五、七、八、十、十一月盖房。有的民居的屋顶为重檐多面,除了为了适应热带气候的特点外,当印度文化进入泰国后,泰人又接受了印度人的信仰,认为生活在多重屋顶下或多层伞盖的阴影下的人是吉祥的。同样,山墙装饰除了它的位置在屋门上,有其重要性外,还与古代泰人的鬼魂信仰有关。泰人认为为了阻止魔鬼进屋,要在门上、山墙上画天神、怪兽或符咒,于是山墙上的装饰就不能没有。建筑越重要,山墙装饰越华丽。高脚屋的底层不住人,是因为泰人重头,不希望有什么高于自己的头。盖房前,伐木工要进入林地选材、伐木,其时间要在1—4月。对此,古代人只能给以凶吉祸福的回答,使人觉得神秘荒诞。实际上,其他时间入林伐木有其不利因素。如6—10月,正处雨季,林区潮湿难忍,入林易得各种疾病。而且砍伐的木材,因林区土地泥泞,不便搬运。而这时期的树木也正在抽枝发芽。1—4月,气候正跨凉季和热季,土地干旱,伐木工进入林区不易生病,木材也好搬运。而且这时期正是农闲时期,人们有时间相互帮工盖房。再有柱子的木瘤多少和位置影响木柱的坚固耐力,土质的酸味、淡味也与盖房地基的牢固有关。房宅的风水也有利于今后房主的生活、居住。所以不能把习俗一概都看作迷信。

(3) 建土地神庙

在泰国,无论是城市或乡村的家庭,还是机关、单位、饭店、公寓、别墅等,其周围或庭院之内都立有土地神庙。有的在住宅周围不便立土地神庙,就在家中立土地神龛。其普遍程度可以说几乎家家户户都有。有的村社、集团还建有共同的土地神庙。泰人认为土地神能保佑全家平安、生活幸福。所以盖房后必须建有土地神庙,这也是当今泰人的居住风尚。当今城市的土地庙大多由商行用水泥制作,其外形越来越华丽美观,似寺庙中的佛殿。哪家立土地庙,只需要向商行订购即可。

3. 居住习俗

(1) 进屋脱鞋

到了泰国,不论贫富,普通民屋或富人的豪宅,以及佛寺内的佛殿、佛堂都有进屋脱鞋的习惯。据说这一习惯来自古代的居住习惯,《咸宾录·暹罗》中记载:屋内"藉以毡及藤席,无床几之制"。说明屋内没有床、桌、椅等家具,人们席地坐卧。因此,地板必须天天擦洗,保持清洁。农村多高脚屋,一般在高脚屋的楼梯下置有水缸,以备赤足者濯足之用。如有穿鞋者上楼,要把鞋脱在楼梯下,赤足上楼进屋。

有人研究[①]为何泰人十分重视地板的干净,以至于今日进屋脱鞋的习惯。这是泰人长期水上生活带来的习俗。由于人们生活在屋舟内,而船内的地板,既是睡觉的地方,又是吃饭的地方。所以,古代泰国没有"桌子"这个词汇。地板必须打扫得十分干净。泰人习惯坐在地上,尤其是今日礼仪中的各种就地而坐的坐姿,如叠腿侧坐等都是船上生活习惯带来的。因为船上是没法设椅子的,因而古代泰语中也没有"椅子"一词,它借自汉语。

(2) 冲凉

长住泰国,要学会冲凉。所谓"冲凉",即用冷水冲洗身子,不需要每次都用肥皂、洗发露那样为了清洁身子而沐浴。泰人不分贫富,每天要冲凉两三次,一般清晨起床后一次,晚间睡觉前一次。泰人冲凉习俗自古有之。中国明代黄衷《海语·暹罗国》就有"日夕三四浴"的记载。冲凉不单是为了清洁,更多是为了消暑,不至于因酷暑而得病。

4. 居住环境

(1) 花香四季

中国有句俗话,说"花无百日红",所以对花有"花开花落终有时"之感。尽管现代花卉的培植技术能使室内的花卉四时常开。但每当冬季,在中国的北方,室外是大地一片萧瑟的景象。但在泰国却不是这样,如"叶子花",花呈红色或白色,四时常开。各种花卉整年竞相绽放。花是泰国居住环境的一大特色。

泰国的气候适宜种植世界上几乎所有的热带、温带的花卉。如兰花、玫瑰、郁金香、荷花、芙蓉、水莲、茉莉等,数不胜数。金链花(ดอกราชพฤกษ์)是

---

① 〔泰〕素梅·春沙·纳·阿瑜陀耶:《水》,载克立·巴莫主编:《泰国特征》,泰瓦塔那派尼出版社,1982年,第231页。

国花。有的花还能吃,如萨诺花等。人们到处可看到被各种鲜花簇拥着的河流,花香四溢的都市,繁花似锦的种植园。在泰国绚丽多彩的各种花卉中以深紫色的热带兰花在世界上最享盛誉。就曼谷附近,兰花的种植园多达千处,其出口量占世界第一。世界对兰花需求量大的原因是全世界制造香水的公司目前的技术水平都合成不出兰花的香味。

热爱鲜花、种植花卉是泰国人民的传统习俗。家庭、公司或机关之内,也常有鲜花点缀装饰。如遇节日盛会更是一片花的世界。有些花并不香艳,只因其名吉祥,如富贵花、万年青等,常被一些商店、企业作为招财进宝的征兆来摆设。更有一种叶子又青又长的"瓦萨那"(巴西木),意为"运气树"。据说运气好的人,种不久便会开花;运气不好的人,种多年也不开花。而一旦花开,主人甚至拍照当作神佛供奉。此外,喜庆节日、佛教仪式也离不开花。情人节给情人送花,生日送花篮,向长辈祝寿送花台。人在弥留之际,亲友要为他手中塞上一枝花。斋僧布施、上香拜佛、巡烛礼佛都要有茉莉花或莲花相伴。再如机场迎宾,为宾客挂花串、花环。可以说信仰佛教的泰人一生中都离不开花,从生到死都有花卉做伴。

(2) 公共卫生

垃圾是泰国城市当今的一大公害。在贫民窟、菜市场等,垃圾堆积如山,臭气熏天。由于泰国对垃圾等废物的处理能力仅为所产生废物的10%,而废物却不断增长,1994—1997年,固体废物及垃圾的年增长率为3%左右,主要是在曼谷和城市地区。1997年仅曼谷就占全国固体废物的24.1%。

曼谷有一奇怪的现象,即在马路、街道上找不到公厕。一时便急,只好进超市等公共场所去方便。究其原因,原来曼谷市政建设历来没有这项开支。生活在曼谷的市民,都知道哪些地方、场所、加油站有厕所。但在住宅区就难以找到了,个别中青年男子,见没有行人或行人稀少时,背着人,靠墙随地便溺,这也是无可奈何之事。

泰国的蚊、蝇,虽谈不上猖獗,但也不少。有的地方如菜市场,苍蝇叮在食物上,人们也习以为常,视而不见。在卫生条件较差的室外或没有空调设备的室内,蚊子也很多。泰国蚊子比中国北方的蚊子小,但却厉害,在大白天它能隔着单裤或袜子叮咬人,叮咬后不起包,但奇痒。

四、交通运输民俗

"交通在人类社会发展和人类文化交流中占有重要地位,与人类的生产和生活密切相关,是连接生产民俗与消费民俗以及商业民俗的纽带,是人类生产与生活民俗的重要组成部分之一。交通运输民俗的组成主要表现在三个方面:一是交通运输工具使用民俗;二是交通运输设施民俗;三是交通信仰民俗。"①

泰国的地理环境造就了泰国极具民族特色的交通运输民俗。

(一) 交通运输工具使用民俗

1. 古代交通运输工具

古代重要的交通运输工具有牛车、舟楫、大象、马和轿等。关于象和马,《新唐书》卷二二二下,对泰国古国投和国有"民乘象及马"的记载。至于国王的交通工具,还有轿。《瀛涯胜览·暹罗》记载:"王……出入骑象或乘轿。"地处热带,濒临大海,河道纵横的泰国,以上交通工具中,以大象和舟楫最富特色,且伴有很多民俗。以下略作介绍。

(1) 舟楫

有人研究舟是世界上最早的交通工具,早于车。从泰人所处的地理环境来看,人们择水而居,也是舟早于车。在泰国,船不仅是沿江人民的主要交通工具,还是渔业生产的主要工具,其中屋舟还是泰人的居住、生活的场所。泰国班告文化(前1500—前1300)遗址中出土的陶壶底部画有乘载两个人的船。翁巴洞中公元3世纪前的船棺,它首先是船,而后作棺。这说明泰族造船已有悠久的历史。

泰国河道纵横,舟楫往来如梭,水上交通运输发达。中国清代季麒光的《暹罗别记》中也记载:"人则乘舟往来。"中国明代航海家费信曾4次随郑和下西洋,归来后于1436年写成《星槎胜览》一书,书中描写泰人"惯于水战"。由此可见,泰国舟楫的重要性不限于交通运输,还是战争中的重要武器。

船的前身是木排、竹排。独木舟是船的雏形。古代,泰国舟楫种类繁多,如独木舟、大小舢板、乌篷船、长尾船、帆船、屋舟、赛舟、战船等。有人统计约有29种,现今只剩六七种。也有不少民俗与舟楫有关,如赛舟、赛船歌、御船巡游等。

据旅泰西方人在曼谷时期拉玛五世时代的记载:18世纪大城有船20万艘。有时还赛船、迎接外国大使的游船仪式、丧事船行队伍等。那莱王时,王坐船去敬拜佛足印,其船队有船324艘,船的种类有26种。有的西

---

① 叶涛、吴承浩:《民俗学导论》,山东教育出版社,2002年,第274页。

方人描述:"……还有使人不可相信的景观,一眼望去,到处是船,人们川流不息地在江河中来往。"可以说在拉玛五世前,泰国的主要交通是船,船是泰国交通民俗中的主角。

(2) 大象

泰国古代,大象不仅是历史上转战沙场,身经百战"功臣";还是热带丛林中理想的交通运输工具。大象体形庞大,行动缓慢,但生性温顺乖巧,易于驯服;跋山涉水,如履平地。尤其是在交通不便的山间丛林小道,至今仍要依靠大象来搬运木材。

大象作为交通运输工具的最早的泰文记载,是有名的素可泰石碑,它记述了素可泰时期三世王兰甘亨骑象去佛寺礼佛的事迹。

古代泰人常以捕猎的方法来获得野象,然后将其训练成人们所需的交通工具。

2. 当今曼谷形形色色的交通工具

(1) 地铁、城铁

泰国地铁建设较晚。2006年4月,曼谷地铁一号线正式通车。全长20公里,始自火车站至邦瑟,共设18个站,穿越多个商业区。一节车厢设两个门,座椅舒适。但票价较贵。

曼谷城铁,泰人称它为"BTS"。1999年12月运行,比地铁早通车,从奥嫩到沙亚姆,再分叉到萨攀和长途汽车站。以站计价。

泰国政府拟在不久的将来,建设7条地铁和BTS,总长近250公里。到时,曼谷交通的堵车现象有望缓解。泰国的高铁也在筹建之中。

(2) 公交车

曼谷的公交车同中国相比有些不同。一是不设售票员专座。二是车门敞开,乘客可在停车时上下车。高峰时,年轻乘客悬挂在车门外,十分惊险。三是小孩和僧侣乘车不用买票。曼谷的空调公交车票价按路程计算,比普通公交车的票价贵。

(3) 私营公交车

曼谷不少公交车的线路上都有私营的"公交车"。这类车大多由货运车改装,车斗支有布篷或铁皮篷,以挡日晒雨淋,车斗两边各有一排长凳,人们叫它"两排车"。它与中国前些年的私营的小面包车相仿,也是招手上车,就近下车。其票价与公交车一样,只是没车票。

(4) 汽车与堵车

近些年来,由于地铁和城铁的建成,改善了人们出行的状况。但曼谷的堵车现象仍如往常。交通高峰时间的闹市区,被堵的车排队长约好几百米。有时10公里的路,汽车要走1小时。人们上班迟到的理由常常是堵车。若有人问:"世界上最长的汽车在哪里?世界上最大的停车场在哪里?"答:"在曼谷。"这样的笑话多年前在泰人中已有流传。私人汽车无节制地增加,公路建设又滞后,是堵车的重要原因。尽管交通部门也采取了各种措施,但见效甚微。现今,全市已有小汽车855万辆(2016年)。

(5) 出租车

曼谷的出租车也许是因为有小汽车的人越来越多之故,通常在马路边站一会儿,路过的出租车会主动向你驶来。因气候炎热,车内都有空调。出租车的颜色也色彩缤纷,红的、绿的、桃红的、双色的等,除了车上的顶灯外,有的车身两侧有一条白线做标记。曼谷出租车除了小汽车外,还有三轮摩托车改装的出租车,人们叫它"笃笃"或"嘟嘟"车。票价比出租汽车便宜,西方游客喜坐这类出租车,因车斗两边通风凉快。

(6) 摩托车

泰国与其他东南亚国家一样,人们出行最简便的交通工具是摩托车,而不是自行车。一般中低收入的年轻职工喜骑摩托车,它好比中国的自行车那样普遍。摩托车驾驶的速度很快,在马路中,当绿灯一亮,首先冲出去的是摩托车。马路上很少见到自行车。

泰国曼谷有一种出租摩托车行业。街头路边常停有一排摩托车,驾驶员有的穿制服,有的不穿。一般在车的后座上坐一位乘客。乘客当面议价,价格便宜。它的优点是快,能穿街走巷。一些有急事的人、起床晚了的职工、学生,为了赶时间,坐这类车最合适。因它体积小,能在被红灯堵住的汽车与汽车的夹缝中,左拐右弯窜到最前面,红灯一灭,由于摩轮车启动快,像一阵风似地冲了出去,把汽车远远地抛在后面。

(7) 免费火车和免费公交车

1) 免费火车 泰国火车有几段固定段线路(短距离)是免费的。人们可从网上查到或在火车站的"列车时刻表"上看到。如有适合自己的线路,出示身份证,即可获得上车的许可。

2) 免费公交车 曼谷近些年来出现一种免费公交车。这种公交车在车身前和侧面都写有"来自人民税收的免费公交车",什么人都能上,不必出示身份证。但线路固定,且车辆也较少。

(8) 水患与交通

每到雨季,湄南河水泛滥,曼谷马路上的积水不能很快排泄,交通瘫痪。如1986年5月9—10日两天倾盆大雨,市内顿时积水深至248.6厘米,高峰时达274.3厘米,全市交通基本陷于停顿。小汽车无法发动,停在马路中靠人推行。不少地方看到马路上行舟,行人挽起裤管蹚水而过。机关、学校出通告放假。尤其是2011年河水泛滥,不仅影响交通,还使曼谷及其周围的工业区停产、停业达数月。水患是曼谷交通的老大难问题,长期得不到解决。

(9) 其他

泰国车辆靠左行驶,驾驶座都在右边,与中国不同。曼谷的车辆行驶速度很快,一般是行人怕车,小车怕大车。曼谷自行车很少见。自行车能在马路上载人。

(二) 交通运输设施民俗

1. 古代交通运输设施

泰国主要的交通运输设施是河流,一是靠江河纵横的天然河道,二是靠人工开凿的运河。如大城,它坐落在湄南河下游一个岛上。北有华富里河,西面和南面是湄南河。为了防护和交通的需要,大城初期,在城东开凿了一条巴萨运河,把华富里河和湄南河沟通。整个城市的四周被河流环绕。据统计,当时有河道140公里,而道路仅53公里。再如曼谷,曼谷时期拉玛五世前,曼谷有"东方威尼斯"之称,也是一个水上城市,交通主要是河流。

2. 当今交通运输设施

(1) 公路

"公路"是近代才出现的交通运输设施,以前泰国交通运输设施主要是内河航运,也即"水路"。泰国第一条公路是建于曼谷王朝拉玛四世时期的1857年,那是因为各国驻泰使馆提出水路运输速度太慢等理由,才使曼谷有了至今尚存的"拉玛四世路"。

20世纪60年代后,公路发展很快,全国76府都有公路相通。泰国面积不大,公路运输又比铁路方便、灵活,目前公路的运输量已远远超过铁路。

(2) 河道与港口

泰国自古以来,江河交错,河渠纵横,水上运输一直占主要地位。自从公路、铁路获得快速发展后,水路运输虽有明显下降,但在广大的内地,水路交通的利用率仍很高。水路分内河航运和海运。

内河航运在雨季可通航的河道有4000公里,全年可通航的河道有3701公里,但大多只能通行吃水在0.9米以下的船只。

海运承担着全国95%的国际贸易货运。2015年有千吨级以上的远洋运输船 63182 艘,有港口 100 多个。其中深水港有:曼谷港、拉加班港(Laem Chabang)、宋卡港、北大年港、普吉港、梭桃邑港、西拉差港、马塔港(Mab Ta Phut)。

(3) 铁路

总长 4818 公里,除曼谷到大城一段约 100 公里的铁路为复线外,其他都为单线。以曼谷为中心分北线、东北线、东线和南线。北线由曼谷至清迈。东北线由曼谷至呵叻,然后分成两条支线,一条往东至乌汶,一条向北至廊开。东线从曼谷经差春骚、巴真至亚兰。南线从曼谷至合艾,然后分成两条线至泰马边境。由于火车运费低廉,因此,它仍是国内重要的交通运输设施。高速铁路也正在筹建之中。

(4) 航空

目前,泰航有客机 80 多架,多数是大型的波音飞机和空中客车飞机。泰航机队的平均机龄是同业间最年轻的。泰航的国内航线已遍布各大城市,国际航线已延伸至全球 34 个国家的 77 个主要城市。曼谷有两个国际机场,一为"廊曼机场",一为新建的"苏万那普机场"(Suvarnabhumi)。

(三) 交通信仰民俗

1. 大象

大象是古代泰人的交通工具。据宗代类书《太平御览》卷七九〇金陈条引《异物志》说:"人民多好猎大象,得生乘骑,死则取其牙齿。"金陈国即金邻国,在今泰国索摩府一带。此外,大象还作为泰人的神灵信仰。下面介绍泰人捕象中的民俗信仰。

围猎野象是捕猎野象方法中的一种,泰语叫"翁昌"。它是一种需要动用较多人力,花费较多经费,对围猎手有较大危险的围猎野象的方法。这种方法伴有很多民俗,并格外受围猎手的重视。

捕猎前要请捕象能手——主象师来组织、指挥。主象师接受邀请后,举行拜师仪式,静坐念咒,求祖师托梦,如得梦吉祥,主象师就选择副象师和捕猎手,并给予分工。

每位捕猎手在家中要按捕象典籍中所写的规定做,即不准家中妻女在头发上抹发油或往身上涂油,甚至不许吃油炸食物,否则围猎手会从树上滑下来;不许妻子装扮得花枝招展般,否则丈夫去丛林捕象会有生命危险;不许妻子与人吵架、打骂孩子,否则丛林中的野鬼会看不起围猎手,认为围猎手的家低级庸俗,不予保佑;不许家人坐或站在家门口,否则捕猎到的象会不进家门。如果妻子做不到上述事项,可以同丈夫暂时离婚,等丈夫捕猎归来,再续秦晋之好。

做完上述事后,主象师选择良辰吉日,举行拜师仪式。仪式毕,主象师带领围猎手去野外捕象。若入丛林,要举行丛林开光仪式,祈求林神准许捕猎手进林捕象。主象师念咒驱赶附在野象上的恶鬼。

2. 舟楫

船只造型富有民俗特色,如南部有一种泰文叫"告兰"船,其船头、船尾常有装饰。尤其是船头,常雕刻或绘画与水有关的动物,如鸟头狮身、半蛇半鳄的怪兽、人鱼等。民间信仰认为这些动物能潜水、神通广大。有不少民俗与舟楫有关,如赛舟、赛船歌、御船巡游等,甚至居民住房靠河建造的古代习俗,也是因为水上交通发达之故。

五、衣食住行与文化

(一) 服饰与心态文化

心态文化"是由人类社会实践和意识活动中长期蕴化育出来的价值观念、审美情趣、思维方式等构成的心态文化层。这是文化的核心部分。具体而论,心态文化又可以再区分为社会心理和社会意识两个子层次。社会心理指人们日常的精神状态和思想面貌,是尚未经过理论加工和艺术升华的流行的大众心态,诸如人们的要求、愿望、情绪等等。社会心理较直接地受到物质文化和制度文化的影响和制约,并与行为文化交融互摄,互为表里。社会意识形态则指经过系统加工的社会意识,它们往往是由文化专家对社会心理进行理论归纳、逻辑整理、艺术完善,并以物化形态——通常是著作、艺术作品——固定下来,播之四海,传于后代"[①]。也有人称"精神文化"。

在人类社会早期,服饰的变化来自服饰的构成要素的变化,如以叶蔽体改变为麻布、棉布;而人类进入文明时期,服饰变化多来自观念的变化,如社会心理、审美情趣等心态文化。旧时泰人穿衣的"一日一色",这色是按婆罗门教认为九颗行星中的七颗行星规定的,有吉祥之意。这实际上反映了泰人的求吉心理。上述女子的筒裙被当作泰国女子的象征,并被神秘化,能救醒昏迷的儿子,祈求多子多孙、果树多结果等,成为一种民俗信仰。民俗信仰在民俗学中属精神民俗。而近代泰人的文身和染齿等又

[①] 张岱年、方克立:《中国文化概论》,北京师范大学出版社,2014年,第4页。

反映了泰人的审美观念。服饰的色彩体现了一个民族的审美观,深蓝色是泰族服饰中的主色调。如深蓝色的女服配以白色或彩色的头巾以及衣襟边的各色花边,会给人以清新、亮丽、赏心悦目的美感。深蓝色使人联想到蔚蓝的天空、湛蓝的湖水,给人以平静、凉爽和深沉的感觉。至于上述的裙、帽风波则说明了服饰作为一种习俗后,不能靠行政命令,一朝一夕就会被改变的,它是一个民族的深层文化——心态文化。

(二) 大象与象文化

大象不仅是泰国古代的交通、运输工具,在战争中还是重要的武器。当今,又是泰国旅游事业的重要旅游资源。从古至今,泰人围绕大象所产生的民俗、手工艺品、绘画、雕塑、神话、民间故事等文化产品,形成了泰国的一种文化现象"象文化"。

"象文化是包括中国南方和中南半岛以及印度次大陆在内的古代文化圈的产物,是这一带地区热带丛林古代文明的标志之一。"[①]这些地区的国家如印度、泰国、中国南方的傣族除了崇拜大象、象文化的各类产品相同外,在上述地区还有相同的民俗:敬蛇的习俗,时行火葬,爱吃辣,喜欢光脚不穿鞋等。因此,象文化还是具有共同地区特色的民俗文化的一个组成部分。

1. 象文化产生的因素

(1) 物质因素

泰国盛产大象,中国古文献中多有记载,如堕罗钵底国(投和国,在昭披耶河下游)"国人乘象及马,一国之中,马不过千匹。"说明象多,以象为陆上交通工具。

(2) 信仰因素

有人研究泰国有象图腾崇拜。如泰国神话中的人兽婚母题的神话《大象王子》《香发女》与中国傣族神话《象的女儿》都叙述故事中的女主人公误吮象尿而受孕生子的情节。"实际上反映出泰——傣先民的一种观念:认为自己的氏族与神象有着某种血缘关系,这显然是古代泰—傣先民崇拜象的最好例证。其次,远古时代,处在原始社会初级阶段的人们'知其母不知其父',对女人为什么会生孩子一无所知,只好把生育现象的存在附会到动植物乃至星星和月亮身上,从而产生了感动植物而生等例子。

[①] 岩峰:《热带丛林的古代文明》,载云南大学贝叶文化研究中心等:《贝叶文化与泰族和谐社会建设》,云南大学出版社,2008年,第286页。

这种先交感而孕的无性生殖,实际上是图腾崇拜的产物。"①

从上述提到的泰国的人兽婚母题神话故事《大象王子》《香发女》等的分析,可以说泰人存在崇拜象或象图腾崇拜现象,它属于泰人的一种原始信仰。

泰国"以象为神灵"。这种现象应从本民族的原始信仰和宗教中寻找。原始信仰正如上述《大象王子》《香发女》等人兽婚母题神话故事中所表示的意思,本氏族与神象有着血缘关系,神象是氏族的祖先。当印度婆罗门教和佛教传入泰国,以及历代国王崇敬婆罗门教和佛教,国王或百姓就会利用这些宗教中的神象。在婆罗门教中,象是印度婆罗门教发展起来的印度教三大神之一——湿婆神生的。据说世上有十大种类象是在湿婆神举起右手时生出的。象是神生的,象也就成了神。同时,还流传湿婆的儿子"帕克内"象头神的故事。在佛教的《三界经》(คัมภีร์ไตรภูมิ)中有一头象名"爱拉万(เอราวัณ)",该象是帕英的坐骑。由于它是帕英的坐骑,所以常被人认为是帕英的替身。佛教中还传说:佛陀化作白象托胎于王后摩耶夫人的梦中,于是在夫人的右胁生下佛陀。所以象又是佛陀的象征。原始信仰中的象崇拜、象信仰,并没有在婆罗门教、佛教的传入后被排挤、降低,反而借助两宗教获得更加神圣的地位。

2. 象文化

有人对"象文化"作了一个界定,说:"象文化是指以象为神灵,以崇拜象、信仰象、歌颂象为核心而产生的各类精神产品和物质产品,以及这些产品投射在人们心理上和社会习俗中的各种反映。"②

(1) 视觉艺术

泰国以象崇拜、信仰、歌颂为核心的物质产品和精神产品比比皆是,较常见的是美术作品。诸如佛寺壁画,装饰在饭店、酒楼等公共场所上各画种的装饰性绘画,圣诞节贺卡等。而雕塑作品,最早是见于14世纪的象头神帕克内石雕像。当今能常见的是曼谷菩叻那寺佛殿等三角墙上的精美木雕《帕英骑爱拉万象》。至于民间的木雕作品、象牙雕刻更是数不胜数。较有名的手工艺品,有纯金镶有各色宝石的《有象桥的大象》。而各地有象形象为主的旅游纪念品,则成为旅游泰国的标志。

---

① 赵瑛:《泰—傣民族民间故事若干母题比较研究》载云南大学贝叶文化研究中心编:《贝叶文化与傣族和谐社会建设》,云南大学出版社,2008年,第328—329页。
② 岩峰:《热带丛林的古代文明》载云南大学贝叶文化研究中心等编:《贝叶文化与民族社会发展》,云南大学出版社,2007年,第286页。

(2) 民俗

礼仪方面有:《王事礼仪十二月》中记载每年 5 月,宫廷为大象举行驱鬼除病仪式。

民间文学有《大象王子》《香发女》《象头神》等故事。民俗信仰有象神、象图腾崇拜、象信仰等。

民俗旅游有大象村、大象节。民间乐器有象脚鼓。民间舞蹈有《象脚鼓舞》。

象是吉祥、昌盛的象征,捕获白象为一国昌盛、吉祥的象征,人们捕捉到白象,要献给国王。拉玛二世时期,因当时捕获 3 头大白象,国王下令以白象旗为国旗;象是才艺的象征,作为艺术厅的标记;象是权力的象征,国王的玉玺中以三头象为图案;象是荣誉的象征,国家的最高勋章之一是白象勋章。当今,大象还是泰国国家象征。

(三) 盖房习俗与宗教文化

"关于建房的信仰和习俗……根据其性质可分为两种:原始信仰。这是与鬼有关的信仰,或者是与自然界(如太阳)有关的信仰。受宗教影响的信仰,尤其是婆罗门教的影响。这种表现形式是占卜如占星术。"[①]

泰国盖房一般都要建土地神庙,普遍认为土地神能保佑家庭平安、幸福。盖房前,选木材要选同一林的木材。否则林神要打架,给房主带来不安。盖房时要先立奠基柱(主柱),要做祭祀仪式。泰人相信主柱是家鬼的住处。宅基的选择、开工的时日都要看风水、占卜。禁止建侧面对着太阳的房屋。上述盖房习俗都受到原始的鬼魂信仰、自然神崇拜和婆罗门教的影响。而林神、土地神中的"神",过去都叫"鬼"。自婆罗门教传入后,泰人才从"鬼"中分出"神"来。因此,盖房习俗中含有宗教文化的内涵。

(四) 饮食与稻作文化

泰人饮食中的主食是稻米。稻米是构成稻作文化的基础,稻作文化中各层面的文化也离不开稻米。稻作文化是因种植稻米而产生的,可以说没有稻米就没有稻作文化。

---

① 覃圣敏:《壮泰传统文化比较研究》,广西人民出版社,2003 年,第 1519 页。

第四章　社会民俗

社会民俗,亦称"社会组织民俗""制度民俗",是指人们在特定条件下所结成的社会关系的惯例,它所关涉的是从个人到家庭、家族、乡里、民族、国家乃至国际社会在结合、交往过程中使用并传承的集体行为方式。有的称"社会生活民俗",而且还包括"社会关系民俗""家庭、家族民俗"等。①

社会民俗对人类具有一种无形的强制的约束力,在人际之间起着黏合作用,它是维护人与人之间相互关联的纽带。

社会民俗是民俗学中的一大类,它包括社会制度民俗(如习惯法、人生礼仪等)、社会组织民俗(如血缘组织家庭等)、岁时节日民俗以及民间娱乐习俗。由于人生礼仪、岁时节日民俗和民间娱乐习俗的内容较多,将分章叙述。

泰国古代普遍实行的社会组织民俗除家庭组织等以外,就是勐阪制度。这是傣泰民族文化的共同特征之一。"勐阪是城、村的意思。勐的行政长官由封建主任命,阪的行政长官由村选举。城村内都有决定行政、经济、宗教事务的一定的独立权。土地公有,但城村内的每一个成员都有田可耕,有生存的平等机会,同时也要承担义务,向上级封建主纳税,出兵征战以及承担封建主的各种封建义务等。每个城村都有自己的神,对内部起到精神上的凝聚作用。"②

一、泰国家庭

家庭是以婚姻、血缘或收养关系为基础而构成的最小社会生产和生活共同体,是社会的基础和最小的单位。在家庭内部,人与人之间的关系通过某种特定的方式固定下来,并约定俗成。家庭是古老的,普遍存在的。恩格斯说:"家庭起初是唯一的社会关系。"

当今,泰国家庭为核心家庭(nuclear family),所谓核心家庭即新婚夫妇买房或租房单独成家,在大城市中大多如此。但在单独成家前,只要父

---

① 罗曲:《民俗学概论·目录》,中国社会科学出版社,2010年。
② 郑晓云:《全球化背景下的中国及东南亚傣泰民族文化》,民族出版社,2008年,第33页。

母住房条件许可,都会与父母生活一段时期。尤其是在农村的家庭,男女成家后,多在女方家庭中成立小家庭,到小女儿结婚,才在近旁另盖房建立小家庭。这种家庭被泰人称为"混合家庭"。但有人统计20世纪六七十年代的农村,这种混合家庭在中部地区占66%,北部地区75%,东北部地区85%。因此,有的泰国学者认为泰国家庭是有母系倾向的家庭。[①]

泰国家庭为一夫一妻制家庭,从婚姻家庭发展史来说,称"对偶家庭"。但泰国家庭一夫多妻现象不少。

(一) 家庭的建立

1. 择偶

当今泰国男女青年择偶,多数是自由恋爱,自选对象。一般来说选择和考虑对方爱好、个性、观念、民族、宗教信仰、职业、受教育的程度、智商。对上述种种的考虑和选择,多数选择与自己的共同点较多的伴侣。过去,子女择偶是"父母之命、媒妁之言"。当今,父母也只是表示些意见,如询问配偶的情况,谈谈是否合适等,如有双方都熟悉的亲朋好友,代为说"媒",也算是符合传统习俗了。

2. 订婚

泰国很时行结婚前的订婚仪式。经过男女双方的考虑,双方也都觉得满意、下了决心,就可以订婚。订婚是向亲戚朋友宣告双方的关系,同时告诫其他男女不要再向订婚的双方求爱了。再如要举行订婚仪式,男方必须年满17周岁,女方年满15周岁。如果男女一方不到法定年龄,则必须经男女双方父母的同意方可举办订婚仪式。

订婚仪式上,男方必须给女方一定的聘金,过去是槟榔、金银等,当今时行钻戒。聘金是今后双方结婚的凭据。古代,订婚聘金很重,也是给女方父母的回报。如果女方变心不守约,可以退婚,则男方可索回聘金;如果男方变心不守约,可以退婚,男方不能收回聘金。但无论哪一方提出退婚,解除订婚契约,都要罚款。

3. 私奔

在泰国,私奔的原因很多,如由于男女双方的经济、社会地位相差悬殊,遭到一方家长的拒绝。再如要求婚礼举办得隆重、昂贵,或双方父母是仇家。也有些有团伙的男子,遭一方父母拒绝后,会组织人力使用暴力

[①] 〔泰〕泰国社会与文化编写委员会:《泰国社会与文化》,素可泰大学出版社,2004年,第234页。

抢走女孩,携其私奔等。

私奔的步骤大多是姑娘请求父母同意让其与亲戚、朋友一起逛庙会。到了庙会后,见到男友与亲朋好友也已到达,姑娘便会慢慢从女方亲朋好友中走开。而有一些双方的亲朋好友会唆使或帮助男女双方私奔,私奔后会在邻村的亲朋好友家中躲藏一段时间。这段时间中,女方父母得知私奔消息后,会大发雷霆,感到丢了家族的面子,恼火男方践踏家族的荣誉。而且这消息还会加油添醋地传遍整个村庄。这时,男方父母首先会愿意让媒婆去向女方父母认错,答应举行请罪仪式。

4. 结婚

泰国人成熟较早,法律规定结婚年龄:男的必须 17 周岁,女的必须 15 周岁。泰国古代的《三印法典》规定:禁止近亲结婚,即不能与同父母或同一父、同一母的兄弟姐妹,有直系血缘关系的亲戚之间通婚或发生性关系。但堂兄妹、表兄妹之间仍可通婚。这一规定,今天仍适用。

法律还规定:必须不是有夫之妇或有妇之夫,必须是男女双方自愿的,不是精神病患者等。

寡妇可以再婚,但要在丈夫死后或离婚后 310 天以后才能再婚。如果不满日子,除非与原离婚的丈夫复婚或孩子出生,但必须取得法院的同意。

(二) 家庭内部关系

1. 夫妻间

若是妻从夫居的家庭是以男为主,为长,为尊。妻从夫姓、子从父姓。重大事情取决于男性,俗话说:"男是象前腿,女是象后腿"。家庭中父权占有不可动摇的地位。

若是夫从妻居的家庭,尤其在农村,男方只身来到女方家,身无分文,要依赖女方家的财产、土地生活,造成妻子在家的从属地位上升,并不低下,往往成为掌管家庭收支的人。随之而来的岳父母与女婿在家庭权力方面的矛盾增多。

2. 父母与子女的关系

子女要尊敬、听从父母,要帮助做家庭各种事务,要赡养或报答父母。父母去世后,要按照风俗举行丧葬仪式。而父母要养育孩子,直至成家立业。

3. 子女之间

子女间按长幼次序。兄、姐要照看、爱护、帮助弟、妹。弟、妹要尊敬、听从兄、姐。

4. 家庭矛盾的解决

因财产、土地分配产生的夫妻间、子女间、岳父母与女婿的矛盾,都要避免对簿公堂、法律解决。如不能调和,夫妻离异,子女要听父母的判决,女婿与岳父母分家至远处安家立户。

二、社会关系的纽带

(一) 亲属关系

亲属关系是由共同的血缘关系和姻亲关系构成的一种最基本的社会关系,每一个社会成员靠着血缘这条纽带维系着各自的亲属网络。亲属关系如组织起来,有一定的族规、制度就是宗族关系。

1. 泰国亲属关系的特征

世界上,亲属关系可分3种类型:以父系为主的亲属关系,以母系为主的亲属关系,以父母两系为主的亲属关系。有人研究认为,哪个国家以哪种类型为主取决于社会上以哪种性别作为主要劳力。泰国与老挝、印尼、菲律宾等国的亲属关系同属父母两系为主的亲属关系,即双系认定制度。泰国亲属关系虽属父母系为主的亲属关系,亲属中也没有人为的亲疏于哪一方的现象。但在确定亲属关系时,以自我为中心,然后追溯到其他亲戚关系,并重点强调仍健在的亲属为主。所以,从宗族角度看也只有3—4代的亲戚、亲属,很少有3—8代的(除北部外)。孩子、大人完全可以凭自己的喜好,亲疏任何一方。父母死后的遗产平均分给儿子、女婿,不像父系家庭的遗产多少的分配按父系血脉的亲疏来分。

泰国家庭,尤其是农村家庭由于入赘婚较多,大女儿结婚成家后,总要与父母生活一段时间。生下孩子后,孩子所遇到的亲戚首先是孩子母亲的兄弟姐妹、父或母,叫"姑、舅、姥姥、姥爷"。小女儿结婚后,一般是由小女儿和女婿赡养或关照父母。大女儿在本村另盖房成立家庭。最后送终也是小女儿的责任,房产由小女儿继承。为此,大、小女儿的孩子在本村所遇到的亲戚都是母系亲戚。因此,泰国农村的亲属关系有母系的倾向。

2. 亲属之间的关系

亲属关系以长幼辈分分主次,辈分小的要礼貌、恭敬地对待辈分大的。辈分大的要宽厚、仁慈地对待小辈。

3. 亲属间矛盾的解决

亲属间产生矛盾,要求争端双方的长辈亲戚解决。如解决不了,要求村长出面解决或进行法律诉讼。

4. 亲属的社会功能

亲属的社会功能主要是在经济上相互帮助,如在农村,有句俗话说:"没有田,没有亲戚。"因为你有田,在农忙时相互帮工,首先是在亲戚间,其次再请其他人帮助。再如各种宗教仪式、人生礼仪中相互帮助与支持。在向僧侣献僧衣时,由亲属中辈分高、有威望的人出面组织亲属成员一起去佛寺献僧衣;遇有婚丧喜事,亲属成员有钱出钱、有力出力一起来参加、帮助。有时需要借钱,首先想到的是亲属。以至于有句俗语称"有银称弟,有金称哥"。因此,也可以说经济上相互帮助决定着亲属间的亲疏。当然,亲属间在其他方面也会有相互的托付、照顾。但与中国比,泰国还有在政治选举上的帮助,如选举村长、区长以至国会议员、总理等,亲属总是投亲属的票。还由于泰国仪式很多,因此,在各种仪式上的相互帮助也比中国多。

5. 亲属称呼的外延

随着社会的发展,交往越来越多,关系也会越来越复杂。泰国与其他国家一样,亲属的称呼也被用在非亲属的称呼上,也是血缘关系和姻亲关系的延伸。如同年龄的称兄道弟,年长的称"叔叔、阿姨",年老的称"爷爷、奶奶"等。但在泰国对年长或年老的不习惯称"爷爷、奶奶、叔、姑"。而习惯叫"姥姥、姥爷、姨、舅"。这是因为泰国亲属关系有母系倾向。

亲属称呼的外延有时也表示被称呼的人要负起称呼的职责,要照顾称呼人,使称呼人的事情更容易办成,也即是俗话说"搞关系"。如在泰国买东西,卖主年龄比自己大一些,为了讨价还价,叫"哥"也许更易成交。另外,如果在饭店称呼服务员为"侬",意即"弟",表示有事要你为我服务。在泰国,一般称呼兄弟姐妹的孩子为"哥的儿子、弟的儿子",泰语称"鲁披、鲁侬"。但用在非亲属称呼时,其含意不仅是辈分的大小,而更多的是表示一种庇护关系。称"鲁披"的一般是依附人,是头头。称"鲁侬的"是被庇护人、受指使的人。

再有称呼"父"(泰语称为"胞")的地方也不少,多数加在某一称呼前,表示尊敬、神圣、有权。如城官、国王、寺庙中的神鬼,泰语称"胞坤、胞勐、昭胞"等。也有表示庇护关系的,称"胞良"意即"养父"。

总之,在泰国亲属称呼的外延也用得很广,还有很多例子,但要注意称呼的真正含意。

(二) 庇护关系

"庇护关系"是我国学者的意译。泰语称"叻卜乌巴探（ระบบอุปถัมภ์）"，"叻卜"义为"体系、方式、制度"。"乌巴探"义为"帮助、赞助、支持"。英语称"patron-client-model"。有人把它译成"依附关系"或"随从关系"。"庇护关系"是近期泰国或其他国家的社会学家、人类学家对本国或外国社会（指非洲、拉丁美洲、亚洲国家的社会）研究后，并受到重视和应用后提出的。泰国学术界把庇护关系应用得很广，包括泰国古代大城初期国王与"派銮"的关系。其实，仔细观察，庇护关系自古至今存在于泰国社会的各阶层之中。

庇护关系是相互间没有亲戚、血缘关系的一种人间关系。即庇护人（有较高经济、社会地位的人）要保障被庇护人（较低经济、社会地位的人）的利益和安全；被庇护人要对庇护人表示忠诚和依附；也可以说是两个不同经济、社会地位的个人之间的一种相互帮助、利益交换的关系。但相互之间的帮助、交换不是对等、平等的，往往是经济、社会地位高的人占主导，因为他占据着、垄断着地位低的人所需的生产资料、钱财或荣辱等权力。以至于地位低的人一生都还不清所借的资财和所欠的感情债，从而成为地位高的人的附庸，有的还终身托庇于地位高的人做奴隶。

1. 庇护关系的盛行

庇护关系从历史上看由来已久，但盛行于大城时期。当时的泰国地多人少，最宝贵的财富是人力，一次对外战争的结果常是带回很多俘虏充当国王的劳力。一个人的地位和富有程度取决于你有多少劳动力而不是土地。因此，国家对国内已有的劳力也必须进行管理，需要对劳力进行控制，规定泰人12岁以下能分得10莱（1莱＝2.4亩）土地、13—17岁15莱、成家后的泰人20莱。但泰人到了18岁后就要到地方机关或"昭乃（jaonai）"（泰人对上司的统称）处进行登记成为"派松"（成年壮丁或奴隶），由地方长官或昭乃进行培训，一般为2年，然后成为"派銮"。派銮在一年之中要为国王服劳役6个月，战时当兵出征，直到60岁。如不登记就犯了王法，要坐牢等。泰国的封建分封制，泰语称"萨迪那"，但学者们却把它称为"正式庇护制"或"显性庇护制"[①]，因为除了分封土地外，还有

[①] 任一雄：《历史上的"庇护制"与现代的"庇护关系"》，载《东方研究》(2002—2003)，经济日报出版社，2003年。

奴隶的分配数。奴隶与土地一样成为分享者的私有财产。另外,派銮为了逃避劳役,一是逃入山林中或剃度为僧,一是找庇护人。找一位有仁德的长官或昭乃作为自己的庇护人,并给予一定的服务,庇护人把他改成"派松(ไพร่สม)"身份。这后一种办法最理想。

泰国阿金亲王还注意到了文化与庇护制的关系,认为:"庇护制是传统文化中德行、造化、现世与来世等思想的必然产物"[1]这就是庇护制产生的原因。后来,泰人到了 20 岁时,不少人通过庇护关系逃避劳役成为派松的这种社会趋势,使派銮的人数急剧减少,成为曼谷时期拉玛五世取消奴隶制的原因之一。

2. 非正式庇护制

庇护关系的盛行,使"非正式庇护制"或"隐性庇护制"滋生,造成庇护关系复杂化。一般有庇护关系的下属,若升级、奖惩都会左右逢源,得到升迁、受到奖励、逃脱惩罚。曼谷初期,通过"竞标"可以获得税官的官职,但必须按竞标时包税的数额完成征税指标。这种官职也必须有庇护关系才能如愿。庇护目的也更多,被庇护人不是为了逃避劳役,而是其他目的。如曼谷初期中国移民向国王和王公贵族进献女子,成为他们的亲属。再如欧洲移民雷姆西给国王晋献了许多妃子和衣饰,因此成了国王的宠臣。[2]

3. 当今的非正式庇护关系

庇护关系产生于泰国的封建社会,这关系曾以制度形式活跃于泰国社会,但随着君主立宪制的建立,这种关系作为一种制度已不复存在,而是作为一种民俗却一直保持至今,"在政治、经商、军队乃至整个社会的相互关系中占有支配地位"。[3] 它是人们在历史实践中长期积淀而形成的一种社会心理、价值取向、人伦观念,一旦形成就长期绵延,很难改变。

被庇护人同庇护人构成庇护关系后,被庇护人必须按社会习俗或社会观念向庇护人回报。如历届文人政府的贿选都有被庇护人的大力相助,"其最普遍的表现形式是知恩图报,政治家以金钱为诱饵,得到金钱的农民没有,也不需要自主的人格和独立地判断,更不需要独立地表达自己

---

[1] 任一雄:《历史上的"庇护制"与现代的"庇护关系"》,载《东方研究》(2002—2003),经济日报出版社,2003 年。
[2] 赵永胜:《古代泰国政治中的亲属关系和依附制度》,载《东南亚》1999 年,第 1 期。
[3] 任一雄:《历史上的"庇护制"与现代的"庇护关系"》,载《东方研究》(2002—2003),经济日报出版社,2003 年。

的意志,把选票投给被指定的候选人"[①]。实际上,在人们日常的生活中,这种关系的方式方法有更多种:

(1)用劳力,如替庇护人干体力劳动、种田、杂活等;用自己田里生产的产品,如五谷、粮食、水果以及食品、钱财以至于自己的子女(如当义子、妻妾等)等回报庇护人。(2)参与庇护人所举行的各种宗教仪式:如庇护人子女的结婚仪式、剃髻仪式、剃度仪式等,并从中分担或操办各种事务给以回报;在宋干节或其他吉祥仪式上为庇护人淋水或滴水祝福等。(3)为庇护人参加各种竞选活动拉票、投票等。(4)当事端发生时,为庇护人——地头蛇或地方势力的头头效力、打群架。

在实际生活中庇护关系的发展更为复杂。如在农村,庇护人与被庇护人的关系也更复杂,除了庇护外还有其他关系,如既是村长和村民关系,又是地主和雇农关系。方法也更多,如认干爹干妈,庇护与被庇护人之间常常结成团伙,形成"社圈"(间接受益者和支持者)等。

三、社会民俗与文化

(一)"时期""王朝"与制度文化

制度文化:"人的物质生产活动是一种社会的活动,只有结成一定的社会关系才能进行。人类高于动物的一个根本之处,就是他们在创造物质财富的同时,又创造了一个属于他们自己,服务于他们自己,同时又约束他们自己的社会环境,创造出一系列的处理人与人相互关系的准则,并将它们规范化为社会经济制度、婚姻制度、家族制度、政治法律制度……"[②]也即是由人类在社会实践中建立的各种社会规范构成的这一部分文化成果称"制度文化"。

泰国历史自素可泰至曼谷(呠德纳哥信)共分为四个时期,即素可泰时期、大城时期、吞武里时期、呠德纳哥信时期。但中国有人习惯把泰国各历史"时期"一律译成"王朝"。这样不加区分的译法有时会给国人以错觉。

实际上,泰国历史上的大城时期有5个不同血统或外姓的王系更迭,即开国王朝清莱王系,之后是素攀普王系、素可泰王系、巴塞统王系和班普卢銮王系。素攀普王系的第1位国王颂岱帕波隆拉差堤拉第一是前王

[①] 张锡镇:《泰国民主政治的怪圈》,载《东南亚研究》2009年,第3期。
[②] 张岱年、方克立:《中国文化概论》,北京师范大学出版社,2014年,第4页。

系最后一个国王颂岱帕拉梅苏的舅舅,即母亲的兄弟。巴塞统王系的第1位国王颂岱帕巴塞统是前王系最后一个国王颂岱帕阿堤翁的军机大臣。他推翻了前国王,自立为王。班普卢銮王系的第1个国王颂岱帕丕拉差是前王朝最后一个国王那莱王的乳母之子。泰国历史上朝代的更迭称"时期",而不像中国称"唐朝""清朝"或"唐王朝""清王朝"等。泰国称"时期"的更迭,以京城或王都所在地命名的。泰语称"国王"为"帕昭彭丁",意为"土地的主人"。如素可泰时期的京城是素可泰,所以称素可泰时期;吞武里时期的京城是吞武里等。其至外姓国王登基,亦即非同一血统国王即位,只要京城所在地不变,如大城时期虽有5个王系更迭,但京城不变仍在大城,则"时期"称谓不变。因此,把"大城时期"译成"大城王朝"就会使国人以中国对"王朝"的概念去理解,误认为大城各代国王都出自于一个父系血统、一个姓氏。在中国,新一代的国王登基,若不是同一个父系家族血统的人,必然改国号。如西汉王莽篡位,改国号为"新"。唐朝武则天称帝,改国号为"周"等。但泰国长期以来,父权制(父家长制)没有彻底占领社会的每一角落,家庭的继承存在双系继承制(父系、母系),如泰国大城时期有五个不同的父系血统的家族相继统治,而国号不改。而中国不同的父系血统的家族统治不能称一个"王朝"。至于泰国其他时期如素可泰、吞武里、曼谷时期都可译称"王朝",因为这几个时期的各代国王都是同一个父系家族血统的继承的,与中国"王朝"的概念相合。

中国历史学家用"王朝"来编写历史,因中国重视宗法制中的父家长制,导致"家国同构"。而泰国用"时期"编写历史,泰语音译称"萨玛",义为"时期"。两国编写历史用词不同,实际上反映了中泰两国的不同的制度文化。

(二) 一夫多妻现象与心态文化

泰国家庭一夫多妻现象较多,有的公开,有的隐秘。

泰国现今法律规定的婚制是一夫一妻制,也即是单偶婚的婚姻形态。但社会上一夫多妻的现象并不少见。一般说,富者居多,不过也有过着温饱生活的男子也拥有妻妾的。这种现象在当今泰国法律中并没明确规定不允许一夫多妻存在,所以,这不能说是制度或制度文化,只能说是民俗、婚姻习俗。

泰国一夫多妻的现象由来已久,在法律上有时有规定,有时没有规定。素可泰时期立泰王编写的《三界经》一书中提到一夫多妻、一妻多夫的男、女死后要入地狱。大城时期,一夫多妻的婚制已有法律明文规定,于1361年制定的《检察厅关于夫妻的限定》中叙述妻子有3种类型：一是正妻，二是小妾，三是婢妾。所谓婢妾是指从穷人家买来或掳来的女子，先抚养为奴，后才为妾。至于王族的男子，多妻是理所当然的。该条文直至1935年才被废除。在泰国古代文学中就多处反映这种一夫多妻的民俗。民间文学中不少男主人公包括平民百姓有两个以上的老婆，如《格莱通》中的格莱通有4个妻子，《帕阿派玛尼》中的主人公帕阿派玛尼有4位妻子等。

1975年，泰国著名作家添旺，在作品中写道："我国的习俗喜欢一夫多妻，……谁有像喜马拉雅山那样高深莫测的才智能使一夫一妻制习俗确立，……谈何容易，这是我国像河水一样源远流长的习俗所致。"

对此，1688年，一名法国来泰的使节拉路贝（泰语音译）在他的著作中已有所论述，他说泰国大城后期那莱王时的一夫多妻制："泰人一夫有多妻，尤其是富者。这表示一种福分、德泽，不是淫乱。"这段话说明当时泰国男子多妻，更多的是泰人富有，包括有权势的一种标志，是当时的一种社会风气、习俗。

泰国一夫多妻的现象长久以来其成因也是多方面的，不是一朝一夕所能取消的。它已成为一种社会心理、社会意识的心态文化，一种深层文化。

第五章 岁时节日民俗

岁时节日,主要是指与天时、物候的周期性转换相适应,在人们的社会生活中约定俗成的,具有某种风俗活动内容的特定时日。不同的节日,有不同的民俗活动,且以年度为周期,循环往复,周而复始,是规律性最强的一种民俗。岁时节日民俗属社会民俗。

岁时节日民俗经历了一个漫长的历史过程,也是一个历史文化积淀的过程。其发展、演变有社会、经济、文化、宗教等多种因素的作用,是民众集体创造的文化产品。泰国的岁时节日民俗有一个特点,即除了与中国相似都是稻作文化和宗教文化的伴生物以外,还是中华文化、西方文化的伴生物。

一、泰国节假日概说

"节假日"是岁时节日的重要内容。岁时节日民俗流传广、历史久,具有极大的普及性、群体性,甚至全民性的特点。节假日作为岁时节日民俗中的一种,具有独特的表现形式,它的人为因素很强,如泰国年节的变更,把佛教节日作为全民性的节日等,都是人为的结果。

泰国古代,人们没有当今"节日"的概念。泰语所谓的"节日",其意为"那天该做的仪式"。而"仪式"即"那天该做的事",所以节日离不开仪式,仪式必须在节日或某个黄道吉日内举行。因此,按泰国《民俗学》[①]理论,是没有岁时节日民俗这一类的,而是有"仪式"这一类。仪式包括岁时仪式(相当于岁时节日)、人生礼仪和祛病仪式。

今日泰国有不少节假日来自早先泰国的农耕社会。它与耕种、收获有关,与气候有关。如耕种前的<u>泼水节</u>(宋干节)、春耕节,干旱时的竹炮节,河水涨满时的水灯节。

1. 主要节假日

泰国的节假日很多,除了政府公布的节假日外,有些部门、地方、民间、宗教等还有它们的节假日,其中以银行部门公布的节假日最有影响。

---

① 〔泰〕玛里伽·克娜努叻:《民俗学》,奥定萨多出版社,2007年,第56页。

这就使泰国存在着两个系统的节假日,一是国家系统,一是银行系统。这两系统的节假日也就构成了泰国的主要节假日,它是指多数人的节假日,不只是指国家公布的节假日。

国家系统的节假日共有 14 个,即:元旦、万佛节、却克里纪念日、宋干节、国王(拉玛九世)登基纪念日、春耕节、佛诞节、三宝节、守夏节、王后(拉玛九世)寿诞、拉玛五世纪念日、国王(拉玛九世)寿诞、宪法日、年末。银行系统的节假日共有 15 个,其中除了多数与国家系统的节假日相同外,不同的是它有国际劳动节、银行日、泰籍华人的春节 3 个节日,而没有国家系统的春耕节和登基纪念日 2 个节日。

上述两个系统的机构、单位都实行一星期"五日工作制",即周六、周日休息。节假日如逢这两个假日,都补假。凡不属上述两个系统的企业、公司、商店等,可以参照上述节假日交叉自行规定。

岁时节日民俗中的所谓"岁时"是以年度为周期,循环往复。所以,在谈泰国节假日前要对泰国的历法作一介绍。

2. 节日与泰国历法

节期、节日的选择与确立,在古代人们还没有完善的历法与计时工具时,只能依靠对天象(日月星辰的变化)、气象(气候变化)等的观察来决定的。今天,泰国有些节日仍按天象变化来称呼,如元旦称"新年的第一天",宋干节称"太阳离开双鱼宫进入白羊宫"的日子,水灯节的日子亦称"12 月的月圆日"等。节日离不开日子,日子涉及历法。泰国现行历法有 3 种,即公历、佛历、泰国阴历。古代泰国还使用过大历、小历、曼谷纪年和中国干支纪年。

当今,泰国计算年多用佛历,亦用公历。计算日、月用泰国阴历,亦可用公历。泰国对"月"的称呼来自印度梵文的"月"称呼,相当于中国的黄道 12 宫,如"一月"即"摩羯宫","二月"即"宝瓶宫","六月"即"双子宫"等。有时也可用数字称呼,如"10 月""3 月"等。下面介绍泰国的佛历和泰国阴历:

(1) 佛历

佛历以佛陀释迦牟尼涅槃后的一年为元年,比国际通用的公历早 543 年。公历 2000 年即佛历 2543 年。佛历在泰国是用来计算年的。

当今泰国使用佛历是近百年的事,始用于曼谷时期拉玛六世时代。当时泰国使用的是曼谷纪年。曼谷纪年是以曼谷时期开始的,即以 1782 年为元年。拉玛六世认为曼谷纪年不便计算曼谷时期前的历史,而佛历在泰国古代一度也曾使用过,现在有些佛教国家也使用。于是在 1912 年

2月21日宣布全国使用佛历,1913年4月1日起正式使用,直到今天。

(2) 泰国阴历

"泰国阴历"有人称"泰历"。该词汉语直译为"阴历",但为了与泰籍华人用的中国阴历相区别,加上"泰国"两字。泰国阴历与中国阴历也有不同之处。泰国阴历虽也是以月球绕地球运行的周期来计算日月,但它都以单月29天、双月30天计算。它还以一个月中的"满月"为准,把一个月分成上弦月与下弦月来称呼日子,如称16日为下弦月初一,以此类推。实际上,月球绕地球两周与泰国阴历两个月比,多0.0611758天。为此,每隔几年就要增加一天,增加的那天,泰文称"闰日"。一般都增加在7月,所以,单月的7月有时是30天。若与公历一年的天数比,泰国阴历一年只有354或355天,少11天或12天,3年约相差1个月。因此,泰国阴历每3年要增加1个月,一般加在8月,相当于中国的闰月。泰国阴历"年"的称呼与中国一样,以12生肖称。每12年为一小周期,每60年为一大周期。

泰国阴历的使用已有悠久的历史,现存最早的文字记载见诸素可泰石碑。自古以来,虽然泰国在历史上曾使用过多种历法,但泰国的阴历一直在民间流传。现今泰国不少节日仍用泰国阴历计算日子。

泰国有很多华裔泰人,其中不少人仍保持着中国的风俗习惯。因此,他们的春节、中秋节等传统节日仍按中国阴历的日子欢度。

3. 泰国节日分类

上述泰国主要节假日可归纳为年节、生产性节日、宗教性节日、现代节日4类。在这4类节日中,可以看到佛教节日与国家体制有关的王室节日比较多,此外,年节、生产性节日中的娱乐成分也逐年见浓。佛教节日多的原因,一方面是由于泰国封建社会的国王的推崇,另一方面是由于佛教利用民俗扩大影响。而人们也把世俗人情寄托于佛教,通过节日的活动,实现僧俗交往。因此,原先佛教徒过的佛教节日成为僧俗共度的节日。王室节日较多,也许是因为泰国是王国。

二、年节

农业生产要求掌握准确的农事季节。原始社会,人们只能依靠天象和物象的观察来决定农时、指导生产、安排生活。日远日近,寒来暑往,谷物由播种到成熟,是为一年。年节由此而来。年节的形成,一方面有祈求来年丰收的含意,另一方面是迎接新的一年的到来。年节作为岁时民俗,它的时间性很强。

泰国年节是除旧布新的日子,祭祝祈年的日子,更是民众娱乐狂欢的节日。年节有宋干节、泰籍华人春节、元旦(包括除夕)。不过,本书把元旦放在现代节日中介绍。

泰国年节古往今来曾有几次更改。早先泰人以泰国阴历正月为新年的开始,后来接受印度文化以后,改为泰国阴历五月一日为新年。据记载,大城时期那莱王时,人们还在正月举行新年仪式,五月再举行新年仪式。从素可泰时期至曼谷时期拉玛五世时代,曾长期以宋干节或泰国阴历五月一日为新年。拉玛五世曾以公历4月1日为新年。

1. 宋干节

泰人仍习惯以宋干节为年节,宋干节正是稻谷成熟、收割进仓的时间。谷物由播种到成熟,是为一年。从时间上也符合迎接新的一年到来的含意,也符合祈求来年丰收的含意。因此,宋干节作为年节,才是泰国农业社会广大农民的节日,它是稻作文化的伴生物。宋干节是泰国传统年节。现代,仍有泰人称宋干节为岁首,即新年。中国西双版纳的傣族和中南半岛的缅甸、老挝、柬埔寨也都有此节日,但节名不一。

"宋干节"中的"宋干"两字来自梵文,意为"移位",具体指"太阳离开双鱼星座(宫)运行到白羊星座(宫)"。这是婆罗门星相家按占星术推算所起的名。节日共3天,即每年公历4月(泰国阴历5月)13—15日。原先节日的日期规定在泰国阴历上,后来政府为了国外游客旅游方便,规定在公历上。至于3天中的哪一天,则由婆罗门法师于头一年用占星术来确定而公告之。

据泰国一些学者研究,宋干节来自印度婆罗门教的一种仪式。教徒每年有一个节日,到河边沐浴,洗去身上的污秽,荡涤一切邪恶、罪恶。而年老体迈、残疾等行走不方便的人就需要其子女或邻近的年轻人挑水回去,给这些人泼水洗罪。

(1) 宋干节与水

宋干节与水结下不解之缘,很多活动离不开水。

泼水活动是节日的主要活动,许多地方在节前好些天就开始互相泼水嬉戏。泰国最有代表性的泼水活动在清迈,不在曼谷,曼谷反而受到限制,气氛不浓。清迈举行泼水活动时,人们所用的泼水工具可以说只要能泼水,什么都可用。泼水正如泰人所说:"如果哪一年老年人和年轻人不相互泼水,那年的雨水就少。……所以,相互泼水的游戏可以使天上的水按季节降到人间。"①泼水有"求雨"的含意。

滴水礼是节日仪式中的一项十分普遍的礼节。届时,孩子、晚辈、下级都要向父母、长辈、上级行滴水礼。一些佛教徒则成群结队去佛寺,向住持行滴水礼。"滴水礼"三字中的"滴"字是意译,泰语直译应为"洒"。这一词是从过去沿袭下来的。当今要视实际情况译"洒"或"滴"。行滴水礼时,先向长辈合十祝福,然后用准备好的净水或香水在长辈合十的两手掌中滴上几点水,长辈用滴过水的手抚摸自己的头。若行礼的人多时,有的长辈在合十的两手掌下放着盛水器接水。礼毕,长辈向前来行礼的人祝福。也有长辈给晚辈行滴水礼回敬的。滴水礼中的水,对一般人来说含有"洗罪"和"祝福"之意,但对佛寺住持只具"祝福"之意。

洒水礼。节日期间,佛寺门口常有一僧侣,一手拿水钵,一手拿树枝,他不断地用树枝蘸钵中的水,向从四面八方涌向佛寺的善男信女的头上洒水。据说,这水不是普通的水,是经过僧侣念过经的水,洒在人身上,有"消灾赐福"之意。

浴佛是节日活动内容之一。节日前,泰国佛寺都要准备一尊佛像,供善男信女洒水洗尘,举行浴佛活动。有的把佛像请至一定的地方供人浴佛,请时要举行"走像"活动即请出佛像游行。如曼谷,市府每年要把一尊西杏佛恭迎至王家田广场供人们洒香水,为佛像洗尘。有的地方供人浴佛的佛像设在原佛殿中,但为了防止浴佛时弄脏佛殿,在佛像头顶上方装一喷水管供人浴佛。"浴佛"含有"纯洁"之意,信徒为佛洗尘,犹如行善积德。中国,浴佛规定在佛诞节举行。泰国,因佛诞节正值宋干节期间,所以在宋干节举行浴佛活动。

(2)放生与堆沙塔

1)放生

放生是宋干节的活动之一,沙没巴干府新城县孟族的宋干节游行队伍中,常有一支放生队伍。他们各人手捧鱼瓶、鸟笼,使队伍显得十分别致,与众不同。他们走到一定的地点,就会把鸟和鱼放走。放生活动不限于宋干节,在其他节日,如元旦、万寿节(国王诞辰)、重要的佛教节日或活动都会放生。据说放生是婆罗门教的习俗,但泰国民间流传着一则放生习俗由来的故事却是佛教的。

传说:古时,有一老年僧侣。一日,他屈指一算,知道佛寺内有一

---

① 段立生译:《泰国当代文化名人阿努曼拉查东生平及著作》,中山大学出版社,1987年,第166页。

小沙弥在短期内寿数将尽,于是他准许这个小沙弥最后一次回家探亲,但没有向小沙弥讲明准许探亲的原因。小沙弥探亲回来时,路过田地,见有一群鱼在即将干涸的池沼里挣扎,顿起恻隐之心。他把鱼群捧出,放入近旁的河流之中。然后回到佛寺,拜见这位年老的僧侣。僧侣见小沙弥没死,十分惊奇,待问清情况后,才省悟到并非自己算错,而是小沙弥的善行使自己增添了寿数,逢凶化吉。这事传扬开去,人人起而仿效,放生习俗蔚然成风,相沿至今。

所以,放生活动也是一种添寿、延长生命的活动。但所放的鱼据说不是人们从水中抓来买卖的鱼,而是挣扎于干涸湖池中被人救上来的鱼,才能消灾添寿。

2) 堆沙塔

堆沙塔也是宋干节的一项活动,但不一定在节日当天做,可在临近节日或节日后几天内做都可以。活动一般在佛寺内做,但也可在路边、海边等地做。据说活动的由来,是因为平日信众去佛寺上香礼佛,出来时,脚底把佛寺内的沙黏带出来。久而久之,佛寺的沙土少了。这对脚底带沙的人来说是一种罪过。所以,每年宋干节前后,很多人带着盛沙器去河中搬来些沙放在佛寺中。这也是搬沙人的一种功德。有些人进而把沙堆成小塔,插上彩旗,祈求佛陀赐给平安幸福,也是表示对佛陀的敬意。之后,沙可供佛寺内修缮或修建其他建筑用,也可用它填坑、平路以及防止野草丛生等用。

3) 堆沙塔与祖先崇拜

泰国宋干节有堆沙塔的习俗,中国傣族宋干节中也有堆沙塔习俗,中国傣族堆沙塔或堆沙活动与泰国堆沙塔虽然目的不相同,这是因为民俗流传过程中,民俗的特征——变异性造成的,但都有堆沙塔活动是一样的。

中国傣族"在泼水节的头一天,在佛寺旁先进行堆沙活动,把沙堆成塔状,插上竹叶,以祭念先祖,晚上放高升,放烟火"。[①] 引文中提到了"祭念先祖"。这说明堆沙塔最初起源于祖先崇拜,后来才加进了佛教的内容。泰傣同族同源,泰国堆沙塔与中国傣族的堆沙塔联系起来看,其起源也应是祖先崇拜,这种可能性是存在的。

[①] 光映炯:《泼水节的人类学解析》,载云南大学贝叶文化研究中心编:《贝叶文化与民族社会发展》,云南大学出版社,2007年。

(3) 宋干美女

泰国宋干节诸多活动中,最吸引人的节目是观瞻宋干美女。游行队伍的规模要视有关部门或团体的组织情况而定,一般至少上百人。队伍的阵营有民族乐队、舞蹈队、手鼓队、大头娃娃队、旌旗队、佛像彩车、宋干美女花车等组成。队伍由四五对妙龄少女手捧盛水器皿开道,她们不断向从四面八方围拢而来的过路行人、外国游客洒水祝福。队伍缓缓而行,旌旗招展,载歌载舞、鼓乐喧天,示意人们新的一年已经来到。

队伍中最受人瞩目的莫过于宋干美女花车。花车装饰得五彩缤纷,富有民族特色。花车上坐着四五个美丽盛装的少女,容貌一个赛过一个,正中端坐着的一位少女往往是最漂亮的,她就是"宋干美女"。宋干美女的装扮不能随意,更不能赶时尚。她除了要身穿规定的宋干美女服装外,对其衣服上、身上的装饰品、耳饰、手中拿的武器以及她坐骑的动物(模型)等都有规定。装扮宋干美女的服饰有7套,究竟用哪一套,要依据当年宋干节是星期几来定。如坐骑的动物,从周一至周日分别是虎、猪、驴、象、水牛、孔雀、金翅鸟。这7套宋干美女的装扮来自婆罗门教中的神话传说。花车上其他少女的装扮也有依据,如坐在花车前侧的少女,她手捧一个人头(模型),这个人头就是宋干节传说中的伽宾蓬仙师的头颅,而这位少女即是他的"女儿"。花车游行后,有的城市还举行宋干美女的赛美活动。此外,各地还有自己的各种庆祝活动。

(4) 乡村民间的宋干节

宋干节前,民间乡村就要准备好足够的食物,以供节日宴请之用。米要舂、磨好多桶;泰式米线、红糖椰浆糯米糕、糯米褐糖糕是节日必备的食物;要把庭院、房舍打扫得干干净净;衣服、被褥、蚊帐都要晒洗;锅、碗、瓢、盘擦洗得锃光瓦亮;做功德用的箩、篮,要用松香涂抹。乐手们要把乐器修理好,以便节日吹奏敲打。

节日一到,每人都换上新衣服、打扮得漂漂亮亮地参加各种活动。早起人们做好饭菜后,挑到佛寺斋僧;有的把骨灰罐拿来请僧侣念经,给死者做功德。听僧侣讲经、给佛像沐浴、求僧侣祝福、给僧侣滴水。浴佛后,年轻人开始相互泼水嬉戏。有的给老人滴水祝福、洗手洗脚、沐浴。然后,老人把准备好的新衣服给儿孙换上。有的回家吃过午饭后,准备食物到祖辈或亲戚好友家中拜访、祝福。青少年在屋前空地玩各种民间游戏,如藏手巾、掷布团、击棒游戏等。傍晚,老人来到佛寺堆沙塔、插彩旗。有的乡村还放生。晚上,各地轮流做东进行对歌,年轻男女说情谈爱,有时姑娘们会拿出米糕、槟榔招待小伙子。节日期间,每户家庭都有宴请,宾朋满座,饮酒歌舞、长鼓舞、南旺舞边跳边唱,也不乏有人喝醉,被人搀扶回家。

(5) 宋干节传说

在泰国,关于宋干节的传说,较为流行的是刻在曼谷卧佛寺石碑上的一则传说故事。据说故事传自泰国的孟族,也有人认为宋干节来自该传说。传说故事梗概如下:

很久以前,有位富翁膝下无子,邻居一个酒徒却生有两个儿子。一日,酒徒闯入富翁家,用语言侮辱富翁说:"你虽有万贯家财,但无子女继承。死后,家财散尽。我虽赤贫如洗,但有儿子,比你富有。"富翁听了,十分惭愧,萌生求子之心,终日供祭日神和月神。过了3年,依然无子。一天,正值宋干节,富翁带着仆从来到河边飞禽群集的树下,用水淘米7次,然后煮成米饭,供奉树神,并佐以民乐。树神被富翁虔诚之心所感动,引发怜悯之心,飞升天界启奏帕英。帕英命金童下凡投胎富翁家。富翁得子,取名"固玛",意即"童子"。富翁在大树旁建起一座七层宫殿,供儿子住。固玛天资聪颖,7岁能诵颂《吠陀经》,谙鸟语,还能预言世人祸福。

当时,最受人尊敬的预言家是伽宾蓬(ท้าวกบิลพรหม)仙师,仙师闻知人间出了一个神童预言家,妒火中烧,下凡来要与固玛一比高下。仙师向固玛提出3个问题,问:"早、午、晚,人的祥光各在哪个部位?"并以各人的头颅作赌。固玛毅然接受挑战,但要求7日内答复,仙师允之。

固玛冥思苦想6天6夜不得其解。第7日,他神情沮丧想逃之夭夭。他走出宫殿,来到两棵大树下卧躺。忽闻树上两只老鹰对话,雌鹰问雄鹰明天将去哪里觅食,雄鹰答:"可食固玛的肉,因他回答不出仙师的问题。"雌鹰旋问是什么难题。雄鹰回答:"问题十分易解,答案是早上祥光在脸,人们用水洗脸;中午祥光在胸,人们用香水喷洒胸部;晚上祥光在足,人们以水洗脚。"固玛听后,如获至宝,回到自己的住处。到了期限,仙师如期赶到,固玛一一作答。仙师认输,为实践前约,割下自己的头颅。

由于仙师是凶神,头颅放在哪里,那里就会发生灾祸。落地会起火;抛入空中,天气干旱;掷入海中,海水干涸。为此,仙师头颅要由其7个女儿中的大女儿用盘捧盛,围绕须弥山向右旋转。旋转完毕,供奉在健陀都里山洞内的四方形塔的塔顶中,用各种仙物祭供。司建筑之神(工匠神)用7颗宝珠建起一座宫殿,供众神每年来宫聚会。

众神聚会时,分饮用蛟状爬藤在湖中浸泡过7次的水以作纪念,并命名聚会的日子为"宋干"日。从此,每年宋干日举行仪式,由其7个女儿每年轮流捧盛放仙师头颅的盘,围着须弥山旋转,天界众神均来聚会。

(6) 宋干节的文化内涵

泰国宋干节的"宋干"两字来自梵文。泰国宋干节相当于中国傣族的泼水节,两国节日的传说故事大致相同,都充满婆罗门教和佛教的文化,似乎其内涵是印度的宗教文化。

关于泼水节的起源,中国傣族有多则传说故事,情节大同小异,但评述其文化内涵多是佛教文化。现选一则评述其文化内涵为稻作文化的傣族泼水节由来的传说故事,摘录如下:

> 根据傣族民间传说,傣历新年最早就起源于农耕,节日期间人们相互泼水祝福的习俗亦与农时节令有关。据说,创世神英叭派天神捧麻点腊到人间制定季节,但他却随心所欲,胡乱刮风下雨,人类种下的谷子,不是被洪水冲走,就是被暴热晒死。创世神又派英达提拉神来接替捧麻点腊的职务。但是恶神捧麻点腊本领高强,拒不交出权力。善神英达提拉通过恶神的7个女儿了解到恶神的弱点,7姐妹也因同时爱上英达提拉,决定杀死父亲。一天晚上,恶神熟睡后,7姐妹便拔下他的一根头发将其脖子勒断。头颅滚下床来,滚到哪里,那里便冒出熊熊火焰。7姐妹只有将其抱在怀里才能扑灭火焰,她们的身上也沾满了恶神的污血。从此以后,善神掌管了风雨冷暖大权。他将一年分成旱、雨、冷3季,年年有序轮回,年年风调雨顺,使人类种下的稻谷年年获得丰收。因此,傣族人民便把消除灾难,获得幸福的这一天定为全年之首——新年。过新年时,人们为了怀念和感谢杀死恶神的7姐妹,都要泼水为她们洗去身上的污血,扑灭身上的火焰。久而久之,便形成泼水的习俗。上座部佛教传入之后,才加进了浴佛和赕佛仪式,但其祈求丰年的农耕礼俗,这一内涵并没有改变。①

引文最后的"祈求丰年的农耕礼俗"即是一种稻作文化。之所以选择傣族众多泼水节神话、传说中的这一则,一是因为泰傣是同族,有益于对泰国宋干节的文化内涵的探讨;二是更符合民俗学对年节的文化内涵的

---

① 郭家骥:《西双版纳傣族的稻作文化研究》,云南大学出版社,1998年,第117—118页。

解释。

其实,宋干节、泼水节中的印度宗教文化只是其表面,根本的原因另有其文化内涵。按民俗学理论:"岁时节日是农业文明的伴生物。在考察各种节俗活动的成因时,不能离开这一视点。……在它的历史发展过程中,有许多后续的内涵融入其间,然而,深究各种节俗活动产生的最初根源,却不难发现一个简单而又永恒的推动力:即人们祈望五谷丰登、人畜两旺、岁岁平安。"[①]

最近,光映炯女士的论文中引述了其他学者(杨丽珍)的说法[②],说:"傣历、稻作农业早于佛教传入,所以推本溯源,泼水节乃是佛教化、世俗化了的农耕节日。"

至此,可以说泼水节的根本文化内涵是稻作文化,人们祈望五谷丰登。而婆罗门教仪式及其神话传说,佛教文化都是后续的文化内涵。随着泰人对自然认识的不断发展,原始信仰逐渐削弱,这时迎来了印度婆罗门教和佛教,必然会对节俗给予重新解释,为泰国的宋干节各种各样神话传说的产生带来了新的机遇,但推本溯源它是农耕节日。

2. 泰籍华人的春节

在泰国,真正作为外侨的华人稀少,大多是加入泰国籍的华人。他们多生活在城市,多以经商谋生。每年春节,热闹喧哗的商业区突然变得冷冷清清,商店、餐馆家家都关门欢度春节。有的全家开车去外府或中国等国游览。剩下几家大商行、超市,挂起中文"新春如意"的大红横幅招徕顾客。虽然是华人过节,不是全国性的节日,但影响很大,涉及各行各业。不少泰人也与华人一起过节。

泰籍华人仍按中国阴历过春节,活动少则几天,多则十来天。除夕,不少华人仍要祭祖,以前是早祭神佛,中午祭祖,下午祭亡亲故友。现在多集中在中午祭祖。大年初一,换上新衣,逢人便抱拳、合十,互相祝贺,送柑橘等礼物,给孩子红包。春节期间,电影院、剧场也都安排精彩的节目。由于华人中以中国广东省潮州人居多,因此,潮州戏的演出格外红火。

大年初四,活动趋向高潮。搞得最隆重、最热闹的要算那空沙旺府,华人组织各种各样的游行队伍,如锣鼓队、旌旗队、游龙队、舞狮队,以及

---

① 钟敬文:《民俗学概论》,上海文艺出版社,1998年,第135页。
② 任光映炯:《泼水节的人类学解析》载云南大学贝叶文化研究中心等编:《贝叶文化与民族社会发展》,云南大学出版社,2007年,第267页。

学校的洋乐队。最受欢迎的是舞狮和舞龙节目。它常以高难、惊险的动作博得沿路观众的掌声和叫"好"。每逢规模盛大的庆祝活动,中国驻泰大使也应邀参加,与侨胞共庆佳节。

三、生产性节日

生产性节日,一般指在农、林、牧、渔等生产中,随岁时更换和生产习俗所传承的群众性活动。首先它有时间性;其次是在生产实践中产生,并表达人们的一种美好的愿望;最后是带有祭祀、纪念等意义。

泰国生产性节日大多来自农业生产,有鲜明的农业文化特色,是稻作文化的一个重要组成部分。其中包含着泰人的自然宗教或原始信仰的成分。当今原始信仰的成分中又掺入了佛教因素。这类节日有春耕节、水灯节、竹炮节等,但作为国家主要节日的唯有春耕节。

1. 春耕节

(1) 春耕节的由来

古时,农作物的收成直接关系到民族、部落、王国的生存和人民的生活。因此,春种秋收以及影响到收成的重大自然现象等,都会受到酋长、部落头领、国王的重视,并举行一定的祈祝仪式。早先由头领带头举行春耕礼的现象不仅泰国有,在中国西南少数民族中也有。广西靖西县安德镇的壮族至今还保留着这种传统习俗。此外,花腰傣、侗族、布依族也有这种习俗。据说,泰国古代举行春耕仪式时,国王亲自扶犁耕田,王后、王子、公主跟随其后撒种,号召臣民及时播种。后来,随着婆罗门教的传入,带来了繁复的春耕礼仪。从此,仪式更规范化了,国王也可以不必亲自扶犁耕种,而任命其重臣为"春耕大臣"替代国王,命内宫女官为"春耕女"替代王后、王子、公主。春耕礼自素可泰时期以来,一直作为宫廷的重要礼仪沿袭至今。近代,有了"节日"的概念后,于是把举行春耕礼的那天就称呼为"春耕节"。

曼谷时期拉玛四世时代,国王感到春耕礼只有婆罗门教仪式,没有僧侣参加,与泰国这个佛教国家不相称,于是增设了佛教仪式。节日也分两天举行,一天在玉佛寺举行佛教的"吉谷仪式",一天在王家田广场举行婆罗门教的"春耕礼",合称"吉谷春耕王事仪式(พระราชพิธีพืชมงคลและจรดพระนังคัล)"。1936年政府一度废止。1940年政府又予以恢复,但只举行吉谷仪式。1960年,政府重新恢复两种宗教仪式兼行的春耕节。"春耕节"是泰国华人对该节日的称呼,泰语仍如上述的合称。

节日多定在泰国阴历六月（公历 5 月）的某个日子，具体日期由婆罗门法师用占星术推算某个黄道吉日，元旦前公布。

（2）吉谷仪式

佛教仪式为主的吉谷仪式，于春耕礼前一天在玉佛寺的玉佛殿内举行。

玉佛像前放一供桌，桌上摆有做仪式的大、小佛像。供桌前两旁各放两担"金箩"和"银箩"，箩里装着稻谷种，稻谷种是国王试验田里生产的。供桌前还放有一个内装五谷杂粮、瓜果蔬菜种子的木桶。殿内白色圣纱从供桌上主佛像开始，绕过每位念经僧侣的手回到供桌。穿着礼服、佩带勋章的春耕大臣以及春耕女点烛上香，跪拜玉佛。

不久，国王及王后等王室重要成员来到佛殿。国王上香明烛，向佛像及农作物种子跪拜，祈祝五谷丰登。春耕大臣向佛像敬献花环。婆罗门祭司宣读诏书，阐明春耕节的意义，诵念雨神恩赐甘霖的神奇传说和感恩祝词。诵毕，11 位高僧诵经祈祝谷种。春耕大臣和春耕女跪向国王，国王向他们行滴水礼，在额上点粉祝福，在春耕大臣的左右手上各戴上一枚尖顶戒指。然后，国王向僧侣恭献三衣六物。僧侣诵经祝福，仪式结束。

此后，婆罗门祭司把婆罗门教主神像、农作物种子、耕牛等集中于王家田广场的仪式亭，以备次日举行春耕礼用。婆罗门法师彻夜诵念《吠陀经》。

（3）春耕礼

春耕礼是春耕节的主要活动。届时，曼谷王家田广场人声鼎沸，人们兴奋地等待具有神秘色彩的春耕礼开始。

当国王及王室重要人员进入广场来到御亭时，鼓乐齐鸣，乐队奏《颂圣歌》，国王就座。头戴尖顶白帽的春耕大臣走到御亭前，向国王膜拜 3 次，表示遵照御旨宣布春耕礼开始。春耕大臣走进仪式亭，与春耕女一起上香明烛，跪拜婆罗门教众神像。婆罗门法师向神像行洒水礼，祝福。之后，法师端来一个蒙着布的铜盘，让春耕大臣伸手去摸。铜盘上放有 4、5、6 指宽的布幔各一块，分别表示当年雨水和农作物收成的 3 种预兆。

时辰一到，婆罗门祭司吹响法螺，由春耕大臣带领的一支由身穿红色服装装扮的古代士兵队伍、身穿白色服装的婆罗门祭司的队伍、鼓乐队、喇叭队、华盖及旌旗组成的仪仗队，在鼓乐声中向广场空地的耕牛走去。走到耕牛前，春耕大臣一手执犁，一手拿起赶牛的刺棍，在仪仗队的簇拥下，开始在空地绕圈耕地 3 圈。耕毕，4 位春耕女肩挑装有谷种的金箩、银箩插进队伍。春耕大臣再开始犁田 3 圈。春耕女跟在犁后从箩中取出谷种撒在耕田上,婆罗门法师跟着向撒过谷种的耕田洒圣水。犁毕,广场四周围观的农民蜂拥而上,纷纷捡取吉祥的谷种,以便带回去播种在自己的田里。

撒种完毕,仪仗队回仪式亭,司仪替牛卸套,把牛牵到御亭前,婆罗门法师手托一盘,盘中放有7个碗,碗内分别盛有稻谷、玉米、绿豆、芝麻、酒、水及草,任牛选食,牛吃哪样,那样将会丰收。之后,婆罗门法师向宫廷司仪报告牛选食的结果。宫廷司仪向国王报告春耕大臣摸布幔和牛选食的结果,并预测今年雨水情况。最后,国王向全国稻种比赛获奖者和合作社优秀工作者颁奖。

在民间也举行春耕礼,一般选择6月中的一个吉日良辰,多为双日举行。先要在举行仪式的田头搭一土地庙,庙内无神像,有时捡几块石头当神像,供上香烛和花。时辰一到,用鱼虾或鸡来占卜,同时许愿、祈求风调雨顺。祭祀后,用犁犁田约一小时,作为开耕仪式。结束后,各自回家。过几天各家各户开始耕田。

2. 水灯节

水灯节不是泰国的主要节日,届时也不放假。但它在民间流传甚广,每年节日一到,各乡各市,一大清早就从广播中传出欢快的《漂水灯》歌曲。到了晚上,皓月当空,水灯漂流,水波泛光,疑是人间银河。这就是一年一度水灯节的写照,时间在泰国阴历十二月(公历11月)的月满之夜。

(1) 诗情画意水灯节

现今水灯节的活动,除了漂水灯外,各地也不尽相同。有去佛寺斋僧、礼佛的;有组织队伍游行的;有赛美、赛水灯、放烟火、对歌(船歌)、跳南旺舞、表演各种文娱节目的,等等。水灯节也已由最初酬谢河神演变成今天更具广泛意义的节日,如祈祷、祝福、娱乐、求偶等。水灯节搞得最隆重、最热闹的要数素可泰府,每年吸引大量的国内外游客。

给水灯节带来诗情画意的是对对情侣,他们携手来到河边,并肩跪下,点燃水灯上的蜡烛,插上香。共同把水灯放到水面上,双手合十,默默祈祷,目送水灯随水漂流。

节日那天,一些商店或沿河小摊都有水灯、花、烛出售。水灯多用芭蕉树秆做底座,外用蕉叶鞘包裹,再包一层荷花叶制成。有圆形、圆锥形的,有用椰壳和彩纸做成莲花形的,也有用泡沫塑料做的。水灯中放上香烛、槟榔、花卉、小旗等。有的还在水灯中塞有硬币等物,这又是水灯节的一种说法,说是为了让一切可能降临人间的苦难都漂流到河水的深渊中去,或者把苦难转移到别人身上,因灯内的硬币会吸引下游的穷人去捞钱。水灯中要数少数企业单位、商家、饭店制作各式大型水灯,最令人瞩目。

据记载,曼谷时期初,在王室宫廷的水灯娱乐活动中,水灯的形状有许多种。到了节日,王室成员及文武百官还制作大型的水灯举行比赛,连水灯的颜色都有规定,按日分绿、白、红3色。有的水灯宽至3—4米的舢板船做成,船上还有乐队和文娱节目表演,活动连续3天。到了拉玛四世时,国王感到这样庆祝太浪费,于是停止庆祝。后来又决定不由王家宫廷出面举行,但民间一如既往。

(2) 水灯节的来历

据传,水灯节是由印度古代婆罗门教升灯笼仪式演变而来的;又说是敬奉婆罗门教主神毗湿奴卧于千头蛇身上遨游大海,为了敬拜天界十六重梵天中的婆罗门。后来,佛教又解释为敬奉佛祖留在印度秣他提河沙滩上的足印;又说是为了迎接佛陀从天界忉利天给母亲讲经来到人间;还有说是为了敬拜天界的佛发塔等等。总之,都来自印度文化(佛教、婆罗门教)。而在泰国有一种较为流行的说法,认为素可泰时期已有关于宫廷举行水灯节的记载,即《娘诺帕玛》一书。对于上述种种传说,阿努曼拉查东引用曼谷时期拉玛五世的著作说,国王在著作中已指出,水灯节与宫廷的仪式并无任何联系,它只不过是一种娱乐而已,并有民众参加,不限于王室。此外,与佛教或婆罗门教的仪式也无关。至于《娘诺帕玛》一书,现今有人分析,认为它是一本曼谷时期的著作。为此,著作的可靠性受到怀疑。但泰国有些专家却认为泰国河流纵横,人们沿河居住,从事农业生产的泰人早就有水灯节了。它是一种敬奉祖先亡灵或感谢河神给农作物带来丰收的活动。这应该是水灯节由来的初衷,阿努曼拉查东也说:"'雷甲童'(是"水灯节"的泰语译名——引者注)是感谢女河神的一种方式。这可能主要是指农民,因为他们将丰富的河水视为经济生活的源泉。"[1]

3. 竹炮节

"竹炮"泰语叫"本发(บั้งไฟ)"。它可有很多意译名,如"高升""火竹筒""火药花"等。竹炮节也不是泰国的主要节日,是直接有关农业生产的民间的节日。

竹炮求雨是民间求雨礼仪的一种。泰国东北部地处高原,水源匮乏,广大农民长期靠天吃饭,每年农耕开始前,要举行各种仪式,求天降雨。

---

[1] 〔泰〕彼耶阿努曼拉查东著,马宁译:《泰国传统文化与习俗》,中山大学出版社,1987年,第36页。

人们相信天上有神,只要对神虔诚,及时上供、跪拜,天上雨神会及时降雨,使农作物获得丰收。据说若连续3年施放竹炮,粮食作物会年年丰收。有些人更形象地认为,放竹炮是一种信号,提醒雨神农耕季节已到,别忘了降雨。放竹炮求雨活动盛行于东北部某些府,其中尤以益梭通府的竹炮节最享盛名。后来活动发展成当今的民间节日。时间规定在宋干节后第4个周末。

竹炮实为自制的火药花,由一根长约8—10米不等的竹竿做炮身,其尾部有约1米长的数根内装火药的竹筒扎捆,其原理与中国的爆竹相同。竹炮外形十分美观,装饰得富有民族色彩,各种花卉图案描绘其上,较多的是把竹炮装饰成巨蛇(龙)形,因民间传说龙吐水。隆重的竹炮节分2天举行,第1天是竹炮游行队伍的比赛;第2天是竹炮升高比赛。

一年一度的竹炮节在上述地区举行。但在科学发达的今天,节日活动已不是单纯的求天神降雨,而是一种含有多种意义的活动,如增强农民播种的信心;春耕前的欢庆;作为一种传统风俗,吸引游客,发展旅游事业。

关于竹炮节的由来,民间有多种传说和故事。较为流行和典型的民间故事有2则:

一则是泰国文化名人阿努曼拉查东的文章中的记载,说:"婆罗贺摩与蛇王是朋友,且有约定:每年要互通信息一次。哪年蛇王平安无恙就会点燃竹炮升向天堂,当婆罗贺摩见到竹炮后,如同样平安无恙就会以命令帕劈隆降雨的形式给以回信。当蛇王看到雨水就知道一切如约。"[①]

另一则是流传于乌汶府的民间故事,说:"天界有一位神仙名叫乃萨甘贴菩,他是管理天气的神仙。谁祭供,讨他喜欢,谁就能得到他的管理,否则,他会放任不管。神仙有一种喜好,即祭拜火焰。谁祭拜火焰就好比祭拜他,他就会把气候管理得风调雨顺。因此,人们以竹炮做功德来祭拜火焰,并沿袭成俗至今。"[②]

四、宗教性节日

"全世界信教者众多,几大宗教在全世界的影响涉及政治、经济等各方面。每个宗教除了自己的教义外,还有自己的节日。随着社会的发展,

---

[①②] 〔泰〕泰国社会的信仰和宗教编写委员会:《泰国社会的信仰和宗教》,素可泰他玛贴拉大学出版社,2002年,第306—307页。

许多宗教节日都有世俗人员参加,有的甚至成了民众的生活内容。"[1]

泰国宗教性节日中的节日实际上是佛教节日,即万佛节、佛诞节、三宝节、守夏节。泰国除了佛教流传外,还有伊斯兰教、基督教等,但其他宗教节日不作为全国全民性的节假日。因为佛教为全民性的宗教,所以有些佛教的节日成了全国全民性的节假日。

1. 万佛节

"万佛节"是泰国华人对该节日的称呼。"万佛"两字不符合泰国小乘佛教的教义。泰国小乘佛教只认释迦牟尼为佛,不像中国大乘佛教那样认为十方三世有无数尊佛。泰国称该节日为"玛迦菩差(มาฆบูชา)",来自印度巴利文,意即"三月供养"。节日时间是泰国阴历三月(公历2月)十五日,如逢闰年则延至4月15日。1913年,万佛节被国王定为节日。

(1) 万佛节的来历

传说,佛陀住世期间,有1250位罗汉不约而同地于同一日来到印度摩揭陀国王舍城竹林精舍朝觐佛陀。这一天正值3月月圆之日,而这些罗汉都是经由佛陀剃度的弟子。这就是万佛节的来历。佛陀见到他们十分高兴,并借此机遇向他们宣讲教义。其中3条后来成为佛理的重要内容,即不作孽、行善、心地纯洁。这一天,佛陀还提前3个月告诉弟子,6月15日将是佛陀涅槃之日。这也是该日成为佛教的重要纪念日的一个原因。

(2) 节日的仪式活动

曼谷时期拉玛五世御著《王事礼仪十二月》一书,记载了1851年王室举行万佛节仪式时的情况。节日清晨,国王在玉佛寺斋僧;晚上,请僧侣念经。念经毕,国王点燃1250支蜡烛。同时,乐队奏乐、吹喇叭,婆罗门祭司吹法螺。点完烛,僧侣讲解佛经,诵经祝福。此后,万佛节作为宫廷的重要节日,每年举行。现今,王室举行的万佛节的仪式大多数没变,只是点燃1250支蜡烛改成给一定数量的"长明烛"点粉,撒1250朵茉莉花。然后,长明烛由重要的王寺的住持迎去,通宵点燃在佛殿中。一般佛教徒则去佛寺赕佛、礼佛、跪拜"三宝"。晚上,巡烛、听经。

2. 佛诞节和三宝节

(1) 佛诞节

"佛诞节"是泰国华人对该日的称呼。泰语称"维莎迦菩差(วิสาขบูชา)",来自巴利文,意即"6月15日供养",也称"维莎迦节"。

---

[1] 罗曲:《民俗学概论》,中国社会科学出版社,2010年,第159页。

上座部佛教（小乘佛教）认为释迦牟尼的诞生、成道、涅槃的日子都在同一个日子。十分巧合，按泰国历法即在泰国阴历的六月（公历 5 月）十五日。因此，小乘佛教把这一天作为重要纪念日。1954 年，在缅甸仰光召开的世界佛教徒联谊会第 3 次大会上作出规定：公历 5 月的月圆日即"维莎迦节"为"世界佛陀日"。泰国把它作为一个节日。

泰国有关佛诞节的最早记载是曼谷时期拉玛三世时的 1817 年庆祝盛况。节日放假一天，让宫廷、官府人员有时间去佛寺斋僧、听经、赕佛、受戒、放生、在家守戒等。晚上，人们带着香烛、鲜花去佛寺跪拜"三宝"、巡烛、听经。有些地方还举行花灯赛，有些佛寺的院墙、佛殿、佛塔上还插有彩旗。此后，拉玛三世、四世期间也都每年举行仪式。到了拉玛五世时期，节日活动规模更大，除举行上述活动外，还施放烟火等。现今节日活动大致与过去相仿，但时行巡烛，几乎大小佛寺都要在晚上巡烛。

(2) 三宝节

"三宝节"是泰国华人对该节日的称呼。泰语称"阿莎叻哈菩差（อาสาฬหบูชา）"，来自印度巴利文，意为"八月十五日供养"。

三宝：佛陀是佛宝，佛所说的法是法宝，佛的出家弟子的团体僧伽是僧宝。泰国阴历八月十五日，为泰国佛教的重要节日三宝节。因这一天是佛陀成道后首次讲道的日子，这是佛宝和法宝；佛首次讲道，陈如等五人皈依佛，出家为弟子，于是形成僧伽，这是僧宝。所以，它是佛教"三宝"（佛、法、僧）都齐备的日子，称"三宝节"。

原先该节日不做仪式。1961 年，泰国僧伽（僧团）作出决定，要求佛教徒做仪式，并经政府征得国王同意，将其定为佛教重要节日。届时，全国佛教徒、佛寺都要做仪式，如守戒、听经、诵经、讲道、巡烛等。

3. 守夏节

"守夏节"是泰国华人的叫法，也是中国佛教的叫法。因中国的节日时间在阴历四月十六日至七月十五日。这期间正是中国"烈日炎炎如火烧"的夏季，僧侣在佛寺内安居三个月的暑天，所以称"守夏节""坐夏节"或"夏安居"。而泰国的守夏节规定在泰国阴历八月十六日至十一月十五日，这时间正值泰国大雨滂沱的雨季，所以称"雨安居"较合适。再则"守夏节"泰语称"考攀沙（เข้าพรรษา）"。"考"意为"进入"，"攀沙"意即"雨季"，也应该译为"雨安居"较合适。

(1) 守夏节的来历

相传，印度古代，佛陀在世期间，每到雨季，一般人大多由于道路泥泞不便行走而不出门。但有一批僧侣却四处传教，踏坏庄稼，踩死蚂蚁等小生灵,受到农民的责怪。这事被其他僧侣知道,并加以谴责而传入佛陀耳中。于是佛陀规定雨季不准僧侣外出弘扬佛法,在佛寺内安居,听佛陀讲经,静待雨季过去,否则以触犯戒律论。

泰国守夏节期间,僧侣同样足不出户,在寺内研习佛理。清晨也看不见僧侣沿街托钵化缘,待雨季过去,再外出弘扬佛法。但也不排除某些事需要外出时也可外出过夜,如去医院看病、僧侣的父母病重、佛寺有事需要僧侣外出办事等,但必须在七日内回来。

(2) 富有特色的节日活动

节日的活动可以分三个部分:一是王室举行的活动,二是一般佛教徒举行的活动;三是佛寺举行的活动。王室的活动是:向各佛寺送烛、送花球状的蜡烛丛给每位僧侣、赠"僧家四事(僧衣、僧品、僧药、居所)"、守戒、行善等。佛寺的活动是:节日的第一天,各佛寺要举行佛教仪式。全寺僧侣集中到主佛殿,在佛像前祈祷、起誓在寺内安心修持三个月。仪式结束,僧侣回到自己的僧舍,重复默念刚才的祈祷、誓言,以表牢记不忘。而一般佛教徒在这期间要去佛寺斋僧、听经、受戒、赕佛、布施等。在三个月的时间内,更需要佛教徒每天去佛寺斋僧,以免僧侣缺食,不能安心修习佛学。

泰国守夏节有两个明显的特色活动。一是一般青少年都选择在守夏节来到前举行剃度礼,落发为僧(大多是短期的)。因此,在守夏节到来前的几天内,各地都能见到热闹的游"那伽"的队伍。二是一些城市举行花烛柱盛会,其中最热闹、最隆重的要数乌汶府乌汶市的花烛柱盛会。

(3) 花烛柱盛会

花烛柱的制作由来已久。古代,没有电,晚上僧侣念经只有依靠蜡烛或油灯。为此,信徒们捐募蜂蜜在佛寺内或其他地方制作花烛,以备守夏节3个月期间能长明不灭地点燃,所以要求蜡烛做得又高又大,有的还雕花。泰语称它为"敦添","敦"意为"树干","添"意为"烛",可译为"花烛柱"。在守夏节前做就。一般节前一日搞庆祝活动,晚上请僧侣念经并有文娱节目表演。节日清晨组织队伍送花烛柱去佛寺。现今,虽有了电灯,但人们仍沿袭过去的习俗。泰人认为制作花烛柱或送烛给僧侣,会使人聪颖、进步。古代僧侣曾用这烛光念经、做佛事,就好比照亮黑暗的烛光。

现今,一般烛柱的烛身高达 2—3 米,乌汶市也把花烛柱视作为城市的文化特色。每年,节日前举办花烛柱盛会,进行花烛柱比赛。为此,花烛柱的制作已不限于在烛上雕花,而是以花烛为中心,周围配以蜡制的各种神像、佛像、动物像、佛教象征物等组成的,以佛教传说故事为内容的蜡烛群雕。游行时,把群雕放在经过装饰的花车上,车上还坐有盛装的美女,车的前后还有各种化装的队伍、民间歌舞队伴随。来自四面八方形形色色的花车使人目不暇接,整个城市笼罩在节日喜庆的气氛中。有时,国王还特赐花烛柱由飞机运送参加盛会,给盛会又添上了神圣的色彩。

五、现代节日

现代节日是指传统节日以外的,近现代才产生的节日。多数现代节日的形成与农业生产,与天时、物候的周期性变化,几乎没有什么关系。它具有鲜明的时代特色,它体现着时代的变革,展示着人类为争取自由和合法利益的奋斗精神,展示着人们热爱祖国、崇尚科学、尊重妇女、关爱儿童等的时代风尚。

这些现代节日多是适应现代生活的需要,或是某种历史背景下形成的一些纪念日或社会公共活动日。只是因为它们也是以年为周期,循环往复,且各有特定的活动内容,因而具有了"节日"的形态,在现实生活中发挥着"节日"的功能。现代节日以新的内容、新的风尚对传统节日产生影响,丰富岁时节日民俗。泰国的现代节日可分为:国家纪念日和其他节假日。

(一) 国家纪念日

泰国主要节假日中,属国家纪念日的有:登基纪念日、王后华诞、拉玛五世纪念日、万寿节、宪法日。泰国作为一个王国,国家纪念日中以当代国王为首的王室主要成员的纪念日居多,这也是必然的现象。

1. 登基纪念日(วันฉัตรมงคล)

登基纪念日是纪念当今国王拉玛十世登基的那一天的日子。该节名是泰国华人对它的意译,若按泰语直译应为"华盖吉祥日"。为何泰语节名要把"登基"与"华盖"联系在一起呢?这是因为泰国古代帝王将相出征时都有高耸的华盖随身,在交战中便于自己的兵将识别主帅的方位。战胜后,也要取敌方主帅的华盖复加在我方主帅的华盖上。因此,华盖的重数越多,越显示主帅的功绩、主帅的伟大。泰国古代,国王常是战争中的主帅,所以华盖成为国王的象征或标志。宫廷在举行国王登基仪式时,国王要坐在九重白色华盖下的宝座上,象征国王的伟大,百官要向华盖膜拜,向国王祝贺。

国王登基日作为节日而每年庆祝,始于曼谷时期拉玛四世时代。当今国王拉玛十世于公历 2016 年 12 月 1 日登基,并作为国家主要节假日要每年庆祝。

2. 王太后华诞(国家母亲节)

公历 8 月 12 日,是已故国王拉玛九世的王后诗丽吉的诞辰日,即当今国王拉玛十世母亲的生日,应称为"王太后华诞",也是泰国主要节假日。1976 年,政府把已故拉玛九世的王后的诞辰定为"国家母亲节"。因此,已故拉玛九世的"王后诗丽吉寿辰庆典日"又名"国家母亲日"。

泰国原先的国家母亲节是从 1950 年开始的,当时政府规定在公历 3 月 15 日。当年举行的活动有佛教仪式、向母亲致颂词、推选优秀母亲,使妇女增加荣誉感,使人民加强对妇女重要性的认识等。当时称"国家母亲节"。

当今节日活动有:家家户户和国家机构悬挂国旗、全国人民向王太后祝寿、举办展览介绍王太后生平和功绩、做各种公益事业如献血、向泰国红十字会捐款捐物等。

3. 拉玛五世纪念日

公历 10 月 23 日是曼谷时期拉玛五世的逝世纪念日,泰文称"敬爱的大帝日"。由于拉玛五世对国家贡献极大,被泰人尊为"大帝"。泰族立国以来,历代帝王被后人谥号"大帝"的很少,而拉玛五世在谥号前,还享有"敬爱"两字,可见拉玛五世在历史上的功绩。拉玛五世在世时,王亲国戚、官员、百姓、商界及各界人士在拉玛五世登基 40 周年的 1908 年,就为拉玛五世在曼谷兜率王宫的阿南达萨玛空宫殿前捐款建起了拉玛五世骑马铜像,并由拉玛五世亲自主持铜像的揭幕仪式。

第 1 次举行纪念仪式是在拉玛五世逝世后的第 2 年,即 1912 年 10 月 23 日。从此以后,年年都举行纪念仪式。

当今的节日活动有:家家户户以及国家机构悬挂国旗,办展览会介绍拉玛五世的生平和功绩,在拉玛五世骑马铜像前献花环、花圈、上香、明烛、昂首膜拜(有时成百上千人穿着统一服装膜拜)、做佛事等。

4. 普密蓬国王诞辰日(国家父亲节)

公历 12 月 5 日是国王拉玛九世普密蓬·阿杜德的生日,泰文称"国王寿辰庆典日"。

泰国庆贺国王寿辰的习俗由来已久。据说,大城时朝开国君主乌通王以泰国阴历的某一天作为自己的诞辰,举行庆祝活动。此后,历代君王都以那一天为自己的诞辰加以庆祝。这种以虚设的生日搞庆祝活动的做法,原因是为了防止坏人以国王真实的生辰八字拿去施法术、念咒语,危害国王。这种习俗一直沿袭至曼谷时期拉玛四世时代才被取消,代之以当今国王的真实生日祝寿,沿用至今。

1959年,政府认为世界各个王国都以国王生日为国庆,泰国也是王国。为此,于同年5月21日正式宣布废除以1932年6月24日推翻泰国君主专制制,建立君主立宪制的日子为国庆节的规定,代之以当今国王的生日为国庆。所以自1959年以来,万寿节又名"国庆节"。

1980年教育救助与志愿者协会提出,国王爱民如子,为民所爱,泰国有国家母亲日已多年,无国家父亲日,建议以国王普密蓬的生日为国家父亲日。同年,政府批准。当年举行第1次庆祝。为此,自1980年来,万寿节又名"国家父亲节"。

历代国王的万寿节的活动没有一式的规定,由当代国王决定。但自曼谷时期拉玛四世以来,大多推崇佛事仪式,如礼佛诵经、行善积德、布施放生、巡烛等。

5. 拉玛十世诞辰日

公历7月28日是当今国王拉玛十世的生日。

6. 宪法日

1932年6月24日,民党政变后第3天,曾颁布由民党领袖乃比里起草,经国王拉玛七世签署的《暹罗临时宪法》。6月28日召开第1届国民议会,成立宪法起草委员会,负责起草正式宪法。同年12月10日,拉玛七世在曼谷阿南达萨玛空宫殿召集议员开会,批准作为治理国家准则的正式宪法,国王在第1部宪法上签名。然后,举行功德仪式。此后,政府把公历12月10日这个神圣的日子定为国家主要节假日——宪法日,并每年在该日举行王事仪式和国事仪式相混合的仪式。

(二) 其他节假日

1. 元旦

泰国以公历1月1日为"元旦"新年,作为节日加以庆祝,始自1941年。这一节日来自西方国家,也是全球性的现象。当时政府规定放假两天,即12月31日年末一天,元旦一天。

元旦的庆祝活动从元旦前夕开始,即年末晚上总理在电视台向全国人民致新年贺词。23时55分,僧侣通过广播诵经。元旦零时敲响胜利钟,同时全国各佛寺也鸣钟迎接新年。元旦清晨,在曼谷王家田广场佛教徒向成百上千的僧侣斋僧,还有的民众去佛寺行善、斋僧。一般男女青年和小辈走亲访友,向长辈、上级祝福。因元旦与圣诞节相近,也时兴互赠贺年卡等西方礼节。各地还有各种民族、地方的文娱演出。

2. **国家劳工日**(วันแรงงานแห่งชาติ)(国际劳动节)

泰国工人曾在 1947 年搞过一次"五一"国际劳动节的庆祝活动,之后,一直被政府禁止。因为当时,泰国正处在外交上紧跟美国,国内颁布反共法案时期。直到 1956 年 3 月 27 日经过多年斗争的"16 个工人团体"的代表与政府方面的代表进行谈判,最后得到批准。允许该日工人放假,工资照发等条件。这也是各行各业的工人上书、斗争的结果。但还是有种种限制,政府批准的条件是:工人游行必须在一定的范围之内,不许影响交通,要保持平静。不许进行政治性的活动,不许骚扰美国人、英国人和东南亚条约组织。要改"国际劳动节"或"五一节"为"国家劳工日"。那年 5 月 1 日国家劳工日约有五万工人参加活动,有集会、游行、开讨论会、演旳空剧等。

当今的节日活动有:展览会,介绍节日的由来和工人的重要性等,进行改善劳工的生活、福利、安全和技术的提高等活动。

3. **教师节**(ครูวาร)与**拜师日**

教师节不是全民的节日。1956 年,泰国銮披汶总理,也是泰国教师协会委员会的名誉主席,在全国教师大会上提出教师节的建议,并得到教师的普遍响应。同年 11 月 21 日经国务院批准 1 月 16 日为教师节。这个日子是依据 1945 年 1 月 16 日的政府公报颁布教师法的日子而定的。1957 年 1 月 16 日全国正式实行。自此以后,每年的 1 月 16 日就成了泰国的教师节。届时,学校放假 1 天。

但泰国除了教师节外,还有 1 个拜师日。泰国学校的学年同中国一样也分两个学期,即上学期和下学期。上学期自 5 月下旬至 9 月初,下学期自 11 月初至下一年的 3 月中。拜师日一般定在上学期开学后的第 2 周的星期四。拜师日不放假,各学校、各班级根据自己的情况组织活动或仪式。

拜师日选在周四,是因为"周四"泰语为"帕勒赫",这是婆罗门教中的一位天神"木曜神"的名字。木曜神是帕英和众神的老师。按照泰国古代的习俗,每当父母送孩子去寺庙上学时,常会选择周四去。谁要学习什么知识,也常选择周四作为开学的日子。人们普遍认为周四是学习的日子,会给学子带来吉祥,学业有成,所以也称周四为"教师日"。从上述观念看,把周四作为拜师日,不仅学校适用,也适用于各行各业的拜师需要。

各行各业可根据自己的情况定在哪月、哪日,但那日必须是周四。所以,拜师日不是节日,它是一项民俗活动。

4. 银行日

银行日是银行系统的假日。假日的泰文名为"年中休息日"。每年年中,即7月1日为该系统职工的休假日。

近来,有不少旅游观光、商品展销等活动,也借助"节日"这种人们熟悉而易于接受的形式进行,泰国也有。这是在当前国内外市场经济、工业社会的大潮冲击下,应运而生的一种文化现象。对国内的经贸活动、旅游市场有一定的促进作用。但这种"人造节日"是很难持续下去的,因为它不符合节日自身发展的规律。

第六章 礼仪之邦

泰国有"礼仪之邦"的雅称。泰人十分注重礼貌、礼节。俗话说"行为举止反映教养"。泰人也崇尚仪式,人从出生到死亡,一生要经过诸多仪式。即"生老病死"的仪式,在民俗学中称"人生礼仪"。礼貌、礼节在民俗学中称"交往礼仪民俗"①,因为"人生礼仪"和"交往礼仪民俗"都归属社会民俗,所以,把这两种民俗合在一起作为一章"礼仪之邦"来介绍。

一、礼貌和礼节

近代以来,泰国受西方影响,也接受了国际交往的礼仪,如握手、拥抱等,但泰国较多地保留了本民族的传统礼仪。

泰人的礼貌、礼节十分讲究,而且对不同的人、不同的场合都有细小的区别,去观光的外国人一般不易区别。这些礼貌、礼节的译名也难以确切,好在有泰文的译音作填补。

(一) 礼貌

"礼貌,是人与人之间在接触交往中,相互表示敬重和友好的行为准则与精神风貌。礼貌是一个人在待人接物时表现出基于对人尊重、以诚相待、表里如一的整体外在形象,所以它体现了时代的风格与道德水准,反映着人们的文化层次与文明程度。"②泰国礼貌分一般性礼貌和社会性礼貌。

1. 一般性礼貌

(1) 坐姿

过去,泰人都习惯进屋脱鞋,席地而坐。泰人时行坐椅子、凳子是在曼谷时期拉玛四世时代(1851—1868)开始的。推广椅子、凳子的当初,人们还以席地而坐的坐姿就座,即男盘腿坐或女叠腿侧坐的坐姿坐在凳、椅上,以至于国王还要发文告,教人们正确的坐法。现在,在城市家庭中,大多已有凳、椅等家具,但仍有些家庭或公共场所保持席地而坐的习俗。

---

①② 罗曲:《民俗学概论》,中国社会科学出版社,2010年,第137页。

1) 有坐具的坐姿

一般坐在凳、椅上的坐姿（较正式、隆重的场合）：上身挺直，男的两手各放在左、右大腿上；女的两手掌并排放在两腿中间。如坐在长辈面前，小辈的坐姿：两手掌相叠握住，放在膝盖稍前方。上身微躬前倾，头微低。说话时抬头。坐时切勿跷二郎腿。

2) 席地而坐的坐姿

叠腿侧坐

"叠腿侧坐"泰文称"南帕披耶（นั่งพับเพียบ）"。这坐姿男女都适用，尤其是女子，可在多种场合上使用，文静优美。泰人把它视作具有民族特色的、有礼貌的坐姿。坐时，两腿向一方自然曲叠，向左、向右都可。若两腿曲叠向左，两手掌相叠相握，放在右大腿上；若向右，两手掌相叠相握，放在左大腿上。女子也可一手支地，一手放在大腿上。这种坐姿还可以用低头、上身前倾等微小动作来表示对长辈等人的尊敬。

盘腿坐

坐时，两腿自然弯曲交错在身前。这一坐姿适用于男子，也是较舒适的坐姿，能久坐。适用于多种场合，如在郊外野餐，饭菜放在地上时，或一人静坐时等都可盘腿坐。僧侣的"跏趺坐"，或佛教徒的"打坐"即是盘腿坐。但这坐姿不适用有长辈或上级在座时，否则会被视作不礼貌，僧侣除外。

跪坐

男子坐时，两腿跪地，脚尖直立蹬地，臀部坐在脚跟上，上身挺直，两手掌放在两腿上。若是女子跪地后，脚背贴地。这是一种面对僧侣时的坐姿。

（2）站相

站时，上身挺直，两腿并拢，不要歪着头，斜着肩，哈着腰，两腿叉开等。

但在路上或在公共场所，遇有地位的人相互站着说话。这时，小辈就要两手自然垂下紧贴身子，或两手掌在腹前相握站立，头微低。

（3）行态

通常场合下，行态没有什么讲究。但在公众场合上，马路上遇有要人或僧侣迎面走来，你要让路，让他先过。当僧侣走过你面前时，还要向他合十。当有机会与有地位的要人、名人一起走时，你要适当地拉开些距离，走在他后面。如果需要你在前面带领要人、名人走时，一般是你走在他的右侧，适当拉开些距离，稍躬身。在公共场所或大小集会上，你要经过众人时,要两腿微屈,躬身而过。如再说声"对不起"则更好。如有要人、名人在座时,经过时,男子要向他合十;女子向他合十时,还要行屈膝礼,再躬身而过。若是站着的僧侣,经过前和后都要向他合十,女子合十时也要行屈膝礼。若经过在座的达官显贵,则要爬行而过;若是坐着的僧侣,不但要爬行,而且还要向他行膜拜礼而过。

2. 社会性礼貌

泰人对社会性礼貌很重视,而且涉及的范围也很广,既有传统性的场合,如婚丧嫁娶、言语谈吐、聚餐就座等的礼貌;又有新出现的事物,如公共汽车、电梯、打电话、自助餐、鸡尾酒会等的礼貌。但大多与世界各国相仿,如女子优先、尊重对方、笑脸迎客、不随意、不越规、讲等级、分主客、讲礼让等。下面介绍些有其民族性的礼貌。

(1) 佛教或佛寺中的礼貌

重要的佛日要斋僧。进佛寺前,穿着得体,整洁,不穿短裤,不要让上衣敞胸,卷袖,不要戴太阳镜。女子的穿着不要太薄、太露。进入佛殿、佛堂前要脱鞋,表示尊重。遵守宗教场所的规定,要保持安静,不要喧哗、大声说话。见佛像要跪拜(五体投地)。不要触摸佛像、神像、供品。不要攀爬露天佛像、神像。对僧侣和小沙弥要尊重。僧侣念经时,要静听或默念。

(2) 丧事仪式上的礼貌

要按社会习俗打扮,尤其是女子不要穿暴露的衣服、超短裙。打扮得体,不要化浓妆。要带上对死者表示哀悼的、敬仰的花圈等物品。进入仪式厅后,先要礼拜佛像,然后再赠放哀悼的物品,上香向死者默哀、敬礼。不要在仪式厅嘻嘻哈哈,尤其当僧侣念经时。如参加火化仪式,当进入火化厅时,要先向死者默哀致敬,然后再找座位坐下。保持安静,不要说笑。当主持人点燃火花时,要起身肃立。当攀登火化亭时,不要拥挤,先向死者致敬,然后放纸花。放纸花时要求死者宽恕并真心希望死者一路走好,直达天堂。在下火化亭前,要再次向死者致敬。

(二) 礼节

"礼节,是人们在日常生活中,特别是在交际场合中相互问候、致意、祝愿、慰问以及给予必要的协助与照料的惯用形式。礼节是礼貌的具体表现,如中国古代的作揖、跪拜,当今世界各国通用的点头、握手,欧美国家拥抱、接吻等都是礼节的表现形式。"[①]泰国礼节分一般性礼节和宗教性礼节。

1. 一般性礼节
(1) 合十礼

合十礼源自古印度,佛教沿用后,成为僧侣间的一种礼节。佛教传入泰国后,不仅是泰国僧侣间的礼节,还扩展到一般民众。现今,合十礼在泰国视同西方的握手礼一样普遍,泰语称合十礼为"崴(wai)"。

行合十礼时,两掌相合,十指伸直,高举至面额。身子略躬,头微低。但不同地位的人之间行合十礼时,两手掌合拢的两拇指的指尖高举至面额的哪个部位上有细小的差别。

一般平辈之间行礼,双方的两拇指指尖放在下巴下;若对父母、老师或受尊敬的人行礼,两拇指指尖放在鼻尖上,如是女子,左腿挪后,两腿微屈;若对僧侣行礼,两拇指的指尖放在两眉间或额头,如是女子,左腿挪后,两腿微屈。而父母、老师、受尊敬的人还礼时,两手掌相合,举至胸前即可。僧侣不还礼。

行合十礼时应注意之处:合拢的两手掌的手指别张开,也不要上下摆动,像中国人拜佛那样,两肘也不要上抬。长辈不能先向小辈行礼,否则小辈将视为对自己折寿,这时,小辈常常急忙还礼,表示抵消。病人对医生必须先行礼,不论年龄是否大于医生。有时手中正拿着不易放下的物品,可以单手行礼,不要拿着物品双手行礼。

泰人行合十礼时,常说泰语"萨瓦迪"。该词源自古印度梵语,基本意思是"如意、美好"。泰人在初次见面时或分别时,不论早、晚,也常边合十边说该词。所以,你也可以有多种理解,如"早安""晚安""您好""走好""再见"。据说,"萨瓦迪"一词先由帕耶乌巴吉杏叻巴讪规定使用,后来,政府于1943年1月22日公告公务员之间使用。最后推向全民。这以前,人们见面常说:"过得好吗?""吃饭了吗?""去哪儿?"等。所以该词的流行才六七十年而已。

(2) 伏首叩拜

伏首叩拜泰文称"格拉陶(กราบเท้า)",其意是"跪拜脚"。礼拜时要下跪,跪后两手合十,身子下躬至两前臂触地,触地处要靠近受膜拜人(端坐在椅子上)的脚面,前额落至两拇指的指尖上。一拜即可。

这种礼节常用于久别重逢、要远离,或有重大的事要请求原谅的父

[①] 罗曲:《民俗学概论》,中国社会科学出版社,2010年,第138页。

母;也用于拜会资深位高之人。

2. 宗教性礼节

1) 跪拜礼

跪拜礼和合十礼都属佛教的"拜礼"。而跪拜礼则是拜礼中最高的礼节,佛教称"礼之极也"。也有人称"膜拜""顶礼""五体投地"。其实,跪拜礼称五体投地最形象。泰语称跪拜礼为"格拉宾章巴拉代(การกราบแบบเบญจางคประดิษฐ์)"。礼拜时,两腿下跪,臀部坐在两脚的脚跟上,男子脚掌立起与地面垂直,女子脚背贴地。上掌相合举至胸前。之后,两手放下,身挺直,头微低,两手手掌自然分开,身子前倾,两手掌贴地,身子下躬,两肘着地。前额慢慢向两手掌间的地面处触地,称为"一拜"。然后回复至下跪的姿势,重复2次。当第2次重复至下跪姿势时,两手掌相合举至面额前,两拇指指尖触向两眉间,行合十礼后起立。称"三拜"。所谓"五体投地",即头的前额,两手掌及手臂,两小腿及脚掌都贴地。

跪拜礼用在对佛像等佛教三宝的礼拜上。

2) 巡烛

"巡烛"也称"绕佛",是一种佛教礼节,表示对佛的尊敬。原为古印度礼节之一,后被佛教采用。在泰国,它是佛教重要节日仪式上不可缺少的一项活动。

活动常在佛教节日的晚上,在佛寺中举行。届时,僧侣、小沙弥集于佛殿,由住持领念佛经,颂扬佛陀。诵经毕,住持点燃"燃烛灯"。然后用此灯点燃自己手中的香烛。接着,各僧侣依次仿效住持点燃自己手中的香烛。两手合十,随住持迈出佛殿,绕主佛殿由右向左绕行。这时,来自四方的善男信女也可手拿点燃的香烛、鲜花,两手合十,跟随其后,加入巡烛队伍。队伍绕殿3周。这3周,其意是第1周感恩佛祖,第2周敬慕佛法,第3周敬重僧侣。绕行3周后,把鲜花、香烛放于一处,仪式毕。但往往由于信众不断加入,替补,巡烛队伍越来越长,远远望去像条火龙,时间上也会持续很长。

3. 晋谒国王礼节

泰国民俗学理论认为:王事礼仪中与百姓平民或国家有关的礼仪也是民俗[①]

当今,一般人若有机会晋谒国王,要有一定的礼节,且随时代的发展而有所变化。过去,晋谒国王,要行俯伏礼或膜拜礼。现在,晋谒国王,若

---

① 〔泰〕玛里伽·克娜努叻:《民俗学》,奥定萨多出版社,2007年,第56页。

是男子，要向国王行鞠躬礼；若是女子，要行屈膝礼。向国王呈献物品或恩受国王的赠品时，也有一定的礼节。现对如下2个礼节作介绍：

1) 俯伏礼

古代，每当国王在宫殿中上朝时，文武百官必须俯伏在国王面前保持合十膜拜礼的姿态。如有事近前禀报或有物递交国王，则要爬行向前。若某位要人、名人或外国使节觐见国王时也必须这样行合十膜拜礼。合十膜拜礼，泰语为"冒格拉（หมอบกราบ）"。膜拜时，下跪，叠腿侧坐，低头，两手掌合十举至额前，两拇指指尖触及两眉之间处，上身前倾，合十的两手掌仍保持不动与上身一起慢慢贴向地面，直到合十的两手掌触地。然后，抬起身子，两手掌合十仍保持原位。这谓"一拜"。一拜后，两手自然放下，挺身起立。上朝时，百官需要俯伏在国王前，这时，头可以抬起，两手掌仍合十接地，身子仍保持原样俯伏在地。

后来，由于西方文化的影响，曼谷时期拉玛四世曾出示文告，废除这一礼节，上朝时，让百官站立在国王前。西方使节可以按本国的礼节行礼，如脱帽鞠躬、举手敬礼等。现今这种礼节，在百官晋谒国王或在外事仪式上已被禁用，但在某些有关国王的礼仪活动中，官员、平民仍有使用。

2) 昂首膜拜

"昂首膜拜"泰语称"塔瓦邦空（ถวายบังคม）"。当今，这礼节专用于官员、平民跪拜国王肖像、纪念像、塑像等，有时一些与国王有关的重大的仪式上也用。其程序是：双腿下跪，上身挺直，两手放在左、右大腿上，两手合十至胸前。然后再高举合十的两手，用两拇指指尖触前额，同时把头仰起，接着再把合十的两手回复至胸前为一拜，如此拜三次。最后把跪坐改为叠腿侧坐，上身慢慢靠向地面，合十的两手臂贴地，头的前额放在两拇指的指尖上，再拜。

3) 屈膝礼（ถอนสายบัว）

"屈膝礼"是西方女子的礼节，英文称"curtsey"。在泰国，用作泰女子晋谒国王的礼节，泰文称"吞赛博"。行礼时，身子挺直，一腿（左、右腿不限）略向后移，两腿微屈。两手所放的位置，视晋谒国王的场合，有不同的放法。如在宫殿内，左手掌放在前腿的膝盖上，右手掌放在左手掌上。如在宫殿外，或国王出巡路过，行屈膝礼时，双手紧贴身子。有的场合，女子可用在宫殿内行的屈膝礼对国王的肖像敬礼，同时，男的用鞠躬礼向国王的肖像敬礼。也可用作对要人、名人行礼。

（三）花环与花串

曼谷国际机场的出口处，常见身穿民族服装，手拿花串的少女，向刚到的外国游客合十致敬。然后拿起一串花串挂在游客的颈项上,表示欢迎。在婚礼上,也会看到新郎、新娘挂着花串,向来客微笑致意。

泰国花的品种繁多,花香四季,人们把花编织成花串、花环作为一种礼节赠送亲友,十分喜庆。花环、花串多用花卉的花朵、花蕾、枝叶做成。通常有3种类型,即手戴花环、颈挂花串、悬挂装饰花串。

手戴花环和颈挂花串都表示吉祥。不同的是前者呈环状,后者呈条状,且用得广泛,表示的意义也较多,如尊敬、吉祥、欢迎等。

悬挂装饰花串是泰国的一种民族手工艺品,历史悠久。始于何时缺乏记载。但在素可泰时期,就有关于婆罗门教迎神礼上用花串制作"牵灯、挂灯、漂灯"的记载,说明花串在素可泰时期已有流行。

悬挂装饰花串发展至今已成为泰国一大民俗。在这漫长的岁月中,宫廷中嫔妃、宫女、王族成员起到了一定的作用,因他们有更好的条件和更多的时间。他们创作了很多样式,使这一工艺得到继承和发展。现今,受到国家艺术厅和教育部的重视与推广。常见各种花串悬挂在王事礼仪、佛教节日盛会、泰人的各种庆祝活动、国际会议、个人的红白喜事等场合。其造型有方形、圆形、阶梯形、扇形、鳄鱼形、香炉形、中国灯笼形等,并还分平面、立体、大小等造型。可谓五彩缤纷,巧夺天工。

悬挂装饰花串的材料除了主要材料是各种花卉外,还有很多辅助材料,如木片、纸片、布片、动物羽毛、瓶盖、纽扣等。现今还用塑料等做成的假花。

悬挂装饰花串大多挂在门、门楣、窗、墙、天花板、匾额、横幅、御舟、赛舟的船头上或其他显眼之处,以示吉祥。它除了起到装饰作用外,还随风送来阵阵花香,烘托气氛。有的还是一件精美的民族工艺品。

二、人生礼仪

人生礼仪,亦称"社会制度民俗",是指人在一生中几个重要环节上所经过的具有一定仪式的行为过程,主要包括诞生礼、成年礼、婚礼和葬礼。此外,标明进入重要年龄阶段的祝寿仪式和一年一次的生日庆贺,亦可视为人生礼仪的内容。

每个人之所以经历人生礼仪,决定因素不只是他的年龄和生理变化,而且是在他生命过程的不同阶段上,家庭、宗族等社会制度对他地位规定和角色认可,也是一定文化规范对他进行人格塑造的要求。因此,人生礼仪是将个体生命加以社会化的程序规范和阶段性的标志。另外,原始信仰的绝大多数信念与仪式都是跟生命进程息息相关的,如出生、成年、结婚、死亡等。

下面介绍的各类礼仪,但在执行过程中要视时代的发展、地方习惯、个人的经济状况和地位以及个人的倾向、侧重等因素而有所增、删。

(一) 诞生礼仪

诞生礼仪是人一生的开端礼。一个婴儿刚一出生,还仅仅是一种生物意义上的存在,只有通过为他举行的诞生礼仪,他才获得在社会中的地位,被社会承认为一个真正意义上的"人"。

1. 婴儿四日礼

泰国古代,由于医疗卫生事业不发达,头胎婴儿出生后死亡率很高,常在生后3日内死去。于是泰人认为刚出生3日内的婴儿属于鬼,过了3日,婴儿不死,才能从鬼变成人,因而第4日才真正是人。为此,民间流传一句口头禅说:"三日鬼仔,四日人仔。"所以,婴儿到了第4日就要在家举行婴儿四日礼的仪式以示庆祝。"婴儿四日礼"泰文称"劈提探宽万(พิธีทำขวัญวัน)",意即"做招魂仪式"。"婴儿四日礼"是意译。

仪式有:招魂仪式、做吉祥饭、祭供鬼神等,其中核心是招魂仪式。泰人认为人及无生命的物体都有灵魂,灵魂走了,人就变成了鬼。魂也因为会受惊吓等原因离去,要做招魂仪式把魂招回来。婴儿四日礼招魂仪式的举行,要选择吉祥的时辰做。届时,亲属们围坐一圈,把婴儿放在中间,请德高望重的亲属上香、明烛、礼佛,恭请八方神灵保佑婴儿吉祥平安。然后,从高脚盘上取下一根圣纱,抚弄婴儿的手臂和手,以示祛病驱灾。之后,再取一根圣纱缚在婴儿的手腕上,以示魂归,泰文称"叻宽",意即"接受灵魂",也可意译为"缚魂"、"安魂"、"拴魂"。接着,在婴儿额头上点粉。再用匙舀水,喂婴儿5匙温水。同时为婴儿祈福。仪式毕。最后,亲朋好友等每人也用一根圣纱缚在自己的手腕上。这些圣纱都经僧侣念过经,法师念过咒。简单的招魂仪式的内容只有招魂和缚魂2项。而隆重、复杂的招魂仪式要请婆罗门法师主持,还有"宴魂"等项目。富裕的人家还做金手镯在仪式上给婴儿戴。礼仪结束后,把仪式上的吉祥饭、供品要放到庭院中祭鬼。仪式意味着新生命的诞生。

2. 满月礼

婴儿满月,人们要为婴儿举行满月礼。要把婴儿的生辰八字交给僧侣或星相家选择良辰吉日做仪式。仪式一般与剃胎发礼一起在家举行。泰人认为婴孩从娘肚子带来的胎发是脏的,要把它剃去。而婴儿初生时,由于父母忙于婴儿的成活,婴儿头额也没长好,母亲身子需要保养、恢复等原因,所以等婴儿满月时,头发也长好了,再剃。剃胎发礼泰文称"辟提贡蓬发(พิธีโกนผมไฟ)"。

满月礼一般与婴儿四日礼相似,是婆罗门教仪式。

剃胎发礼主要是佛教仪式,也混有婆罗门教仪式。佛教仪式是黄昏僧侣诵经,次日晨斋僧。仪式中还要加入婆罗门教仪式行滴水礼等。这些礼仪都在家中做。有的富裕人家、体面人士除了亲朋好友以外,还要邀请头面人物出席。来参加仪式的人也都要带礼物或钱来。仪式结束,主人还要宴请宾客。

仪式前,仪式主持人要把婴儿抱来让亲朋好友见见。良辰一到,鸣锣。主持人把婴儿放到僧侣前,亲朋好友的代表为婴儿行滴水礼,然后拿起剃刀轻轻触碰婴儿的胎发,同时为孩子祝福。这时,僧侣诵经,婆罗门法师吹法螺、摇拨浪鼓,乐队奏吉祥曲,剃发师为婴儿剃发。剃发时,有在天灵盖处留下一小簇头发,也有在头两边各留一小簇头发的。剃下的头发要放在蕉叶做的容器内,再放在荷叶上丢弃或放入江河漂走。剃发后,还有婴儿沐浴仪式。婴儿沐浴后,还要做婴儿卧摇篮仪式。在婴儿卧摇篮仪式开始前,还有铺婴儿摇篮仪式。

现在,一般人都不这样做了,大多从简。有的只是在剃胎发后,把圣纱缚婴儿的手腕,表示魂归就可以了。

满月礼和剃胎发礼表示婴儿已平安度过一个月,魂已归来。家族已有了接班人,家庭有了新的正式成员。

(二) 成年礼仪

成年礼仪是为承认年轻人具有进入社会的能力和资格而举行的礼仪。

1. 剃髻礼

古代,泰国婴儿满月剃胎发时,一般在婴儿的天灵盖处或头顶两侧留下一簇头发,把它束成髻。到了男孩13岁,女孩11岁便进入成年期了。这时,父母要为孩子举行剃髻礼,也是成年礼。在仪式举行前,要把孩子的生辰八字送星相家,选择黄道吉日。黄昏,请僧侣念经,次日清晨斋僧。向亲朋好友发出邀请,经济条件好的人家还要请文艺团体表演文娱节目和乐队伴奏,准备宴席。剃髻礼一般分两天进行。

现在生活在大城市中的孩子,受西方文化影响大多数都不留髻,这种成年礼仪已很罕见了,只是在谈到传统文化时才有所介绍。过去,泰国男孩在做完剃髻礼后,父母就送孩子进佛寺当小沙弥。因为当时佛寺就是学校,有文化的成人都经过佛寺学习。所以,有的家庭剃髻礼与剃度小沙弥的吉祥仪式同时举行。

2. 男青年的剃度礼

由于婴儿满月后留髻习俗减弱,男女青年的成年礼仪(剃髻礼)也将削弱。现今,泰国男青年人短期剃度出家的习俗大有作为一种男子成年礼仪的认可。泰人普遍认为男子出了家才算成年。因为凡没经过佛门的男子被视为不成熟的男子,会影响娶妻、找工作,得不到社会的尊重。有的泰文书把剃度仪式归类为"关于进入成年期的仪式"①。这个仪式的泰文名称中用了"普耶"一词,意为"成人、大人、长辈"。而把剃髻礼归属"关于进入青年期的仪式"。另外,佛教规定年龄20周岁的男青年才能剃度,其实,大大超过了泰国男子成年的年龄。这种现象来自于佛教的盛行,在民俗学上也可称"与剃度礼结合的成年礼"。

3. 成年礼种种

泰国古代的成年礼除了剃髻礼外,是否还有其他的成年礼仪?

钟敬文主编的《民俗学概论》在谈到"成年仪礼的规范与特征"时,说:"原始的成年仪式特别是男子成年礼中,要集中完成一系列规定的体能训练和受到相当痛苦的身心折磨。所经常采用的考验方法、手段有:……接受鞭打等肉体痛苦和施行损伤性手术如割礼、文身、凿齿等;……这些手段在不同民族的成年仪式中有不同的表现,如我国云南傣族有男子文身和女子染齿的习俗……"②

上述提到:泰国班告文化遗址附近大小桂河两岸出土的37具新石器时代人类遗骸有2个特点:一是到青年时期要拔门牙,二是要锉磨、修饰牙齿。泰国华富里以及孔敬府(能诺他文化所在地)发现新石器时代至青铜时代的人类遗骸也普遍有拔牙和锉齿的痕迹。

郑晓云在其著作中说:"过去傣泰民族都有男子文身、女子染齿的习俗。男子在成年后就进行文身……女子在成年以后,用一些天然的染料把牙齿染成黑色以作为成年的标志。"③

《百越民族发展演变史》一书说:"距今6000多年的大汶口文化居民

---

① 〔泰〕塔那吉:《泰国风俗、吉祥仪式和重要日子》,比拉密印刷,儿童中心发行,1996年,第58页。
② 钟敬文:《民俗学概论》,上海文艺出版社,1998年,第170页。
③ 郑晓云:《全球化背景下的中国及东南亚傣泰民族文化》,民族出版社,2008年,第34页。

中存在拔牙(或凿齿)习俗。这种习俗盛行于大汶口文化的早、中期,随着山东龙山文化的出现而消失。之后,这种风俗又向南传播,最终成为广泛流传于长江下游、东南沿海的风俗,其后又传入台湾和中南半岛。……我国历史上百越族群的拔牙习俗到唐宋时代开始消失,而代之以饰齿、染齿,故百越后裔在当时被称为'金齿蛮''银齿蛮''黑齿蛮'。"[1]从考古材料看,中国的常州、上海、福建、台湾、广东、佛山、香港都有凿齿习俗的考古遗骸发现。拔牙习俗男女不分,一般在15—20岁之间,并严格规定在上颌犬齿以前3个齿种(中、侧门齿和犬齿)。

嚼槟榔实际上也有是染齿的用意,嚼槟榔牙齿会变黑。这也是中国百越族群的一个习俗。泰国古代也有嚼槟榔的习俗,也有以黑齿为美的染齿习俗。

综上所述,可以看到:一、到青年时期要拔牙、锉齿。从年龄上看是一种成年礼或成年标志。二、拔牙、锉齿后来又发展成饰齿、染齿作为女子成年礼,文身作为男子的成年礼,它们之间是有承袭关系。三、泰国自古至今有多种成年礼。包括上述剃髦礼、男青年剃度礼。

(三) 婚姻礼仪

婚姻是维系人类自身繁衍和社会延续的最基本制度和活动。结婚是人生重大的转折点,是个体成熟的象征、新的人生历程的开始和获得完全社会成员身份并取得社会承认的途径。婚礼即婚姻仪式,它是向社会公开并得到承认夫妻关系的方式。

婚姻作为民俗现象,它的内容主要包括婚姻形态和婚姻礼仪两个方面。

1. 婚姻礼仪

泰国的婚礼与盖房仪式合称"成家期仪式"。泰语称"婚礼"为"辟提蒙孔颂洛",意为"结婚吉祥仪式"。泰人认为结婚是男女双方家庭生活的起点。按泰国的风俗,男子经过剃度礼以后成年了,为了今后获得社会成员的地位、温暖的家庭和传宗接代,要找对象共同生活。

泰国婚礼分两类,一类泰语称"维瓦赫蒙孔(วิวาหมงคล)",意思是在女方家举行婚礼,婚礼后男方住女方家;一类泰语称"阿瓦赫蒙孔(อาวาหมงคล)",意即在男方家举行婚礼,婚礼后女方住男方家。在城市,当今婚礼,无论是在男方家操办婚礼或在女方家操办,婚礼后,大多另有新

---

[1] 王文光、李晓斌:《百越民族发展演变史》,民族出版社,2007年,第68页。

居,单独建立家庭,不与任何方家长住在一起。当今,泰人婚礼的形式有多种,有传统的、西式的、中式的、穆斯林式的、泰西合并式的、简化的传统婚礼、旅行结婚等,简单化是发展的趋势。下面介绍泰国传统式的婚礼。

(1) 提亲

当男女青年经过一段时间的接触感到满意时,男方青年要告诉父母,由父母寻找媒人至女方家提亲。这个媒人(女方也可以有媒人)一定要有地位、受尊敬的、善于辞令,并对双方家庭父母,包括男女青年都了解的人。媒人到了女家一般不直接提亲,而是要言辞婉转地提亲,如说"听说贵府有优良的瓜种,想要讨些回去播种"等。事实上,在媒人来到前,男方也早有人向女方家长说起,而且双方家长也都已有所了解。有的家庭知道媒人要来,也早把家庭打扫得干干净净、备好饭菜。因此,媒人一到,一开口,女方就知道了。如果提亲顺利,就会谈到聘礼和结婚的日子。如果女方家长有些犹豫,就会问及男青年的各种情况,推托需要时间与女儿商量,或要男方的生辰八字,去向佛寺住持或星相家请教男女双方的八字是否相合、有缘和结婚的吉日良辰等。对于生辰八字问题,如果女方家长满意,这只是走过场;如果女方家长不满意,这就是借口,往往会婉言谢绝说"藕断丝连",意思是婚姻无缘,友情尚存。

(2) 盖新房

过去,定亲以后,就有结婚的日子了。男方就要在婚日前盖好新房。房子有盖在男方处,也有盖在女方处的。但盖房费用都由男方出,如果女方家长有多余的房子也会用作新房,多数是新郎迁至女方家或在女方家的附近盖新房。

当今,男女结婚后,一般说新房问题不大,如有一笔聘金,银行可以贷款,买不起房可以租房等多种办法。如经济上实在有困难,有住在男家的,也有住在女家的。但大多数是暂时与对方父母或亲戚共住的,到一定时候,各种条件成熟,新婚夫妇盖房或买房、租房单过。

(3) 订婚仪式

有些家庭在定亲后,为了能给男女青年以充分磨合的时间,要搞订婚仪式。

当今,城市较时行订婚戒指和订金代替槟榔盘,并在仪式上,在双方亲友面前,由准新郎给准新娘戴上戒指。然后,宴请双方亲友。

在农村,有些地方还能看到传统订婚仪式,仪式同样要选定吉日良辰,要谈好订金。按泰国传统民俗,订金叫"订婚槟榔盘"。槟榔盘的多少由双方商定,但其数一定要成双。

吉日一到，男方要准备好订婚槟榔盘，在媒人带领下组织槟榔盘队伍去女方家。一般，新郎也一起去。

仪式由媒人主持，媒人致贺词。请女方检查订金数是否属实。媒人打开盖在盘上的布，让女方检查。女方在双方的亲朋好友和男方家长面前检查、接收订金。

订婚后，准新娘新郎可以比以前朋友关系更亲密，但不能越过双方家长允许的范围。订婚后，如果女方违约则要退还订金。如果男方违约，女方可以不退还订金。

(4) 婚礼

举行婚礼的日子十分重要，要请星相家选择吉日良辰。定下日子后，男方就要准备结婚槟榔盘；女方要准备荤素食品，招待宾客的喜糖、水果、香烟，宴请宾客的酒席，祭祖用品，物色接受槟榔盘的人选等。

结婚槟榔盘与订婚槟榔盘的内容，有的相似，如槟榔、蒟酱叶、豆、芝麻、稻谷、金叶、银叶、聘礼等，但规格要高，如聘礼中昂贵的戒指、手镯、项链等。此外，结婚槟榔盘的内容也丰富，如各种点心、水果、祭祖供品，还有要带上种在新房附近的香蕉树、甘蔗树等。

其实，各种形式的聘礼，多以金钱、财帛为聘。聘则为妻，下聘后女方身份已定，这"聘"字中含有一定的买卖意识。

1) 结婚槟榔盘游行

结婚槟榔盘的队伍要比订婚槟榔盘的队伍要庞大和隆重。队伍出发的时间也要选择吉祥的时辰，捧槟榔盘、高脚盘的人要选择有地位、漂亮、年轻的妇女。捧高脚盘的人一定是结过婚名门望族女子，不能要寡妇、弃妇或老小姐。队伍出发的时间一到，放鞭炮，欢呼，有的还放枪，告诉女方队伍已出发。有的队伍还有乐队前引，鞭炮一响，乐队就开始吹打。媒人或不捧盘的男女青年会走出队伍边走边舞。一路上吹吹打打，轻歌曼舞，十分热闹。走到半路，放一次鞭炮，到了后，再放一次鞭炮。同时，女方见男方的槟榔盘队伍到，也放鞭炮。女方家长要出来迎接。

2) 挡门风俗

游行队伍到了后，在进门前，同订婚一样，门前有个可爱的小女孩手捧女方的槟榔盘向男方的媒人走来。男方的媒人要收下盘中的槟榔和蒟酱叶，然后，给女孩红包。新郎和媒人进门时，女方往往在家中设下多道门卡；有的是门，门前有花布条横挡着；有的用其他挡路的物品象征门，如丝绸彩线等；有的在大门前的小胡同里就设下门了。这些门常冠以吉祥的门名，如金门、银门、凯旋门等。每一道门都有人把守，当新郎要进门时,守门人就会提些问题,让新郎回答。回答正确后,才开门让进。过门时,新郎或男方的媒人要发给把门人红包。为此,新郎必须预先准备好很多红包。有的在问答后,还搞笑,如有的红包是空包,这都是预先安排好的,为了活跃气氛。一般最后一道门在新房前,叫"金门"。过了金门即开始举行结婚仪式。仪式后,新郎要进新房,新郎要脱鞋。这时,就有人来抢鞋,然后拿走新郎的鞋。待新郎出来,新郎要给红包,才能还鞋。

3) 祭祖、认亲

祭祖、认亲都是为了告诉家族有了新的家族成员了,并获得家族的认同。新郎新娘在祭祖的同时,要祭供家鬼。有的家庭,其祖先有照片悬挂墙上,有的同家鬼一样供在屋梁上。祭祖时,要有供品、香一枝、膜拜的垫子等。新娘新郎边祈祝边膜拜3次。祭祖后,认亲开始。

认亲要跪拜双方的父母、亲戚。先要安排好场地,让受拜的人坐在新郎新娘的面前。新郎新娘叠腿侧坐,面前放有枕头,供叩首用。一般先拜女方的父母。至于亲戚,一般是论资排辈,先是祖父母,后是叔伯姑姨等。跪拜双方父母时,拜一次。然后把放有鲜花、香烛的高脚盘递给父母。父母接过盘,向新郎新娘祝福,接着把红包放进盘,送还。再用吉祥线或圣线拴在新郎新娘的手腕上表示招魂拴魂。之后,父母起立,让位给受拜的其他亲戚。对于辈分高的亲戚,如祖父母,要拜3次,一般只拜1次。而给新郎新娘的红包、首饰等,其多少,则视地位、关系的亲疏而定。

4) 听经、斋僧仪式

祭祖认亲后要念经斋僧。念经的僧侣数要双数。当今还时行的数是"9"。仪式举行时,新郎新娘要上香明烛,跪拜僧侣。然后递给僧侣盛水器和蜡烛,用以行滴水礼。念完经后,新郎新娘要共同拿饭勺把饭打在每个僧侣的钵中。最后,布施僧侣,仪式毕。次日清晨也要早起,与其他信众一样为化缘的僧侣斋僧,所不同的是新婚夫妇要持续3天、5天或9天的清晨斋僧,以求吉祥。

5) 滴水礼仪式

听经、斋僧后要举行滴水礼仪式。双方双亲或长者引领新郎新娘至仪式厅。新郎在右,新娘在左,先向佛像跪拜,然后分别点燃新娘新郎面前供桌上的蜡烛各一炷,再共同点燃香炉中的三支香,接着共同跪拜佛像三次。时辰一到,主持僧或德高望重的长者跪拜佛像。接着为新娘新郎戴上双喜纱圈,两个纱圈之间有圣纱相连。过去,双喜纱圈有一根圣纱从纱圈中延长出来,捆在盛圣水的器皿上,然后再延长出来至每位念经僧侣的手中,多余的圣纱绕成线团放在高脚盘上。然后,要为新郎点粉,一般是在其额上点3个点。如是僧侣要握新郎的手为新娘点粉,因为僧侣是禁止接触女性皮肤的。新郎新娘匍匐在地上的条桌上,上放两个枕头,新郎新娘把两手掌合拢放在各人的枕上,然后,手掌伸出枕头,手掌下放有接水盘,以便亲朋好友依次前来滴水祝福。伴郎伴娘站在新郎新娘的身后。长者或僧侣向新婚夫妇行滴水礼同时祝福。接着,父母、亲朋好友为新郎新娘滴水祝福。滴水时,僧侣要念经。滴水礼后,要请吃喜酒。当前,喜酒大多在饭馆、酒店举行,有些仪式也可视环境从简。

(5) 私奔后的请罪仪式

请罪仪式一般在女方家中举行,新郎将率队伍参加仪式。新郎要准备鲜花、香烛向新娘父母及亲戚请罪。有的还要向祖先家鬼请罪。请罪后要展示财礼。最后宴请双方的亲朋好友,仪式结束。由于私奔是一件令父母感到羞耻的事,姑娘跟男子私奔会受到蔑视,被看成是轻信别人、不自爱、缺乏女子美德等,因此,仪式往往是简便易行,让它快些结束。如游行队伍没有热闹的场面,而是静悄悄地来到新娘家,来参加仪式的人也相当地少等。尽管如此,乡亲们仍会很关心,问这问那,其中最关心的是财礼多少。如果比原先的多,姑娘家会感到满意;如果少了,人们会说:"赔了夫人又折兵,划不来。"

2. 婚姻形态

一定的婚姻礼仪反映一定的婚姻形态。婚礼的举行以及举行何种婚姻礼仪取决于一定社会中的婚姻制度及在其基础上变通的惯习。由于男女双方婚前关系、婚配条件、婚后居住及所有的权利、义务等有种种不同情况,历史上便呈现为不同的婚姻形态。

人类历史上曾出现过群婚、对偶婚和单偶婚(一夫一妻制)等婚姻形态。有的说4种,即加上最早的一种人类远古时期的杂婚或乱婚;有的说5种,即把群婚分成血缘婚和亚血缘婚。人类的婚姻形态基本上如上述。但一个国家或一个地区普遍出现一种婚姻形态后,其表现的婚姻形式有的国家或地区却有多种,甚至某种婚姻形式还有其他婚姻形态的残留或遗风。上述种种婚姻形态归根到底"决定作用的是家世利益,而绝不是个人的意愿"[1]。下面从泰国现阶段单偶婚婚姻形态下的其他婚姻形式作些介绍:

(1) 单偶婚(一夫一妻制)

现今泰国的婚姻制度规定是一夫一妻制,也即是单偶婚。这种婚制

---

[1] 恩格斯:《家庭、私有制和国家的起源》,人民出版社,1972年,第75页。

体现在婚姻礼仪中,有男方向女方送聘礼,即订婚槟榔盘、结婚槟榔盘游行,女方家长送新娘至洞房,把新娘亲手托付给新郎等。这反映了父系氏族社会的婚姻形态单偶婚。

父系氏族社会的产生、财产私有制和阶级对立是一夫一妻制产生和存在的经济基础和阶级根源。人类社会也由原始社会进入阶级社会(奴隶、封建、资本主义社会)。恩格斯说:"一夫一妻制的产生是由大量财富集中于一个人之手,并且是男子之手。而且这种财富必须传给这一男子的子女,而不是传给其他任何人的子女。为此,就需要妻子方面的一夫一妻制,而不是丈夫方面的一夫一妻制。"[①]因此,泰国的单偶婚也有悠久的历史了,在封建社会时期已有了,也带有上述因素。

泰国封建社会父权家长制下的一夫一妻制,家庭中的妻子和子女实际上是丈夫、父亲的私有财产。子女的婚姻由家长包办,即父母之命,媒妁之言。

泰国在进入资本主义社会后的一夫一妻制,实质上是金钱支配下的婚姻和一夫多妻范围的扩大。泰国家庭中的子女从父姓,且有财产继承权等。但泰国法律规定,妻子与其他男子有染,可以离婚。没有说丈夫与其他女子有染,可离婚。所以当今泰国的一夫一妻制正是恩格斯所说是针对妇女的、妻子的。

(2) 入赘婚

中国明代古籍《东西洋考》中记载暹罗国的婚俗说:"婚则群僧迎婿至女家。"上述泰国婚礼中的"维瓦赫蒙孔",也即在女方家举办婚礼。这种迎婿至女家、在女方家办婚礼等是一种入赘婚制表现方式。"赘"意即"抵押"。入赘原因大多是男子家境贫困,娶不起妻子,只能到女方家以身为质,也即是"从妻居"。

当今这种在单偶婚婚姻形态下的入赘婚婚姻形式在泰国农村还不少。这是因为泰国古代地多人少,女方由于家中缺劳力,需要招女婿进门,或者男子家境贫困等原因造成的。

据说这种婚俗最早出现于母系氏族社会,是母系氏族社会群婚制婚姻形态的遗风,属群婚中的亚血缘婚(族外婚)的婚姻形态。族外婚是由族内婚发展而来,族内婚排除了父母和子女之间的性交行为,对乱婚制来说是一个进步。族外婚又排除了兄弟姐妹之间的性交行为,这样集团内就不能有婚姻关系,一个集团的兄弟要去另一个集团找姐妹结婚。久而

---

① 《马克思恩格斯选集》,人民出版社,1982年,第4卷第58页。

久之，留在各族血缘集团内的只有各代女儿的子孙，形成了一个确定的、彼此不能结婚的女系血缘亲属集团——母系氏族社会便产生了。[①] 入赘婚婚姻形态体现了母系氏族社会的种种特征。

（3）表亲婚

表亲婚亦称"姑舅表婚"。它是指那些姑表或姨表关系的兄妹或姐弟之间结为夫妻的血缘婚姻，是"原始时代亚血缘婚的一种残余……姑舅表亲是一种近亲婚配，是现行婚俗中最落后的一种"[②]。

这种婚姻形态在泰国民间不少，如"在选择结婚对象时，泰族人要避免近亲结婚……泰族人禁止与同父母的或同一父或同一母的兄弟姐妹、同直系血缘的亲戚之间通婚或发生性关系。因为这种行为除了被认为邪秽外，从古至今还是犯法的行为。……但是堂兄妹或表兄妹级关系的人仍可以通婚"[③]。这"堂兄妹或表兄妹级关系的人可通婚"即表亲婚。

（4）血缘婚

"血缘婚的本质是集团内婚。"[④]"表现在婚姻关系上，是废除了杂乱媾和，而在血缘集团内部，则可互婚，这就是血缘群婚或集团内婚。"[⑤]

泰国王室或王族内部有血缘婚的现象，而在民间故事中也反映了血缘婚的现象，如《金螺》故事类型中的"怪胎"（近亲结婚）。这都说明自古至今泰国宫廷王族中的血缘婚制的婚姻形态。它也是当今泰国单偶婚婚姻形态下的一种旧的婚姻形态的遗存。

（5）抢婚制

"随着对偶婚的发生，便开始出现抢劫和购买妇女的现象"。[⑥] "抢婚在古代社会曾是一种普遍现象。当时抢婚不但要受到武力抵抗，而且常常引起战争。许多民族英雄史诗中的战争，就是由抢劫异部落的妇女而引起的。到了一夫一妻制时代，抢婚渐渐变为一种仪式，具有模拟和象征意义。"[⑦]

抢婚制只体现在泰国现今婚礼中的一种"挡门习俗"中。如当今婚礼上，女方设置多重门挡住男方抢婚的挡门习俗也只是一种象征性、模拟性的婚礼仪式。这种挡门习俗是古代抢婚制的遗风，也是一种族外婚的婚姻形态。中国云南德宏傣族在解放初期还保留着抢婚、偷婚的习俗。至

---

① 彭华民、杨心恒：《社会学概论》，高等教育出版社，2006年，第241页。
② 陶立璠：《民俗学》，学苑出版社，2003年，第281页。
③ 覃圣敏：《壮泰传统文化比较研究》，广西人民出版社，2003年，第2516页。
④⑤ 陶立璠：《民俗学》，学苑出版社，2003年，第269、268页。
⑥ 《马克思恩格斯选集》，人民出版社，1972年，第4卷 第43页。
⑦ 陶立璠：《民俗学》，学苑出版社，2003年，第273页。

今在中国傣族的婚礼仪式上仍保留着挡门风俗。泰国有挡门习俗,说明旧时曾有抢婚制。

(四) 生日礼和寿礼

生日礼即过生日,寿礼即祝寿。生日礼,泰语称"辟提探汶万格",意即"生日功德仪式"。寿礼,泰语称"辟提探汶阿尤",意即"祝寿功德仪式"。为何要加"功德"两字?据曼谷时朝拉玛五世说:"拉玛四世认为,年岁大的人,每过一年即是快乐。因此要做功德行善,才是真正的快乐。要使自己的精神意识不糊涂疏忽,不会不知自己能否再活一年。生日是一次告诫,使自己明了,离死亡又近了一步。"

泰国的生日礼和寿礼与中国比有两大不同:一是泰国时行做宗教仪式,二是到了25岁和50岁时祝寿,或是每过12年即12、24……等岁祝寿,尤其重视60岁和72岁做寿。另外,泰人认为:25岁是人的一生中从青年走向"而立"之年的转折关头,50岁是人的寿年已度过了一半,所以要庆贺。

而每逢12年祝寿,以12年为计祝寿,这是因为泰人曾采用干支纪年。干支,即天干(甲、乙、丙、丁……等十干)与地支(子、丑、寅……十二支)循环相配,可成甲子、乙丑……等六十组,称"六十花甲子"。地支12一循环,干支60大循环。泰人祝寿、庆贺生日以12为寿,60为大寿是依此而来的。这明显与中华文化有关。

1. 生日礼

泰人对一年一度生日礼的举行,大多都不隆重。只是在清晨僧侣来化缘时,供奉僧侣的斋食或去佛寺供奉僧侣的斋食。然后,敬献"僧家四事"给僧侣,僧侣念吉祥经,祝福,仪式毕。

2. 寿礼

寿礼举行前要把自己的生辰八字告诉星相家,选择良辰吉时,并邀请星相家做仪式主持人。要请僧侣念经,一般邀请的僧侣数要比自己年龄数多一位的人数或九颗星的九位僧侣。

时辰一到,做寿人上香明烛礼佛。点燃吉祥烛,跪拜九星神。然后守戒,听经,施舍僧品给僧侣。星相家向做寿人行滴水礼。僧侣离开后,宴请宾客和表演文娱节目。次日清晨斋僧。时辰一到,换上白衣白裤,用圣水沐浴,长辈为做寿人行滴水礼,祝福。最后,为了吉祥,要换上当天规定颜色的衣服。

(五) 当今丧葬礼仪

丧葬礼仪,自古以来都显示着人和社会的关系,以及死者等级身份的认同。在礼仪过程中,可以看到参加礼仪的人和死者的关系,也是直系血亲的联络和关系的加固,旁系血亲及乡邻朋友之间关系的联络和对死者的认同。

泰人认为,死亡并不是人生的终结,而是人生的转换。转换到另一个世界,是人生新旅途的开始。在此种观念指导下的葬礼被看作是将死者的灵魂送往另一世界必经的手续。

泰国的葬礼也很讲究,礼仪从病人一息尚存开始,至入棺火化为止。其步骤也很繁杂,如为病人请僧侣念经做延长寿命的仪式、放生做善事、人一断气要点蜂蜡、病人死于晚上要守夜、注意不要让黑猫跳越尸体等。过去,尸体入棺前,还要搞开棺仪式、入棺仪式等,现在取消了。大致可分成:入殓前的礼仪、诵经、出殡、火化等四大步骤。

1. 入殓前的礼仪

下面着重介绍几个环节:

(1) 指路。当病人弥留之际,亲属把准备好的鲜花、香烛、檀香木等香料装入蕉叶制作的三角形袋内,再放入病人两手合十的手掌中。然后,在病人耳边念阿罗汉等,也有把佛像放在病人旁,或请僧侣念经。这些做法都是提醒病人思念佛陀的无量恩德,作虔诚的忏悔,抛弃一切烦恼。泰人相信人在断气或灵魂离身前,去天堂或地狱,决定于最后一次意识。因此,需要及时指路。

(2) 整容。整容即为死者打扮。先要给死者梳理头发,有的梳 3 次,有的把头发先往前梳,再往后梳,表示一半是人,一半是鬼。梳后的梳子要折断、丢弃或装棺,不能再用于活人。然后为尸体穿着,但不能像活人那样穿着。用白布像沙龙和筒裙一样围下身,但两侧布头扭结在身后。穿上白衣,但要反穿,使其扣眼放在背后。披布要从右到左的方向披。然后再像活人一样给死者穿上一套衣服。为死者穿两套衣服是象征死人和活人,象征生死轮回。如今,死者子孙时行为死者穿上一套新装即可,整容也交与整容师。

(3) 滴水礼。滴水用的水是用圣水(僧侣念过经的水)、雨水和清洁水混合而成的一种有香味的水。滴水礼好似向遗体告别。滴水时,将死者的一只手臂放在床外小枕上,手腕下放一接水盘。死者的子孙用小勺舀水递给前来滴水的人。亲朋好友依次向死者的手腕中滴水。意思是死者已不能复生,生者不要大意,好在还有时间、机会,勤做功德,不像死者已没有做功德的机会了。同时向死者告别,让死者不要再挂念、留恋红尘,祈祝去天堂的灵魂一路走好。

2. 诵经

入殓后,棺柩停放在家中,请僧侣诵经。一般说棺柩的头朝西也即是死者的头朝西,也可以朝别的方向,但切忌把棺柩的尾也即是死者的脚朝向诵经的僧侣。亲属在棺柩旁摆上供品。摆上后,上香明烛,要用手轻敲棺柩3下,以示呼唤死者进餐。为死者诵经的僧侣请4位。僧侣到时,一定要为佛像上香明烛,向僧侣说请求诵经的话,否则僧侣不会诵经的。僧侣念经前要把圣纱联结到每位僧侣的手中,然后为死者诵经。同时,死者的子孙要轻敲棺柩,呼唤死者听经。参加丧礼的亲朋好友来到时,要向主人表示哀悼。主人要带他们去上香一支,向死者致敬。有时死者的子孙会点上香送给来宾,有时需自己点,但切忌用已点燃的蜡烛点。诵经虽为死者,但实际上为活人,提示活人,人的生命不永恒。棺柩前要点灯、生火。这是因为过去没有灯,棺柩停放在家中,尤其是晚上使人害怕。现在虽然有了灯,但仍保留着这习惯。有的丧礼上,有宴请,一般在僧侣念完第三次经后宴请宾客。

3. 出殡

把棺柩从家中送往佛寺去火化,在当天清晨要斋僧。斋僧后要请4位僧侣运送棺柩去佛寺。如有死者的子孙在棺柩前剃度为小沙弥,要跟随在僧侣后护送棺柩。剃度为小沙弥,是为了给死者做功德,让死者看到黄袈裟,泰人相信这样做可以把死者从地狱中拉回来。过去,棺柩出屋不能从梁下过;高脚屋有梯子上下的,要做一个临时的梯子;在大门口要搭一个临时的木门。当棺柩一上路,这些东西都要毁掉,目的是为了不让灵魂思念儿女、财产而认路回家。过去,棺柩出门前要打破三个水罐,因为罐是用水和泥做的,而人也是。水罐破了,说明两种物质不能再在一起,鬼也不会复生为人了。

出殡队伍的前面由死者子女捧香炉和死者的照片前引。接着是4位僧侣,手中拿着从棺柩延伸过来的圣纱。亲朋好友要帮忙抬棺柩到手推车或汽车上,并一路护送棺柩至佛寺。过去,一路上还要撒稻谷,表示稻谷不会再成长,好比死者不能复生。

4. 火化

火化的日子不能选单日、下半月、佛教的节日或周五。周五是因为周五的泰语发音似同"幸福"一词的发音,所以不能火化。但现在不那么严格了。到了佛寺,在火化前,死者的子孙要抬着棺柩围绕火化台由左向右绕三圈。三圈表示无我、无常、苦或表示一切众生在三界中轮回,与巡烛方向相反。然后,把棺柩抬上火化台。同样,棺柩的头朝西。主人要斋僧,布施僧侣,洒水为死者做功德。下午,僧侣再念经。接着,主人念死者的简历、献裹尸布。然后,主人把檀香木花分给每一位参加火化的亲朋好友或放进托盘,置于火化台前。火化时辰一到,僧侣念经,所有参加丧礼的人依次走上火化台,把檀香木花放在尸体前的高脚盘中,从侧梯下。这时,主人和死者的家属站在梯子两边,向来宾表示感谢或送纪念品,如来宾有什么东西要给主人的,也在这时给。过去,火化的木柴堆由亲朋好友各拿一根堆积起来。收尸人点火。"父母不去点火焚烧自己死去的孩子,因为担心成为其他孩子也要死去的预兆。"[①]次日,家属就可取到骨灰盒,带回家。有的放在佛寺中家族的塔中。

5. 祭祀

一般,亲属到了节日如宋干节、中秋节、年节等,为死者祭祀;也有的人什么时候想念了,什么时候会为死者做功德、洒水、斋僧等。死者的用品一般也会送给佛寺或穷人。

做百日。到了死期的第 7、50、100 天家属要为亡灵做功德,但多数时行做百日。届时,家属、亲朋好友会聚集到佛寺,带上死者的遗像、骨灰盒等,参加的人都不必戴孝。请 9 位僧侣念经、布施,主人洒水为亡灵做功德。然后,斋僧,主人再次为亡灵洒水做功德。

(六)中泰婚丧习俗的异同

1. 中泰婚姻习俗的异同

这里的"婚姻礼仪"是指"提亲"至"迎亲"这一段。泰国的古代婚姻礼仪与中国古代的"六礼"婚姻礼仪有很多相似之处。中国的"六礼"即:纳采(提亲。括号内为相对应的泰国婚礼)、问名(合八字)、纳吉(定亲)、纳征(过大礼,男方将聘礼送给女方)、请期(择婚日)、迎亲(新郎去女方家迎娶新娘仪式)六个环节。中国六礼的婚姻礼仪与上述泰国传统的婚姻礼仪基本上相同,有些不同也只是形式上的,如纳吉、纳征,泰国都采用槟榔盘的形式,但含意是一样的。

"六礼"见于中国《礼记·昏义》。六礼以男方付给女方的身价为主要

---

① 覃圣敏:《壮泰传统文化比较研究》,广西人民出版社,2003 年,第 1970 页。

特征,是旧礼教下变相买卖婚姻的具体表现。这是秦汉以前的礼俗,按上述泰族与中国百越族群的文化关系看,似乎有可能对泰族的婚姻习俗产生影响,因为秦汉以前,泰族的大部分分布于中国境内。是否属实,有待论证。

中泰婚姻礼仪区别较多,仅与近、现代的中国汉族来比较,中国婚礼中没有宗教活动,挡门仪式也少见。而泰国没有坐花轿、跨火堆、揭头盖、闹洞房等。不一一列举。

2. 中泰丧事习俗的异同

当今的泰国葬礼中习俗与当今中国葬礼的习俗比较,虽都是火葬,但也有不同。如泰人在丧礼上不习惯呼天抢地似地号啕大哭,悲恸之极也只是流泪抽泣。若号啕大哭,不小心泪水滴落在棺材上,死者不能上天堂。尤其在病人刚断气时,习俗要求宁静,否则死者的灵魂会因此得不到恬静的气氛而离开躯体。再有,在中国的丧礼仪式上给人一种悲切的感觉,气氛肃穆,仪式上触目所及一片白色、黑色、素色、冷色,模拟哭泣的哀乐回荡在空中。而在泰国的丧礼仪式上,中国记者马胜荣于1975—1980年间在泰国所见的民间丧礼仪式有一段记载:"一进小寺院内,里面却是另一番景象;到处悬挂着红的、绿的、黄的和彩色的灯泡……在寺院一角,临时搭起了一座小舞台,台上灯光明亮,泰国神话中的英雄猴王哈奴曼正在做各种滑稽表演,引起观众的阵阵笑声。舞台的左面架起宽大的银幕,正在放映一部早期的美国电影……同行的朋友笑着对我说:'你刚刚来到泰国,住几年之后,你就不会感到奇怪了,这是泰国人的风俗。难道不应该为死了的人到一个更好的世界去而高兴?而且泰国人认为这样做也是为死者积善。'"其实,这种丧礼习俗上的欢乐场面由来已久,在曼谷时期拉玛四世时代有一幅壁画,画中画有火化亭,亭内放着棺柩。其四周插着华盖,形成围篱。围篱外有很多人正在观看孔剧、皮影戏等。

这种做法或观念在中国古代民间也曾有过,正如中国学者指出:"在民间观念中,死对于活着的人是悲痛的,但对死者却意味着与尘世的解脱。……民间常将婚礼和丧礼并称为'红白喜事'。把丧事当成喜事办,热热闹闹,一方面含有使死者灵魂得到欢娱的性质,另一方面表现出人们对生老病死这一客观规律的认识。"①但又说:"以土葬而言,各民族各地区都有许多独特的风俗,具体程序和每一程序所含内容有很大差异。但

---

① 陶立璠:《民俗学》,学苑出版社,2003年,第301页。

作为丧葬礼仪的主题都基本相同。即表现生者对于死者的哀悼……"①
中国当今的火葬礼仪是沿袭旧时的土葬礼仪而来的,哀悼仍是丧葬礼仪
的主题。泰国古代有船棺葬、土葬、鸟葬、水葬等,多为土葬。火葬是佛教
传入后时行的,同样是沿袭土葬而来的。

还有,泰人死后,停柩时,不管尸体停放在何处,甚至尸体放在火化台
上时,死者的头要朝西的习俗来自婆罗门教的《象头神故事》。这也是中
国所没有的。

有意思的是:泰国在曼谷时期初,丧事礼仪中还曾采用中国丧事剃光
头的习俗。如 1806 年,拉玛一世的御弟仙逝时,采用了此习俗。1809
年,拉玛一世驾崩时,拉玛二世也曾采用此种剃光头戴孝方式。1817 年,
一位亲王逝世时,宫廷曾谕令皇亲国戚、大小官员、公务员乃至一般公民,
每月剃光头一次,直至尸体火化为止。这习俗直到拉玛四世才被取消。

---

① 陶立璠:《民俗学》,学苑出版社,2003 年,第 301 页。

第七章 民俗信仰

"民俗信仰"又称"民间信仰""民俗宗教",它是在长期的历史发展过程中,在民众中自发产生的一套神灵崇拜观念、行为习惯和相应的仪式制度。人类社会最初出现的种种民俗信仰,实际上它是原始人类的信仰,不具备宗教特点。民俗信仰是极其复杂的精神文化现象,属"精神民俗"。

"民俗信仰"在宗教学中被称为"原始宗教"或"自然宗教"。"原始宗教大致有这么几种主要形式:大自然崇拜、动植物崇拜、鬼魂崇拜、祖先崇拜、图腾崇拜、灵物崇拜、偶像崇拜。"[①]

泰国民俗学中无"民俗信仰"的术语。而有"民间信仰"这一术语,它是指"信仰""原始信仰"或"鬼魂信仰"。它所涉及的内容相当于上述"民俗信仰"。

中国民俗学把民俗信仰分五部分[②]来叙述,即信仰对象、信仰表现方式、民间禁忌、信仰媒介、现代宗教在民间的传承内容。泰国民俗学[③]对民间信仰没那么分,而是把信仰对象、表现方式、民间禁忌都算作是信仰。为了把复杂纷繁的民俗信仰说得简明些,下面分四部分(除去信仰媒介)来介绍。

一、信仰对象

民俗信仰的对象古今掺杂,兼容并蓄,种类繁多。在泰国大略有以下几种。

(一)魂鬼信仰(鬼魂崇拜)

人对于自身生死、梦境、病残等现象的无知导致了灵魂观念的产生,进而按照"由己推物"的原始思维方式,使得"万物有灵论"在原始社会广

[①] 陈麟书、陈霞:《宗教学原理》,宗教文化出版社,1999年,第169页。
[②] 钟敬文:《民俗学概论》中的"民俗信仰"只有"三部分",即信仰对象、信仰表现方式、信仰媒介。而陶立璠《民俗学》中有"现代宗教在民间的传承内容",并把"民间禁忌"作为一部分来介绍。于是这里就综合了两者的分类,就有了"五部分"一说。
[③] 〔泰〕玛里伽·克娜努叻:《民俗学》,奥定萨多出版社,2007年,第39—47页。

泛流行。"魂"的观念是人类最早产生的宗教意识,是一切宗教观念和仪式产生的根源。

1. 灵魂观念

泰人对人的灵魂信仰始于远古时期。泰国石器时代后期和青铜时期的墓葬中,发现古人有相信灵魂不灭的陪葬品。发现约在一万年前,北碧府的墓葬中有陶制的生活用具,内装贝类食品,以供死者享用。至今,泰人还相信人头顶的天灵盖是灵魂出入口,也有人认为灵魂就住宿在那里。因此,不许任何人随意触摸它,于是有了头的禁忌。一些孩子或成人的仪式活动中还有招魂、安魂的仪式。

泰人对"魂"和"灵魂"有不同的解释,但有时也会混淆:

"魂"泰语叫"宽"(khwan)。"灵魂"泰语叫"温然"(winjan),是巴利语。从语言学角度分析,泰人"魂"的概念早于"灵魂"的概念,泰语"灵魂"一词来自巴利文。

魂是肉眼看不到的、无形状的、摸不着的。魂总是附在对人类的起源和生命起重要作用的生物或物体上。泰人相信人身上有32窍的魂,来自身上32个部位,如人的天灵盖处,就是一窍。泰人认为一个人的魂能离身,也能回归。如人熟睡时,魂会暂时离开人体,当受到外界环境惊动时,魂会立刻归来。为什么刚被惊醒的人常感心跳,这是魂回归在人体上的反映。魂受惊吓也会游离人体,如魂自己不归来,人就会生病。要举行招魂仪式把魂招回来,才能使生命和心灵再一次得到活动。魂是在人存活时促使人的身心充满活力的东西,意味着某种与健康生命有关的东西,魂是好东西,没有可怕之处。魂是活人的魂。

灵魂是精神,每人的灵魂只有一个,当人或动物死后灵魂会清楚地显示,灵魂游离出躯体随着功德和业果而去。死后的灵魂有好坏两种作用,人们相信它有超自然力,可以给人以祸、福,因此灵魂好比鬼,一谈到它总是联系到可怕的事。如人死了,灵魂离开后就不回来了。灵魂在投生前,会到处游荡,因为死者还在想念亲属、好友、自己的财产。尤其是横死的人的灵魂,如死于车祸、凶杀等,死得太突然,来不及投生,就得游荡。离开人体的灵魂,也能现身。这就是鬼,鬼是有形的灵魂。灵魂是死人的魂。

泰人的灵魂信仰不限于人,也涉及自然,包括一些对人们的生活起重要作用的动植物也有魂。如役使的牛马和使用的器物都有灵魂。而且至今仍在举行各种招魂、缚魂等仪式,如上述人生礼仪中有不少例子。再如动物和使用的器物,如牛,在开播前、耕耘后都要为牛做招魂仪式,甚至牛车,在使用不当时,牛车的魂也会离开,要做招魂仪式。凡此等等都是"万物有灵论"的体现。

2. 鬼神信仰

泰人把鬼分有形鬼和隐形鬼,鬼也分恶鬼和善鬼。如恶鬼是有形的鬼;隐形的鬼,如善鬼。恶鬼或善鬼以其保护或加害人类与否来区别。正如阿努曼拉查东所说:"如果进一步解释'鬼'这个词,鬼就是超乎人之上的一种神秘东西。因此,鬼有一种超越人的能力,他可以给人带来祸福。"[1]

恶鬼,泰人称他为"地位最低的普通鬼"。这种鬼到处存在,天上有,地上有。形象恐怖,长颈、嘴如针、瘦骨嶙峋。他害人的办法是伸长舌头、翻起白眼。人见了后,会被吓死,失魂落魄。即使不死,也要大病一场。这样的鬼,人们不会给他盖小屋、小庙,也不祭供。只有请巫师驱赶,或请僧侣、婆罗门祭司用别的方法保护自己,如圈圣纱、在房屋或耕田周围插竹牌、在门口贴符箓、念咒语等。现今的恶鬼常指凶鬼,是还没有投生的鬼、业债没还清的鬼。有的鬼,活人还要为他做功德。

泰国把大自然崇拜中的日月星辰、风雨雷电、山林土地的崇拜归类于魂鬼(神)信仰,而且把这些称为"鬼、神"。下面按泰人对鬼的习惯称呼,分述如下:

(1) 天鬼(神)

人们认为天上是天神的居所,天鬼是指天上的神,即"天神"。泰国东北地区的泰语称"坦"或"帕耶坦",意即创造世界万物的天神。天鬼有很多,帕耶坦是最大的鬼。这里说的"神",按泰人说法,"神"仍是"鬼",是一种高级鬼。这是随着人类社会阶级分化后,才有的高、低等级的区分。现代意义中的"神"是从印度的宗教——婆罗门教和佛教传入后才有的,从那时起才把鬼和神区分开,"神"也就不称"鬼"了。而且神的地位越来越重要,越来越复杂。他还是控制人类未来有关的各种事物者,如赐雨者。因此,有各种求雨仪式。他还是治病者,因此有跳天神、送天神等仪式。

(2) 半神(自然现象神)

自然现象神是指打雷、闪电、刮风、下雨等自然现象的神。如雷神、风神、雨神等。泰人把这类神称他们为"半神",因其地位比天神低,是除天神以外,两种鬼(半神、鬼头儿)中的一种鬼。他们住在天上的某一部分或

---

[1] 〔泰〕阿努曼拉查东著,段立生译:《泰人的过去生活》,载《泰国文化名人阿努曼拉查东生平及著作》,中山大学出版社,1987年,第218页。

悬在半空中。如雷神持斧罗摩、闪电神媚卡拉、日神、月神,但他们都来自印度婆罗门教的神话故事中的神,有印度婆罗门教的色彩。

(3) 鬼头儿

泰人称鬼头儿为"地上的神"。是指自然界中的山鬼、土地神、树神、谷神、水神等。也即是除了天神外,两种鬼(半神、鬼头儿)中的另一种鬼。泰人十分害怕这种鬼,盖小庙(神庙)给他们住,经常有供品祭祀,还要挑他喜欢吃的鸡、鸭、粥等。这是因为他容易发怒,稍不如意便会发脾气,给人带来灾祸。尤其是祈愿应验后,更要给好的供品祭供,如猪头、好酒、烤鱼等。如在祈愿时许愿了更好的食品或金银财宝,应验后,就要如愿以偿来还愿。人们进山砍树、觅食,要先祭拜、告知山鬼。否则鬼会生气,让人迷路、一无所获、受伤、死亡。人们在船只航行有危险的地方建小亭让水神栖息,祭供水神。每年举行水灯节感谢河神等。种植稻谷的每一环节都要祭供谷神。盖房立主柱时要祭供树神。

在这些鬼头儿中,以土地神最受泰人普遍信仰。无论是农村还是城市,甚至在马路旁都能见到一个个建在一根柱子上的小庙,这些小庙(土地神庙)就是祭供土地神的。

人们普遍认为,土地有守护神,它就是土地神。土地神也是鬼。"随着人们对鬼神的信仰日益普遍,土地神也变成若干尊……一共有 9 尊。当村民们改信佛教以后,他们也同时信奉着鬼神。既有佛寺,也有土地神龛。但土地神的地位有所降低,降成佛教的一尊守护神。"[①]其实,土地神与家鬼一样是守护房屋四周的土地和房屋里人的鬼。只不过家鬼有血缘关系,可分属为祖先崇拜。

供奉土地神会给家庭带来吉祥、幸福,土地神是常驻家中的神。一般房主盖完房后,就立即盖土地神庙,可见土地神在泰人心目中的地位。

(二) 祖先神(祖先崇拜)

祖先神是人类把已故祖先加以神化的结果。由于相信灵魂不死,所以人们认为,祖先灵魂是氏族、家族、家庭的保护者,也是人死后的管理者。祖先崇拜的信仰基础是"万物有灵论",约发生于氏族公社母权制时期。

祖先崇拜也是一种灵魂信仰。"魂鬼崇拜与血统因缘观念联系起来以后,就发展成为祖先崇拜。原始祖先的崇拜,最初产生的是氏族团体的

---

① 〔泰〕阿努曼拉查东著,段立生译:《泰人的过去生活》,载《泰国文化名人阿努曼拉查东生平及著作》,中山大学出版社,1987年,第 302 页。

共同祖先的崇拜,然后才产生了氏族联合体(部族)的共同祖先崇拜。随着家庭的产生,就有了家庭的祖先崇拜。原始社会发展到一定阶段,可以看到上述三种祖先崇拜同时存在……原始人群一般是把祖先鬼魂当作保护子孙的善灵来崇拜的。……一般是固定地、长期地、比较隆重地举行膜拜仪式。……由于祖先崇拜对象是善灵,又与崇拜者有血缘相连的密切的关系,所以祖灵常被转化为地方守护神而受崇拜。如历史上为保卫本寨而献身的英雄,开始只是氏族的祖灵,后来随着氏族公社过渡到村社,变成了村寨共同的守护神。……这就开始突破了原来祖先崇拜的那种纯粹的血缘观念。"①

泰人有时称祖先灵魂为"家鬼"。阿努曼拉差东说:"最早出现并和人们关系最为密切的鬼,就是人们自己的祖先,即过世的父母亲、祖父母等亲戚。人们对他们很怀念,在他们死去后还很想念,因而他们就成了常住家里的鬼。如果子孙后代遵照风俗办事,就会得到他们的保佑而平安幸福;如果子孙后代的行为超出了风俗所允许的限度,就会招来灾祸。"②祖先崇拜还包括已故的民族英雄、有超人才能的英勇战士、某一宗姓的开山鼻祖族神、社神等。

现今,有些地方新婚夫妇的结婚仪式中还有祭拜祖先这一项活动。泰国家庭祭拜祖先只祭三代,即同辈、父母、祖父母三代。

泰国王室也有这类祭祀活动,如曼谷的王家佛寺——玉佛寺寺内就有一座先王殿,内有曼谷时期各先王的塑像(一世王至八世王像)供王室祭拜。

泰国王事礼仪大多与印度传入的婆罗门教、佛教有关,而祭祀先王牌位的礼仪却受中国的祖先崇拜的影响,仿效旅泰华人。这礼仪始自曼谷时期拉玛四世时代。当时,国王对华人设牌位祭祀祖先的礼仪十分赞赏,认为这是对祖先表示孝道的一种美德,遂萌发祭奠先王亡灵牌位之念。

1. 家鬼

泰人对已故祖先的怀念。在原始社会"万物有灵论"影响下,认为祖先虽已死去,但灵魂还在。他们变成了家鬼,与子孙生活在一起。泰人相信家鬼对子孙后代的生存、发展会产生一定的影响。

"家鬼"指常驻在家里守护那个家的祖宗鬼,泰语称"披伦",也可译为

---

① 陈麟书、陈霞主编:《宗教学原理》,宗教文化出版社,1999年,第184页。
② 段立生译:《泰国当代文化名人披耶阿努曼拉差东的生平及其著作》,中山大学出版社,1987年,第222页。

"屋鬼"。祖宗死后,其鬼魂还在,照看、守护家里的子孙,其栖息之处一般是房屋的主柱。当男方入赘女方家,举行婚礼前,男方要回到自己家中,把放在主柱上的红布、白布取下来,放在高脚盘上,红布在上,白布在下。红布代表祖父死后变成的鬼,白布代表祖母死后变成的鬼。再把放在托架上的香烛、鲜花放到红布上,意味着家鬼已坐在布上,这叫"分鬼"。然后把红布、白布请到女方的新屋中,与女方家的家鬼放在一起叫"合鬼"。这样的家鬼,男女方都有份,夫妻俩都可祭祀。

家鬼住的地方,不全在主柱。北部家庭都放在床头方向以家中某个合适的角落做祠堂,放置神龛,再摆上供品。

2. 族神

族神泰语称"比班",也可译为"村鬼",也是一种祖先崇拜。它也可称为"祖宗鬼""家族鬼""护家鬼"等。如东北部泰人称祖宗鬼为外公鬼(胞耶)、爷爷鬼(胞菩),称"桑格沙"和"桑格西"为人类第一对始祖,泰国北部称祖宗鬼为家族鬼,泰国中部和部分北部人称护家鬼。

泰国北部、东北部及中部的部分地区时行一种祭祀祖先的活动,时间在每年6—7月间。由全体村民相约去宗祠集体祭祀,赞颂祖先的仁德。

3. 英雄鬼(神)信仰

英雄鬼是指人群的领导者、国王、斗士是国家的创建者。他们勇敢、有能力,能给人们以安宁、幸福。民间流传着他们的各种传说故事,是人们崇拜、敬畏的人。人们相信这些人死后其鬼魂还守护着家园,因而人们建祠堂、立塑像、举行祭祀仪式。如曼谷的拉玛一世、五世、郑王塑像、信武里府的挽拉占村人民英雄纪念像、呵叻府的摩夫人像、普吉府的江夫人姐妹像等以及各地方的"昭布"鬼、"昭咪"鬼祠堂等。英雄鬼的信仰应属于祖先崇拜。

如泰国东北部色军府雷努纳空县布塔拉的普泰人有一神话传说:[①]

"布(祖先、爷爷)塔拉"或"塔拉祖先"是雷努纳空县普泰人的祖先灵魂,是带领雷努纳空县普泰战士与越南侵略者战斗的统帅。曾多次打败越南人,直到最后一次才被敌人抓住杀死在越南。死前,嘱咐普泰人说:如普泰人的子孙要我帮助,以至于在任何地方建立了家园,只要立庙每年祭祀膜拜,同时点香明烛祷告。如果不能祭祀,就合十举过头,然后祷告,我将有求必应。

---

① 〔泰〕巴统·宏素万:《很久以前:论神话与文化》,朱拉隆功大学出版社,2007年,第91页。

后来,这类庙有的就发展成为"寨心""城柱庙"等。

4. 城柱庙

曼谷玉佛寺附近,有座国柱庙。那里香烟缭绕,跪拜、祈祷的人络绎不绝。每逢重大节日,国王或代理人还亲临主持祭祀。

自古以来,泰人一直保持着一种习俗,即建城必须建城柱庙,求神保佑。立柱后,表示城已获得神的保佑,全城居民才能平安地生活。所以,泰国的城市都有城柱庙。曼谷的国柱庙,实为城柱庙。泰语意为"城柱"。只因为曼谷是首都,庙的建筑也宏伟、华丽,泰国华人称其为"国柱庙"。

有人解释城柱即护城神,也可称"城鬼"(泰语称"披勐")。

城柱庙是一种什么信仰,泰国是常把它与家鬼、村鬼一起作介绍的。由此看来应是一种祖先崇拜。

"屋鬼栖息在主柱上的信仰可能是原始信仰发展而来。原始信仰认为各种草木都有鬼栖息或有树木女神守护着,当人们砍下那棵树木拿来建房子的时候,原在树上栖息的鬼也没走,还是栖息在那棵树上,用做主柱的大树更是如此,人们因此要祭祀主柱。"[1]"有人推测城隍庙(城柱庙)是由对主柱的崇拜发展而来的,人们相信主柱就是家鬼的住处,这种信仰源于远古时代东南亚人群对鬼神的崇拜。"[2]"北部也有对因特琴柱(指国柱)的崇拜,人们相信它是国人和祖先灵魂的聚集之处,同时还是保护神、国鬼、家鬼的栖息之处。清迈的国柱在大佛塔寺里,由统治泰国兰那王国时代(1412年)树立。"[3]

(三) 自然神(大自然崇拜)

自然神是把自然现象视为神灵并加以崇拜。

历史唯物主义为我们研究原始时代的民俗信仰、自然宗教的起源提供了正确的方法论,指导我们"首先要到社会物质生活即社会经济基础中去寻找宗教起源的根源"。[4]

"原始人群赖以生活的是自然,对他们生活有直接威胁的也是自然。……原始人既把自然与人对立起来,又把自然和人统一起来,把自然力想象为与人同有的活动能力,这就是自然崇拜先于鬼魂、祖先崇拜的物质、思想基础,考古学也证明了这一点。"[5]

由于原始人所依赖的生存地理环境的不同,因此对于大自然崇拜的

---

[1][2][3] 覃圣敏:《壮泰民族传统文化比较研究》,广西人民出版社,1999年,第2107、2097页。
[4][5] 陈麟书、陈霞主编:《宗教学原理》,宗教文化出版社,1999年,第157、161页。

对象也不同。泰国自古以来最主要的是农业,所以,与农业有直接关系的,影响较大的是土地、河湖、风雨、日月、丛林、山岭等。

1. 河神(水鬼)

人们给水以各种含意,包括对河水的崇拜,始于原始时代。如中国傣族"泼水节包含着对水的崇拜,大约是从远古对水的自然崇拜演化而来的。……认为在节日期间用水泼身就可以消灾除病。但是,水的确有除污、卫生的实际作用,原始时代人们初步看到这种作用而又不理解这种作用,结果由夸大而至于迷信这种作用,产生了对水、火、土(或山)、树(木)等自然物的崇拜。"①泼水活动也是泰国宋干节的重要内容,同样包含着对水的崇拜。"泰国的村落'崇拜自然,比如把河流、运河、山脉视为神灵圣地。'"②泰国每年举行的水灯节就是为了感谢河神对农作物带来丰收,同时也向河神道歉,人们向河里倒垃圾等弄脏了河水。古人相信江河水深不见底,住有水鬼。水鬼还把命数已尽的人拽到水里。家长都怕孩子在河溪中玩水,尤其在晚上。有人溺水而死后,人们就会说是被水鬼拽入水中而死的。古人还相信靠河道拐弯处有水鬼栖息。当今在泰国大小河流两旁或河曲处还能看到为河神、水鬼建立的小神庙。来往船只经过时,人们都会对它膜拜、祈祝。

2. 山崇拜

素可泰石碑记载:"在山上有鬼神,比任何鬼都大而有威力。百姓官员都很信仰,膜拜、祭供,祈愿素可泰平安、昌盛。如果不好好祭供膜拜,山鬼就不会保佑素可泰,国家衰亡。"

上述记载表明当时素可泰民众的山崇拜。依据宗教学、民俗学理论,推测这种山崇拜是继承其先民的大自然崇拜,不是素可泰时期才有的。

(四)动植物崇拜

"崇拜自然是最原始的宗教。我们从世界各个原始部族和历史资料中又可以考察到,其中最发达的是动植物崇拜,动物崇拜后来发展为图腾崇拜的主要内容。"③

---

① 伍雄武:《傣族哲学思想史概论》载韩培根 伍雄武编:《傣族哲学思想史论集》,民族出版社1993年,第6页。

② 赵明龙:《中国与东南亚、南亚壮泰族群的基本文化特征》,载《东南亚纵横》,第12期,2010年。

③ 陈麟书、陈霞:《宗教学原理》,宗教文化出版社,1999年,第162页。

1. 动物崇拜

蛇崇拜

泰国学者索伦森有明确的记录:"公元前1500—前1300年的班告文化中,出土有表明对蛇崇拜的文物。这可以与沃森指出的中国华东和中南的古代越族中也有对蛇的崇拜信念联系起来。东南亚出土的一些古文物上有早期蛇的形象。在泰国东北班清出土画有蛇图像的一些器皿。在早期班告文化的班告遗址出土两件陶器的底部有蛇的形象,其中一件表示出蛇正在追逐一条载有两个人的船。……虽然蛇、船的图像太小了,无法作出进一步的说明,但仍清楚表明,这种也许与蛇崇拜的信念有关的图像很早就出现了。"[1]

2. 植物崇拜

"植物崇拜的产生较动物崇拜晚,是后来和崇拜其他自然对象同时产生的,而且其崇拜范围也没有动物崇拜那样广泛,所以在原始宗教中其地位就不显得很突出。在各原始部族中,植物一般被认为是有灵的,有些部族在砍伐时也要礼拜和献祭。……所有这些,都是原始宗教崇拜植物的信仰在近现代不发达民族中长期遗留下来的宗教习俗。"[2]

(1) 树神

人们还相信从山里砍伐运来的作盖房柱子用的树木都有魂,为了吉利,要把这些魂招回来守护房屋。

"'达坚'(Takian,学名 Hopea odoafata)……是高大的林木,……人们认为这种大树是树神定居之所。住在树中的神有两种:一种是男神,半'披'半'贴瓦达',即'半神半鬼';另一种是女神,如'木头女神'。……至今,边远地区的人们仍不敢砍倒大树,因害怕住在其中的神灵,即使砍倒小树,也需要先以祭品供神,表示谢罪。"[3]

(2) 谷物女神

泰人认为稻谷是有生命的,也有自己的魂。后来受婆罗门影响,改称为"谷物女神"(亦称"稻谷女神")[4]。为了让谷魂(谷物女神)保护稻谷,让稻谷茁壮成长,在稻谷成长的几个重要阶段都要为稻谷作招魂等仪式。

---

[1] 〔泰〕索伦森:《泰国翁巴洞穴及其出土的第五面铜鼓》,载《民族考古译文集》1985年,第2期。

[2] 陈麟书、陈霞:《宗教学原理》,宗教文化出版社,1999年,第179页。

[3] 〔泰〕阿努曼拉查东著,马宁译:《泰国传统文化与民俗》,中山大学出版社,1987年,第242页。

[4] 覃圣敏:《壮泰民族传统文化比较研究》,广西人民出版社,2003年,第2083页。

(3) 藤神、竹神等

泰人认为藤、竹等植物能防邪驱鬼。巫师用藤做符箓念咒作法,挂在脖子上作灵物护身防鬼。泰人认为"竹子仅是宗教仪式的配件,如用来做火斜纹。泰人对艾纳香叶的信仰很明显,认为可以佩戴在身上防恶鬼。还有柳珊瑚,用作符箓念咒作法,做成项链、手镯贴身戴,可防鬼怪,带来财运。"[①]泰人喜欢用茅草驱鬼。在驱鬼仪式上,巫师用扎好的茅草打击被恶鬼上身的病人以驱鬼。

(五) 图腾崇拜

"图腾(totem)"一词源自美洲印第安人鄂吉布瓦人的方言,意为"他的亲族"。认为人与某种动植物之间有一种特殊的血缘关系。每个氏族都起源于一个图腾,并以该图腾为保护神、徽号和象征。这不仅指出了图腾的含意是"他的亲族",该氏族起源于某个图腾,而且也指出了该图腾作为保护神、徽号和象征。

1. 蛇图腾崇拜

蛇图腾崇拜是由蛇崇拜发展而来的。蛇图腾崇拜必须要与蛇有血缘关系,泰族是否曾把蛇当作他的亲族?泰国学者素梅·春沙·纳·阿犹他耶在《水》一文[②]中说:"最能体现人与蛇的关系的是有些部族认为蛇是自己的祖先。古代农村的男人,尤其是老挝的泰人、北越和中国南部的泰人常常以蛇文身。……庸那迦史籍中说到十二昭泰的蛇后裔庸那迦国,国名就是说明该国人的祖先是蛇。事实上,扩布至印度阿萨姆地区的阿洪姆泰人等自己与水特征有关的各部族中发现有的部族名叫蛇,称自己的国家为蛇国。"引文中"庸那迦国"中的"那迦"是泰文,意为"蛇"。这段引文指出的是泰族人和境外泰族人认蛇为自己的祖先体现在国名上。再如"大泰(泰耶)有一个坤艾娶蛇女为妻的传说故事,生子传宗接代为庸那迦国的缔造者坤陶挂"。[③] 这一传说故事直接说明大泰人与蛇的血缘关系。至于古代泰人以蛇文身,其目的是求得图腾神的保佑。有人研究:文身最早出现于氏族、部落的图腾标志或图腾徽号,而后逐步演变为人体装饰。上述例子说明泰人曾有蛇图腾崇拜。

"十二昭泰"即"十二州泰",他们是从越南十二州泰(今奠边府地区)

---

① 覃圣敏:《壮泰民族传统文化比较研究》第 2150 页,广西人民出版社,2003 年。
② 〔泰〕素梅·春沙·纳·阿瑜陀耶:《水》,载克立·巴莫主编:《泰国特征》,泰瓦塔那派尼出版社,1982 年,第 173 页。
③ 〔泰〕维差篷·幸玛尼:《泰文字母杂谈》,花草出版社,2000 年,第 109 页。

迁移至泰国的黑泰人。部分在泰国莱府,部分分散在泰国中部。

2. 象图腾崇拜

泰国神话《大象王子》《香发女》反映出了古代自己的氏族泰—傣先民与象有某种血缘关系,这是象图腾崇拜在神话中的反映。

3. 葫芦图腾崇拜

泰国东北部有一则"葫芦生出泰族先民"的神话。神话说:"后来,水牛死了,在尸体上长出了葫芦藤,结出了一个大葫芦。他们(郎呈公、昆德、昆堪)用凿子凿开葫芦。突然,从里面流出一批又一批的人来,流了3天3夜。这些人就成了泰族五个分支的先祖。"这段话说明泰族先祖是由葫芦生出来的。这是泰人图腾崇拜在神话中的反映。

(六) 生殖崇拜

生殖崇拜在泰国至今尚存。史前时代,人类对周围环境的认识有局限,而对自身的认识同样不甚理解,以为自身的生育有一个神秘的力量在操纵、控制,于是有了生殖崇拜的出现。

泰国班高文化遗址的随葬品中出现一件石祖(男性生殖器)。在班清文化遗址中发现用动物骨刻成的男性生殖器。

曼谷的国家博物馆的铜鼓陈列室中展有4面铜鼓。陈列的铜鼓中有一面鼓面上有4组青蛙,每组3只,大青蛙在下,背上背着2只小青蛙。

那么4组青蛙,大青蛙在下,背上背着2只小青蛙说明什么呢?

有人研究:"累蹲蛙应是繁衍的象征。青蛙有雌雄之分,雌蛙身体较大,行动缓慢,雄蛙身体较小,行动活泼。每年春夏之交是青蛙的生殖时期,人们可以在近水边的草丛中看到雄蛙覆在雌蛙的背上,用前肢紧紧抱住雌蛙。这是产卵排精的行为。有人对此已有所观察和领悟,把它们的形象铸在铜鼓面上。下面的大蛙应是雌蛙,上面的小蛙应是雄蛙。蛙是多子的动物,雌雄抱对,象征着生命的繁衍。"[①]上述两段引文说明4组青蛙,大青蛙在上,两只小青蛙在下,不言自明是象征生殖。

泰国生殖崇拜的具体崇拜的内容也是多样的。

自印度婆罗门教、印度教传入泰国后,生殖崇拜也流行印度教的湿婆林伽崇拜。如:"泰国中部和东北部地区发现了大量堕罗钵底时期的艺术

---

① 廖明君:《壮族自然崇拜文化》,广西人民出版社,2004年,第401页。

品……还有一部分属于印度教的艺术品,如湿婆林伽。"①"室利佛逝出土的大部分雕塑为神佛偶像,……有些地方还出土了印度教的神像、毗湿奴像、林伽湿婆像等。"②当今曼谷的切杜蓬佛寺内有林伽的雕塑。

现今,泰人夫妇,"若婚后日久不孕不育,就要举行求子仪式。在泰族居住的一些乡村中,至今仍保留立男根柱之俗(即用木材或石料雕琢成男性生殖器),以供求子者祭拜,并以此作为一个村落生殖力强、人丁兴旺和生产丰收的象征。这是原始时代生殖崇拜的遗风。"③

上述引文中"男根柱之俗"来自印度,代表人们对印度教湿婆派的信仰,湿婆派中有一派称"林伽派",崇拜林伽。公元7世纪中期,传入泰国。泰文称"男根柱"为"林伽",即男性生殖器。印度"湿婆林伽崇拜实际上源自原始土著居民的生殖崇拜。"④但湿婆是破坏之神,不可能有林伽作为其象征。季羡林教授指出:最初三大神分工时,湿婆不是破坏之神,他是摩醯首罗。"摩醯首罗就是湿婆。他原是创造大神,他有 linga(男根)作为象征,是顺理成章的。"⑤

二、信仰表现方式

有信仰就会有信仰行为、表现方式,它比任何教义都古老。恩格斯说:"无论从历史上说,还是从心理学上说,宗教的仪式先于教义。"⑥

民间信仰或原始宗教的所有活动都是从民众现实生活需要出发,具有相应的功利目的,与自身、本地利益密切相关。多数人信仰表现方式如法术、预知、禁忌等目的是为了保护自己,免受外来事物的侵害。

"信仰的表现方式"相当于泰国的"仪式"。泰语"仪式"称"辟梯他",其含意较广,如佛教婆罗门教中斋僧、听经、守戒、献僧衣、洒圣水、圈圣纱、法术(泰语称"沙耶萨")、巫术(泰语称"冒披")、占星术(泰语称"霍拉萨")人生礼仪、王事礼仪等,都可笼统地称为"仪式"。

表现方式有从不同的宗教来分,有从其举行仪式的目的分。下面按目的分,可分:预知、祭祀、禳解3部分。

---

①② 〔泰〕《泰国文化艺术》编辑委员会编,裴晓睿等译:《泰国文化艺术》,泰国外交部出版,2010年,第68、70页。
③ 覃圣敏:《壮泰民族传统文化比较研究》,广西人民出版社,2003年,第1946页。
④ 郭良鋆:《印度教三大主神的形成》,载《南亚研究》1993年,第4期。
⑤ 季羡林:《〈梨俱吠陀〉几首哲学赞歌新解》,载王树英主编:《季羡林论印度文化》,中国华侨出版社,1994年。
⑥ 钟敬文:《民俗学概论》,上海文艺出版社,1998年,第198页。

（一）预知

预知信仰是根据自然现象或人的行为表现，推测人物或事物将要发生的变化，以便探知神的态度，预卜凶吉、命运。各种预知信仰，都是用相应的方法探知未来，力图防患于未然，对噩运、灾祸有所回避或防范，在心理上得到一定的慰藉。"预知"也可称"前兆俗信"。预知是禁忌的先导，预知的结果，无论凶吉都会引起禁忌的发生。预知信仰也是当今流行于泰国的一种信仰。但是否重视、认真执行要看个人情况而定，尤其是当今社会的变化，这类信仰只会渐渐淡化。泰国常见的预知信仰有三类，即预兆、时辰和数字、占卜。

1. 预兆

预兆又称"征兆、征象、前兆"，它是根据自然出现的异常现象，从中预知事物所要发生的结果。预兆也可依据不同的发生体分成各种预兆：

（1）天体预兆

泰人相信天空发红，将刮大风。哪年气候较冷，那年雨水多。如果雷劈哪家大树，那家将有噩运，要请僧侣念经去邪。彩虹在井里喝水不吉利。如见到彗星会有饥荒。发生月食时，怀孕的人要把荆棘别在筒裙边上避鬼，以免难产。流星掉到谁家，谁家的媳妇就怀孕。

（2）动物预兆

动物的预兆在泰国社会中也很常见，对动物的不正常现象很敏感，认为这是一种预兆。如路见动物截路跑过，是不好的前兆，别再继续向前走了。见蛇上房、乌鸦在庭院树头上盘旋、猫头鹰飞停在院子内、黑猫从亲属的棺材上跳过等，都是不吉利或灾祸即将临头的预兆；如遇蛇从自己面前爬过、壁虎在人前掉下来、蜜蜂在房檐下营巢，都是吉利的，预示有喜事临门。乌龟进家有好运。鸡啼声长、狗叫声大，主人吉利。狐狸跑进家、野鸟飞进村不吉利。如果蚂蚁含蚁蛋离开蚂蚁窝，将有倾盆大雨。蝉叫不止，天气干旱。

（3）猫兆

泰国把"猫兆"专作一类[①]。如：猫身黑色，脸猫出众，耳、脚、肚、背、尾鲜艳如棉絮，眼如绿宝石，叫声清脆好听。谁养谁就能当领导，升官晋爵，人人夸，敌人不能加害。再如猫身白色，姿态优美，耳、脚、肚、背、尾黑色，养猫者生意兴隆，会成富豪。猫身的毛色黑白相混，将会给猫主人带

---

① 〔泰〕玛里伽·克娜努叻：《民俗学》，奥定萨多出版社，2007年，第43页。

来大慈大悲。

(4) 植物预兆

婚礼聘礼中的甘蔗、香蕉树是由男方在举行婚礼的当天在园子中砍下来的。随槟榔盘队伍送到女方家中后，要由新婚夫妇共同种植在女方家的庭园中。如果今后香蕉树花开满枝、硕果累累或甘蔗又香又甜，说明今后夫妻生活很甜美、富裕、子孙满堂。芒果收成不好，而罗望子（酸豆）收成好，那年风调雨顺。一棵芭蕉开两丛花，种蕉人会有厄运。灶头长蘑菇不吉利。

(5) 人体预兆

相面属于预言信仰中的一种，是巫师和相面师常用的方法。相面是根据当事人的体态特征，如面貌、五官、手纹、骨骼、气色等，预知其人或其事的发展趋势或成败、凶吉、祸福、寿数等。这项活动在泰国甚为流行。有些报刊每周必有一专版介绍这方面的知识。相面是专业性的，有专人从事这类人体预兆的行业。除此外，民间也流传些人体预兆的预言，下面举些例子，并非人人都有这样的认识：

女孩子额头突出，聪颖。笑时脸颊上有酒窝的女人，十分疼爱丈夫，但有花心。

"在鼻子上有痣的女人，脾气急躁，易怒，做什么事很自信。嘴上有痣的人健谈，会骂人。眉上有痣的人风流。小腹有痣的人有魅力，若男人，妻子多；若女人，丈夫多。眉头有痣的人心胸狭窄。臀部有痣的人有福气。在颈脖的左或右边长有痣的女人，妩媚动人，受人尊敬，常交好运"①。

如果姑娘有黑而细的头发、眼宽、腰圆、谈吐动听，谁娶她为妻，谁将会富裕。眼眶红润，眼皮有皱纹的女人凡事能取胜。如果右眼跳，将会有噩运；左眼跳，将会有财运。

手指有花斑，好运将来到。手腕有斑的人有福分。下巴有斑的人有魅力，有许多人爱并有运气。额上有斑的人做事放心、令人信任。舌头有斑的人将会暴死。

脚小的人有福气。脚大的人干重活才能得钱，贪心、性急。

(6) 梦兆

人们习惯把梦中出现的不平常情境与自己未来的命运联系起来，把梦看成凶吉的预兆。这也是世界各民族的一种普遍现象，只不过各民族

---

① 覃圣敏：《壮泰传统文化比较研究》，广西人民出版社，2003年，第2122页。

各有其不尽相同的解释。

泰人认为:梦得金银财宝,事后必囊空如洗;梦见国王或僧人,鸿运将至;青年男女见到莲花,必得如意配偶;梦见蛇缠身,必将成婚。夫妻梦见戒指或项链,必得贵子等。梦见死会长寿。梦见大便沾裤就会有福气、得钱财。梦见得到筒裙边,就要有女儿。梦见穿红衣就是心里有痛苦。再如泰人认为:梦中断牙,亲属病死;牙齿摇动,亲属必病。泰人认为梦见蜘蛛鼓胸是死的预兆。

(7) 食物与器皿预兆

婚礼上的点心——米线要长,不要成团,意味着夫妻长久,白头到老。婚礼上也不能有粥,因为这是丧礼上宴请宾客的,否则不吉利。结婚仪式上不许吵架,打碎碗、盆碟,不吉利。

2. 时辰和数字

泰人十分看重时辰和数字,他们认为时辰与数字的选择能主吉凶祸福。下述例子多是泰国古代人的观念,有些是当代泰人没法执行的,如时辰观念。

(1) 时辰:满月礼、剃髻礼、剃度礼、婚礼、丧礼、寿礼,甚至婚礼或丧礼中的某一环节的礼仪等都要选择吉日良辰、黄道吉日,生怕非吉日良辰给人带来不吉祥或灾祸。再如日常生活中的理发也要选择周六或周日,会吉祥;周一、周二、周五也好也不好;周三绝对禁止,不吉利。盖房要选择周一、三、五。再如每月初三不宜做吉祥仪式,做衣、穿新衣都不好,而出门走水路吉祥。初三那天的早晨到中午出门会交噩运,从中午到次日天亮会交好运。

(2) 数字:奇数主吉,如做吉祥仪式时,请僧侣念经的人数要选择奇数。国王的华盖层数为7或9层。佛塔相轮数也取奇数。做丧事,僧侣数要偶数4位。焚香膜拜佛陀时,要上香3支。跪拜尸体时,上香1支。外出旅游或出门的日子不能在10、20、30日,因为"0"表示一无所获。

3. 占卜

占卜是人们借助某种手段,对未知事物进行预测的一项活动。占卜的方式方法很多,如求签、拆字、鸡卜、占星术等。

古代军队在出征前,统帅常举行占卜活动。拆字在泰国华人中很流行。求签常见于泰国的大乘佛教佛寺中。占星术也是占卜活动中的一种。在泰国,占星术掌握在婆罗门教教徒手中,古代很受国王器重。占星术是依据天体星球运行来预测人事祸福等。鸡卜,当谷物进仓,做完为谷神举行的招魂仪式后,主人就拿鸡骨来占卜。如果鸡骨完整、坚硬,形状正常就表示主人在那一年种田会丰收,运气好;如果鸡骨不完整,不够硬或断裂,意味着主人运气不好,要及时为稻谷举行招魂仪式。

(二) 祭祀(仪式)

1. 祭祀

祭祀是民众向民间神祇乞求福佑或驱避灾祸的一种行为惯例。它世代传承,具有相应的仪式制度。它不是采取积极的行为、方法向鬼神挑战,遏制凶厄的发生,而是通过乞求的手段,向鬼神献媚、致敬、许愿、哀求,使鬼神怜悯、保佑自己,而不再降祸于人。这就是祈、祷、祭以及烧香、拜佛、求神、上供等。

泰语称"祭祀"为"邦双(บวงสรวง)",有时也使用"仪式"一词。泰国的祭祀很多,小到每家每户的祭土地神、祭祖,大到国家或王室举行的祭祀先王拉玛五世的祭祀活动等。大致可分3大类:

(1) 与人有关的仪式:如婴儿四日礼、满月礼、剃髻礼、剃度礼、婚礼、寿礼、丧礼等人生礼仪上的祭祀,盖新房立主柱仪式、立土地庙仪式、新房落成仪式上的祭祀,各家的祭祀祖先仪式上的祭祀,拉玛一世、五世、郑信王的祭祀仪式等。

(2) 与农业有关的仪式:如开耕前的春耕礼、插秧前的插秧仪式、收割后的谷神入打谷场仪式、打完谷后进仓时的迎谷神仪式、丰收后的酬神仪式上的祭祀等。

(3) 其他:

各行业收徒弟的拜师仪式举行时,常要同时祭祀行业神。民间剧团演出时,在后台常设祭台或供桌,由巫师或剧团团长主持,演出人员参加祭拜行业神。

祭祀有四大要素:1)必有明确的祭祀对象;2)有主祭人和参加祭祀的人群(小型祭祀可由个别人或少数人主持或参加);3)有一系列祭祀程序;4)进行奉献,要有供品或祭品。

2. 立杆祭祀

立杆祭祀来自古代原始宗教或原始信仰。这种杆也可称为"神杆"。这种神杆也可以是树、木柱、木桩、石柱、石块、铜柱等杆状物。正如曾湘军《湘西溪州铜柱①立柱形式揭秘》一文所说:"这种杆状物是原始宗教活

---

① 五代十国楚王马希范和溪州首领彭士然所立的纪事铜柱,在今湖南永顺县王村镇。柱重2500公斤,高4米。详《辞海》。

动必不可少的陈设,原始宗教活动就是围绕它来展开的,这是世界原始文化的共同现象。……笔者通过查阅大量资料,发现神杆在不同的场合,不同的民族那里具有不同的象征意义,大致就具有宇宙树、社神、生殖神和祖先神等4种象征意义。"

当今泰国还能见到的这种具有象征意义的立杆祭祀有:

"社神"一般指的是土地神。泰国家家户户立的土地神庙,应该来自泰人对土地神的原始信仰的表现形式——立杆。据阿努曼拉查东所说:"土地神的独柱临时神龛,恐怕从古代就有了。最初做的时候是一根柱子,以后就相沿成习。"[①]"以后相沿成习"是指以后在一根柱子上盖起了神龛或小庙。

立杆祭祀中"杆"的象征意义为"生殖神"的,在泰国是指来自印度的印度教湿婆派信仰,常见泰国不育妇女在杆状物前膜拜,该杆状物完全是男性生殖器的仿造,生殖神是湿婆。但泰人的原始信仰中有自己的生殖崇拜,自印度教传入后,被印度教湿婆所替代。

除上述两种立杆祭祀外,还有一种,即城柱庙中的城柱。泰人自古以来一直保持着一种习俗,即建城必须建城柱庙,求神保佑。立柱后,表示城已获得神的保佑,全城居民才能平安地生活。

曼谷的城柱庙是1782年曼谷时朝拉玛一世在曼谷建都时建立的。立柱仪式连续3昼夜。仪式主要是婆罗门教仪式,但兼有佛教仪式。庙内供奉一根神圣的木柱,直径0.5米,长6.2米,露出地面部分高约3.6米,柱头呈莲花状。

城柱庙是祖先鬼即祖先崇拜。中国的傣族也有类似的表现方式,它称"柱子"为"寨心"。"傣族建寨要先立'寨心',这是村寨的心脏和灵魂所在。……寨心的形式多样,有些地方的寨心是一根或几根木柱……其含义相当明显,就是代表以寨心保佑寨子平安幸福,人丁兴旺。"[②]上述例子说明具有不同象征意义的立杆祭祀,它们都是通过立一杆状物作为祭祀的主要对象。

(三)禳解

禳解是在出现凶兆或是违犯了禁忌规则之后,人们采取主动进取的态势,用以阻止凶灾的发生。它主要有法术和咒语。

[①] 段立生译:《泰国当代文化名人披耶阿努曼拉查东生平及著作》,中山大学出版社,1987年,第227页。

[②] 艾菊红:《水之意蕴:傣族水文化研究》,中国社会科学出版社,2010年,第81页。

1. 法术(巫术)

　　法术是企图借助超自然的神秘力量,对人或事物施加影响以达到某种目的的手段。法术,中国民俗学中有时称巫术,而且分类、归纳很细;在泰国叫"沙雅萨(ไสยศาสตร์)"。有时,沙雅萨也指一种"超自然力"如鬼、神。沙雅萨是印度婆罗门教关于符咒法术的神秘学说,其内容有咒语、文身、辟邪物、巫术等。其实,按中国民俗学分析都是巫术。泰人也有自己的巫术,后来,印度婆罗门教传入泰国,受到了婆罗门教的影响,越加复杂化、仪式化、规范化。泰国的巫术没有细分、归纳。巫术可从多种角度去分类。泰人有时也称它为"仪式"。

2. 泰国巫术举例

　　巫术起源于世界上事物的同样重复,并表明联想或模拟的能动性的信仰。

　　巫术是最古老、最普遍的信仰。巫术本来是很低级的准宗教现象,与鬼神无关。随着鬼神观念的发展,巫术中掺入了鬼神观念。

　　泰国的巫术产生于何时,缺乏史料实物证明。但从起源的理论上推测,可以说至少产生于佛教、婆罗门教传入之前。"约7,000—4,000年前,根据考古材料分析……在这段时期内……也出现了丧葬和治疗有关的巫术仪式。"[①]下面对泰人常见、常用的巫术作些简介。

(1) 招魂巫术

　　民俗学把招魂归类为巫术,称"招魂巫术",而且形式颇多。一种是人刚死时,要进行"喊魂",把刚丢失的灵魂叫回来,使其复活;一种是小孩或成年人生病,认为灵魂暂时出走、丢失,必须把魂招回来,病才会好,等等。招魂不限于人,也可为动植物招魂。

　　泰国称招魂巫术为"招魂仪式"(包括安魂仪式)。招魂仪式在泰国用得最普遍,如人生礼仪中的剃髻礼、剃度礼、结婚仪式等仪式中都有招魂、安魂仪式。不仅仅是灵魂出走才做招魂仪式,即便是灵魂没出走,如孩子剃度为小沙弥,因年龄小,要离家进佛寺,心中忐忑不安,有些害怕心理,这时也要做安魂仪式。在农业生产上,从田地到打谷场,直到米粒进仓,每一步骤都有做招魂仪式或安魂仪式的,如稻谷抽穗时的谷神招魂仪式,播种完后给牛、牛车做招魂仪式。

---

① 〔泰〕《泰国文化艺术》编辑委员会编写,裴晓睿等译:《泰国文化艺术》,泰国外交部出版,2010年,第20页。

(2) 辟邪巫术

辟邪巫术是利用一定的物件防止鬼神来犯。这种巫术在当今泰国十分流行,名目繁多,有辟邪物、护身符、文身等。

1) 辟邪物

辟邪物也称"护身灵物"。辟邪物因其形状、质料、制作方法的不同而名目繁多,大致可分人工的和自然的两类。人工的辟邪物大多是画、塑、雕、铸的,质料为赤陶、木、石、象牙、布、金属、黏土等。形状有盾形、小盒、圆筒状等,有的也做成一个小的佛像、阳具等。自然的辟邪物取自动植物和自然界中的坚硬物,按其自然形态稍加雕琢、装饰而成。如牛角、虎牙、猫眼中的硬物、陨石、菠萝蜜和罗望子的核等。辟邪物多用金属链子或线绳串起,挂在颈项上、腰间或套在头上、臂上、手指上、身上。泰人喜欢悬挂或佩带一种"神奇"、畸形的东西,并相信它能回避各种邪恶,以至刀枪不入,逢凶化吉。有的辟邪物为了增强其魔力,在制作过程中还举行一定的宗教仪式,要高僧、法师念咒语。

2) 护身符

护身符近似辟邪物。所不同的是,护身符常画有奇异的字母、数字、圆圈、方块、图案等。其作用是消灾避害、抵御魔鬼的侵袭等。有的护身符近似中国的符箓。护身符上写的文字,大多使用柬埔寨文,因为泰国古代神圣的碑铭是用柬埔寨文写的。所以泰人有一种传统信仰,认为柬埔寨文更有魔力。护身符上所写、所画的东西,不是任何人都能干的。它需要师傅正式传授和告知一些秘诀,要通过一定的仪式。画或写的人在画、写时,要始终口念咒语。泰国护身符的种类、名目繁多。实际上,泰人文身也有护身符的作用。

3) 文身

"近来,有些学者在研究中国古代百越人文身习俗时认为文身最早出于氏族、部落的图腾标志或图腾徽号,而后逐步演变为一种装饰。例如龙氏族者,便在自己身上或额头上刺着龙的徽号、图案,'以象龙子';……蛇氏族者,便在自己身上或额头上刺着蛇形纹的符号,'以象蛇'。目的都是为了求得图腾神的保佑。例如所谓'以避蛟龙之害'者是也,同时又便于彼此间在进行交际和通婚过程中认同或区别。氏族、部落消失之后,文身、文面并非同时消失……甚至保存到近现代。而且在这个过程中,被不断赋予新的解释和含义……而最早的用途反而逐步淡薄、遗忘。"[①]

---

① 王文光、李晓斌:《百越民族发展演变史》,民族出版社,2007年,第70页。

泰人古代文身的历史、文身目的以及包涵的民俗缺乏史料记载。文身是泰国男子的一种习俗，历史悠久。在曼谷时期五世王时代前，它是泰国社会中的一种很平常的事。以后，才日渐稀少，至今仍有不少人或地区仍保留此种习俗。但当今泰人中流传的文身的目的或其所包含的用意是多种的。如有的出自于美容等目的，但更多的人把它与巫术、幻术结合起来，认为文身后能获得神力或魔力的保护，不受蛇等野兽的伤害，防止各种病害、危害，以至刀枪不入，死而复生。由于泰人文身的目的和用意不同，所文的部位和花纹图案也各不相同。通常所文的部位是胸、背、肩、腿。泰北男子多在膝盖以上，腰以下部位文身。所文的图案多是各人崇拜的神、猛兽或符箓，据说有100多种花纹图案。文过身的男子也能获得女子的青睐，因为他能忍住文身时的痛苦，泰国女子认为他是个有忍耐力、强悍的男子。

泰国文身前要做拜师仪式，文身师要准备文身的工具，如文针、画笔、墨等。墨有墨块和墨水。墨水要搀豆油，文前要念咒语。此外，还要画好图像。文身方法一般有2种：一种是用针蘸墨水，按图像扎刺，使之流血，墨水因此流入皮肤；另一种方法是扎刺后，念咒语，使所文图像增强魔力，然后用刀稍作砍劈或以重物打击，以观其效。

（3）驱疫巫术

驱疫巫术又称"驱鬼巫术"。因为巫医治病常以驱鬼为主，故名。泰人称这类巫术为"仪式"。泰人为了平安幸福地生活，要驱除各种恶鬼，常要僧侣、婆罗门祭司、巫医用咒语、圈圣纱、洒法水、贴符箓等方法驱鬼。东北部人得了病，当医生没有办法时，也会请（巫医）"冒拉"来驱鬼治病。他们认为天神能驱鬼治病，求天神则要请巫医，因为巫医是天神与病人之间的媒介。而巫医要举行仪式，请天神附身，巫医只有成了天神的替身时，才能为病人驱鬼治病。

当今，巫医先要在病人家里举行仪式，请天神附身。叫病人问天神，病人生什么病，能否医治等。如果天神回答病人的病是鬼在作祟，巫医才能答应为病人治病；如果不是，病人仍要找医生治病。巫医治病在驱鬼仪式举行前也给药。

有的地方还有"跳天神"、送天神等驱疫仪式。

（4）模仿或相似巫术

模仿或相似巫术，即以相似的事物代替当事人或事，作为施行巫术的对象。泰国有句俗语："砍木儆敌（ตัดไม้ข่มนาม）"。这句话却反映了泰国古代的一个习俗——模仿或相似巫术。古代在出战前，泰方将领要举行塑偶仪式。这个偶即为敌方的统帅,用木雕塑得越真越好,然后写上敌帅的名字。接着举行镇魔仪式。祭师念咒语授予一位军中最勇敢的战士,然后这位战士拿着砍刀,屏住呼吸,把木偶砍成数段。有时,为了劈砍顺利,用香蕉树来塑木偶。出战前举行这种仪式的目的是鼓舞士气,增强战胜敌方的信心。与这个例子相似的做法或仪式都可称模仿或相似巫术。

(5)接触巫术

接触巫术基于接近联想,认为物体间一经接触就必然存在一种联系,这种联系在接触断开后仍将神秘地保持着。

如古代泰国国王的名字、生日都不用真实的,而是用假的,害怕被人施以巫术。这种信仰在中国云南少数民族中也有,如:"有的民族名字是作为一种生命的秘密,不会轻易告诉外人,害怕被人施以巫术;有的民族给孩子取两个名字,一个是真正的名字作为秘密,另一个是公开使用的名字,实际上是假名。"[①]

(6)恶巫术

恶巫术又称"黑巫术"。这种巫术以害人为目的,在泰国则有:针刺偶人、下毒、放蛊、替身等。放蛊是以某种药物或毒物害人的巫术。"蛊"多为妇女制作或饲养。如用三岔路口的土混合蜂蜜、女人的经血,塑成男女拥抱的塑像,放在男人的床下,以求男子能迷恋自己。民间故事《坤仓坤平》中有不少这样的例子。

2. 咒语

咒语属口头法术中的一种。它的特点是动口不动手。此外,还有诅咒、誓言、祷告等。

有时,咒语用在对某一物件或人在文身时扎刺、刻画神奇的数字、图案等的过程中,念诵咒语,目的是为了增强所画东西的魔力。

泰族在佛教、婆罗门教传入前就有巫术了,想必咒语也会与之相伴出现。后来,婆罗门教和佛教的传入,使咒语分为两类:一类与婆罗门教有关,是来自吠陀经上的词语;另一类与佛教有关,是来自佛经中的某段词语。常在防御危险、增进健康或祈求财富时念用。以上两类咒语都是梵、巴利语。也有纯泰语的咒语,但为了增强其神圣性,常夹杂巴利语,因为泰人认为巴利语更有灵力。也有口中念时,只念句中某些词的一个字母来替代的。

上述泰国社会中形形色色的信仰表现方式,在具体运用上,有时不是

[①] 仇学琴、蒋文中:《云南民族文化探源》,中国社会科学出版社,2006年,第283页。

单纯地运用一种方法,而是同时运用两种以上的方法。如巫术,它在运用过程中,有时要选择时辰,要上供祭祀,要用咒语,要禁忌等等。

三、民间禁忌

民俗信仰中的"禁忌"是原始社会唯一具有约束力的行为规范,也是人类进入阶级社会后,家庭、道德、宗教、政治、法律等所有带规范性的制度文化的总源头。

"禁忌或忌讳,它属于风俗习惯中较为低级的社会控制形式。一方面指的是这样一类事物,即'神圣的'或'不洁的''危险的'一类事物;另一方面又是指一种禁制,即言行上被'禁止'或心理上被'抑制'的一类行为控制模式……禁忌的由来,大体有4个方面:(1)对灵力的崇拜和畏惧……(2)对欲望的克制和限定……(3)对仪式的恪守和服从……(4)对教训的总结和汲取。"[①]禁忌有巫术心理因素。禁忌同巫术一样是准宗教现象。

"禁忌既是专用的学术名称,又指一种特殊的民俗事象。……禁忌的分类是极其复杂的。……许多禁忌包含在宗教信仰,特别是巫术之中。"[②]

1. 神圣的头

对泰人来说,头是神圣不可侵犯的。如有人任意触摸某人的头,则被认为是对被触摸者的极大侮辱,如孩子不能抚摸大人的头。当一人向另一人传递物品时,若中间有人在座,切勿越过他的头传递,否则会被人视作不礼貌的举动。在住房门口上方悬挂内裤,对进进出出的人是一种侮辱。凡此等等,切勿大意。泰人之所以如此敬重头,是因为他们认为头颅的天灵盖处是灵魂出入之处,所以是人特别要注意防范的地方。这种信仰来自泰人的原始信仰——鬼魂崇拜。

2. 日常生活禁忌

泰人重头轻脚。脚在泰人眼中是最低下的。当你与泰国朋友围坐一起时,切勿把鞋底翘起,对准任何人。这是一种侮辱性的举动,意即把人踩在脚下。用脚指东西更是失礼,而用脚踢门,则会受到人们的唾弃。泰人轻脚是因为泰国气候炎热,古代人都光脚行走,所以脚是被认为最脏的。

---

① 仲富兰:《中国民俗文化学导论》,浙江人民出版社,1998年,第233页。
② 陶立璠:《民俗学》,学苑出版社,2003年,第337页。

在递送物品给人时,要用右手,不用左手。因为古时,左手是用来干脏活、便后擦洗屁股的。切忌用红笔签名。在泰国,死者的名字是用红笔写在棺材上的。红笔签的名,表示这人已死亡。知识、学问在泰国受人敬重。切勿在找不到干净的凳子坐时,随意拿来象征知识的书填在屁股下,这是忌讳的。

结婚日子,不许踩踏门槛,否则会不吉利。来例假的女子禁喝椰子水。禁止怀孕妇女坐在阶梯上,否则会生不出孩子(挡着阶梯,不便别人上下)。病人禁吃粉蕉。禁止扒吃或丢弃饭食,那样稻谷女神会生气,种田没收成(让人节约粮食)。插秧时禁吃烤米,否则吃后秧苗会不长。种玉米时,禁止嬉笑,否则会使玉米粒长不密。不要用手指指水果,否则水果会腐烂。

此外,各行业还有些禁忌,如捕象活动、民间歌舞剧的演出等。

3. 鬼魂信仰与禁忌

泰国的禁忌有一个特点,即它常用鬼魂信仰作为依据来约束和控制人的行为,阻止人们的破坏行为,影响着人们的伦理道德。下面举例说明:

东北部孔敬府白水索村、莱府响帕村的村民相信树木、山涧、山林、田里有鬼神守护,因此建祖宗祠,并禁止人们入内砍树。若要砍树,入林前要祷告山神(鬼),或举行请罪仪式,说明砍树仅仅为了谋生。夜丰颂府夜汉村的村民认为,有些树是鬼的吉祥物不能砍,不然会使鬼生气并惩罚人。北部、东北部等地的人们相信田地里有常驻的鬼,如有人在村里公共田地里种稻谷,占地过多,田鬼就进行惩罚使人得病。再如日常生活中:禁止用有裂缝的破碗吃饭,否则会失踪,变成无头鬼(因为破碗会使食物流失)。禁忌中有一条告诫孩子吃饭时不要用勺敲击碗和菜碟、菜盘,否则会把鬼请来吃饭。禁止孩子在溪中玩水,尤其是晚上,怕孩子被水鬼抓去。人们认为水鬼时常等待着伤害人。禁止夜间梳头,那样鬼会进家(不让女孩晚上外出)。禁止在夜晚晒衣服,那样鬼会拿来擦嘴巴(人们担心衣服会丢失或霉烂)。禁止用尖刀对准自己的头,那样鬼会把刀推进人身(怕意外伤了自己)。焚尸回来,进家门前要洗手脚,男女之间的肌肤相亲和婚前性行为被视为"犯鬼"等。

上述种种由于披上了鬼魂信仰的外衣,就显得格外地严肃和有威慑力。当时,人们用鬼魂信仰来立各种"制度",是起到了一定的作用。这就是人们常说的不成文的法规或习惯法。它对民众的思想和生活产生了强大的约束力量,迫使人们在一定的道德和习惯规范中行事。这就是民俗特征之一的规范性的具体体现。

四、现代宗教在民间的传承

"现代宗教在民间的传承"是陶立璠在他的著作《民俗学》中作为"民俗宗教"中的一个内容提出的。"在确定民俗宗教的范围时,它应该包括民间巫术、信仰(俗信)、禁忌以及现代宗教在民间的传承内容。"[①]把现代宗教在民间的传承作为民俗宗教的一部分,这说明现代宗教在民间的传承过程中有一部分或一些东西已经失去了现代宗教的特征,成为民俗宗教了。陶立璠所说的"民俗宗教"相当于上述的"民俗信仰"。

现代宗教主要是指佛教、伊斯兰教、基督教这三大宗教。三大宗教在泰国都有流传,还有婆罗门教。但作为现代宗教在民间传承较多表现在佛教和婆罗门教。这里要介绍的不是这些现代宗教,现代宗教不是民俗学研究的范围。但现代宗教在民间传承的内容,却是民俗宗教(民俗信仰)研究的范围。这个问题如从文化角度分析,实质上是研究宗教文化与民俗文化中的某些成分相互渗透、融合的问题,尤其是全民宗教的国家,这种现象较为明显。

下面举例分析和说明。

(一)在民间传承的泰国佛教

"民俗宗教是极复杂的精神文化现象。无论是原始信仰、现代宗教在民间的传承,还是民间普遍的俗信以及一般的迷信活动,当它们和人们的生产、生活相联系时,是很难将它们各自的特点区分得十分清楚的。……当现代宗教兴起之后,它也在不时地吸收民俗宗教中的某些成分,加以改造,然后再向民间推广,从而影响人的日常生活。"[②]

1. 混有原始信仰和婆罗门教的佛教

(1) 从仪式看泰国佛教

当佛教从印度传入泰国时,当地已有原始信仰——万物有灵论的鬼魂信仰和印度的婆罗门教等的流传。泰人在中南半岛前后,除了自有的原始的鬼魂信仰外,接受了所有当地的宗教和信仰,并在素可泰时期把来自锡兰的小乘佛教尊为全民宗教直到今天。

什么是泰国佛教?宗教的哲理是抽象的、深奥的,但它总要通过种种

[①②] 陶立璠:《民俗学》,学苑出版社,2003年,第320、334页。

仪式具体地表现出来。下面我们从仪式来看泰国佛教：

泰人一般认为宗教仪式即是宗教，也即是佛教。而实际上，仪式只是宗教的一个组成部分。佛教强调的是个人行为，不是仪式。仪式大多来自婆罗门教，正如泰国民俗学家阿努曼拉查东所说："我们经常把不符合佛教教义的一切礼仪行为都称作婆罗门教。"①但大部分泰人认为婆罗门教仪式和鬼魂信仰是佛教的一部分。

如剃胎发仪式，这是鬼魂信仰和婆罗门教信仰相结合的仪式。在剃胎发前要举行祭祀土地神的仪式，土地神在泰国东北被泰人称为"鬼"。剃发的日子的选择和剃下来的胎发要放在水上漂走，这是婆罗门教的仪式。较正规的结婚仪式是佛教、婆罗门教和鬼魂信仰结合的仪式。具体说结婚仪式是从化缘或斋僧开始，这是佛教仪式。然后为新娘新郎洒滴圣水仪式，这是婆罗门教仪式。最后新婚夫妇拜祭祖先，这是鬼魂信仰。有人研究结婚仪式中最重要、最原始的是拜鬼和安魂、招魂仪式。丧事仪式是鬼魂信仰和佛教仪式的结合。仪式是为死人的鬼魂做的，这来自泰人的鬼魂信仰。请僧侣在尸体前念经，这是佛教仪式。更有人进一步分析，泰人的鬼魂信仰中已经通过佛教的流传融入了婆罗门教和锡兰以及邻近国家的鬼。

上述仪式作为佛教徒的泰人都会认真去执行，并认为这些都是佛教仪式。

（2）阿努曼拉查东谈泰国佛教

阿努曼拉查东（1888—1969）是泰国文化名人、民俗学家。他说："过去泰国人信鬼，现在也仍然信。天帝、大梵天等都是鬼，据说他们住在天堂，所以称天鬼。神也是鬼的意思，是高级鬼。地位达不到神的天鬼，泰人称披耶英、帕英。后来泰人开始信仰佛教，才把他们改称为神。于是神不再称鬼了，鬼专指恶鬼。恶鬼是很凶恶的，不会给人带来好处，只会带来灾难。因为对恶鬼，能躲就躲，实在躲不过去，只好拜拜他。许多鬼神能给人带来祸福，有的鬼神能按季节带来雨水，使农作物丰收；有的鬼神给人们带来水灾、瘟疫等。人们只得乞求这些鬼神庇佑，甚至不惜杀牲畜来祭祀。如果不行，就要采取用法术强迫鬼神遵照人们的意愿行事。于是有了祭鬼等祭祀礼仪。而大多数宗教仪式包括咒语、法术来自婆罗门教或印度教。既然人们对鬼神存在信仰，就免不了要信婆罗门教。"②

他还说："佛教告诫人们，人生的最终目的是进入涅槃（นิพพาน）。劝人

---

①② 段立生译：《泰国当代文化名人披耶阿努曼拉查东生平及著作》，中山大学出版社，1987年，第230，298页。

相信业（即自己的德行）会带来相应的因果报应。但进入涅槃，需要很长时间，经过若干世。在进入涅槃之前，即使是非常虔诚的佛教徒，也还是需要婆罗门教来帮助他们解脱痛苦和灾难。佛陀也从未说过，佛教的产生，就是为了破坏人们对其他宗教的鬼魂信仰。后来佛教分为小乘和大乘。到了一千多年前，出现了金刚教派，婆罗门教的神和法术、咒语之类便大量渗入了佛教，特别是大众派的佛教之中。因为一般人民大众仍相信恶鬼能造成灾害。因此，金刚教派的影响，便逐渐渗入到锡兰的小乘佛教中。当一个人遇到倒霉的事，他往往会以为这是自己的运气不好，闯了鬼，而不会认为这是由于自己作了孽。因此，他们就去求神拜佛，或者请僧侣念经作法。为此，僧侣尽管知道用法水洗不净来人的罪孽，但只能用念符咒、洒法水的办法为他们祈求吉祥。所以，对一般信徒来说，佛教和婆罗门教尽管各不相同，但它们之间并无矛盾。"他又说："从本质上说，佛教劝人们相信业（即自己的德行）会带来相应的因果报应。……试想，战争中，当炸弹就要落在人们头上的时候，还能让人们一味地去相信他们的功德和业吗？……不要指责群众不信佛教，而去信婆罗门教。其实他们是信佛教的，他们把佛教当作实现自己人生目标的长计划，而把婆罗门教当作实现自己人生目标的短计划。"①因为婆罗门教重仪式，仪式解决实际问题。

综上所述，佛教在传入泰国后，也是在不断吸收比它早流传民间的原始信仰、婆罗门教，然后加以改造，再向民间传布。这样，现代宗教——佛教在民间的传承呈现了民俗信仰的特征——多重性。它不同于传承于泰国僧侣间或有较高文化的信徒中的佛教。"多重性：这是民间信仰自发的、活泼的特征，又称作多层复合信仰（Syncretism）或多层结构的特点。……民间信仰的多重特点正是各民族信仰得以交流，各种人为宗教信仰在民间得以传播的内在原因。"②

2. 佛教教义在泰国民间的传承

当一种宗教流传到一地或一国时，宗教的教义都会或多或少地走样，为了适应当地的民众也会掺入当地的宗教和信仰。

西方学者研究认为："上座部佛教中有两种截然不同的佛教徒，一种

---

① 段立生译：《泰国当代文化名人披耶阿努曼拉查东生平及著作》，中山大学出版社，1987年，第299页。
② 乌丙安：《中国民俗学》，辽宁大学出版社，2006年，第276页。

是唯理论者,另一种是虔诚的信奉者。"① 披耶阿努曼拉查东也说:"任何一种宗教,都要把它的理论分为两部分,一部分适用于文化水平较高的人,一部分适用于人民大众。"② 这两种情况的同时存在,说明现代宗教为了成为民间的普遍信仰的民俗信仰或民俗宗教而采取默认的态度,从宗教学角度说,也是佛教世俗化的结果。下面从教义上谈谈泰国佛教在民间的传承。

(1) 天堂与来世

泰人一般不能回答佛教是什么,只知佛教是一种有佛陀信仰的宗教,它教导人们做好人。

佛教的教义说:谁要是积了功德,来世可以托生为神。但佛教在解释这个问题时,又说即使到了天国,成了神仙,也还会有死亡或转世下凡的那一天,倒不如去领悟和躬行佛法。佛教又说,人生的最终目的是进入涅槃,灭除一切烦恼和痛苦。要求人们去身体力行,要一步步地积累功德。但人要进入涅槃,要很长时间,经过生死轮回几生几世的努力,才能涅槃。

泰人平民百姓一般很难理解深奥的佛学道理,但为了摆脱烦恼,绝大多数人觉得进入涅槃很难,还是情愿去天国。实际上他们最迫切的要求还是上天堂,因为这是在短期内比较容易实现的计划。泰国青年人短期剃度出家为僧,其目的也是为了让自己的父母死后能去天堂,而不是涅槃。有人作过调查,发现每个信仰小乘佛教国家中具有涅槃理想的人只限于僧侣和献身于达摩(佛法)范围内的人。大部分信众不希望达到涅槃,只希望来世比今世好。

更有人对佛教在民间的流传作更进一步研究认为:大多佛教信徒以今世和来世的生活为最终、最高的理想。今世希望解决各种生活问题,如健康、家庭、经济、命运等。来世希望比今世更好。实现理想的方法是做多种与佛教有关的善事、功德,如在佛日去佛寺化缘、赠衣物,捐助盖建佛寺、佛殿,听经,持戒,请僧侣作法念咒祛病去灾、延续寿命等。

佛教的教义说:"吉凶祸福都是由业产生的,即由你自己的行为招致的。"虽然一般人都知道佛教所说的业是指什么,但他们仍然相信鬼神。泰人遇到倒霉之事,往往认为自己的命运不好,是触犯了鬼,而不认为自己作了孽,因此他们去求神拜鬼,请僧人念经作法驱鬼。天堂与来世是泰

---

① 〔泰〕披耶阿努曼拉查东著,马宁译:《泰国传统文化与民俗》,中山大学出版社,1987年,第208页。
② 段立生译:《泰国当代文化名人披耶阿努曼拉查东生平及著作》,中山大学出版社,1987年,第237页。

国佛教徒的最高理想和追求。而鬼神信仰是泰国佛教徒驱病祛邪的依靠。

(2) 世俗化的佛教教义

佛教的主要教义有四谛、五蕴、八正道、十二因缘,这也只是佛教教义的一部分。佛教的全部教义是为宗旨服务的,佛教的宗旨是解脱或涅槃。泰人对于佛教中的深奥的教义和佛陀,说不出多少所以然来,只知佛陀是好人,能救苦救难。

佛教中的"生死轮回"[①],也称"轮回""轮转""轮回转生"等,意即如车轮回旋不停地转动,众生在三界六道的生死世界循环不已。本是古印度婆罗门教的主要教义之一,佛教沿袭加以发展,注入自己的教义。

佛教对"业果报应"[②]称"业报",意为业的报应或业的果报,用以说明人生和社会差别的佛教原理。谓由身、口、意三业的善恶,必将得到相应的报应。"善得爱报,不善得不爱报,无记无报。"佛教视此为必然业报法则。

对于上述教义,一般泰人只知"好有好报、恶有恶报",做功德、善事多的人死后入天堂,做坏事的人死后下地狱等。这即是民间对佛教的信仰,与佛寺中的佛教是有程度上的不同,也许是佛教更加民间化。

(3)《三界经》在民间的传承

"宗教从意识形态上说,是一种特定的世界观。"[③]

《三界经》是泰国素可泰时期立泰王的御著。它是立泰王引用了30多部佛经,汇总了许多智者、长者、宫廷文人的见解编写而成的。《三界经》不是供僧侣念的经籍,译为"三界经"是为了说明这是一部佛教著作,确切的译法应为《三界论》。

佛教"把世俗世界划分为三界。即欲界、色界、无色界(ภามภูมิ รูปภูมิ อรูปภูมิ),皆处在生死轮回中,认为是有情众生存在的三种境界。"[④]这即是《三界经》主题的由来。《三界经》的内容涉及佛教的世界观、人生观。人生观即轮回转生等。

1) 立泰王的《三界经》

《三界经》是根据佛教经籍编写的。所以,《三界经》的内容基本上是佛教世界观。

这种佛教世界观与泰人的原始信仰"万物有灵论"合拍,因此,被泰人

[①②] 任继愈:《宗教词典》"轮回"条、"业报"条,上海辞书出版社,1981年。
[③] 陈麟书、陈霞:《宗教学原理》,宗教文化出版社,1999年,第8页。
[④] 任继愈:《宗教词典》"三界"条,上海辞书出版社,1981年。

所接受。由于它是用泰文写的,用词优美动听,还常有谚语、格言,描述生动而有哲理,作者选择适合泰人的心理、观念等而有所侧重来编写。因此,它反而比巴利文的佛经易读,易懂、流传广、影响大,成为一部普及本、简本、泰国本的"佛经"。

尽管《三界经》说的三界与佛教说的基本上一致,但泰人却更愿意接受《三界经》,并把佛教中说的三界(欲界、色界、无色界)简单地理解为罪恶界、幸福界、仙界,亦称地狱(นรกภูมิ)、人间、天堂。从而把六欲天(ฉกามพจรสวรรค์)和人间视为"幸福境界",还把六欲天称"天堂"等。泰人十分重视欲界中一部分——六欲天,似乎六欲天即天堂。因为欲界不离食欲和淫欲,不像色界和无色界没有情欲。这也许符合阿努曼拉查东所说:"人最希望得到的东西无非是健康、长寿、权力和女色。如果佛教的教义说,天堂里都具备,人们就会感到很满意,而不去信奉别的什么教了。"①

事实上,立泰王在《三界经》中已掺入了当时民间的伦理道德、神话等民俗事象②,如《三界经》中写有何种人入何种地狱说:与别人的妻子、丈夫私通的男女,伤害父母,打僧侣,分裂僧侣,还有偷东西、不道德、说下流话、挑唆、结仇的人等都会入各种不同的地狱。而入天堂的有:孝敬父母、尊敬师长、僧侣、老人等。这在佛教对地狱的解释中是没有的。在《三界经》"畜生"中写有各种动物,其中就有"背驮大地的鱼",这种鱼是在泰人神话《地震神话》中出现的。在"忉利天(ชั้นดาวดึงส์)"中写有:该天的东南角有一佛发塔,贴有金箔。"贴金箔"是泰人的一种风俗,凡是神圣的物品,为了表示自己的虔诚都可贴上金箔,尤其是佛像。在须弥山下有一"木棉树湖",湖的周围遍种木棉树。"壮泰族群还有一个共同的文化特征就是喜好种植芭蕉和木棉。"③

2)具有民俗特色的《三界经》

泰国有人搜集了一部分平民百姓对《三界经》的认识,并作为民间信仰的一部分④:

如:相信多做功德死后去天堂。做坏事入地狱。孕妇妊娠反应想吃肉、鱼等荤腥食物,则地狱中的畜生会投胎腹中;想吃蜂蜜、糖,则天堂的神仙会投胎腹中。与别人的妻子、丈夫私通的男女,死后去地狱爬木棉

---

① 段立生译:《泰国当代文化名人披耶阿努曼拉查东的生平及其著作》,中山大学出版社,1987年,第218页。
② 〔泰〕蓬詹·克拉素班:《宗教文学与风俗》,銮桑出版社,1985年,第12—24页。
③ 赵明龙:《中国与南亚、东南亚壮泰族群的基本文化特征》,载《东南亚纵横》2010年,第12期。
④ 〔泰〕玛里伽·克娜努叻:《民俗学》,奥定萨多出版社,2007年,第47页。

树,铁嘴鸦在树上叼啄其肉。别作孽,否则死后入"火热地狱",被抛入铜锅内烧死。别嗅花献佛,来世鼻子会有缺口。做功德时,附有香物,来世会美丽、英俊,名声远播。

这就是一部分泰人对《三界经》的认识。这种认识又呈现了民俗信仰的另一个特征——功利性。

"功利性是指民俗宗教在民间传播时,都和它的实用、功利目的紧密相连。……现代宗教当然也含有功利目的,但它所强调的是修行和自身的完善。"①

(二) 婆罗门教、印度教在民间的传承

婆罗门教、印度教在泰国民间的传承更似民俗信仰,不像宗教。民俗信仰与宗教的区别在中国民俗学理论中都有叙述。下面结合具体的事项说明之。

1. 对婆罗门教、印度教神的信仰

婆罗门教是一种多神崇拜的宗教,后来发展成印度教后,"实质是一神论的多神崇拜"②。婆罗门教虽是多神崇拜,但多神崇拜不是其唯一的信仰,还有主神崇拜,它的教义还有"梵我一如"、轮回业报等,还有"三大纲领"。印度教的信仰还有纵欲主义与苦行主义并行、种姓分立等。同样,泰人对婆罗门教、印度教的教义并不深懂,而对这两教中的神却是家喻户晓,妇孺皆知。如帕英(因陀罗)、那莱(毗湿奴)、婆罗贺摩、湿婆、象头神等,男女老少无一不晓,但多数是知之甚少。多知其名,神通广大。而对于神的来龙去脉说不出一个所以然来,似乎这些神就是婆罗门教或印度教。

泰人的主要信仰对象是佛陀,但在仪式上,要看仪式主人具体的目的、愿望。如一些民间歌舞剧开场前的拜师仪式,在供桌上虽有佛像,但还有湿婆神像等。在跪拜时,艺人实际跪拜的对象是湿婆像,因为民间艺人相信湿婆是舞蹈之神。

其实,帕英原是印度吠陀教中的雷神,后在印度婆罗门教中发展为战神。他获得"神中之王"的称号也是因为与别的氏族的战争胜利。到了印度教时期,三大主神没有他,他仅是喜见城之主,是一名小神、战神。但在泰国民间被尊为创造世界万物的神,东北部民众把他当作司雨的天神。

---

① 陶立璠著:《民俗学》,学苑出版社,2003年,第335页。
② 黄心川主编:《世界十大宗教》,东方出版社,1988年,第83页。

上述泰国信众对印度教、婆罗门教中神的信仰很乱,如帕英既是创造世界万物的神,又是雨神,又是救世主,还可成为佛教故事中的神。"宗教信仰有至高信仰的对象"①,民俗信仰没有一定的至高信仰对象。什么有利于自己,信什么。还有,"宗教信仰有其伦理的、哲学的完整体系"②。在泰人心目中,似乎神的信仰即是婆罗门教、印度教,并不重视其教义。这就是婆罗门教在民间传承中民间对婆罗门教的信仰。

2. 香火缭绕的四面佛

四面佛是神,不是佛,是婆罗门教三大神之一——婆罗贺摩,意译为"大梵天"。泰语称"帕蓬"或"蓬威限四(พรหมวิหารสี่)"。泰国华人称"四面佛"。

婆罗门教认为大梵天是世界万物的创造者,有"创造之神""始祖"之称。大梵天原有5个头,据说被湿婆毁去1个头,剩下的4个头分别面向四方。他有4只手,分别拿着吠陀经典、莲花、匙子、念珠或钵。泰国四面佛像的造型不一,有6只手和8只手的。近二三十年来,有些地方大有把四面佛像当作土地神(民俗信仰中的神)的一种趋势,供奉在楼房的一侧。

作为土地神的四面佛像中以曼谷商业区爱侣湾饭店前的四面佛像最享盛名。那里的香火日夜不灭,花串、花环琳琅满目。跪拜时,进香的善男信女要顺时针对四面佛像的四方依次跪拜,东西南北四面都要敬到。

那里经常能看到4位身穿鲜艳古装的少女,在民族乐队伴奏下,绕四面佛像曼舞一周。这是进香祈求者应验后,出钱雇人跳舞还愿(แก้บน)的,可见四面佛的灵验。

爱侣湾饭店前的四面佛之所以闻名遐迩,有其原因或起因如下:

事情发生在20世纪五六十年代。传说,当饭店还在建筑时,工程屡遭麻烦,甚至一度停顿。为此,建筑公司请来婆罗门法师占卜。法师占卜后说,这里的土地神法力高强,要供奉四面佛,才能制服。奇怪的是,四面佛像立好后,工程顺利竣工。消息传开,人们纷至沓来,有求配偶、求赐子、求治绝症、求职求业的等。据说有一女子,许愿如果如愿以偿,晚上将跳脱衣舞还愿,后来,真的如愿。至于跳没跳舞,没见媒体报道。从此,人们对四面佛倍加崇信。

综上所述,这位印度教三大神之一的婆罗贺摩却被泰国人当作民俗信仰中的土地神供祭。"宗教信仰有其专职的执事人员"③,民俗信仰没

---

① ② ③ 乌丙安:《中国民俗学》,辽宁大学出版社,2006年,第272、274、273页。

有,即使是巫师,也不代表任何神职神权。爱侣湾前的活动,无论是进香、祈愿、雇人跳舞、还愿,都不需要由婆罗门法师或僧侣参加或主持,即没有专职的执事人员。因此,人们对它的信仰谈不上是对印度教的宗教信仰,而是一种具有民俗特色的、自发的祈愿、还愿的民俗信仰。

3. 仪式民俗化

婆罗门教的三大纲领之一是祭祀万能,实行烦琐的祭祀。

佛教没有那么多的祭祀仪式。传到泰国后,自古以来,婆罗门教和佛教常常混在一起,以至于有时很难区分哪是婆罗门教仪式,哪是佛教仪式,据懂行的人士说①:凡洒水、点粉、咒语等都属婆罗门教仪式;凡念经、拜佛、布施等都属佛教仪式。

婆罗门教的仪式很多,洒水、点粉、吹法螺、圈圣纱、咒语、占星术等。上述礼仪泰人有时称为"法术"(或"仪式"),泰文称"沙雅萨"。

由于佛教获得发展,而且当今泰国婆罗门教教徒极少,广大信众又相信这些,大部分的婆罗门教仪式都由僧侣主持或执行,上述各种婆罗门教仪式,人们误以为是佛教仪式。仪式是信仰的表现方式。不仅如此,星相师、巫师、风水先生、占卜师、民众中有影响和地位的人以及民众自己都能主持或执行,没有宗教信仰的专职的执事人员。活动中举行的是婆罗门教仪式,信仰的却不全是婆罗门教。"民间信仰者在任何场合或时间里都不明确认识自己是信仰什么的,只有在具体信仰事象面前,才自然而然地显现出某些自发的信仰意识来。"②这就是民间信仰仪式与宗教信仰仪式的区别。

(三) 浓厚佛教色彩的民俗——泰国佛教风俗

"由于现代宗教的传播,给人们的生产和生活带来广泛的影响,其中有些宗教活动渐渐变为人们生活习俗的一部分。也就是说,现代宗教向下渗透的结果,和原有的各民族民间风俗相结合,成了带有浓厚宗教色彩的、独特的风俗习惯和信仰。"③

在泰国,平时家家户户的婚丧嫁娶,男男女女的人生礼仪,事事都要延请僧侣做佛教仪式。佛国百姓在马路上遇见僧侣,以礼让路,合十礼拜,屈膝欠身。每逢重大的佛教节日,全国放假,善男信女云集佛寺。寺

---

① 〔泰〕塔那吉:《泰国风俗、吉祥仪式和重要日子》。比拉密印刷,儿童中心发行,1996年,第335页。
② 乌丙安:《中国民俗学》,辽宁大学出版社,2006年,第311页。
③ 陶立璠:《民俗学》,学苑出版社,2003年,第323页。

内明烛高照,香烟缭绕,人们举办善事,布施奉献,听经,剃度,厚积功德。每年,佛寺举行说唱《大本生》活动,信众纷至沓来,聆听说唱,祈求来世更幸福。身穿西装的先生、身着时装的女士,偶尔可从他们敞开的衣领看到颈项上悬挂着庄严的小佛像。无论是在乡村或繁华都市,都能遇见上述情况。这些佛教事象已成为当今泰国人民生活的重要组成部分,确是独具一番别样的带有浓厚佛教色彩、独特的风俗。民俗的基本特征之一是"集体性","在远古时代,民俗的集体性就是它的全民性"。① 在泰国,佛教是全民性的宗教,佛教中一些与平民百姓关系密切的佛事活动势必成为一种民俗事象,如佛教的重要佛日已成为泰国全民性的节日等。下面选择一些佛教活动已成为泰人生活不可与缺的组成部分——民俗作重点介绍:

1. 斋僧

当今,佛国的早晨,曙光初照,身披黄色袈裟的僧侣,三五成群,默默走出庄严肃穆的佛寺。他们手捧饭钵,走街串巷,广结法缘。广大信众纷纷站立家门斋僧行善。

小乘佛教有一项最基本的行善活动,泰语称"探汶达巴"。"探汶"意为"行善","达巴"意为"往僧钵中打饭",这就是佛教徒天天要向僧人供奉斋食。"向僧人供奉斋食",佛教称为"斋僧",即僧侣靠佛教徒布施食物为生。所以"探汶达巴"意为"斋僧行善"。僧侣向佛教徒求布施的行为,佛教认为布施者与佛有缘法,施主施食是行善、植福、积功德。僧侣接受施舍是给众生一个积功德的机会,因此,不能称"乞讨",而是"化缘"。所以,这项活动对僧侣来说可称为"托钵化缘",对信徒来说可称"斋僧行善",实际就是"斋僧"。

由于小乘佛教的僧侣是依靠信徒供应食物为生,这就需要僧侣每天(除去守夏节)拿着饭钵去信徒家化缘,而信徒的斋僧行为也就成了一种民俗。泰国信众斋僧的形式有多种,有个人、集体的斋僧,有去佛寺斋僧,有在家中斋僧的等。

斋僧时,施主要在家里先预备好饭菜,通常是米饭、荤菜、甜食等。有的还准备了水果、香烛和鲜花。施主见僧侣前来,欠身合十或双膝跪地施礼,双手将饭菜举至额前,小声祈祷,然后起身将饭菜放入僧钵中。双手合十再施礼,默默祈祷。斋僧过程中不要与僧侣说话;不要将菜、米粒撒在钵外;不要将饭勺碰击钵盂;女子不能以身体任何部位接触僧侣,如有

---

① 钟敬文:《民俗学概论》,上海文艺出版社,1998年,第12页。

香烛、鲜花,女子把它放在钵盂盖上,由男子交到僧侣的手中。如集体斋僧,当僧侣顺序前来时,给饭要平均,不要按自己的喜好厚此薄彼。如去佛寺斋僧,通常僧侣的饭钵已成排放好,为首的是个大饭钵,象征佛陀的饭钵,施主把带来的饭菜依次放入钵中。

实际上,斋僧不是什么宗教活动,而是民众养活僧侣的施食行为。不是佛教的信众也能斋僧。斋僧必须要有平民百姓的集体行动,单靠个人行为是养不起的。所以,它具有"集体性"的民俗特征,它是一种民俗,不是一种宗教活动,也没有任何宗教仪式。

2. 斋僧法会

泰国还有一种佛事活动,泰语称"探汶良帕(ทำบุญสวดมนต์เลี้ยงพระ)"。"良"意为"宴请","帕"意为"僧侣"。所以"良帕"的意思似同"向僧人供奉斋食"即"斋僧"。"探汶"意"行善"。但它同上述"斋僧"有所区别,区别在:要邀请僧侣来家;不是一位僧侣,而是多位;僧侣要给参加者洒法水;僧侣要念经;要准备布施给僧侣的僧品等,所以称"斋僧法会"。中文译名"斋僧法会"一词来自任继愈主编的《宗教词典》,它是斯里兰卡小乘佛教的一种仪式,这种仪式十分相似于泰国的"探汶良帕"。

斋僧法会常见于新房落成、农业生产的酬神谢神、人生礼仪、婚丧喜事以至于死后百日祭祀等仪式上。是在民舍民屋中举办,不必在佛寺中。可以说,斋僧法会成了民众生活的重要组成部分,成为有一种具有浓厚佛教色彩的民俗。

举行斋僧法会大致有以下几个步骤:选择良辰吉日、邀请僧侣、邀请来宾和仪式协作人员、布置场地、摆放佛像、安置僧侣座位、准备圣水钵、准备僧侣和来宾的饭菜、准备给僧侣的施舍品、诵经、接送僧侣等。

之所以说"斋僧法会"是"民俗信仰",因为它已成为泰人生活不可或缺的一部分。正如乌丙安教授所说:"由宗教派生出来的信仰习俗已经融为日常生活的迷信与俗信。"[①]

3. 剃度风俗

剃度是佛教徒出家必经的仪式,它在佛教中包含两个意思:一是按戒条规定接受剃除须发,二是度越生死之因。所以,也可理解为"剃"指"剃发","度"指"离俗""出离生死"。

(1) 剃度风俗的形成

剃度成为泰国的一种民风,最早可追溯到 700 年前素可泰时期的立

---

① 乌丙安:《中国民俗学》,辽宁大学出版社,2006 年,第 271 页。

泰王。立泰王是一位对佛学有很深造诣的佛教徒,《三界经》的作者,为了表示对佛教的虔诚,剃发短期出家。与此同时,很多人竞相仿效剃度出家。立泰王的举动不仅为帝王出家开了先河,也为民众成群剃度作了示范。大城时期戴莱洛迦纳王出家,经 8 个月才还俗。同样,随王出家和还俗的民众人数达 2000 多人。此后,有很长一段时期,剃度之风盛行于 7—11 岁的儿童中。出家的目的出自对母亲的报恩和孩子本人的文化学习。这风气持续到曼谷时期拉玛五世时代。继而成年男子短期出家成风,并延续至今。

现今,剃度仍蔚然成风,多选择在守夏节前夕。青年男子、大学生成批集体剃度,时间灵活方便,最短 3 天。人们剃度的目的更为多样、复杂,如忏悔还愿、坐禅养性、厌世嫉俗等。但较多的剃度者是出于对父母的孝道和对佛教的虔诚。泰国有句谚语说得好:"儿子出家穿黄袍,父母死后升天堂。"所以儿子剃度也是在为父母做功德,尤其是妇女,因妇女不能入佛门,做母亲的十分盼望儿子能剃度。"有的家庭还反对儿子先结婚、后剃度。因为会出现亲戚兄妹不尽心尽力去安排剃度仪式各个环节,有的甚至还拒绝帮助。还因为婚后剃度,儿媳妇及其父母会比生身父母得到更多的功德"①。

(2) 剃度仪式

佛教的剃度仪式是从婆罗门教的"入法礼"演化而来的。"法"为婆罗门教法规,举行入法礼,标志一个人正式成为婆罗门教教徒。

在泰国,剃度皈依佛门不是任何人都可以为之。要有一定的条件:年不满 20 周岁(小沙弥除外)的、父母或上级不允许剃度的人、佛教不允许的剃度者、逃离公职者、法庭没结案的人、曾经关押过的罪犯、被法律追捕者、杀过父母者、异教徒、残疾人、传染病或精神病患者等,都不能剃度佛门。

剃度仪式大致有三个步骤:

1) 剃度前的准备

剃度的适龄青年男子,由父母带领,备齐香烛、鲜花,去佛寺请求传戒师接受剃度、选择剃度的吉日良辰、起"法名"等。回家后,一般在剃度前 2—7 天,要积极准备剃度仪式必备的用具和僧侣的生活用品,发请帖告知亲朋好友参加剃度仪式,对有名望的亲友或恩师等,要带上香烛、鲜花,亲自登门禀告,请求宽恕往日不规之举、冒犯之处,以及表示削发为僧的

---

① 覃圣敏:《壮泰民族传统文化比较研究》,广西人民出版社,2003 年,第 1899 页。

决心。要在家或在佛寺练习佛寺僧侣的生活习惯,如僧侣的礼节、早起、过午不食;背诵剃度时的答词、经文等。

2) 半僧半俗之日

出家前的一天,泰语称"万素迪(วันสุกดิบ)"意即"半生不熟之日",这里译作"半僧半俗之日"。这一天要做的事很多、很重要。要举行剃发仪式、沐浴仪式、斋僧法会、招魂仪式、宴请亲朋好友。如剃度者在佛寺练习僧侣的生活习惯,就要在那天把剃度者接回家。让父母做修剪发仪式,泰语称"克立蓬",即象征性的剃发仪式。仪式后送剃度者回佛寺,举行剃发仪式。有的父母在佛寺做修剪发仪式和剃发仪式。

修剪发仪式举行时,剃度者要为父母和受尊教的长者洗足,同时膜拜并请求宽恕。然后,父母拿起剃刀为剃度者剃下第1刀头发,同时祝福剃度者。接着,由剃发师把剃度者的头发剃光,眉毛剃去。最后,为剃度者穿上白袍、白裤。从这时起,剃度者就可以称"那伽"了。仪式后,那伽辞别住持和众僧,回家做招魂仪式。在回家的路上,要有"游那伽"队伍护送,一路上要吹吹打打、唱歌跳舞、热热闹闹。

"那伽"原意为"蛇",但有时按中国传统译为"龙"。"游那伽"意为"护送剃度者去佛门"。为何剃度者被称作"那伽"？民间传说:

佛陀传道时期,有一条大蛇被佛教普度众生的慈悲之心所感动,变作凡人剃度为僧。不料,大蛇入睡后,现出原形,被其他僧侣发现,禀告佛陀。佛陀召大蛇讯问,大蛇说出原委。佛陀认为蛇是牲畜,不能剃度为僧,命它还俗。大蛇苦苦哀求,佛陀不允。于是大蛇恳求在佛门留下其名,佛陀允之。自此,凡剃度者穿上白袍,进入佛门前都被称呼为"那伽"。

那伽进家后,有的家庭还要为那伽举行淋浴仪式。让那伽双手合十坐在凳子上,把准备好的、混有香水的水,由父母开始,然后是亲朋好友向那伽浇淋。淋浴后,穿上白衣白裤。9位僧侣为那伽诵经祝福。之后,要举行教导那伽仪式。由佛寺住持执行,讲述父母的恩德和剃度后的注意事项。接着,做招魂仪式。

招魂仪式开始时,那伽端坐在屋或厅中,在其旁放着那伽剃度的用具、入佛门后的一切用具、物品。周围围坐着父母及亲朋好友。婆罗门法师或主持人诵念祝词,延请各路神仙以及那伽的灵魂。接着,叙述父母如何含辛茹苦地把孩子抚养成人,恩重如山。这时,那伽会掉下眼泪,增强剃度的信心和决心。之后,亲朋好友起立围着那伽和物品巡烛3周。婆罗门法师为那伽点粉。父母喂那伽食3勺椰子水及少量点心。之后,父母抛洒鲜花、米粒。最后,宴请亲朋好友,有的家庭还有文娱节目表演。

3) 出家日

出家日即出家当天,也即是半僧半俗之日的第 2 天。泰语称"万乌巴颂巴(วันอุปสัมบัน)"。

"游那伽"是那伽入佛门前最热闹的一项活动。它是在剃度当天,那伽从家去佛寺的路上进行的。活动的规模要视那伽的家境,离佛寺远近,走水路、陆路等因素而定。那伽去的方式也因上述因素而呈现多种多样,如骑马、骑象、骑人、步行、坐车、乘船等。一般由父母、亲友、乡里组成一支人数不等的队伍护送。一路上,父捧钵盂,母拿袈裟,爱人或对象拿枕头,亲友拿"八事随身"(生活用品)等物品。那伽前常有面目狰狞的大头娃娃边行边舞,或有妖艳少女婆娑起舞象征释迦牟尼出家时,曾遭妖魔阻挠。传说释迦牟尼在菩提树下悟道时,魔鬼唆使其 3 个女儿在释迦牟尼前狂舞诱惑。由于队伍中大头娃娃的起舞,引队伍中其他人共舞,加之乐队的伴奏,活动趋向高潮。沿途行人驻足观望,那伽满面春风。到达佛寺时,队伍簇拥着那伽自左向右绕佛堂 3 周。那伽上香明烛,跪拜佛堂前的界标亭。礼毕,向人群散发布施品,以示济众。然后,由父母分别牵着那伽的左右手进入佛堂。

剃度佛门是落发为僧过程中最主要的环节或步骤。当那伽由父母领进佛堂后,向佛像点烛上香,呈献鲜花,跪拜佛像。接着,从父母手中接过"三衣"(安陀会内衣、郁多罗僧上衣、僧伽梨大衣),膜拜父母。然后,双手合十,跪行至传戒师前,请求剃度。传戒师应允后,那伽走出佛堂,披上袈裟,再进佛堂,手捧香烛、鲜花奉献给羯磨师求戒。受戒后,那伽手捧钵盂走向传戒师(อุปัชฌาย์),传戒师为他挎上钵盂。那伽向众僧求剃度,羯磨师和传戒师向那伽提问各种问题,如剃度是否经父母同意等。提问完毕,向众僧征求意见,众僧同意后,诵经 3 次。诵毕,传戒师记下时辰,宣布那伽正式为僧的时辰。新僧侣感谢众僧,众僧诵经祝贺。然后,新僧侣向父母洒法水,表示部分功德已分给了父母。至此,剃度仪式结束。

上述剃度风俗与佛寺僧侣的剃度不是一回事,区别在于:剃度的目的不是为了当僧侣,而是为了给父母做功德或是为了成为一个成熟的成年人。剃度为僧是暂时、短期的,不是长期、终身的为了一种信仰。所以它是一种功能性的活动,而功能性正是民俗信仰的特征之一。而它又是广大民众约定成俗的社会风尚,具有"集体性"的民俗特征。

4. 颈挂佛饰习俗

泰国佛教信众习惯在脖颈上悬挂一大拇指头般大小的佛像,称"佛饰"。那些因干活而汗流浃背的年轻人，一脱上衣，就见悬挂的佛饰在胸前晃动，有的还悬挂两三个。佛饰的制作精细，有用陶土做的，有用金银等贵重金属制作的。穿挂佛像的项链有金、银或其他金属做成，也有用细绳穿挂。

泰国90%以上的人信仰佛教，其中多数20岁以上的人悬挂佛饰。悬挂佛饰就成了一种习俗流传在广大信众之中。悬挂佛饰的用意不仅仅是信佛的标记，更重要的是认为佛饰有一种神圣而神秘的力量，能消灾纳福。为此，佛饰必须经僧侣抚摸或念过咒的，若该僧侣是著名佛寺的住持或高僧，该佛饰则更为珍贵和灵验。

信众对佛饰十分信仰和虔诚，晨起或夜寝前，要把佛饰取下，放在合十的手中，口中念念有词，祈求佛陀保佑平安，出门远行更要戴上；到了那些亵渎神灵的地方或挂有佛饰的死者进入太平间前，要解下佛饰。曼谷或大城市的马路两旁人行道上，有不少摊贩出售佛饰，当你选中某个佛饰时，可讨价还价，但不能说"买"或"卖"，要说"求租"或"出租"。否则会被认为是亵渎神灵，佛饰会因此失去消灾纳福的作用。它不是僧侣的外在标记，泰人的颈挂佛饰习俗是由古代泰人的原始信仰——灵物信仰演变而来，带有佛教色彩的一种民俗信仰。

5. 佛国禁忌

泰国是信仰佛教的国家，因此，有些佛门戒规加上信众对佛教的推崇和虔诚，会扩大或影响到全社会，成为全民的习俗或禁忌。泰国一年中有几个全国性节假日来自佛教的重要佛日，因此佛教的戒律也会在佛日中受到关注。佛教禁杀生，于是节日当天禁止杀猪、宰鸡。有些家庭或饭馆必须在前一天宰杀，严重的会遇上买不到鱼、肉吃的情况。僧侣禁酒，因此，节日当天酒店都不卖酒。禁嫖，泰国公开的妓院也不接客。禁赌，还禁止斗赛，如赛马、拳击等会因此停赛或延期。佛日不能举行婚礼，因为这一天是鬼出来的日子，否则将会有鬼干扰婚礼。

在泰国，僧侣到处可见，接触或与僧侣攀谈也是常事，但要注意的是女子，切莫触碰僧侣，这是佛门的一戒。当你在晴日当空路遇僧侣时，如你要经过他时，除了要向他致礼以外，还要注意他被日光照在地上的身影。如身影正在你所要走过的路上，你要绕开身影而过。按佛教说法，身影即僧侣本人，跨越身影即跨越僧侣，这是一种对僧侣不尊重的行为。

佛寺是泰国一大旅游景点。游客在去参观游览以前，最好检查一下自己的着装。因为天气炎热，袒胸露背或穿短裤、背心的游客是禁止入内的，甚至衬衣没塞进裤子，袖管翻卷在胳膊上的游客也是不准进门的。游客进门后,若要进佛殿或佛堂还要脱鞋。否则,这一些都会被视为玷污佛堂、佛殿,亵渎神灵的举动。

五、民俗信仰与文化

(一) 蛇崇拜的多种文化含义

泰国学者素伦森说:"公元前1500年至前1300年的班告文化中,出土有表明对蛇崇拜的文物。"说明了泰国民俗信仰中的蛇崇拜。

泰国学者说:"当泰人生活在当今中国土地上时,叫大蛇为'龙'。后来当我们迁徙来到南方,结识了崇拜大蛇,并把大蛇称为'那迦'的印度人后,也与印度人一样称大蛇为那迦。"[①]蛇的称呼的改变,反映了两种文化——中华文化与印度文化。

泰国民间有一种"蛇给水"测水的方法,说哪年雨量充沛,认为那年只有1条蛇喷水。哪年干旱,认为那年有7条蛇,相当于缺失水的最高测水量。因为它们相互推诿,水全让蛇吞到肚中去了。上述测水法在中国傣族中也有,"在预卜某年雨水大小的所谓龙上水几条的计算中,也是以当年的地支来定的。按傣文历书中规定,子年龙上水两条,丑年三条⋯⋯已年八条,所谓龙上水越多,则雨水越少,龙上水越少,则雨水越大"[②]。"以龙上水的多少来预卜雨量,这一计算方法显然源自汉文化中龙司水的理念。"[③]两者比较,一称"蛇",一称"龙",但都是蛇或龙的多少确定雨水大小。可以说,泰国的蛇给水测水法同样源自汉文化,有中华文化的含义,又有稻作文化含义。

泰国阿努曼拉差东在谈到廊开府举行放高升仪式求雨时,列举了一个神话传说(见第五章"竹炮节")。故事说明蛇王与下雨有关。这个例子说明蛇成了掌管水的雨神,以至于有了求雨仪式放高升(竹炮)。这都与农业有关,有来自稻作文化含义。

佛教说,释迦诞生时,有两蛇吐水,为其沐浴。当释迦在菩提树下悟道时,一日,天下大雨,有一条蛇展开其膨大的颈部,为释迦挡雨。因此,有人铸成一种叫"蛇覆盖指地印"的佛坐像。蛇被铸成七头蛇成桃形贴在坐像身后。蛇以保护神和吉祥物的身份出现,护法佑佛。称剃度前的青

[①] 〔泰〕维差蓬·幸玛尼:《泰文字母杂谈》,花草出版社,2002年,第108页。
[②][③] 郑筱筠:《试论傣族龙文化的整合与变异》,载云南大学贝叶文化研究中心《贝叶文化论集》,云南大学出版社,2004年。

年为"那迦"的传说故事,说明蛇又是虔诚的佛教信徒。今日泰国,蛇的形象作为佛寺建筑的装饰是到处可见的,尤其是在佛寺、王宫建筑上更为突出。上述蛇形装饰以及蛇是保护神、吉祥物等都有了佛教文化含义。

古代泰国国王水路出巡时或当今国王在重大节日上举行水路巡游仪式时,有一只御舟其船头还雕成7个蛇头的形象,其船体是仿蛇体做的。船被装饰得具足威仪,极为精致。这船名为"阿南德那拉"。而婆罗门教那莱神在海上时就躺卧在一条七头巨蛇上,该蛇的名字同御船名。因此,御舟的蛇装饰又有神王一体的政治文化含义。再有,传说吞武里王达信诞生后有大蛇围护,也有同样的含义。

另外,泰国蛇的造型,形似中国的龙,但又有些区别。泰国蛇的头上有高起来的肉冠,好似一个角,而中国龙有两角。蛇有时可以有多个头,而龙从来只有一个头。蛇无腿脚,而龙有。

(二) 占星术与文化

泰语称占星术为"侯拉萨"。据说,它在四五千年前源自亚洲远古人对星球的观察,后由希腊人把它传到欧洲。泰民族自古有自己的占星术,后来印度婆罗门教传到中南半岛的孟、高棉族,带来了婆罗门教的占星术。泰族南下后,受上述两民族影响,接受了婆罗门教的占星术。泰族在中南半岛立国后,占星术受泰国宫廷的重视,同时在民间也广泛流传,至今对泰国社会很有影响。泰国的春耕节等重要礼仪,包括举行人生礼仪的良辰吉日都要用占星术来选定。对体育比赛、谋生、从商甚至赌博等,都有不少人用它来预测凶吉祸福。电台及各种报刊常有关于占星术的专题介绍。"星相好""星相不好"等话已成为人们的口头语。用占星术来推断人的命运已成为普遍现象。

1. 占星术与佛教文化

泰国小乘佛教认为占星术是邪术,对众生的超度起阻碍作用。事实上,佛教与占星术并非如此不相容。占星术根据一个人的生辰八字,运用星体运行产生错综复杂现象的记载,指出此人前世所做的业果,并且还能预言此人未来的凶吉祸福。不仅于此,还能告诉不同命运的人,不要听从命运的安排,多做功德、多行善去改变命运。不过它认为,归根到底命运是由本人的业果决定的。这说明占星术承认佛教的因果报应规律。星相家教诲前来相命的人事事要谨慎,这与佛祖涅槃前教诲弟子"不要疏忽大意"相合。现今佛教也学占星术,重视一个人的生辰八字、良辰吉日。据说佛祖还教诲弟子要学习占星术,并选定一个月中太阳、月亮、地球运转成一直线或成直角时,对人产生心理上的不平衡或异常情况的4天(新月、满月、上弦月、下弦月)为佛日,要弟子在佛日做佛事消灾①。

2. 占星术与天文学

占星术学不是毫无科学依据的学问,它在泰人心目中,被看作是一门有关太阳系中九颗行星运转,及其对地球上万物以及气候产生影响的学问,是与天文学有关的学问。不过,占星术的天文学与科学的天文学有似是而非的异同。占星术中的九颗行星是:日、月、水、火、土、木、金、海王、天王星,它把恒星太阳和卫星月亮也算作了行星。另外,它在占星时还有一颗"罗睺星"(印度神话中,吞食日、月使天空出现日食、月食的罗睺)也被列为行星。九颗行星不是以环绕太阳为中心运转,而是环绕地球。天文学中,行星运行的天球,共有88个星座,而占星术中只有12个星座,即中国古代天文学中的黄道十二宫。十二宫各有其主,火、金、水、土、木五星各占两宫,日、月各占一宫。行星在各宫中运行的时间各不相同,如太阳经过每一宫的时间分别为一个月,十二宫正好是一年。月亮在各宫中运行的对间分别为两天半,十二宫正好是一个月。此外,占星术还有年庚星、算命天宫图等。

(三) 民俗信仰与原始文化

约7000至4000年前,泰国就有了巫术。"巫术在它起初的阶段并不完全是人类愚昧落后的表征,恰恰相反,它体现了人的主体性的空前发扬,成为人类自觉地组织和运用自身的力量去认识和改造客观世界的重要精神凭借。……它实际上将原始思维中相当一部分哲学、科学、艺术、宗教、道德、习俗乃至社会组织、制度的成分都包摄其中,合成一个文化系统……。每个民族的原始文化,尤其是精神领域里的文化,大抵都与巫术文化有一定的联系。"②

在上述"立杆祭祀"中引用了曾湘军文中的一段话,文中说:(立杆祭祀这种民俗信仰)"是世界原始文化的共同现象"。其实,在探讨世界各民族的原始时代各种民俗时,就有一些民俗信仰出现共同现象,如灵魂崇拜、图腾崇拜、祖先崇拜、生殖崇拜、巫术等。为什么在人类原始文化中会出现众多民俗信仰的共同现象?所谓"共同现象"也即是各民族有相同的民俗。这是因为"这个时代的人们,不管在我们看来多么值得赞叹,他们

---

① 〔泰〕乌泰·邢托讪:《泰国百科全书》第23册,学术与科学书屋出版社,1979年。
② 仲富兰:《中国民俗文化学导论》,浙江人民出版社,1998年,第304—305页。

彼此并没有多大差别。用马克思的话来说,他们还没有脱掉自然发生的共同体脐带"。①

(四) 民俗信仰与稻作文化

"由于种植水稻需要及时而充足的雨水,还要防止水灾、旱灾、风灾和病虫害,而这一切又是超出人力所能之外的,因而就形成了祭祀山神、田神、土地神、稻神、雷神和求雨祈丰收等一系列的原始宗教仪式。"②仪式是信仰的表现方式。这里的"原始宗教",不是通常我们理解的"宗教",它没有系统、完整的教义,而是一种原始的民俗信仰。所以,原始宗教仪式实际上是原始社会中的一种民俗信仰的表现方式。这些民俗信仰的表现方式是一种民俗,而这种民俗是因种植水稻而发生的,从而形成稻作文化的一部分。因此,这类山神、田神……的民俗信仰是与稻作文化密不可分的。

---

① 张岱年、方克立:《中国文化概论》(修订版),北京师范大学出版社,2014年,第62页。
② 覃圣敏:《壮泰传统文化比较研究》,广西人民出版社,2003年,第3158页。

第八章　民间伦理道德观念

"民间伦理道德观念"属"精神民俗",也即是下述的"民间哲学伦理观念"。

"精神民俗,是指在物质文化与制度文化基础上形成的有关意识形态方面的民俗。它是人类在认识和改造自然与社会过程中形成的心理经验,这种经验一旦成为集体的心理习惯,并表现为特定的行为方式并世代传承就成为精神民俗。精神民俗主要包括民间信仰、民间巫术、民间哲学伦理观念以及民间艺术等等。"[①]下面介绍泰国的民间伦理道德观念。

一、泛道德主义

泰国的伦理道德像其他东方国家一样,深入到社会各个层面,存在着泛道德主义,也即是说除了人以外,对待自然界、神界等也有一定的伦理道德。这与泰人的原始信仰——万物有灵论有关。

泰国社会伦理道德总的来说源于人类自身对周围环境及人类世界的信仰和认识。它可从人与人的关系、人与自然关系、人与超自然力关系三个方面反映出来。

1. 人与自然关系

自古以来,泰人对待自然恪守从属、和谐关系。崇拜大自然,不破坏、乱砍森林。认为大的树木是神仙、树神栖息之处,如上述民俗信仰中的达坚树。用这种观念保护森林中的大树,使其不受普通百姓任意砍伐,维护了人与自然之间的和谐关系。稻谷有稻谷女神,要加以保护。若某人一时要进林觅食,先要跪拜,征得树神的同意。对于动物,泰人一般捕捞鱼、虾、蚌、螺为食,逢重大节日还有放生习俗。不伤害、乱杀大动物如象、牛、鳄鱼等,遵循佛教不杀生的戒条,否则是罪孽。把土地、江河视作母亲,像对待母亲一样尊重、关心、温和地对待。

在人与自然的关系中,泰人常利用人们的鬼魂信仰来保护大自然,实际上是对人的约束。这说明民俗有其规范性的社会功能,规范性也是民

---

① 钟敬文:《民俗学概论》,上海文艺出版社,1998年,第5页。

俗特征之一。社会规范有多种形式，如法律、纪律、道德、民俗。民俗是产生最早，约束面最广的一种深层行为规范。法律源于民俗。

2. 人与超自然力关系

自古以来，泰人对待超自然力，如鬼、魂、稻谷女神、土地女神以及后来的佛、婆罗门教神是膜拜、祭祀、乞求为主。如对待稻谷女神，在耕种稻谷的每一过程中，都要祭供或举行大小仪式；如取得预期效果，还要知恩图报，举行酬神仪式。人们认为不举行供奉稻谷女神的仪式是忘恩负义，当他们遭受各种灾难时，不会有人怜悯、帮助。对待佛像，不能随意放在地上、楼梯下或供奉在卫生间。再如上述的一些禁忌，反映了人与超自然力之间的关系。

3. 人与人之间关系

泰人在对待人与人之间关系时，讲究按照宗族、性别、长幼以及不同的社会地位而区别对待。此外，统治阶级的道德意识与一般人有区别，有些与民众不同，或者说有些是对立的。有礼貌的人应该使自己的行为合符地位，绝对不把高贵和低贱之物混淆。可以说对泰国社会阶层的差别缺乏认识，就难以理解泰人的社会关系。

一般人之间，以和睦、互助、友善相处、礼貌待人为基本准则。泰人的伦理道德是不与别人产生矛盾，尤其是对有地位的人。朋友之间强调彼此和睦，维护彼此间的感情比彼此之间争强好胜更重要。师生之间，学生无一例外要服从老师，不听老师的话的学生被认为是忤逆的学生，将不会有长进，人们也会讨厌他。尊师是社会崇尚的公德，学生视老师似同父母。对待地位高的人、上级或主人，要向他们毕恭毕敬和乐意效劳；举止温和彬彬有礼；语言要礼貌适当。因为泰人相信，那些地位高的人是由于他前世积德所致，人生来是不平等的。同时要求地位高的人对待地位低的人也要宽厚和乐意助人。上层领导者是不可冒犯的，大部分下层被领导者甘心尊敬和服从领导者，不能有任何批评和不满，这是古代的庇护制度或当今的庇护关系造成的。

古代，上层的统治阶级包括国王、王族和大臣是官僚制度、等级制度的制造者。他们的伦理道德："各自都认为互相之间彼此彼此，谁也不是神，谁也不比别人更有德行。权力的争夺乃至国家财富的争夺等政变，往往是在上层统治者中进行。"[①]在平民百姓的眼里，他们是高不可攀的、不可冒犯的、生来便是享福的阶层。

---

① 覃圣敏:《壮泰民族传统文化比较研究》，广西人民出版社，2003年，第2204页。

(1) 个人与家族之间

如果一个人做错了事,最使他难堪的不是他个人或使他人遭受什么损失,而是感到对不起祖宗,给祖宗丢了脸。如果他个人取得了什么成功,最根本的原因不认为是他个人努力的结果,而认为是祖宗神灵保佑的结果。他要感谢的不是直接帮助他的人,而是祖宗,因而要虔诚、隆重地给祖宗神灵祭供。亲属或宗族成员间依据彼此之间的亲疏,要报答恩惠。

而家族中每个成员都有互相帮助的义务,一旦某人遇到困难,如修盖房屋、种田收割、遭受灾祸、操办婚丧喜事等,家族成员都会自动尽力给予帮助,而不计报酬。

(2) 个人和家庭

1) 长幼之间。尊老爱幼是泰人的传统伦理道德。尊敬、顺从资历高、辈分大的老人,每逢举行重大的节日或宗教礼仪时,都要请辈分大、位高资深的老人来主持。宋干节,人们向老人洒水祝福,给他们洗脚表示尊敬。路遇长辈,必先合十致敬、问安、让路。

2) 家庭成员之间。家庭成员间关系是按照性别、年龄来排列成员的地位和层次、权利和义务。但泰国除一般性的伦理道德外,还有来自入赘婚俗的,如最小的女儿在父母年迈时,要赡养父母;泰国人婚后由于较多男从女居,所以在姻亲关系中处理好岳父母与女婿关系重要而突出。还有来自佛教的教导。如作为男孩要剃度出家报答父母的恩德来孝顺父母;禁止与父母顶嘴或做使父母伤心的事,不然死后会入地狱或投胎为残疾人。

(3) 男女之间

泰人的伦理观念是女孩应在家生活,不能像男孩那样随意外出活动。女子不应跨过男子或在爬高时下面有男子,这会使该男子挂戴的灵物失灵。女子不把对男子的爱慕之情表露出来,男子必须是先示爱一方。男女之间的肌肤相亲和婚前性行为被视为错误,这就是泰族的"犯鬼"习俗。男子有同时觅有多个爱人的自由,如女子也这样做,则不被社会所认可。正如俗语所说:男子像天上飞的凤凰,可以任意栖息在某棵树上;而女子像地上的树,只能原地等待男子来选择。古代,在泰国北部,引诱妇女、强奸妇女将受到惩办,甚至在肉体上接触妇女者都会受到谴责。当今,在从妻居的农村家庭,女婿置身于女方的家族中,要依赖岳父母的土地等经济支持,所以在夫妻关系上虽然以丈夫为主,但事实上妻子地位并不低下,常常是妻子掌管家庭经济。在城市,中上层人家家庭,妻子要服侍丈夫,成为丈夫的贤内助。

二、民间伦理道德观与成因

1. 富不及贵，重视等级

泰人有"追求财富"的社会风气，但相比"富不及贵"就差多了。权势之人比富豪更受尊崇，泰国有句谚语说明这种社会风尚："十个富商不如一个官员。"权贵们在公众场合常显示其高人一等，其下属或公众媒体也常加以吹捧，他们自己也以此为荣。富豪对他们也要敬畏三分。因为富豪们懂得权力对于攫取金钱来说是一条捷径。平时，在庆祝婴儿出生或满月的仪式上，也少不了"祝孩子长大后成为达官显贵"等。富不及贵的习俗造成人们敬重权势、重视等级的行为观念。富人或有地位的显贵要人的家里，其佣人或保姆常常是走到主人的近前，在低矮的茶桌旁跪接、送物品。工作上，下属们对上级顺从，常不敢发表与上级相左的意见。有的格言也告诫孩子，不要与长辈争论，工作后不要冒犯上级。泰人十分重视"称谓语"的应用，显示个人的社会地位。泰国社会多礼仪、礼节，有"礼仪之邦"的美称。适当的礼仪、礼节显示人们之间的相互尊重，但过多的讲究礼仪、礼节反映封建社会中等级观念的残留。

2. 相信"三世两重因果论"

泰人崇信佛教，一般信众对佛教教义不一定能说出个所以然来，而对小乘佛教的"三世两重因果论"却津津乐道，十分信仰。所谓"三世"即前世、今世、来世；所谓"两重因果"即"善有善报、恶有恶报"的"因果报应"说。泰人认为做了善事必有善报，若今世不报，来世必报，好比"储蓄"。有的穷人甚至借债做善事，反正今世穷也穷了，只求来世富裕。这种观念与泰人的原始信仰万物有灵论结合而流传更为广泛，因为人死，灵魂不死，它会投胎再生。

相信三世两重因果论的另一面，却产生了相信命运、预兆，"任命运摆布，顺其自然"的心态，造成泰人的个人做功德的"自顾自"习气。若事遇不幸，就认为这是前世所积的罪孽今世报；若发财、升官，就认为前世积的德今世应验。

3. 世事"无常"，"死"是"解脱"

在泰国，无论城市、农村，每逢生老病死、吉庆喜事都爱做仪式、搞活动，如提级、获得学位、留洋归来等都要庆祝一番。仪式也好，庆贺也罢，虽然其用意有多种，但为了热闹这是大家的心愿。泰人喜欢乐、爱热闹的习性由来已久。很多集会、搞活动首先考虑的是热闹、欢乐与否。如每年佛教出夏节献僧布活动,明明附近佛寺就可以做的,非去较远的佛寺。组织队伍,一路上吹吹打打,唱歌跳舞,使每个参加游行的人无比欢乐。泰人相信任何事物都不会静止不变,世事"无常",因此人活着要轻松、有趣、不喜欢劳累。自古以来,即使是举行丧事,仪式上少不了利益戏、民间说唱、民间歌舞的表演,有的还放映电影等文娱节目助兴。因为泰人认为,人的生命是在生与死的轮回中循环,从这一世界转入另一世界,生生死死,永不泯灭。正如泰人在丧事上所说:"难道不应该为死了的人到另一个更好的世界去而高兴?""死"对死者来说意味着与尘世解脱。

4. 尊长敬师,尊重知识

泰人对于不认识的长辈都习惯叫舅、姑或爷爷奶奶。他们从小受家庭和学校的教育,在家要尊敬父母、长辈。父母经常教导孩子,如对长辈不礼貌就不是好孩子,是没出息的孩子。学校也培养学生尊敬老师,教导学生敬重老师犹如敬奉父母。因此,老师在泰国社会中是受尊敬的职业。泰人教育孩子尊重老师,还出于他们尊重知识的传统观念,如谚语所说:"羞辱老师没知识""知识好比万贯家财"等。一年一度的宋干节,人们都习惯向自己长辈、上级滴水祝福。泰国学校除了教师节外,还有一个拜师日。到了该日,学生要向自己的老师膜拜致敬,举行拜师仪式。

5. 满足现状,幽默风趣

泰国土地肥沃,物产丰富。衣食住行简单易取以及长期小农经济等原因,容易产生与世无争、满足现状的心态。这种心态表现为不愿意得罪人,对下级容易原谅。这种心态的另一方面是幽默风趣。泰国奥美广告公司的科恩(Korn)表示:为什么泰式创意愈来愈受世界各地的欢迎?因为泰人面对现实逆境,却能以幽默超越,从自卑、自嘲而到达观[①]。泰人自己也说:"许多年前,我们自认是未开发国家,没什么值得骄傲的。在街上跌倒了,不会埋怨政府路不平,就只是笑笑自己,先有苦难,然后我们用幽默活下来。"[②] 泰国民间故事中也多幽默风趣类的故事,人们喜欢民间歌舞剧中的丑角表演,电视、电影中也常有幽默、风趣、逗乐的情节。

6. 多子多孙的生育观念[③]

泰国过去是以稻作生产为主的农业社会,现代泰国广大的农村地区

[①] 李雅梅:《解读泰国广告的民族文化特色》,载《东南亚研究》2009 年,第 2 期。
[②] 王晓玫:《泰国广告靠"情"打世界》,载《国际广告》2007 年第 2 期。
[③] 覃圣敏:《壮泰民族传统文化比较研究》,广西人民出版社,2003 年,第 1967、1947、1946 页。

从事农业的人口仍占多数。长期以来,家庭式粗放型的生产方式、生产技术和耕作方法较为落后,需要大量劳动力;加之稻作生产周期性、季节性强,劳动强度大,对自然依赖性大,靠天吃饭。因此,需要年富力强的劳动力。所以,泰国家庭以多子多孙、人丁兴旺为人生的追求目标,在生育观念中时行早生快生、多生多育,把既生男孩又生女孩作为美满家庭的标准。

7. 佛教信仰与重男轻女观念①

泰国农村,由于较多的入赘婚,从妻居,没有明显的重男轻女的思想观念。但佛教信仰及其青年男子剃度习俗的流行,在人们的意识中仍有不同程度的重男轻女的思想倾向。自己儿子剃度,不仅是自己养性修身,以求善果;另一方面也代替父母赎去罪孽,死后能入天堂,免去被打入地狱之苦。这是自己女儿所无能为力的。所以人们仍希望能生男孩,多生男孩。

8. 重视女孩的婚前"失身"观念②

泰国社会对女孩婚前失身或与男子有性行为视作不好的、不光彩的事,将被看作严重冒犯鬼魂的事。所以婚前父母对女孩看管很严,不让自由外出,尤其在农村。平时,去田里劳动、去佛寺行善、出门游玩以及其他原因外出,一般都有父母、亲属、长辈同往。农村青年男女见面机会也很少,至于在公共场所或僻静处,更难有机会单独在一起。女孩也不愿意与男孩偷偷地约会,怕被别人指责发生性行为。即使喜欢上了那个男孩,也不能直接表露出来。如果女孩先向男孩表示爱意,会被人以歧视的眼光来对待;男孩也看不起先表示爱意的女孩。

如要表示爱意,必须由男媒人或女媒人来传递,不敢自己公开地表示。因此,女孩一直是处在父母长辈的目光监视下直到结婚成家。

9. 不重视婚后的贞操观念

"贞操"是"旧指女子不失身或从一而终的操守"。③ 泰人在婚后男女关系上,如对待男偷女色、女偷汉子上的价值观与中国有别。价值观的区别来自于两国文化的伦理型特征。相比泰国来说,伦理道德上就不存在像中国那样的贞操观。如泰国古代,华人寓泰,泰人的妻子与华人过夜,泰人认为这是因为自己的妻子漂亮。当今,男子对自己偷女色事不感到

---

①② 覃圣敏:《壮泰民族传统文化比较研究》,广西人民出版社,2003年,第1967、1947、1946页。

③ 《辞海》"贞操"条,上海辞书出版社,2009年。

害羞,也不怕外界传闻。女子偷汉子事也可上报纸公开报道,如"男子菩萨心,放任妻子偷汉子"的大标题披露在报刊上。因妻子不能满足丈夫的性要求,妻子开车送丈夫去"大浴室"嫖娼。丈夫无力供养妻子,丈夫开摩托车送妻子去"大浴室"当妓女。丈夫刚从国外打工回来,有的妻子酬劳丈夫的第一件事,是让丈夫去嫖娼。当然,这不是普遍现象,但反映泰国社会中不重视婚后"女子不失身或从一而终"的贞操观。社会上也有"笑贫不笑娼"的习气。

10. "与而求报"的观念

泰人亲属或宗族成员间彼此和睦相处、互助友爱,但在经济的互助活动中要求得到相应的回报。再如向僧侣布施是一种功德;向社会捐助、做善事等也是为人做功德。但这些功德,都为了来世得到相应的回报。男孩剃度出家,为求父母避免罪孽,能够上天堂,也是精神回报。这就是"给予而要求回报"的观念。

如果不了解对泰国传统伦理想道德观的形成产生影响的社会、历史、文化等方面的背景,就无法理解泰国的民间伦理道德观念。这些观念是由四方面的因素形成的:自然地理环境的因素,它使人们屈服于超自然力;宗教信仰因素,它是辈分、资格观念和孝顺忠诚观念以及有关功德、罪孽等信仰的来源;官僚制度因素,它使社会成员之间产生明显区别,使人们产生互相扶持、依赖关系,使人们强调温和谦恭,懂得贵贱之分;家庭和社会教育因素,它对孩子传播传统伦理道德观中的思想、信仰、价值观和生活方式。

例如"等级观念",它是官僚制度和宗教信仰相互影响的结果。官僚制度的重要特征就是使社会两大阶层之间产生明显的区别,即分为统治阶层(指官僚)和被统治阶层(平民、奴隶)。宗教信仰如佛教的《三界经》把人类世界分为三界,最低层是欲界,第二层是俗界,第三层是仙界。人一生下来就不一样,是因其前生的功德或罪孽而区别的。

再如上述人与人之间关系中"一般人之间,以和睦、互助、友善相处、礼貌待人为基本准则"的伦理道德,则是多种因素使然的。既有自然地理环境使泰人以稻米为食,而种植稻米需要互相帮工。官僚制度又强调温和谦恭。佛教又教人避免暴力活动,不杀生,不互相伤害。而家庭和社会因素最为主要,家庭是社会的缩影。父母常常言传身教教导孩子懂礼貌,兄姐要照顾、爱护弟妹,弟妹要尊敬兄姐。还通过亲友之间是非功过让孩子亲身受到教育。泰国家庭在教育子女方面妇女(母亲)比男子(父亲)更有培养教育的责任。有句俗语说,"看牛要观尾,察女先看母",说明母亲对子女的影响。由于泰国大部分家庭是入赘婚,因此孩子与母亲亲属的关系比较密切,母亲方面的女眷也会帮助照看孩子。有人研究说,泰人模仿母亲的个性甚于父亲,所以泰人具有礼貌、温顺、情绪易波动和重感情的性格。

三、民间伦理道德与文化

泰国民间伦理道德中含有不少文化内涵,如"三世两重因果论"、世事"无常",死是"解脱",再如佛教信仰与重男轻女观念等。这些伦理道德很明显含有佛教文化的内涵,也即是上述"民间伦理道德与成因"中的"宗教信仰因素"。但如果我们把"三世两重因果论"和"解脱"这种佛教文化作进一步揭示,会发现更深层的文化内涵。

"包含着循环与恒久意识的变易观念,与农业文明存在着深刻的内在联系。"①"循环论是盛行于农业社会的一种推原思维。这种思维的特点是出发点与归宿点'重合'。这恰恰是农业生产由播种、生长到收获这一循环状况以及四季周而复始衍化所暗示的。这类思维方式长期制约着中国人的思想方法。汉、晋后流行于中国的佛教,其因果报应、修行解脱说,也是一种循环论。"②"三世两重因果论"和"解脱"就是上述佛教的因果报应和修行解脱,也是一种循环论的思维方式。"因果报应"是循环论好理解,"修行解脱"也是循环论,因为它是寄托于生死轮回、因果报应的基础之上的。"解脱","但特殊地讲,指断绝'生死'原因,不再拘于业报轮回,与'涅槃''圆寂'的含义相通。"③也即是没有轮回就不会有修行解脱。这种思维方式由农业生产发生的,而泰国狭义地说是稻作生产(也是一种农业生产)发生的。为此,泰国的三世两重因果论和解脱与稻作文化存在着深刻的内在联系。

佛教的"因果报应"来自印度婆罗门教的"轮回业报"理论,佛教吸收之,而婆罗门教、佛教都是印度农业社会的产物,都有农业文化的内涵。

---

①② 张岱年、方克立:《中国文化概论》(修订版),北京师范大学出版社,2014年,第272页。
③ 任继愈主编:《宗教词典》,"解脱"条,上海辞书出版社,1981年。

第九章 民俗语言

"民俗语言"属语言民俗,语言民俗是民俗学中的一大类。语言民俗是指通过口语约定俗成,集体传承的信息交流系统。它包括民俗语言和民间文学两大部分,我们称它为广义的民俗语言;狭义的民俗语言,仅指民俗语言。

民俗语言是指在一个民族或地区中流行的那些具有特定意义,并且反复出现的俗话、套语,主要是指民间谚语。

民俗语言中,可供民俗文化探讨的主要部分是民间谚语。民俗语言中的民间谚语是指在民众中普遍流传的日常生活用语,它使用率高,流行面广,是民俗语言中最基本、最丰富、最常用的部分。"谚语"是语言学中的一个概念,原指语言中所有固定词组的总和。它往往是语言中定型的词组或句子或词汇,使用时不能随便改变其形式。它可分为常用型和特用型民间谚语两类,常用型民间谚语包括谚语、俗语、歇后语、流行语、称谓语等。

一、常用型民间谚语

泰国同样有丰富的常用型民间谚语,但分类、名称不同,如泰语称"桑暖(สำนวน)""沃罕(โวหาร)""素帕悉(สุภาษิต)""坎庞沛(คำพังเพย)",但属于沃罕和坎庞沛的例句很少,分类的标准也不尽相同。没有"流行语"这一术语,也不把流行在青年中的一种语言"帕萨哇伦"当作语言学的研究对象。有的类别语句,没有单独分类出来,如歇后语。

1. 流行语

流行语即流传于民间的、反映新近世风的时尚性词语,也即是指某个民族、某个地区的语言中,在一个阶段里使用频率较高而流行时间又不长的词语,也就是一种时髦的语言。流行语的产生归根到底离不开社会原因,社会变革的步子总是与流行时髦的节奏接近或同步状态。

流行语首先流行于喜欢追新求异的青少年群体,然后逐渐传播到其他年龄层面的社会群体。泰语虽没有"流行语"一词,但泰语中有这类词语。

(1) 年轻人的语言

泰语称"帕萨哇伦（ภาษาไวรุ่น）"意为"年轻人的语言"。它是一种流行语，只是流行范围比较小，流行语最流行于年轻人之中。年轻人最活跃、最容易接受新事物。在泰国年轻人中常有时尚的、生动的词语出现。有的出自好玩，不是年轻人就听不懂；有的语句即使是年轻人，也有听不懂的。绝大部分词，词典上没有。如"这女孩年轻"，其"年轻"两字就说成泰语"噢噢（เอ๊าเอ๊า）"。男孩"漂亮"，用泰语"乍（จั๊บ）"；女孩"漂亮"，用泰语"杰（แจ่ม）"。"一点点"说成泰语"集集（จิ๊บจิ๊บ）"或"集交（จิ๊บจ๊อย）"。"哥儿们"或"蜜友"说成泰语"西勃（ซี้ปึ๊ก）"等。"相同"，说成泰语"克克（คือคือ）"，意即"是是"。

有的句子是故意省略某词或字，如"非常好心"说成"非常心"，把"好"词省略。如"非常舒服"，泰语说"萨拜玛"，但年轻人说"拜玛"。而"不舒服"，泰语是"迈萨拜"，年轻人说成"迈拜"。都把上述两句中的"舒服"一词的前引字"萨"省略掉了。这一类词语有不少借用英语，如男性的"同性恋"，就说"gay"，"纸巾"说"tissue"等。

这类年轻人的语言更新也很快，一些词语不太时兴了，一些新词语又产生了。如"很舒服"，十来年前，说"骚、裸、卯（ซ บ ม）"。现今不太时兴了，而是说"丘丘（ชิวชิว）"。"丘丘"是两个词。

(2) 民间语

泰语中有一种语言，泰语称"帕萨曹班"，意即"民间语"。它广泛流行于泰国民间之中，通俗易懂，具体，形象生动，也可归入流行语中。它不同于书面、官方的语言。

泰语民间语的含义较广，既像流行语，又似俗语。原是流行语，时间一长，大家认可，就成了俗语。有的语句被泰人认为不登大雅之堂的语言，有的在泰文词典上是没有的或没有这个含意。如"容易"一词，民间语说"香蕉、香蕉"。因为香蕉在水果中最易吃。再如"泰国纸币"，泰国民间流行说"乃銮"（意即"国王"）一词来称纸币。因为泰币上都印有泰国国王的肖像，所以，民间有时用"国王"一词中（称呼国王有多种，乃銮是其中的一种）的"乃銮"来指"泰币"。于是"紫色的 500 铢泰币"，就说"乃銮西孟"。"西孟"意即"紫色"。因 500 铢泰币有印成紫色的。"乃銮"，在泰文词典上有，但没有这个含义。

泰语通常用的"很棒"这个词，民间语中有好几个泰文单词可表达，如"竟丙（เจ๋งเป้ง）"等，若形容工艺方面就用"涅（เนี๊ยบ）"。再有通常用语"死"词，民间语也有多个词句表达，如"去天堂""去地狱""去买炭""完了"等。

"买炭"是因为泰国人死时行火葬,因旧时用炭烧尸体。再如"修理"一词,一般在修理机器时说,但民间常流行用于治病,代替"治疗"或"动手术"等词。

有的民间语还以文字游戏方式来表达。如"多管闲事"这一词义,民间流行说"'虎'字'骚'装入'鞋(เกือก)'词"。泰文字母中读音为"骚"的字母,有三个,因此,泰人在"骚"字后加修饰词来区别。"'虎'字'骚'装入'鞋'词",说的是用"骚"字母来替换"鞋"词中的"告"字母。这样,"鞋"词就换成了另一个词,意思是"多管闲事"。

有的民间语为了加强、加深某个词的词义程度,如色彩、感觉、现象等,常常在中心词后加修饰词。这些词多是泰语中少用的第4或第5声调,使人听后,感到比不加这些词时的词义更鲜活、更异样、更刺激。如"白""红""黄""准""凉""死"等词,加了修饰词后,听者可凭自己的感觉、体会,对新词义的理解有所伸缩,如可理解成或译成"鲜红""红彤彤","雪白""白净净","黄澄澄""黄灿灿","真准""绝准","真凉""贼凉","准死""死定了"等。

有的民间语还引入外来词,更显时尚。如"商品展柜"中的"展"词就用英语"show"。再如"随便""佩服"等,有时直接就用中国潮州话。

2. 俗语

俗语是源起最早的民间谚语之一。俗语的"俗"既有"通俗"之义,又具"习俗"内涵,或涉民俗心理、民俗惯制,或直接、间接反映民俗。它既是长期一代代传承下来短小、定形的短句,又是当今民间常用的语句。它没有严格的概念限定,范围宽泛,包容了各种民间通俗语汇:谚语、口头性成语、惯用语等。上述"俗语"一词以及俗语的概念是汉语语言学中的术语和概念,泰语有自己的术语及其概念,完全相同是没有的。泰语同样没有"俗语"一词,但泰语中同样有类似的"俗语",泰语称"桑暖"。它也是泰国人民长期一代代传承下来,并在当今社会中常用的语句。下面举例说明:

"桑暖"中大多词句似俗语,通俗易懂,比喻生动。如"老牛吃嫩草"比喻"老夫少妻"。再如"轻松""去野地""去浇树"比喻"小便",而"射兔子"比喻男子"小便","摘花朵"比喻女子"小便"。有些语句不仅通俗、形象,而且直接反映泰人的渔业民俗,如"一篓之鱼"意即"同一伙人","水到哪里,鱼到那里"意即"形影不离"。"新米肥鱼"意即"新婚夫妻",语句反映了鱼米之乡的泰人物质生活。再如"吃一碗辣椒酱",泰国古代很多人只要一碗辣椒酱就能下饭,于是有人用这话来表达"与一个妻子过""只有一个妻子"的意思,反映了泰国古代的饮食习惯。再如"像哈奴曼那样勇猛","哈奴曼"是家喻户晓的民间故事《罗摩本生》中的猴王。他十分神勇,泰人常用这词语形容勇猛的人,反映了广泛流传的民间文学。

有一些"桑暖"的语句随着时间,含义会有变化。如泰语"代赫"意为"身材高大"。现代含义是"绝对、确定"。

这些泰语句子短小、定形,其中又不少是四个音节,因此有人把"桑暖"当成中国的"成语"。

3. 谚语

谚语是民众丰富智慧和生活经验的总结。泰语"素帕悉"相当于汉语中的谚语,但它还包括教诲或劝诫意义的语句,这又相当于汉语中的"格言"。其实,有些汉语中的格言相当于谚语。汉语之所以要分谚语、格言,原因是汉语的格言大多是文人所作,又多是书面语言,而不是口头的语言。"格言"在中国民俗学中与成语一样,不归属在民间谚语之中的。而泰语格言传承的情况不同于中国。

泰语的"素帕悉"语句中的格言有不少出自《帕銮格言》。《帕銮格言》产生于素可泰时期,相传出于该时期某国王之手。原作已失传。到了曼谷时期三世王时,国王御令搜集、整理并把《帕銮格言》镌刻在曼谷的帕切杜蓬寺中,共158句。尽管泰国格言中也有出于文人之手,但它更多来自民间,然后经过国王、文人搜集、整理的可能性大。它自古以来,主要靠民间集体一代代口语传承下来的,大多不依靠书面文字传承。当今泰国学者也把格言作为一种口头语言,这也可能是泰国古代书面语不如中国古代发达之故。此外,素帕悉中还有警句,但这些警句相近于格言。有些"素帕悉"是短语,但多数是完整的句子,还有不少是两句句子的。概念较固定、明确,多是教诲、劝诫性的语句。因此,泰语中的"素帕悉"相似于汉语中的"谚语"。它虽有"格言""警句"这类语句,但也可归类于谚语。除了素帕悉这类词句相当于谚语以外,"桑暖""庞沛"中有些词句也相当于谚语,有的语句不好严格区分。下面举例说明:

如"鸡美因羽毛,人美因打扮"。"按牛头强迫吃草",近似汉语中的谚语"按牛头吃不得草"。"大鱼吃小鱼""住持不好,尼姑不洁""狗改不了吃屎"等。这些都是生活经验的总结,也是完整的一句或两句的泰语句子。

再如"捉鱼别用两手"意即"一心不能两用";"牛丢失,筑牛栏"意即"亡羊补牢";"十张嘴说不如眼见"意即"百闻不如一见"。

庞沛中也有相当于谚语的语句,如"虎留花纹,人留名声"近似汉语中的谚语"豹死留皮,人死留名"。

有些格言来自桑暖语句,如"结友观面相,买布看布质""防比治好"

"撒什么种子,得什么果"。有的格言来自佛教教义,如"做好事得好报,做坏事要遭殃"意即"善有善报,恶有恶报"。有的格言来自《帕銮格言》,如"三思而后言""要抓就抓牢,要掐就掐死"等。这类语句的教诲、劝诫意思明显些,类似警句。

有些"素帕悉"的语句随着时间的推延,其含义也会发生变化。如"失去金银不愿失去丈夫",后来到了商品社会,金钱万能的时代,变为"得到金银送给丈夫"。

上述例句都是丰富智慧和生活经验的总结,又都是民间的口头语言,相当于谚语。

4. 歇后语

"歇后语"又称"俏皮话",是由喻体、解体连缀而成的较为定型的趣味性语句。喻体为假托语,有比喻、引子的功能,近似谜面;解体为目的语,起说明、注解作用,近似谜底。运用时,借前面的喻体,以引或"歇"后面的解体,通常两体并存。也可只示喻体,而隐解体。歇后语的解体部分还常借助音同或音近现象,构成谐音双关。泰语同样有这类词,并以示喻体,隐解体的形式出现,分散在桑暖、流行语等各类语句中。但没有单独成类,没有这种词类的名称,也许是数量很少不成类。举例如下:桑暖中有些词句即是歇后语,如"瞎子得到眼镜"(示喻体)意即"无用"(隐解体)、"杀象取牙"意即"得不偿失"、"贴金贴在佛像背"意即"劳而无功"、"鱼落网背"意即"无罪之人"、"进了凤群是凤,进了鸦窝是鸦"意即"能上能下"等。再如"着装强盗"意即"干坏事的公务员","早一碗、晚一碗"(好比中国的"大锅饭")意即"应付了事"。

民间语中也有些歇后语,如"找虱子放在头上",意即"自找苦吃"。

在泰语称"庞沛"的词句中,也有歇后语,如"打蛇尾"意即"危险"。

5. 称谓语

称谓语是说话人在称呼或指代某人时,依据双方之间的关系而使用的指称用语。分亲属称谓、人名称谓、职务称谓、人称代词等。

(1) 亲属称谓

它是以人们之间的血亲关系和姻亲关系为基础形成的称谓,它与婚姻习俗有关。分夫系称谓、母系称谓、姻系称谓。在中国,亲属称谓中的夫系称谓和母系称谓分得清楚、严格。泰国的亲属称谓与中国比,要简单得多,如与爸妈同辈的兄弟姐妹的称谓。在泰国,凡比爸妈大的,如爸妈的哥、姐及其妻、夫,男的都称泰语"隆",不像中国有伯、舅之分;而女的都称泰语"巴",不像中国有姑父、姨之分。凡比爸小的,如爸之弟、妹及其妻、夫都称泰语"阿"。不像中国有姑、姑母、叔、婶母之分；而比妈小的，如妈之弟、妹及其妻、夫都称泰语"娜"。不像中国有舅、舅母、姨、姨父之分。至于中国亲属称谓中的"堂兄妹""表兄妹"及"姨表兄妹"，在泰国都互称"兄妹"。当长辈向外人介绍时，为了区分，要加说明，称"儿子辈的兄妹"。再有孙子辈的称谓，泰人称谓儿子的子女和女儿的子女都称泰语"兰"，即"孙"。不像中国有孙子、孙女、外孙子、外孙女之分。另外，中国有"侄""甥"称谓，对"甥"还要加上一个"外"字，称"外甥"。泰国人不加区分，都称"兰"，即"孙"。泰语"兰"字既指侄、甥，又指孙，造成泰国"侄、甥、孙"不分，有时为了区分，同样要加说明。中泰亲属称谓的不同源于不同的制度文化。

与中国一样，泰人也习惯把亲属称谓用于非亲属关系的社交对象。同辈之间称兄道弟，对年龄大一些称叔、姨等。但在泰国"兄、弟"称谓的应用范围较大，有的家庭中妻子对丈夫也称"兄"。另外"儿子"这称谓应用也较广泛，如党羽、门徒、顾客、混血儿、雇工、律师的委托人、船员、接班人等的称谓前都可加"儿子"一词。

同样，在泰国，亲属称谓的地域性和时代性也很强。如夫妻之间的称谓，各地也有不同。妻子叫丈夫为"爸"等。如果妻子很年轻就分不清是女儿，是妻子。夫妻间最时尚的称谓是互叫"芬"，即英文"friend"。结婚前的情人可以这样称呼，结婚后的夫妻也可以这样互相称呼。如果不是熟人或不经仔细观察就分不清是情人还是夫妻。

（2）人名称谓

人名称谓即姓名。初到泰国的中国人往往对泰人的姓名感到长而不易记。然而，一旦你了解后，也许会给你带来方便。如从姓名中你可了解到一些基本情况，如职别、职称、性别、夫妻、家族关系等。

"姓名"中的"姓"是同一血缘关系的一种代表符号。在中国，姓源自母系血缘关系，后来发展到按照父系计算的父系血缘关系。泰国人自古有名无姓，一些官员用官职呼其名。明代黄衷撰写的《海语》一书中记载："国无姓氏，华人流寓者始从本姓，一再传亦亡矣。"

泰国曼谷王朝的国王另有中文别名。由于拉玛一世曾被郑信（吞武里王朝国王）封为王子（义子）。1786年（清乾隆五十一年），拉玛一世自称郑信之子"郑华"，遣史赴清朝朝贡，乾隆册封拉玛一世为"暹罗国王"。故曼谷王朝以后各世王都以郑氏为中文姓氏，拉玛三世为"郑福"，拉玛四世为"郑明"，拉玛五世开始取消了中文姓氏。

泰国自曼谷王朝拉玛六世始立姓。泰人从一开始就采用按照父系计算的血缘关系立姓。

  1912年,拉玛六世颁布了《姓氏法令》。1913年7月1日开始实行。但国王及其直系亲族例外。《姓氏法令》一公布,法令规定：子嗣必须继承父姓,妇女出嫁必须改自己的原姓为夫姓。名在前,姓在后。立姓后不得任意更改。剃发为僧的人可以另起僧名。不能用王族的姓或国王已赐过的姓作姓,不能用王都名作姓,不能与已登记注册的姓重姓,不能用下流秽言作姓,姓不能用泰文"纳"(意为"在",表示地点或时间的词)前引作姓,姓不能超过10个音节。寡妇的姓取其男方亲戚的姓。一个家族取一个共同的姓时,必须是继承血统的男性的姓等。凡此等等,当时立姓重视父系,突出男子。

  《姓氏法令》刚发布时,一些王公贵族和有地位、有名望的人,以及富贾商人,为了取一个吉祥而显贵的姓,纷纷要求拉玛六世赐姓。后来,一些百姓也要求国王赐姓。而拉玛六世不但没有嫌麻烦,反而乐此不疲,专门挤出一天的时间为臣民百姓公开赐姓。据说拉玛六世曾为3千人立过姓。

  谈及泰人的名,多取吉祥之意,且都有一定的意思。当今泰人取名有一个趋势,即音节加多,巴利文、梵文增多。历代国王等重要王室成员的取名,都很长,且多巴利文和梵文。像国王那样长长的名字,也都是修饰词,国王的真名也不长,如拉玛九世的姓名叫"普密蓬·阿杜德"。"阿杜德"是姓,也是其父名。拉玛八世和九世是兄弟两人,其父把自己的名字"玛希敦·阿杜德"分成两半,分别加在两个儿子的名字上。如拉玛八世的名为"阿喃他·玛希敦"。拉玛九世的名为"普密蓬·阿杜德"。拉玛三世为了尊敬拉玛一世和拉玛二世,竟在两国王的名字中加入"佛陀"两字作修饰词,成为泰人名字中最高贵的名字。因为在崇信佛教的泰国,佛陀比国王的地位还高。

  凡拉玛一世的后代,但已没有世袭爵位的平民,为了表明其血缘关系,一律取姓为"纳·阿瑜陀耶",因为《姓氏法令》对国王及直系亲族是例外的,一般平民是不能以王都名作姓的。

  泰人的重名现象也很多。有人仅从曼谷市的电话本上统计,名叫"颂塞""颂差""巴硕"的就有千人。泰人还习惯呼小名。泰人除了本名外,上自国王,下至百姓都有小名,而且还习惯呼小名。不仅家里叫,在机关企业中,同事之间也叫。有的因为同事中互唤小名,反而忘了其本名为何。小名都由父母取的,取的名多带亲昵、吉祥、随意、父母的期望、孩子的特征等意味,如"矮小""小不点儿""晶莹"等。更有取动物名为小名等。男名、女名也大致能区别。

近些年来,如果女方出嫁后不愿改夫姓也被允许了,可保留本姓。我们把泰人的姓名译成中文时,习惯在名和姓之间加一个点,以示区别。如"克立·巴莫"前是名,后是姓。

(3) 职务称谓

泰人常喜在姓名前加职务称谓,我们称它为"名前加冠称"。泰人名前加冠称的习惯自古就有,它不像立姓是近百年之事。冠称包括职别、职称、官衔、爵位、学位、尊称等。职别如医生、讲师、经理、律师等;职称如董事长、经理、经理助理等;官衔如总统、部长、元帅、上将、市长、厅长等;爵位如公、侯、伯、子、男;学位如学士、硕士、博士等;尊称如先生、女士。泰人都习惯把上述冠称加在名字前。如"达信","信"是其名,"达"是达府。在这里"达"表示官职达府府尹。有时还习惯直呼其官职代替其名,以致后人在文章中提到他时,就在其官职后,加上一个括号,为了区别同一官职的不同人,括号内写上其名。如昭帕耶帕康(宏),意即财政部长(宏)。为此,少数古代宫廷中的显赫重臣,历代国王,若把他的名字写出来,其名之长令人咋舌。如国王拉玛九世的名字音译成汉字共有 48 个字,名字前加了很多冠称。此外,国王的直系亲属的名字中有亲属称谓作冠称,如国王的孙子、孙女的名前都有亲属称谓,如泰语"兰特"意即"孙子"或"孙女"。有的还把亲属关系词加在名后。如王储的前妻的名字前的冠称保留了当王储妃时的王族称谓和爵位,但为了说明现今已不是王储妃了,就在其名后加上泰语"帕叻文拉差贴纳达玛杜"意为"国王孙女的母亲"。

自曼谷时期开始,泰国与西欧各王国一样有了自己王族的代称,称"拉玛"。它是由曼谷时期六世王模仿西方如英国"查理一世"、德国"威廉二世"等而制定的。他从自己开始称"拉玛六世",而追认该时期的一世王为"拉玛一世",二、三、四、五世王称"拉玛二、三、四、五世"。因此,在有些场合下,就不必称呼曼谷时期各国王冗长的姓名了。

(4) 人称代词

人称代词即"你、我、他;你们、我们"等。泰人很重视人称代词的使用,对于不同年龄、地位的人有不同的代词,就是同一代词还有尊称、俗称、鄙称之分。如第二人称"你"词的使用:对一般人的尊称,泰语为"坤""坦(ท่าน)"。平辈之间礼貌称谓,泰语为"特(เธอ)";俗称,泰语为"勒(ลื้อ)""因(เอ็ง)"等。长辈对晚辈的昵称,泰语为"奴""昭";俗称,泰语为"孟(มัน)";鄙称,泰语为"盖(แก)"。

人称代词中的鄙称是封建社会等级观念的反映,并沿袭至今,说明当今泰国社会民风中还有等级观念。

二、特用型民间谚语

特用型民间谚语,指专用于某种特定的群体或场合的较为定型的词语。它在使用范围上有较强的局限性,但具有特殊的功用,是民间语言中极有特色的组成部分。中国的特用型谚语有很多。泰国没有"常用型""特用型"的术语或分类,与特用型相近的谚语有两类,即吉祥语和谴责语(คำประณาม)[①]。其他类如行话、黑话、暗语等泰国也有,但泰国《民俗学》未提及。

1. 吉祥语

吉祥语是中国民间常在逢年过节、结婚祝寿、乔迁开张等喜庆日子或隆重场合使用。吉祥语的形式可以是词、词组、句子。在泰国也是一样,但比较中国,泰国则用得更多、更广泛。这是因为泰人的原始信仰万物有灵论、祖先崇拜、自然崇拜等至今仍有流传,人们都想自己和家庭平安、吉祥。各种佛教、婆罗门教的吉祥仪式上,祝福别人,为自己祈福求吉祥,更少不了吉祥语。

泰国使用吉祥语的场合很多,常见的有:一般性的祝贺、婚礼上的祝贺和对初生婴儿的祝福。

一般性祝贺,如祝您幸福、家财万贯等。婚礼上祝贺,如永爱无疆、白头到老、手持银拐金杖等。对初生婴儿的祝福,如凉如东瓜、沉如西瓜、有力量如哈奴曼等。

(1) 吉祥语的形式有语素或词、短语、句子等。词、词组方面的例子,举不胜举,如"福、禄、寿""金、银、财、宝""好运、吉祥、如意"等词和词组用得十分普遍。有些婆罗门教文学中人名、神名如"拉玛""悉达""帕英""那莱"和佛教中的"荷花""须弥山"等也都是吉祥词。在泰国,吉祥语形式不仅仅是词、词组、句子,而常常是成段成段的,如当今贺年片上的贺词等。有的还谱曲歌唱。如《祝福歌》《告别歌》中的歌词等。在各种仪式歌中,如《招魂歌》《拜师辞》《祭鬼歌》等常有成段的吉祥语。

现选译成段吉祥语的例子,如当代流行的《祝福歌》:

熟睡时祝你得金百万,做梦时祝你得金千万。/醒来时得金亿

---

① 〔泰〕玛里伽·克娜努叻:《民俗学》,奥定萨多出版社,2007年,第21页。

万,伸手祝你得珠宝。/灾祸别来到,魔鬼别来扰。/去祸消灾,噩运不来。/罪恶你所不需,疾病离你远去。/祝你官运亨通,冤家仇敌败北。/疾病妙手回春,凶险转危为安。合十膜拜。

(2)运用吉祥语的方式。吉祥语的应用还可采取谐音方式或实物方式表达:

谐音,如数字上,泰语序数"9"象征吉祥,因为其"9"字的发音与"进步、前进"谐音。

实物,如结婚仪式上的吉祥纱圈、淋滴圣水时的水、点粉时的粉等。还有一些植物也象征吉祥,如婚礼晚上为新婚夫妇举行铺床、摆枕仪式时,新房中有一个托盘,上放包着包的绿豆、芝麻等。绿豆、芝麻象征日后与父母分开,成立新家庭,独立生活,事业发达。再如拜师仪式上的花台制作常用绊根草、茄子花。绊根草象征学习上韧性和智慧的增长;茄子花象征对师长的尊敬和不忘师恩。仪式上还摆放针叶花和米花。针叶花象征机智、聪颖,米花象征头脑开窍。

2. 谴责语

谴责语是专指的用于特定场合、有共同性格的特定人群的语句。有褒义和贬义两种,多用于贬义。

如"蜷曲发、粪箕脸、脖子短、牙齿白"。这是泰人对不喜欢的人的常用语。旧时,泰人的审美观认为"黑齿为美","牙齿白"是不美的,所以是贬义的。现在,除了少数边远地区的人仍有此审美观外,都不那样认为了。"佛丕府人奸诈,叻丕府人虚伪。""呵叻人、高棉人、洛坤人、素攀人不能结交"等,都是贬义的。"柚子甜润,米粒白净,姑娘漂亮。"这是指佛统府那空猜诗县,是褒义的。

三、语言与民俗

语言与文化的关系十分密切,很多文化艺术的成果、典籍、经籍、风尚、习俗反映在口头语言中,记录在书面语言里。一些谚语中更大量地反映和记录着文化哲理、风俗习惯。所以,语言是民俗、文化的载体。文化的载体,本章节不少词汇中已有表示,如泰语很多词汇中承载着本民族的文化。至于泰语中的外来词,看上去被接受的是词汇,但众所周知更多的是这词汇后面所表示的文化。这里有中华文化、印度文化等,当今又有西方文化。为此,以下着重谈语言是民俗的载体。

古代泰人普遍存在"万物有灵论"的信仰，因此"魂"字用得很多。婴儿出生三日不死，家人要为婴儿做"婴儿四日礼"，泰语叫"四日招魂"。婴儿满月做"满月礼"，泰语叫"满月招魂"。孩子小，受不起惊吓，称"魂弱"。孩子受了惊吓，称"失魂落魄"。人们提心吊胆，称"魂挂了起来"等。

"我"词，泰语称为"蓬"，意即"（头）发"。为什么称"我"为"发"？其由来是泰人认为头是神圣的，因为头的天灵盖是人的魂魄出入口或其束发处是魂魄的暂住处。所以说到"头"，必然会提到"发"。古代泰国，"洗头"常说"洗发"，"低头"常说"低发"。因此头即是发，发即是头。于是有人常有礼貌地称"自己"或"我"为"格劳蓬"（意即"头发"。泰语"格劳"意即"头"）。为何称自己或我为头发？另一原因是因为头是人体最重要的部位，头相当于自己的身体，能代表"我"。

泰人的人名称谓——小名中有的是动物名。为何父母要给孩子取动物名如"青蛙""蜜蜂""蟹""水牛""羊""鸡"等？这是因为古代泰人相信婴儿出生三日之内，因卫生条件等原因容易死亡，是被鬼叫走（死亡）。为了骗鬼，婴儿不取人名，而取动物名，以避"鬼叫走"。另外，泰人认为，鬼不喜欢下流、丑陋的东西。这也是泰人对初生婴儿不能说"漂亮"，而说"丑陋"，进而为婴儿取动物名或性器官名作小名的原因。目的也是不让鬼把婴儿的魂叫走，把鬼驱走。

吉祥语，有人研究认为这种习俗的形成原因，可追溯到古代的语言灵力信仰和巫术语言。无论是吉祥语还是咒语，都起始于原始人类对于灵魂的崇拜。他们认为表示祝福的吉祥语能给人带来福祉，用言语咒骂则会降祸于人，它反映了古代的语言灵力信仰。这种信仰至今仍为人们所应用。

上述词汇、语言都说明语言承载着泰人的鬼魂信仰的习俗。

泰国佛教徒礼佛时，有一种习俗，喜欢用一小块金箔贴在佛像上表示一种功德。于是有一句谚语称"贴金贴在佛像背上"，贴在佛像背上的金没有人看见，所以，这句话的含义是做了好事无人知晓、赞扬，劳而无功，但该词又记录了一种佛教习俗。

"钟""小时"泰语称"那利加"，来自巴利文，指计时器的统称。这种计时器相当于中国古代的"漏壶"，简称"漏"。其计时的方法与中国的"漏"的计时法略同。它记录了泰国古代的计时习俗。"小时"，除了称"那利加"外，还有一种传统的叫法。如自早晨7时至傍晚6时，这段时间内的"小时"，除了正午12时外，泰语都能称"蒙"。早7时，称"早1蒙"；午后1

时,称"午后一蒙";午后 5 时,称"傍晚 5 蒙"。晚 7 时至晚 11 时,这段时间内的"小时",泰语称"通"。晚 7 时称"1 通",以此类推。之所以称"蒙""通",都出自古代报时习俗。当时,白天以敲锣来报时,晚上击鼓报时。锣声音似"蒙",鼓声音似"通"。

第十章　民间文学

"民间文学"亦称"民间口头文学"或"口承文学",属"语言民俗"。

民间文学是人民大众的语言艺术。它运用口头语言,充分发挥其丰富的表演功能和概括能力,创造各种艺术形象,展示瑰丽的想象,表现高尚的审美趣味和深刻的理性认识,这是民间文学区别于其他民俗事象的艺术特性。

民间文学不是作家文学,它与作家文学比较,有很多不同之处。如古代,民间文学直面听众,除了语言传播外,还有讲述者的语调、唱曲、表情、动作,甚至即兴创作、与听众互动等。它既是文学创作,又是一种独特的民俗活动。同时它又是作家文学的母体。

泰国民间文学按文体分,可分三大类,即民间故事、民间歌谣、民间说唱。它与中国民间文学的分类有些不同。下面说一下泰国民间文学的特点。

1. 宗教特色浓厚的古代民间文学

"泰国的古代文学基本上是宗教文学、宫廷文学和经过宫廷文人再创作的民间文学。"[1]"泰国传统文学从本质上看带有宗教色彩。"[2]

泰国古代,人们的活动中心在寺庙,民间除了极少数有文化的人外,僧侣是知书达理、有才艺的人,是民间文学创作的重要力量。接受文学作品的人又大多是信徒。而民间文学的发展与流传又与信仰有关。这些信仰都来自泰人的鬼魂信仰、佛教、婆罗门教,这就决定了泰国民间文学中的宗教特色。泰国民间故事与中国比,其中宗教故事所占比重大大高于中国。这些故事都是直接叙述佛陀本人或佛陀的前生——菩萨、佛教教义,而且数量也不少。泰国的寓言故事其结尾也有不少直接指出佛教教义。泰国民间歌谣中也有不少宗教作品。如《请神歌》《招魂歌》《剃度歌》等。再有在宗教仪式上唱诵的各种《赞歌》《颂词》等。民间说唱有《大本生》等。无怪乎泰国有些学者要说"宗教是文学的源泉"[3]。

---

[1] 栾文华:《泰国文学史》,社会科学文献出版社,1998年,第4页。
[2] 披耶阿努曼拉查东著,马宁译:《泰国传统文化与民俗》,中山大学出版社,1987年,第9页。
[3] 〔泰〕蓬詹·克拉素班筹:《宗教文学与风俗》,銮桑出版社,1985年,第7页。

2. 民间故事中的外国民间故事

泰国民间故事中有些来自国外民间故事。"来自各国民间故事的泰国民间故事,有印度、斯里兰卡和西方国家。来自印度的如《罗摩衍那》等。有些来自《本生经》,如《玛哈韦桑敦本生》等。有来自《伊索寓言》的,如《兔与龟》《羊与狼》等。当今在泰人中,尤其在知识界,讲述的故事是一些西方的故事,如《睡美人》《灰姑娘》《木偶奇遇记》《白雪公主》等。"①其中有的外国故事在泰国经过长时期流传,逐渐变成具有泰国特色的民间故事。

3. 具有地域特色的森林情结

泰国地处赤道附近的热带季雨林,古代森林湿地遍布全国。泰国古代文学大多是诗歌,不论是故事诗、剧本(诗歌体)还是抒情诗都有对森林中自然景物的长篇咏吟。如:"泰国的纪行诗,也可以叫离别诗,专门描述诗人出门远行,途中触景生情,引起对心中女子的无限思念。这景,主要就以森林中的花鸟树木为借喻的对象……"②森林情结是泰国古代民间文学的一大特点。

4. "腰脚韵"的韵律

"泰国的文学……。这些古代作品多属于宗教性质,以诗歌或散文写成,大部采用的是诗歌体散文形式。"③

诗歌体散文形式与其他文学体裁的不同是有韵律,即押韵。泰国诗歌的韵律的名称很多,如"莱(ร่าย)""嘎(กาพย์)""婵(ฉันท์)""格仑(กลอน)""尼拉(นิราศ)""立律(ลิลิต)""克笼(โคลง)"等,泰国诗歌(包括民间歌谣)有其自身的特点:即它以两句为一行,两行为一节。一首有几节则不限,但至少一节。以押"腰脚韵"为主,掺有尾韵(脚韵),有的还掺有声韵。腰脚韵是句中(腰)某词押另一句的句末(脚)一词。泰语有"五声",称音调。泰语诗歌中有在同一行,而在不同句中的某词与某词押同一声调的;有上一节中的第二行末词与下一节第一行的末词押同一声调的。而且一首诗歌中常常不是押同一声调,而是五种声调都会出现。泰国诗歌押腰脚韵与中国西南的民族如壮族等的民间诗歌"欢"的韵律相似,都是腰脚韵。

---

① 〔泰〕巴空·尼曼赫民:《民间故事研究》,朱拉隆功大学出版社,2002年,第90页。
② 《泰国文学史的比较视野》,载《泰国国王普密蓬阿杜德登基60周年纪念文集》,香港社会科学出版社,2007年,第126页。
③ 〔泰〕披耶阿努曼拉查东著,马宁译:《泰国传统文化与民俗》,中山大学出版社,1987年,第9页。

一、民间故事

泰国"民间故事",泰语称"尼他彭班"意即"乡土故事",相当于中国的散文的口头叙事文学,包括神话、传说和各种民间故事。

泰国民间故事从内容分,可分为 11 大类①,并通称为"民间故事",即古老的故事(很久以前流传下来的故事)、宗教故事、寓言故事、幻想故事、生活故事、地方故事、事由故事、动物故事、鬼故事、笑话与言过其实的故事、讲不完的故事与连环故事。

此外,除了 11 类以外,还有 1 类,泰国民俗学家称它为"着装故事"(直译),也有人意译为"全料故事",泰语称"尼他崇克(นิทานทรงเครื่อง)",共 12 类。着装故事是在讲故事时加入了某些段落的韵文唱词,配以曲调歌唱,有时有音乐伴奏,有时还有手势、动作的表演,像给故事穿上各种衣服。因此,它常被用作为一种民间表演艺术利盖戏、呦空剧的表演。②为此不把它另作一类民间故事介绍,所以仍是 11 类。

因此,泰国民间故事的分类与中国散文的口头叙事文学的分类不同,一是中国民间文学按文体分,分成:散文的口头叙事文学、韵文的民间诗歌、综合的民间戏曲等。泰国民间故事(口头叙事文学)中的文体不单一是散文,有韵文的;二是有的民间故事,泰国把它独立分成一类,而中国则把它分在别的类中;三是泰国民间故事按讲故事的人的意图可以由这一类改成另一类,中国没有。

下面为了叙述方便,把 11 类中的相近的类别归到一起或分散到与其相近的类别中去,简化为 6 类,即神话、传说、宗教故事、民间故事、笑话与言过其实的故事、讲不完的故事与连环故事。

(一) 神话(丹南巴叻巴拉 ตำนานปรัมปรา)

神话通常是讲述有关宇宙和人类起源以及各种自然现象和社会文化现象起源的。它是在先民的万物有灵论的基础上发展起来的,用幻想、联想等思维方式反映生活。从流传下来的神话看,较多带有征服自然的积极意义。今后,神话仍会不断地产生。

神话是全民口头传承的原始文化结晶。口头传承对于历史的塑造力和对于人的观念的塑造力大大超过文字传播的功能。民间口头传承限定

---

① ② 〔泰〕巴空·尼曼赫民:《民间故事研究》,朱拉隆功大学出版社,2002 年,第 89 页。

了人们的历史和现实的概念,个体的探求真相的理性不能不受到这种群体的因袭的主观概念的洪流的裹挟。……因此,神话、民间故事,基本上呈现两种状态:它既保留着上古时代的神话色彩,又基本上失去了原始人类所说的本来面目。保留意味着它们在民间传承。失去原貌则是记录神话者在记录的当初必定染上时代的色彩。①

泰国民间故事分类中有一类泰文叫"丹南巴叻巴拉",意为"很久以前流传下来的故事"。而在这一类下面又细分为"世界和人类起源""国王的诞生"(这类故事中的国王都是由天神或帕英指派某一神仙下凡来当国王的,或是神的儿子,属"传说"故事)"日、月,日食、月食""闪电雷鸣"等。从上述细分的内容看,"丹南巴叻巴拉"相当于中国的"神话"。

1. 世界和人类的起源

世界和人类的起源这类神话,泰国民间也有流传,并引起当代泰国民俗学家的关注。泰国民俗学家希拉蓬·纳·塔朗收集了流传在东南亚地区泰族中的50多个民间创世神话故事后,在她的著作《故事中的泰族》一书中说:泰民族起源有3种类型的神话,即老公公、老婆婆的创世神话;葫芦生出泰族先民的神话;天神下界吃了香土,无法回到天上,留下来成为人类的祖先神话。

下面介绍这类创世神话:

(1) 老公公、老婆婆创世神话(泰国北部或东北部)

桑格沙老公公、桑格西老婆婆创造了12种动物即十二生肖动物——鼠、牛、虎、兔、大蛇、小蛇、马、羊、猴、鸡、狗、象让孩子玩。后来,老公公、老婆婆创造的孩子他们兄妹通婚,子子孙孙传宗接代。今日泰人传自老公公、老婆婆。

(2) 葫芦生出泰族先民的神话(泰国东北部)

远古时代有三位官人——朗呈公、昆德、昆堪。他们在地上建了一座城市。收获时节他们没有对天祭祀。天神大怒,引来洪水,淹没了城市。由于他们造好了筏子,没有被淹死。他们带着妻儿乘筏子去天上向天神请罪。天神对他们盛情款待,使他们生活得很幸福。但他们还是向天神要求回到人间。天神允诺,并赐以水牛。于是他们回到人间的一个叫"纳诺"的地方。后来,水牛死了,在尸体上长出了葫芦藤,结出了一个大葫芦。他们用凿子凿开葫芦。突然,从里面

---

① 仲富兰:《中国民俗文化导论》,浙江人民出版社,1998年,第546—547页。

流出一批又一批的人来,流了3天3夜。这些人后来就成了泰族五个分支的先祖。朗呈公他们又教会这些人各种知识和技能。随着人口的繁衍,天神派昆各和昆崆来人间管理。但由于两人贪恋杯中之物,而被昆堪告发。天神又派来了昆布隆来人间。以后,昆布隆成了澜沧国的开国君主①。

(3) 世界和人类起源神话

世界遭遇火劫,后来天上下了大雨,洪水泛滥,世界又遭水劫。当土地干后,泥土的芳香飘到天界,众神嗅到香味,纷纷下来品尝香土。当吃了香土后,都回不去了,就生活在大地,成了人类的祖先。

2. 雷鸣和闪电

泰人相信每当雨天时,闪电是仙女媚卡拉(เมขลา)用她的宝珠向持斧罗摩诱惑时发出的光芒。雷鸣是持斧罗摩用斧子砍向媚卡拉时发出的轰鸣声。故事情节如下:

从前,有一位龙王,他的头上总戴着一颗闪光的宝珠。他有一女儿,名叫媚卡拉,十分美貌,但很顽皮。龙王担心女儿惹祸,把女儿嫁给因陀罗,并把宝珠也给了他。因陀罗把宝珠交给媚卡拉收藏。一天,媚卡拉带着宝珠出游,因觉不自由,不愿再回到因陀罗身边。因陀罗让她做了护海女神。有一位阿修罗,因持有一把宝斧,名叫持斧罗摩。他有一个朋友叫罗睺,罗睺因偷吃了搅乳海时出来的甘露,被因陀罗用神盘砍去了一半身子。持斧罗摩觉得他可怜,想向因陀罗求情。为了讨好因陀罗,也想把媚卡拉捉回因陀罗身边。但他费尽办法捉媚卡拉,总无成效。媚卡拉还故意抛起宝珠戏弄他,他也用斧子砍向媚卡拉,但她有宝珠的保护,也总是砍不到她。这样一砍一戏,无休止地持续下去。宝珠就是闪电,而雷鸣则是斧砍时的声音。

3. 日食和月食

泰国没有把日、月像印度教那样作为万神殿中的一员,有时在民间文学中提到的日神和月神都是印度教的。而流传于民间的是日食和月食神话,也都是婆罗门教和佛教的或受其影响的。此类神话有3类:一类是印度教的,一类是同时受印度教、佛教影响的,一类是受佛教影响的。其中

---

① 裴晓睿、廖宇夫、易朝晖:《泰国民间文学》,载陈岗龙、张玉安等《东方民间文学概论》,昆仑出版社,2006年,第3卷第17页。

以印度教的流传最广。前两类流传于中部和南部,后一类流传于北部和东北部。

(1) 印度教的

在搅乳海(กวนน้ำอมฤต)时,众神不让阿修罗饮到搅乳海出来的甘露,而作为阿修罗的罗睺乔装打扮成天神而饮了甘露。这事被日神和月神发现,就去禀告帕英(因陀罗)。帕英很恼怒,用神盘把罗睺拦腰砍为两段。罗睺因饮了甘露而没死,上身仍为原身,下身成为一彗星。但从此罗睺把日、月神视为仇敌,一遇到他俩就要吞食,天空就会出现日食、月食。

(2) 同时受印度教、佛教影响的

一日,兄弟两人和一仆人罗睺三人去寺庙施斋。罗睺(ราหู)忘带了汤勺,兄弟两人用自己的汤勺在大庭广众下打了罗睺的脑门。罗睺受此大辱,向佛陀起誓,一定要报仇雪恨。后来,兄弟两人转世为日神、月神,罗睺也成为一天神。但罗睺一遇日神月神,就会吞食他俩。

这则故事中的罗睺是印度教故事中的角色,但又有佛陀,还包含了以头为重的泰国民俗。

(3) 受佛教影响

从前,有姐妹两人学习做菜,品尝时,两人各执己见,姐姐拿起炒菜铲子,妹妹拿起杆子,相互打了起来,最后都死了。阎王判她俩下到七层地狱。之后,姐姐转生为月亮,妹妹转生为青蛙。两人一见面,青蛙就吞食月亮。

这则神话只说月食,没说日食。但反映了月食是青蛙吃月亮造成的观念,故事叫《青蛙吃月亮》。但也受到了佛教的影响,如地狱、阎王。该故事除了流传于泰国外,在中国的壮族、傣族、侗族,以及老挝、缅甸和越南的泰族都有流传。

4. 稻谷女神

这类神话在上述神话分类中是没有的,但在泰国民俗学家希拉蓬·纳·塔朗著的《民俗学理论:神话与民间故事的科学分析方法》一书中这类神话很多,并把它归类为神话。现选译一则《稻谷婆婆和佛陀》如下:

很久以前,稻谷婆婆不愿跪拜佛陀,佛陀很生气,因为跪拜说明信奉佛教,稻谷婆婆很失意而离去。之后,人类没有粮食吃而发生饥荒。佛陀央求稻谷婆婆回来,养活人类。稻谷婆婆回来后,憋气而死,愿为粮食上供佛陀。佛陀接受了稻谷婆婆的功德,也感到她的重要性,告诉人类从今后要为稻谷婆婆做稻谷招魂仪式。

神话反映了原始信仰与佛教的矛盾和斗争。

(二) 宗教故事

这类故事在泰国非常之多,构成泰国民间文学的一大特色。泰国民俗学家把这类故事也单独分成一类。这类故事包括佛陀传记(佛传故事)和来自佛经的故事两类。而来自佛经的故事又分佛陀时期人物故事和有关菩萨的故事两类。佛陀时期的人物故事是指佛陀在世时期,人们皈依佛教的故事。下面主要介绍佛传故事和有关菩萨的故事:

1. 佛传故事即佛陀传记,似中国的《佛所行赞》。它散见于佛经中,并不完整,尤其是年代不确切。流传于民间的佛陀传记的故事都经过僧侣、佛教徒、文人等的收集、考证、编写,然后经僧侣传播开去。但内容、事迹基本上大同小异。这类故事泰国也有,如《神与佛陀》等。

有的还结合本地的历史、地理,述说佛陀来到这里传播佛教,给城市、地方起名等,让人感到佛陀真的来过这里,同时给当地人带来吉祥。

2. "有关菩萨的传说的是来自佛教《本生经》及泰国的《五十本生》"[①]等。

《本生经》泰文称"尼他差多(นิทานชาดก)"。它是巴利文《小部》中的一部经典,即佛教十二部经之一。释迦牟尼在讲经时,常举故事诠释佛经。这些故事原先在佛陀诞生前就在印度民间口头流传的故事,是佛陀在讲经时借用这些故事来解释佛经中的经义,并把这些故事传说中的情节说成佛陀自己的前世。释迦牟尼涅槃后,其弟子把故事写进《三藏经》。之后,又有人把这些故事撰写成专集《本生经》。《本生经》内容是叙述释迦牟尼前生的故事,释迦牟尼成佛前要经过无数次的轮回转生才能成佛,讲他转生为各类人物、菩萨或动物。在各世的处境,有的处境大吉大利,有的薄命遭罪,但最终都能做出善行或各种功德,而使故事圆满,共 547 次。因此《本生经》有 547 个故事,也可称《佛陀 500 本生》。

《本生经》的故事结构:首先讲述说故事的原因。故事正文以"从前……"开始。故事讲完总要解释故事中所含的佛义,如生死轮回、好人有好报等。最后佛陀点出故事中的主人公是佛陀的前世和其他角色(佛

---

① 〔泰〕巴空·尼曼赫民:《民间故事研究》,朱拉隆功大学出版社,2002 年,第 108 页。

陀的某位弟子、菩萨）。

《五十本生》是泰国的《本生经》。故事大多取自泰国古代民间流传的故事,也有取自《佛经释义》中的内容。泰语称"班雅差多（ปัญญาชาดก）",它由泰国清迈的僧侣于兰那国末期（1457—1657）,收集流传于古代的民间故事后,模仿斯里兰卡用巴利文书写的《大统史（锡兰佛教史）》,模仿《佛经释义》那样写作方法,用摩揭陀文（即巴利文）创作的。因当时清迈僧侣时行去锡兰学习求经,所以精通巴利文。编写的目的与《本生经》一样,为了使民众更易理解经义,弘扬佛教。因此,在写作过程中也模仿《本生经》的结构,即以佛教教义为主题,以佛陀前生各种化身为主线。由于它不是三藏中的《本生经》,所以,泰人称它为"差多瑙尼巴（ชาดกนอกนิบาต）",意即"本生经外的本生"。《五十本生》流传过程中又经文人、艺人的加工、补充、修改,以及泰国各地僧侣用泰语讲经说法时的叙说,使原先的故事增加了不少细节、民情民风、自然景色的描写等,泰人十分喜爱,不像印度的《本生经》故事结构死板。《五十本生》的原创本已遗失,发现的是不完全的版本,后经多年收集、寻找,于1923年,从几个佛寺内发现的版本中,汇集成完整的版本。《五十本生》共有故事64个,分上、下两部。上部50个,下部14个,其中3个为非本生故事。

（三）传说

传说晚于神话而产生。人类关心的事,已转移到人类本身。在口头创作中出现了从神的世界向人的世界转变的趋向。人类已开始将历史用口耳相传的方法流传下来,是一种与一定的历史人物、历史事件及地方风物、生活习俗有某种联系的口头故事。内容较宽泛,从流传下来的传说看,较多的是英雄传说。从时间上看,现今、将来都会有新的传说产生。传说也有幻想、虚构,但都具有一定的历史缘由或实有性,具有一定的可信性。

泰国没有"传说"这一类型故事的名称。相当于上述"传说"的概念的故事,在泰国民间故事中主要是些佛教故事、地方故事和事由故事中的部分故事。下面将从这些部分故事中选择几个相当于"传说"的故事,如人物传说、风俗传说、地方传说3类故事来介绍。

1. 人物传说

这类传说中的人物多是历代实有其人的各种名人,当然也不排除有部分虚拟人物,如某些菩萨、神仙之类穿插其中。

在泰国,这类故事也很多,如《乌通王》《江夫人姐妹》《女英雄摩夫人》

等。乌通王在历史上确有其人,是泰国大城时期的开国国君,而且有些事迹有文字记载在《北部史》中。后来王因都城流行瘟疫而另建新都大城也有史实记载。但乌通王的身世不明,于是在民间传说流传过程中说他父亲身上长有无数赘瘤。据阿努曼拉查东的考证,印度民间传说中,因陀罗长有"千肉瘤"的传说。这里把神和国王连在一起。此外,泰国《乌通王》故事中,还说乌通王父亲借助因陀罗的神力,使乌通王在婴孩时就有一个金摇篮,并因此得名。泰语"乌通"意为"金摇篮"。这些都是为了神化国王而编写的。这种编写是可能的,是当时政治文化的需要,也符合泰国的人文环境。

乌通王

泰国北部德拉德伦国国王膝下无子,唯有一位花容玉貌的公主。一天,公主吃了附近贫穷青年盛蓬(意为"十万个瘤")用自己的尿浇灌的茄子而怀孕。国王获悉后,十分气恼,再三询问,不得公主怀孕的原因。不久,孩子降生。国王为了寻找孩子的父亲,诏示全国中青年男子各带上一份食物来王宫。同时,国王祈祝上苍,盼望神仙点化孩子,若孩子接受谁的食物,谁就是孩子的父亲。结果,孩子接受了盛蓬带来的食物。当国王见到盛蓬长得如此丑陋(身上长有十万个瘤),加之十分贫穷,就把盛蓬、公主及孩子赶出了王城。因陀罗神得知后,下凡变成一只猴子,送给盛蓬一面鼓,告诉他击鼓三下,能实现三个愿望。盛蓬击鼓三次,提出三个愿望,一是把自己身上长的瘤全部消除;二是建起一座新城;三是让自己的孩子有一个金摇篮。三个愿望都一一实现。盛蓬当上了新城的国王,在位25年。之后,其子乌通继位。不久,城内流行瘟疫,乌通王另建新都阿瑜陀耶(即大城)。乌通王成为大城开国君王,史称"颂岱帕拉玛铁菩堤第一"。

2. 风俗传说

有关风俗的传说故事有不少,如节日方面有宋干节、水灯节等传说,习俗方面如放生习俗、放高升求雨习俗等。有的是同一内容却流传着不同的传说故事,如放高升习俗,有的说该习俗源自婆罗门教的拜火习俗,传到柬埔寨,被柬埔寨人所接受,同时在今日的泰东北流传。之后,又有流传为求雨放高升的传说故事。而在泰东北的色军府,还流传一则叫《陶怕丁和娘嫒》的故事。故事说有一国王生一女儿,取名"娘嫒",娘嫒天生丽质。长大后,其美貌闻名遐迩。国王决心用一种当时的放高升娱乐活动进行比赛选择女婿,这一行为使放高升成了今天的一种习俗。

关于水灯节的由来，有一则神话流传于民间：

很久很久以前，有一对白乌鸦巢居在一棵树上。一天，雄鸦离巢觅食，迷失方向，不知所归。雌鸦刚生下5个小鸦蛋，不见雄鸦归来，十分焦急，于是飞离鸦巢去找雄鸦。不料狂风大作，吹落巢中的鸦蛋。风停，雌鸦回巢，不见鸦蛋，极为悲痛，郁郁而死。死后升入天界，名叫"陶帕格蓬"。再说5只鸦蛋被风吹落后，掉入河中，没有破损或下沉。鸦蛋一一被鸡、蛇、龟、牛、狮捡去。孵化出来却都是人。长大后，都成为遁迹修行于林间的出家人。一天，5个出家人在林中巧遇，相互诉说家世，发现原来都是一家兄弟。于是共同起誓，如果一旦成佛，一定要告慰亲生母亲。由于誓言的威力，惊动了天界的陶帕格蓬。于是她变成一只乌鸦，停落在5位出家人面前的树上，对他们讲出事情的原委。最后告诉他们，如果想念母亲，每年11月或12月的月满之日，用棉线和木棒扎成"鸦脚"，插上香烛，漂浮河上，以示告慰。后来5位出家人都成了佛，即：迦鸠孙陀世尊（格古桑托 กกุสันโธ）、续成劫中第2佛（戈那科诺 โกนาคมน์）、迦叶佛（格萨巴 กสสปะ即过去世佛）、佛陀（松那科多 สมณโคคม）、弥勒佛（西阿里梅德拉 ศรีอาริยเมตรไตรย）。

泰国小乘佛教只承认释迦牟尼（佛陀）一佛，为何上述传说出现五佛？实际仍是一佛。按小乘佛教中成佛的传说认为：每一个时期只有一个佛，从古至今共有五位佛。过去已相继有三位佛，现世是释迦牟尼佛，来世有弥勒佛。

3. 地方传说（นิทานประจำถิ่น）

这类传说说的是各地特定山、河和城镇的名胜古迹的特点，以及地名由来的带有解释性的故事。泰国的地名传说很多，传说中常涉及神、佛、名人等。现摘录《庸那迦纪年》①一书中关于泰北清莱府昌盛地名的由来。摘录如下：

菩提萨埵悟道成佛后15年，离开毗罗卫京城来到纳潘突辛霍纳瓦城，住在城西北2公里的堆内山。幸霍纳瓦王请佛陀及随行之阿罗汉到王宫进餐，幸霍纳瓦王之御象看到佛陀身上发出耀眼的光辉，惊惶逃出，吼叫着向北面奔去，到了卡拉纳梯河边停住不再奔跑。

---

① 披耶巴差吉功札著，王文达译：《庸那迦纪年》，云南民族学院云南省东南亚研究所，1990年，第84页。

因此佛陀微笑着预言道：今后一位王族将在御象停立的地方建一座城。此城因象吼而称"昌盛"（"昌"即象，"盛"在这里是连声吼叫。——译者）。

上述传说明显地反映了当时普遍存在的城市要获得神、佛的保佑才能吉祥、平安的观念。

（四）民间故事

民间故事是虚构性故事体裁的总称。它讲的内容多带娱乐性，讲的人物、地点、事件多不确定。不像传说有一定的可信性，而是暗示其虚构性和普遍性。

泰国民间故事浩如烟海，内容广泛，与风俗关系密切。从内容上可分幻想故事（包括鬼故事）、寓言和动物故事、生活故事。

1. 幻想故事

幻想故事的主人公多是普通劳动者，有些则是陷于某种困境或遇上某种难题的王子或公主。故事经常出现幻想的超自然因素。泰国幻想故事虽有幻想成分，但情节的展开较接近生活。

（1）幻想故事特点（与西方幻想故事比）[①]：

1）故事的分类。幻想故事可以因为说故事的人的意向而改变类别，成为宗教传说或寓言故事。这是泰国民间故事的一大特点。2）有明确的地点。泰国幻想故事大多是有故事发生的地点，不像西方幻想故事常含糊地说"有一城市"。3）角色人物。故事中男主人公的出生常身带宝物或以后会拯救自己的动物。如主人公是王子，不是王后所生，就是第7王妃所生。有的男主人公是孤儿。男主人公常有几个妻子。泰国北部、东北部的一些幻想故事中的男主人公常被说成是菩萨。女主人公常是最小的女儿。有的出生在荷花中，后被修道士抚养。当主人公遇难无计可施时，拯救者常是帕英或修道士。而使主人公遭遇灾难的人常是妖魔、养母或保姆。4）主题思想。宣扬"好有好报，恶有恶报"、孝道、聪明机智。5）魔法。泰国幻想故事中主人公的魔法虽也有腾云驾雾、变身术等本身的超自然力，但较多的是借助外力，如宝物，有戒指、刀、弓箭等，或通过施法来实现的，如咒语、诅咒、帕英或工巧之神对主人公的点化等来起死回生的。婴儿的抚养靠吸吮修道士的手指。6）情节。常见的情节有：魔鹰吃光了

---

① 〔泰〕巴空·尼曼赫民：《民间故事研究》，朱拉隆功大学出版社，2002年，第112—118页。

全城百姓,女主人公藏在鼓中,马是保姆或拯救者,人死后转生为树或动物,主人公因在家受虐待而离家,男女主人公因遭灾难而离别。

(2) 幻想故事的结构

泰国幻想故事,也有人把它称为"宫闱故事(นิทานจักรๆวงศ์ๆ)"[①]。因为这类故事主要是讲王子、公主、王后、王妃等宫廷中重要人物和由王子或非宫廷中的人员后来成为国王的故事。故事中,男、女主人公的救助者是神、修道士或动物,男、女主人公的敌对者是妖魔。从这类故事的性质看,应是幻想故事。这类故事有《金螺》(译《桑通》)《桑幸才》《素旺宏》等。

泰国民俗学家[②]对泰国中部、南部、北部、东北部的宫闱故事进行分析比较,总结出这类故事的主要情节如下:

1)主人公的青少年时期。常是从"吃醋"开始,如王后受到王妃的诬害,主人公与王后被赶出城。2)主人公得到配偶。如果配偶是主人公暗地偷来的,常常会与岳父战斗。有的故事可能是受到岳父的考验,显示才能后,方可获得配偶。3)主人公得到第2个妻子。主人公再次与另一个岳父发生战斗,或将再次受另一岳父的考验,才能得到第2个妻子。4)主人公回到城里。主人公也可能再次与岳父战斗或没有战斗而进城。然后举行结婚仪式,登基为新国王。

(3)《金螺》故事梗概

"宗教故事《五十本生》的故事,如《金螺》《帕索吞》《素帕密》《萨姆阔》等,从体裁上分,应是幻想故事,如讲故事的人讲成菩萨故事或佛教教义的故事就可作为宗教故事。"[③]这里把《五十本生》中的体裁上属幻想故事的《金螺》来介绍:

> 帕罗姆城国王的两个王后有孕在身,不久,左王后得一女。一日,左王后与巴洛大臣共同向国王诽谤右王后。国王信以为真,把右王后赶出宫去。
>
> 右王后出宫后不久,生下一个金色的海螺。取名"金螺"。一日,当王后去丛林觅食。但半途折返,见一男孩从螺壳中出来。怕儿子再回螺壳,于是把螺壳打碎。
>
> 国王耳闻右王后生一子,于是派人把母子两人接回宫中。左王后得知后,又与巴洛大臣密谋,向国王进谗言。国王又信以为真,又

[①][②] 〔泰〕希拉蓬·纳·塔朗:《民俗学理论:民间传说和故事的科学分析方法》,朱拉隆功大学出版社,2005年,第206、212页。

[③] 〔泰〕巴空·尼曼赫民:《民间故事研究》,朱拉隆功大学出版社,2002年,第113页。

把母子两人赶出宫去,还把他俩放在木筏上随水漂流。天空忽然刮起狂风,把船只打翻,把母子俩人打散,各漂东西。金螺有海龙王保护,漂向一小岛。遇见一位修道士。修道士得知金螺的身世后,指点他回国之路。金螺按修道士所指,坐金船路过魔鬼城。城中女魔王见金螺长得十分英俊,收金螺为义子。

一天,女魔王要去野林找食。女魔王走后,金螺对花园产生了好奇,他走上了楼阁。在楼阁上,他见到了一口金井、一口银井、一双金鞋、一柄宝剑和一副外形好似丑陋野黑人的盔甲。

女魔王回来后,发现金螺去了花园,但并没责怪他,而是从此后,她寸步不离,看管更紧。时间一长,她又去野林。

女魔王走后,金螺想逃离。于是他到花园的楼阁上,把自己浸泡在金井中,身子变成了金色。再穿上金鞋、盔甲,好似一个丑陋的野黑人,拿起宝剑,腾空而去。

女魔王回来,不见义子,赶紧飞起追赶。央求义子回去。但金螺决心已下,不能挽回。女魔王死前教会金螺一神咒。

派拉西城国王有 7 位公主,个个花容玉貌。其中 6 位已有婚配,唯有最小女儿还未成婚。国王决心让女儿自己抛花圈选女婿。公主选中了金螺。

国王得知女儿选中了一位外貌丑陋似野黑人的女婿,十分不乐。令人把金螺和公主赶出城去。

国王仍不罢休,意欲置金螺于死地,但每次都被金螺用神咒挫败。

国王一而再、再而三地要杀金螺,惊动了因陀罗神。因陀罗下凡向国王提出 2 个问题。国王听后一筹莫展。左王后得知,建议召回金螺和公主,要求金螺设法解决。国王应允,并说若金螺能化险为夷,就把王位让给金螺。

金螺一一解答了因陀罗的问题,并显出一身金身,十分英武。国王决心举行仪式把王位让予金螺。金螺登基后,称"金螺王"。

金螺为王以后,十分想念生母。决心亲自出宫寻找。一日,来到玛塔拉城,进一富豪家,富翁请出厨娘。金螺问及厨娘的身世,知道厨娘是生母,于是要求富翁能让自己接回生母。

话说帕罗姆城自国王赶走金螺后,城市日见萧条,人民纷纷迁住欣欣向荣的派拉西城。一位大臣建议国王接回金螺。国王应允。

一日,金螺生母右王后为了证实自己清白,要求自己与左王后在国王面前蹈火,国王同意。右王后跳进火堆,火焰中出现一朵莲花,把右王后徐徐托起。左王后也跳入火堆,但经不起烈火考验,烧成焦炭。

巴洛大臣见左王后已死,于是心生一计。到本佳纳空城,唆使国王攻打帕罗姆城。金螺上阵拿起宝剑飞向天空,敌兵即刻四散逃命。巴洛大臣被剑光打翻在地,化成泥土。金螺王又当上帕罗姆国国王。

泰国有人研究类似《金螺》类型的故事在泰国各地有很多,如《金龟》《黄瓜》《蝉脸人》《金巨蜥》等。这类故事可以归纳以下4段具体的故事情节①:

1)非正常出生:怪胎,有非凡的能力。2)主人公出游遇险:出游,遇到保护人,获得财宝。3)主人公隐身遇配偶和受岳父的考验:伪装或隐藏自己丑陋的身形,选婿,考验,结婚。4)现真身和被接纳:脱去丑陋的外形现真身,现真身后被接纳为女婿、国王等。

(4) 鬼故事

泰国人信鬼很普遍,鬼的种类也很多,还有一种附在人身上的鬼,因此,有很多鬼名。而且鬼有好、坏之分。有的好鬼与神仙等同,有的好鬼还与人很亲切,如家鬼等。所以,鬼故事很多,泰国民俗学家把鬼故事从民间故事中独立出来自成一类。这里依据中国民俗学的结构框架把它归属于幻想故事中。

鬼故事出自于人的鬼魂信仰,但泰国鬼故事更突出鬼魂信仰中的灵魂观念,泰人认为灵魂是独立于人的一种实体。下面选译一则鬼故事:

山林吸血鬼

有一位渔夫每次捕到鱼虾后,都把鱼虾放在鱼篓内,但每次打开鱼篓后,见到的却是一堆鱼骨、虾壳。一天,他捕完鱼后躲在鱼篓旁监看,见一个红发女人从山脚下走来,瘦骨嶙峋,十分可怕。到了鱼篓处,抓起鱼篓啃食鱼虾,还不时发出喔喔声。渔夫见状,冲向女鬼。女鬼急忙奔逃,并把渔夫引进山洞。渔夫一进山洞,就被关押在洞中。一到晚上,女鬼化妆成美女来找渔夫。渔夫知道女鬼是山林吸血鬼,但又逃跑不了,只能忍耐,等候时机。时间一久,渔夫和女鬼久而生情,生下一个孩子。一天,孩子的手去触摸封闭山洞的巨石,突然巨石洞开。渔夫急忙抱起孩子逃了出来,女鬼恳求渔夫回来,渔夫

---

① 〔泰〕希拉蓬·纳·塔朗:《民俗学理论:民间传说和故事的科学分析方法》,朱拉隆功大学出版社,2005年,第142—143页。

不愿意。女鬼要求把孩子留下,渔夫同意了,但嘱咐女鬼要好好抚养孩子,不要扰乱村民。从此后,渔夫每日捕一篓鱼虾放在山洞附近,直到死去。

泰国鬼故事中,女鬼遇上中意的人间男子,相互调情说爱的情节极少,较多的是男子被迫成婚,一有机会就逃跑。即使被女鬼追上,怎样恳求劝说都不愿回来。这也许与泰人的鬼神信仰有关。因为看得见的鬼都是恶鬼,恶鬼形象可怕。

2. 动物故事和寓言故事

动物故事以现实动物为主角。这些动物没有神奇的能力,但都可以讲话,并具有一定的性格特征。其中,教训意义明显的故事同寓言十分接近,不易区分,很多寓言故事就是由动物故事发展而成的。

泰国的动物故事不多,其中还包括《本生经》中的动物故事、《伊索寓言》[①]等。因为有些动物故事具有了些其他故事类别的特征而被分流至其他类别,如寓言故事、原由故事等。泰国的动物故事的内容可分为3类;即揭示动物本性;叙述动物愚笨、聪明、狡猾等;善良动物等3类。如果动物故事的结尾指出教训意义、点明善恶,则属寓言故事。泰国的寓言故事结尾指出的教训意义多是佛教教义。下面选择揭示动物本性的动物故事和寓言故事这两类,各举一例如下。

(1) 动物故事(揭示动物本性)

> 有一个修道士养着一只猫。后来这只猫对猫的生活产生了厌倦,要求修道士点化为人。起初修道士并不愿意,后经猫三番五次的恳求,答应把它变成了人。但修道士仍要测试这人是否已没有了猫的本性了,于是捉了一只老鼠,让它在这人面前经过。开始他还能保持平静的心态,但当老鼠再次经过时,他就迫不及待地扑了过去。修道士见状,又把他变回了猫。

(2) 寓言故事(นิทานคติ)

> 有一对鸟兄弟,生活在丛林中。林中的食物日渐稀少,因为鸟太多。在远处的海中有一岛,岛上的食物非常丰富。但那里的人很凶狠,喜欢捉鸟吃。鸟父教导俩鸟说:该岛为父去过,食物很丰盛,但有生命危险。翌日早晨,鸟兄决心去岛上一试,鸟弟想到了父亲的忠告,不敢去。鸟兄飞到岛上,吃了个饱,忘了父亲的忠告,流连忘返。

---

① 〔泰〕巴空·尼曼赫民:《民间故事研究》,朱拉隆功大学出版社,2002年,第135页。

等到天黑,才想起回家。当它飞到大海上空,刮起了飓风,它的飞行速度降得很快,终于没了力气,落海而死。因为鸟兄不听父亲的忠告,葬身大海。而鸟弟觅食原地,听父忠告,没去岛上,尽管日不饱食,但生命安全。

3. 生活故事

这类故事是依据现实生活虚构而成的,有人称"写实主义故事"。它广泛涉及社会生活的各个方面。

泰国巴空·尼曼赫民著《民间故事研究》一书中的"生活故事"列举了泰国最有名的3个故事为例,即《帕罗故事》《格莱通》《昆昌昆平》。这3个故事从体裁上说属生活故事,但故事中的部分章节常常用"社帕"即说唱形式、民间剧的形式来演绎。这3个故事有类似的共同点[①]:(1)主题相同。爱情、战斗、业果。(2)男女主人公都是凡人。(3)故事中都有各种法术。此外,民间故事《昆昌昆平》还涉及很多民风民俗。《格莱通》的情节中也有幻想、传奇的成分等。

(1)《帕罗故事》梗概

泰北两个结有世仇的小国颂国和松国,颂国的年轻国王帕罗与松国的两位公主帕蓬和帕萍相爱。帕罗冲破重重阻碍,潜入松国与两位公主幽会。两公主的祖母得知后,派兵围攻公主寝宫,以期杀死帕罗。帕罗、帕蓬和帕萍三人齐心奋力抗争,最后终因寡不敌众,三人相依含笑而死。有世仇的两个国家因被爱情所震撼,终于摈弃前嫌,重归于好。

在泰国,因作品内容属爱情故事中的绝唱,被喻为泰国的《罗密欧与朱丽叶》。故事的内容是根据泰北的一个真实故事而写。具体的作者和确切的写作年代不详,但其时间为大城初期是可以肯定的。

(2)《格莱通》故事梗概

披集城有条大河,河下有一鳄鱼洞。洞内有一夜明珠光芒四射,鳄鱼入洞即变成人。洞内鳄王名叫帕耶差叻万。鳄王是一条有流氓习气的、吃人成性的鳄鱼。

一天,鳄王想吃人肉,便出洞变回一条鳄鱼,游出水面,将正在河中戏水的披集城富豪之大女儿娘德袍通掠至洞内,待娘德袍通恢复

[①] 〔泰〕巴空·尼曼赫民:《民间故事研究》,朱拉隆功大学出版社,2004年,第120—121页。

正常后,鳄王变成一英俊男子,上前调戏。娘德袍通经鳄王的几番甜言蜜语,渐生爱慕之心,愿意为妻。

富翁得知大女儿被鳄鱼叼走,高额悬赏。

暖武里城有一位名叫格莱通的青年,自幼好学,来到披集城做买卖,同时从师纳帕塔寺的高僧,学得降妖之术,又得高僧赠的用七种金属铸成的长矛和护身符。然后,他深入洞内,降伏鳄王,并令其归还娘德袍通。格莱通带上娘德袍通来到富翁家。富翁践约,把大女儿许配给他,也把家产的一半给了他,同时,富豪又将小女儿也许配给格莱通。

不久,格莱通突然想念起鳄王的正妻娘维玛拉,感到她风姿绰约,不如娶来为妻。于是他再次入洞,格莱通百般抚慰,又口念咒语,娘维玛拉突感春心荡漾,与他坠入爱河。

一天,格莱通想念家人,把娘维玛拉带回家中。进卧房前,不料被两位仆人看见,急报富翁的女儿。两女儿一听,火冒三丈,带上仆人与娘维玛拉厮打对骂。娘维玛拉一气之下,潜回洞中。格莱通追至洞中,娘维玛拉见格莱通来到,便破口大声责骂。格莱通几经诉说,才把娘维玛拉说通。接着又去劝说鳄妾。最后,把鳄妻、鳄妾都带回家中,与四位妻子共同生活。

上述故事按中国伦理传统,理应至富翁践约就可以结束,后面的故事实属多余。但为了符合泰国社会的一夫多妻习俗,就有必要续加后面的内容。尤其是格莱通娶了四个妻子以及妻子间的相互厮打漫骂的情节更符合泰国的民风习俗以及当时的社会心理,正如对歌中争宠段不如夺爱段中争风吃醋受听众欢迎一样。

(五)民间笑话和言过其实故事

笑话与生活故事相近是篇幅特别短小的一种故事体裁。它是用来讽刺、嘲笑人或社会现象的。其情节大多描述讽刺对象的言行,结尾处突然揭示其言行的内在矛盾,造成发笑的效果。

泰国,也有讽刺、嘲笑人或社会现象甚至官吏或政局的笑话,但数量较多的是生活方面、娱乐消遣性的笑话。如赞扬聪明、取笑愚笨、懒惰、残疾人、社会地位高的人、外地或外国人,以及性故事。它分多则故事和单则故事两类。泰国还把"言过其实故事"与笑话放在一起算作一大类。

1. 民间笑话

《西塔侬猜》(ศรีธนชัย)

《西塔侬猜》是一本描写一位具有聪明才智、能言善辩的普通平民的传奇故事。它由多则短小的故事组成。值得一提的是西塔侬猜好几次讽刺和嘲弄国王。现译录其中的一个故事《敬请国王吃鹫鹰屎》的梗概:

> 一天,国王命御厨做了一道汤,吩咐卫士送往西塔侬猜的家。西塔侬猜受宠若惊,一口把汤喝个精光。
>
> 次日,西塔侬猜十分自豪地进宫觐见国王。国王问到送汤事,他跪拜说:"王恩浩荡,不才喝个精光。太香啦。"国王听罢大声笑道:"哈哈,这是什么汤呀,它是用专吃烂狗尸的鹫鹰做的汤。"西塔侬猜听了,感到一阵恶心,心想一定得报复国王。
>
> 一天,西塔侬猜带着一根自制的粗大的石笔进宫。见到国王,就把石笔呈上,并告诉国王这是世界上最好用的石笔。国王拿起石笔就往石板上写。但怎么写也写不出字,于是就用舌头去舔,以便用吐沫弄湿石笔写。西塔侬猜看到这里,心中暗暗发笑。国王正想发问,他立即说:"陛下,这是用鹫鹰屎做的石笔。哈哈,前些日子陛下请我喝鹫鹰汤。今天我请陛下吃鹫鹰屎。"

《西塔侬猜》故事在曼谷时期初期,以口头讲唱形式出现,1868年印刷成册,故事讲的是大城时期的事。

2. 言过其实故事(นิทานเรื่องโม้)

这类故事的内容可分三大类,即大得难以置信的东西,具有难以置信的能力,难以置信的事故。《阿七缸》是泰北的一则言过其实故事。现译如下:

> 有个婴孩一出生就能站立起来,吃饭一下子吃了七缸,因此得名"阿七缸"。一天,阿七缸刚吃完饭就要找爸爸,母亲告诉他爸爸在种田。阿七缸来到田里找爸爸,父亲见了不认识,问:"你是谁?"阿七缸回答说:"我是你的刚出生的儿子。"然后,阿七缸帮助父亲开垦土地,他一瞬眼即开垦完了。阿七缸扛起一根巨木,要扛回家当柴火烧。当他扛到河边码头,把巨木放在水中,玩起了水。有一艘商船的商人,为了洗衣服把船靠在码头边。洗完衣服后,把衣服搭在巨木上。阿七缸玩完水后,见有衣服搭在巨木上,告诉商人:"把衣服拿开,我要把巨木扛回家。"商人见此巨木,不相信有谁能扛得起。于是说:"如果你能扛起巨木,我把商船给你。"阿七缸举起了巨木,商人只好把船送给他。

(六) 讲不完的故事和连环故事

1. **讲不完的故事**(นิทานไม่รู้จบ)

这类故事的开首常有铺垫引听众注意,使人专心致志地听下去。一到讲完一段时,即停了下来,使听众感到下面将会有更吸引人的内容。于是一再恳求接着讲,而讲述者只是改变一下数字,重复故事的内容。这样一段段重复地往下讲个没完。现举例如下:

> 话说兽王狮子想听讲不完的故事,如果哪个动物把故事讲完了,它就会立刻把这个动物吃了。动物也因此屡遭杀害。狮子走遍林子寻找讲述讲不完故事的动物,竟一无所获。一天,遇到了一只狡猾的狐狸。狐狸说它会讲讲不完的故事,狮子问你真的能讲?狐狸答道:"行!为什么不行,我讲不完的故事有的是。"于是它就开始讲述:"从前,有一位渔夫撒网捕鱼为生。有时捕捞丰厚,有时却很不好,就此养育着一家人。一天,他在运河边撒网捕鱼。一网捕到很多鱼,他立即收网。当他用力把网拉上来时,网破了一个窟窿,一条鱼漏了出去。"说到这里,狐狸就停了下来。狮子便问:"接下来怎样?"狐狸回答说:"第2条鱼又漏了出去。"然后狐狸又停了下来。狮子刚问,它就答道:"第3条鱼也漏了出去。"第4、5……永远没个完。

2. **连环故事**(นิทานลูกโซ่)

这类故事泰人较熟悉的是《外公外婆种豆种芝麻让外孙看管》,故事较长,角色众多,各情节环环相扣。这类故事有利于提高孩子的记忆力。现举例如下:

> 外公外婆种豆种芝麻叫外孙看管,外孙不愿看管。乌鸦飞来吃了7粒豆、7泰升芝麻(20泰升=1桶)。外婆骂,外公打。外孙哭着去找猎人射杀吃7粒豆、7泰升芝麻的乌鸦。猎人说:"不关我的事。"外孙去求老鼠咬断猎人的弓的弓弦,因猎人不愿射杀吃7粒豆、7泰升芝麻的乌鸦。老鼠回答说:"不关我的事。"外孙去求猫捉老鼠……。……求狗……。……求木槌……。……求火……。……求水……。……求堤岸……。……求象……。……求蠓……。蠓回答说:"我将去叮咬象眼,让象眼腐烂。"象急忙去踩踏堤岸。堤岸答应崩塌压水。水去灭火。火去烧木槌。木槌去敲狗头。狗去咬猫。猫去捉老鼠。老鼠去咬猎人的弓弦。猎人去射杀吃7粒豆、7泰升芝麻的乌鸦。乌鸦送还了7粒豆、7泰升芝麻。外孙把豆和芝麻送还

给外公外婆。外公外婆从此不再打外孙。

有人研究上述讲不完的故事与连环故事是从泰国童谣发展而来。

二、民间歌谣

"民间歌谣"常称"民歌"。泰国对民间歌谣的解释是："用词押韵,在各种场合上唱咏。民间歌谣来自民俗、宗教、各地的文化,有较强的地方特征。民间依靠代代唱咏口头传承,并逐渐为人们所闻知、熟悉,后来才有曲调、节奏及音乐加入进来。"[①]下面介绍民歌来自民俗的传说：

泰国东北部有一种流行较普遍的民间歌谣称"冒拉"。"冒拉"意即"巫歌"或"唱歌的巫"。它原先是治病仪式上的一个环节。"治病仪式"在这里的意思是用一种念咒语治病的法术仪式。民间流传着一则神话说明了其由来：

> 天界有一位天神,见到自己的子孙下凡后得了疾病,于是就告诫说："如果有人生了病,要祭供天神或祖先,还要用好听华丽的辞藻上禀。这样,天神即会下凡来治疗疾病。"

"好听华丽的辞藻"即民歌。在泰国,越好听、辞藻越华丽、越神圣,这是泰人的一种语言习俗。这种民歌是唱给神听的,这是一种巫术行为,也是一种民俗。为了神圣,它必须要有华丽的辞藻、好听的巫歌。用这神话来说明民歌的由来。

泰国北部或东北部地区,有的民间歌谣时行用音乐伴奏。但大部分民间歌谣没有音乐伴奏的,只有吟诵和伴以拍掌或打节拍的拍板之类的打击乐器。唱词简短、不固定,可依据当时的需要扩展或缩短。用词浅易,常有重复词、句。唱的曲调没有乐谱记录,也不固定,可随歌唱的内容、情绪而变化,只有一个主旋律,常常是来回唱。一首民间歌谣也可以用不同的曲调唱。有的民间歌谣的歌名是一个总称,它又可以分为多种不同内容的民间歌谣。由于民间歌谣大多在民众中唱,所以人们对歌词、曲调都很熟悉,其他人可以随时加入进来对歌、伴唱、打节拍。

民间歌谣历史最为悠久。民间歌谣与自然、历史、社会及劳动、民间礼仪、爱情生活的广泛联系使它成为包容广大的大众社会的"百科全书",它在艺术表现上所积累的一系列简洁、精练的手法给其他民艺以丰润的

---

① （泰）玛里伽·克娜努叻,《民俗学》,奥定萨多出版社,2007年,第30页。

滋养。

泰国民间歌谣的分类按泰国民俗学理论[①]可分为三大类，即儿歌、仪式歌、城市游戏歌。泰国仪式歌中包括农业生产打场歌等。泰国出版的民歌类书籍没有情歌这一类，这里按中国民俗学的分类也把它当作一类，这样就成了四大类。

(一) 儿歌

泰国的儿歌很丰富，它按不同的目的和内容分有抚慰歌、游戏歌、逗乐歌、童趣歌、催眠歌等。这些歌都很简短，有的只有一句，但都押韵。如是单句，由第二词与邻近一词相押；如是多句，多押尾腰韵或尾腰韵兼尾尾韵。这些歌既有孩子们唱的，又有大人对孩子唱的。

1. 抚慰歌（บทปลอบเด็ก）

当孩子受到惊吓或父母有事要离开，孩子不愿意而啼哭等时候唱。大人便一边唱、一边用手做抚慰、劝阻的手势，使孩子注意大人的手势和发出一些异声来停止孩子的啼哭。唱的内容不一定与孩子的哭因有关。如：

    一只母鸡咯咯叫／要把小鸡抚养大／没有奶水喂小鸡／小鸡唧唧来哭叫／母鸡赶快去扒土／按着鸡性去觅食。

2. 游戏歌

它是在孩子游戏时唱的歌。游戏多有规则，规定输赢。如《谁放屁歌》：

    有一位老头／手拿着拐棍／走进了厕所／擦不净屁股／放屁声响"嘣"。

这歌由一个孩子面对一群孩子，一边唱一边用手指，指向一个个孩子，当唱到"嘣"字，手指着谁，谁是放屁者。这歌有好多首各不相同的歌词。如：

    谁有福，吃全桌。谁心急，吃狗屎。木奶果开花，槟榔青结果。老公不喜欢，责怪妻阿缤。阿缤坐下想，左思又右想。撕块芭蕉叶，用它包池牛。池牛个儿小，"啪嚓"一声溜掉了。

这种儿童游戏歌，游戏时，参加游戏的孩子围圈把手覆在一起，各人顺圈接唱，歌止谁处，谁就把手抽走，剩下最后一人为输。

---

① （泰）玛里伽·克娜努叻:《民俗学》，奥定萨多出版社，2007年，第30页。

3. 逗乐歌（บทล้อเลียนเด็ก）

这是在孩子间或大人对孩子逗乐、戏弄时唱的歌。如：

> 刚剃的光头多么亮光光／掏来的鸡屎放其光头上。

再如：

> 捉住黑蟹／抓取田蟹／捉住海蟹／抓取青蟹／追赶不上／摔一大跤／拐了脚脖／跟跟跄跄。

4. 童趣歌（บทร้องเล่น）

这类歌除了孩子们娱乐以外，还有为了锻炼孩子的记忆力、教导某种知识等而编的歌。如：

> 青蛙哦，为何叫？必定叫，因为肚子疼。
> 肚子哦，为何疼？必定疼，因为米饭生。
> 米饭哦，为何生？必定生，因为炊火灭。
> 炊火哦，为何灭？必定灭，因为柴薪湿。
> 柴薪哦，为何湿？必定湿，因为大雨下。
> 大雨哦，为何下？必定下，因为青蛙叫。

歌词重复、反复，为了孩子记忆，寓教于乐。再如：

> 什么山？圣贤山。什么圣贤？婆罗贺摩圣贤。婆罗摩诃什么？婆罗贺摩神箭。什么箭？射的箭。射什么？射飞鸟。什么鸟？山鸟。什么山？（重复）

这首儿歌同样是训练孩子的记忆，不断重复。

5. 催眠歌（เพลงกล่อมเด็ก）

催眠歌是大人哄孩子睡眠时唱的歌，内容多样。除了表达大人对孩子的爱心外，还有对孩子的教育，讲述各个方面的知识。如描写动物的特征、描写自然界的美丽、变化等，讲一些流传很广的故事，甚至讥讽社会上的不良现象，吓唬孩子等内容。如：

> 睡吧！宝宝！妈妈低声唱，白胖宝宝妈妈来摇晃。妈的宝宝不哭闹，妈的宝宝，妈的希望。宝宝身子多么温暖，宝宝皮肤何等细腻。妈妈不许谁来碰宝宝，弄脏白白净净的宝宝。

在泰国北部和东北部，一般妇女下田劳动，而丈夫在家看孩子，不同于中部和南部。催眠歌反映了这一习俗。如：

睡吧！宝宝！合眼安睡吧。谁在叫卖香蕉,爸爸去给你买。妈妈去田头,煨个鸡蛋来。妈妈去劳动,烤条鱼回来。妈妈回到家,宝宝醒来好吃奶。

(二) 仪式歌

泰国仪式歌很多,并涉及人民生活的方方面面。仪式歌是作为仪式的一部分出现的,它的歌词直接反映做仪式人对神、鬼的要求和期望。

首先在农业生产方面的各种招魂歌,如每年播种前要为各种农具包括牛做招魂仪式时唱;收割以后,要为打谷场、米仓做招魂仪式。仪式上唱的歌有《招魂歌》《请神歌》等。一则是为了驱除和防止恶鬼给农作物带来的损害;一则是为了感谢神、鬼给农作物带来丰收。播种后,如老天不按时下雨,8、9月要举行求雨仪式,抬着母猫游行,唱《游母猫歌》(เพลงแห่นางแมว)《云巫歌》(以男女性事动作的模型求雨)。东北部的求雨仪式是放高升(一种高空竹炮)通知天神快下雨,有《高升歌》。现选译《游母猫歌》如下:

母猫母猫/求天下雨/祈求天水/淋洒猫头/要钱要饭/还要佣金/抬来母猫/阵阵雨下/雷劈修女/脱光衣服/雨哗哗下/雨哗哗下/冲了田地/冲垮湖泊/叻空表演/光头相撞/雨从天降/雨从天降。

游母猫仪式常见于中部地区干旱季节,从下午到天黑,抬母猫游行。围观行人也可加入游行队伍,谁有什么乐器都可拿来伴奏,也可伴唱。队伍来到谁家门口,主人要拿水瓢打水淋洒抬着的母猫。然后主人有礼物送给游行的人,如酒、饭、鸡蛋、钱等。

其次,在人生礼仪方面的各种招魂歌,如生子、剃髻、剃度、嫁娶、祝寿、送葬、造房等仪式上唱。现选译《招那迦魂歌》如下:

我缚你右手,魂归兮/再缚你左手,魂归兮/耳魂目魄魂香幽幽/手魂足魄回归原处/一百年也不去别处/一万年也不离人身/鸿运高照/永远幸福。

仪式上用经过僧侣念过经的吉祥线捆缚在剃度者的手腕上。

男子还俗后,要结婚,举行婚礼。泰国古时的结婚礼俗繁多,仪式上的歌也很多,如《问槟榔歌》《答槟榔歌》等。

《问槟榔歌》它是泰国古时婚俗中一种挡门礼俗上唱的礼俗歌。现选译《问槟榔歌》如下:

　　　　各位先生和女士/高高兴兴来庆贺/自古以来的习俗/由我首先来发问/主人有些不清楚/吩咐我来问清楚/一问槟榔有几许？/二问聘礼有多少？/三问槟榔盘队伍/一路走了几时辰？/捧盘姑娘叫什么？/你要一一道明白/不要磨蹭、兜圈子/不要夸大和遗漏/回答不上要罚酒。

　　治病仪式和佛教仪式上的歌。东北部有些人通过正常的医治手段如请大夫、去医院治不好病时，就会请巫师治病，举行治病仪式，在仪式上就唱《天神歌》等。佛教节日如入夏节的敬献蜡烛仪式，有东北妇女唱的《索沙叻潘歌》等。

　　最后是农业生产方面的劳动歌。泰国不像中国对民歌的分类分有"劳动歌"，泰国把劳动歌归类于"仪式歌"或"游戏歌"之中，这可能与泰人的民俗信仰有关。

　　泰国收割季节是从12、1月份收割开始至5、6月份再次播种。这段时间内主要的劳动是收割稻谷，从收割到颗粒归仓前的过程中有很多劳动歌。如收割时的《收割歌》《镰刀歌》等，打谷时有《扬场歌》。扬完场后，要把埋在稻草中打下来的稻谷扒出来放到场上去有《扒草歌》。扒完草后，众人围着打谷场，手拉手把脱谷的米粒踢到场中，有《踢米歌》。最后，众人就要用串好绳的木板，一人压在木板上，众人拉绳，把米粒堆集在场中，有《拉木板歌》。所以收割季节歌相当于农业劳动或稻作劳动歌。现选译《收割歌》为例：

　　　　割呀，姑娘们/快到田埂了/咱们说说话/割呀，姑娘们/别东顾西盼/镰刀伤你手/割呀，姑娘们/蕹菜、杂草、藤/别缠姑娘手。

　　这是一首正在收割时唱咏的歌，歌词较简短。

　　除了农业劳动以外，其他劳动，如北部有一种泰语释为"稍"歌，意为"歌曲"。其中就有《纺棉花歌》，男女对歌，从开垦棉花田唱起，种棉花、收棉花、轧棉花，直唱到纺棉花。农闲时，众人为佛寺帮工拉木，就有《拉木歌》。它是在拉木路途中，为了缓解疲劳而唱的歌。

　　劳动类的歌谣是最古老的歌谣，它伴随人的劳动而产生。泰国有很多劳动歌谣，它主要是为了缓解疲劳而唱。当然，歌词中也会有盼望丰收的歌词，但它与祈求丰收仪式上唱咏的仪式歌又不一样。劳动歌中也有男女对歌，因此除了在集体劳动中起缓解疲劳作用外，同时也为青年男女相互调情创造了条件。

（三）城市游戏歌

城市游戏歌又可分为 3 类,即圈舞歌、对歌以及各种游戏歌。

1. 圈舞（喃旺）歌

它是近年来专为一种"圈舞"创作的歌谣,共有 10 首歌曲,配以 10 套圈舞。如《皎洁的月光》唱道：

> 皎洁的月光照亮大地,美丽的姑娘来到舞圈（两句重复）。我们玩乐为了乐趣,抛掉痛苦、消除哀忧。为了团结,请来歌舞。

2. 对歌（เพลงปฏิพากย์）

对歌的早期史实与民间歌曲一样很难考证,因它同样是口头传承,缺乏文字记载。其最早的记载为 1732—1758 年大城后期,由访泰的西方人记载,说有一种表演,泰语称"贴帕通歌"。实际上,贴帕通歌即是对歌的一种。当时,有的对歌已发展成民间表演。尽管对歌早期发展的历史很难考证。但从对歌的结构看,至少可以知道它是从一种民间风俗,即青年男女在屋檐下对歌择偶风俗发展而来的。因此,其历史绝不是大城后期之事,而要早得多。

曼谷时期,关于对歌的文献记载就多了,种类也不少,有劳动间隙娱乐性质的,有乐器伴奏,也有伴舞的表演性质的。很受人民群众的喜爱。曼谷初期是对歌发展的黄金时期。一种表演性的对歌大大促进了对歌的发展。但为了适合表演的需要,对歌由短小发展到冗长,内容由简单走向复杂。拉玛五世后,由于西方文化的影响,对歌开始衰落,但民间、农村仍很流行。拉玛六世时代,已有文人把对歌记录成书出版,甚至灌制唱片。有的文人把它作为一种文学新体裁来作诗,对歌在民歌中也自成一体,结构新颖。

（1）对歌的结构

对歌的结构分以下各段,在唱时也可作些变动,如增加或减少,各地方的对歌也会有些差别等。下面以中部对歌为例,作些介绍：

拜师段。泰国古代文学,无论是文人的书面创作或民间的口头创作,其开始大多有拜师词或拜师段,它似同作品的"序"。其内容大多是对有关的师祖、恩师、父母、神、佛、鬼等的拜谢或感恩戴德的词语,有的还有对祖国壮丽的山河的赞颂等内容。据说这种现象源自印度梵巴文学作品。对歌时,一般由男方先唱拜师段,然后女方唱。

邀唱段（บทเกริ่น）。男女歌手唱完拜师段后,男歌手要以歌邀请女歌手出来对歌,好似民间男青年去与姑娘约会,在家园的篱笆外,用歌呼唤姑娘出来约会一样。有时女歌手还要乔装打扮一番,才出来对歌。对歌从这段开始才算进入正题。

挑逗段(บทประ)或应答段。挑逗段是最能发挥男女歌手聪明才智的一段。男女歌手扮演一对情人,相互挑逗。男歌手可引经据典、旁敲侧击,用词双关,言词婉转;女歌手要机灵善对,用词带刺,言语泼辣。所以,这段也是最能表现男女歌手口才的一段。

调情段(บทผูกรัก)。调情段要求扮演青年小伙子的男歌手以种种许诺、百依百顺、爱护体贴的言辞、表情来求得女歌手的欢心。扮演姑娘的女歌手要半推半就来对答男歌手的调情。最后,女歌手还要含情脉脉地接受男歌手的求爱。

求亲段(บทสู่ขอ)或私奔段(บทลักพาหนี)。求亲段,当姑娘对求婚的小伙子感到满意后,就要告诉小伙子按习俗托媒婆向女方家长求亲。求亲段是男女歌手各扮演媒婆和女方家长相互对答的一段,要求男女歌手用词风趣、诙谐。求亲成功唱求亲段,求亲失败唱私奔段。私奔段是叙述双方婚事遇到挫折,男方求亲遭到女方家长的反对或拒绝,但姑娘仍始终如一。这时,小伙子要带姑娘私奔。男女歌手扮演一对情侣,对唱要风趣而有情意。姑娘先要告别自己生长生活的地方,对卧房中的各种物品告别,要唱出依依不舍、留恋之情。小伙子把姑娘带走后,去丛林观赏花木等。男歌手要唱出对大自然景色的赞赏和对姑娘的抚慰。

夺爱段(บทชิงรัก)或争宠段。夺爱段是描述男女成婚后,有了家室和子女。但女子有了外遇,两个男子争抢一个女子,以至丈夫上告、诉诸法律。唱时3位歌手,即2个男歌手和1个女歌手。2个男歌手相互争风吃醋、攻击挖苦。成婚后,有的家庭丈夫娶了妾,就要唱争宠段。争宠段是两个女子和一个男子,即男子有了妾后,大小老婆相互争吵。由于泰国社会大小老婆现象司空见惯,争宠段反而很少表演,引不起听众的兴趣。

告别段。告别段是对歌表演完了后唱的。男女歌手要相揖告别,向广大听众道别,唱祝福、致敬歌。

以上各段若要全部唱完,需要很长时间。歌手们一般是按场合、要求,选择几段来表演。

(2)对歌的属性

对歌是泰国民歌中数量最多的一种民歌,种类也多。言辞较短的对歌,如收割间隙的《收割歌》等。也有唱成套故事的,唱时有动作表演,有男女两人或两队(有领唱、和唱)的。这类对歌有《乔歌》《伊赛歌》《船歌》

等。对歌的内容有男女互相调情的内容,也有有关性方面的内容。但调情的内容占多。泰国对歌不能把它理解为"情歌",它完全出于一种娱乐、开心,不是男女求爱时唱的歌。所以,泰国有人把它归类为"娱乐歌"。因为有人研究认为对歌也是在节日中娱乐歌中发展而来的,这就是对歌的属性。下面选择对歌中的《船歌》《抛披巾舞歌》略作介绍:

1)《船歌》

这类对歌,当今大多在汛期的佛教节日唱。小乘佛教的僧侣,吃、穿靠信众布施。每年十一月初一至十二月十五是布施僧衣僧布的日子。当靠近江河的佛寺举行献僧衣、僧布的仪式时,就会有附近的船歌歌手摇着船来,有的还邀请女歌手摇船前来对歌。有时候还通宵达旦地欢唱,多是男队对女队的合唱对歌。这是一种很受欢迎的民俗活动,现举例船歌中开场的邀请段如下:

男:七句八句来引唱/妹妹为何不吟唱/别摆架子,别戏弄/布施僧衣来对唱/别让功德都丢失掉/无动于衷不答唱/妹装哑巴哥疯狂/为何不言不开腔。

2)《抛披巾舞歌》(เพลงรำพาดผ้า)

《抛披巾舞歌》也是对歌的一种,流行于泰国中部北碧府的民间歌谣。男女分成两圈,有长鼓伴舞,有时还伴有其他乐器。舞时先由一男子手拿披巾或围巾从男圈中出来,走向女圈。男子把披巾披在选中女子的肩上,或把围巾围在女子的脖子上,并把女子请出女圈,与男子对歌共舞。这时众人唱"噢歌",击掌打节拍。也可把披巾轮换抛给其他女子。"噢歌"即"抛披巾舞歌"。因每行(一行两句)的结尾都有一个"噢"字,故名。歌时,先从拜师开始,有问答段、观相段、对歌段、调情段、告别段,以众人对唱结束。押腰尾韵。现举例调情段如下:

男:妹妹快快来,出来伴哥跳噢。
女:舞步多婆娑,美如金凤凰噢。
男:舞步好矫健,好似"紧那罗"噢。
女:成双又成对,让人多羡慕噢。
男:哥似绿稻叶,真心把妹爱噢。
女:妹似绿稻穗,不必来担心噢。
男:真心爱着妹,真爱不变心噢。
女:爱恐不真心,爱后会变心噢。
男:诚心爱妹妹,爱妹铁了心噢。

女：男人多花心，怎能来相信噢。
男：爱妹累死哥，难道不怜悯噢。
女：妻妾好几个，叫妹难爱哥噢。
男：我的好妹妹，我妻哪里有噢？
女：有妻在家中，把妹抛给谁噢？
男：如果能掏心，掏心给妹看噢。
女：真的爱你妹，快来求婚配噢。
男：哥去求婚配，嫁妆要多少噢？
女：槟榔和蒟叶，快快送我家噢。
男：槟榔价昂贵，有些难为哥噢。
女：只一枚槟榔，仅半片蒟叶噢。
男：若妹真爱哥，今夜就私奔噢。
女：母亲常教导，别信男人话噢。
男：父亲常教诲，还是把家回噢。

　　上述歌词中的"紧那罗（กินนร）"是传说中的人鸟，即上半身是人，下半身是鸟。公的叫"紧那罗"，母的叫"紧那丽"。歌词中还反映了古时的婚姻习俗，如聘礼时行送槟榔、蒟叶，求亲失败时行私奔。

　　对歌后来发展成表演形式的娱乐歌。这是因为唱故事时，歌词很长、有好多段，它需要记忆力强的歌手，口才要好，能有所创新等。这样的人才毕竟是少数，也是一般民众所不能随便加入歌唱的，于是分出歌手和观众。之后，这样的歌手有了好几个，于是组成团队，常到有娱乐活动的场合、仪式上表演，走向职业。这种表演性、职业性的对歌在曼谷时期，拉玛五世至七世时，一度十分流行，二战后衰落。

　　3. 各种游戏歌
　　（1）娱乐歌（宋干节日歌）
　　"娱乐歌"是指一类在场的每个人都可参加进去唱的、歌舞的民歌。有别于有准备的、唱得好的，认人观看、欣赏而唱的民歌。这类歌常在农忙后或节日里人们娱乐、舞蹈时唱。

　　经过一年的劳动，农作物收割以后，广大农民需要在农闲时休息、娱乐。而这个时候泰国愉快、热闹的宋干节也在这一时候。因此，宋干节也成了唱咏民间歌谣的重要节日。因为大部分民歌，至少中部地区的民歌多是在宋干节上唱的。宋干节期间产生了很多娱乐歌，也有人称它为"宋干节日歌"。宋干节日歌分 2 类。一是成人游戏歌，一是对歌。

(2) 成人游戏歌

成人游戏歌还可分两小类，一为男女青年游戏歌，一为鬼附身游戏歌。

1) 男女青年游戏歌

宋干节下午男女青年聚在一起游戏，如拔河、捉迷藏、掷布团、投槛藤子、老虎过江等。这些游戏输的人要被罚歌舞，常唱《庞玛莱（泰语）歌》《舞蹈歌》等。荡秋千时会唱《差召洪（泰语）歌》。

2) 鬼附身游戏歌（เพลงเข้าทรงผีต่างๆ เพลงซอ）

鬼附身游戏常在晚上进行。大家围坐在一起，挑选最漂亮的一位女子坐在围圈中，当女子闭上眼，双手合十在胸，周围的人就唱《女精灵附身歌》，一遍又一遍地重复，直至女精灵附身，这时女精灵的身子会颤动。这种游戏带有半游戏半仪式性质。泰人相信一旦鬼附身，能预知自然现象，如预测天气。但在玩的时候，也被问及有关谋生、生计的问题，更有人为了娱乐、戏弄被鬼附身的人。被鬼附身后的人会有各种动作，如追捕参加游戏的其他人、跳舞等。游戏时还有《栋娘》歌等。现举例《女精灵附身歌》如下：

女精灵啊快下来/四大天王八方神/哪位鬼神下凡来/美丽花朵垂于耳/桃红花束披在肩/梳妆打扮来等待/女精灵啊来附身。

这类游戏来自附身仪式，这是为了农业收成、预测天气等与农作物有关的自然现象而做的仪式，后来也用作治病等仪式。由于娱乐成分逐渐增多，成为一种鬼附身游戏歌。

(四) 情歌

北部有一种独唱歌"榠"歌和南部的一种对歌——田歌，都是一种抒情歌。

1. 榠歌是抒发个人感情的独唱歌，也是"梢"歌的一种，可以在多种场合上唱。有无乐器伴奏两可。晚上，可用在向姑娘求爱时唱，抒发自己对姑娘的思念、爱意。

2. 田歌早先是在田头收割稻谷时唱的对歌，后来发展成能在多种场合上唱的歌。农闲时，也是青年男子去女家求爱时唱的歌。

按当地的习俗，男子去求爱时，必须带上1块木板和2根绳。到达女家时，在高脚屋下的柱子间，用木板和绳捆成秋千似的吊床。男子坐在木板上边摇边唱，向姑娘发出邀请、求爱。如果姑娘满意，会从楼上下来，也坐在木板上，与青年用田歌问答对歌；如姑娘不满意，便会下逐客令。青年必须收拾木板、绳去别的女家。下面选译一段田歌。这是青年进入女家后，与姑娘的一段对唱：

　　母：嗳，你俩好好聊，为娘去睡觉。/男：请妹这里坐，妹意是如何。家鬼不嫌弃，妹不抛弃哥。/女：洁净如佛堂，妹还没人求，鳏夫不曾见，小伙没相遇。妹没心上人，寂寞加孤独。/男：哥不相信妹，哥不听妹言。树大有鬼住，人美有人护。/女：树是大树，中空有虫。没有价值，不好使用。/男：妹是美人情无价，眉毛弯弯细又长。光顾观望忘说话。/女：说得好听，心不随之。一盆清水泼向大地。别来哄骗，妹非美妞。大腹便便，无人回眸。/男：妹美无言来形容，真想死了变成虱，躲在妹的蚊帐内。化作梳子梳妹发，化作粉脂抹妹脸，化作香油抹妹身。真想死后变成麻，当妹熟睡入梦乡，搓根麻绳捆妹身。真想化作一臭虫，深夜钻进妹枕头，贴在妹妹脸颊上。

　　这类情歌在日常生活中已不多见唱咏，可能在山区少数民族中还能听到。

（五）民歌与性观念

　　泰国民间诗歌中有关性爱的描述很多，如对歌以及讲唱。对歌中性爱方面的内容体现最突出、直接的要算是求雨仪式中的《游母猫歌》《云巫歌》等。这些都是在大庭广众中唱有性爱内容的歌。那么是不是说泰人对性爱很感兴趣，或喜欢在众人面前津津乐道性爱？泰国并不是一个性开放的国家，在大众娱乐文化中公开宣扬性爱是绝对禁止的。在家庭中也不能当着子女的面谈性爱。泰国女子生活在男权主义家庭中，也有社会舆论、风尚习惯、历代女子道德行为、有关著作、格言告诫或制约着女子的言行，尤其是性爱方面。其所以在对歌、民歌中有较多的性爱的词句，其由来或最初并不是要引起听众的性欲，即不是针对听众的，是对上苍的。它自有一定的目的和其发展的历史。

1. 性爱与丰收

　　当人类进入农业社会以后，人们知道农作物的收成关系到自己的生存，并引起重视和关注。在科学不发达的古代社会，世界上很多民族包括泰族，把自然现象人性化，推己及物，于是父是天，母是地，雨水是男子的精液。有了充沛的雨水，大地的农作物会获得丰收。也有些民族，人们在自己耕作的农田上性交。泰国"游母猫求雨"的风俗的形成，也与此观念有关。泰人认为猫是最怕水的动物，是干旱的化身。每当母猫被游行队伍抬到农家门口时,家人就用水来淋湿母猫,按照模拟魔法中的"搞什么生什么"的原则,用水淋湿猫,象征天公会下雨。之所以抬母猫而不抬公猫,原因是天为男性,用异性动物母猫来引诱上苍下雨。游行过程中有的人还手捧木雕的男性生殖器,有的人抬着男女性交的模型。有的队伍一路上有歌手唱《游母猫歌》,以下流、猥亵的歌词来替代性交。这些现象都出自一种信仰即把自然现象人性化,使天公下雨,目的也是为了农作物丰收。

2. 性爱与鬼魂信仰

在原始社会,泰人面对变化莫测的大自然,总感到有一种神秘的力量在驱使,这种神秘或神圣力量就是鬼。泰人深信鬼能给人们带来祸福。后来又感到鬼有恶鬼和善鬼之分,人们害怕的是恶鬼,并想进一步控制或驱赶恶鬼。随着时间的推移,驱赶、控制的办法多了起来,其中一个方法是泰人认为鬼不喜欢厌恶的东西、下流的东西或脏东西,于是利用这一点来除鬼。在古代,当人们捕获白象后,要举行白象庆典仪式,在仪式上人们唱起了下流歌词的歌,泰语称"贴通歌"。目的是要使鬼感到厌恶,这样就可以驱除从野象身上带来的鬼。唱下流的歌就是要控制鬼,驱使鬼。

3. 来自婆罗门教影响

在印度,当婆罗门教不断获得发展和分派时,其中有一派称"性力派"。这一派认为男女两性不能单独存在,女神是该派的最高神灵,是宇宙万物创造和发展的动因。该派还有一种特殊的仪式,在仪式上,男女信徒要叙述女神和男神的性爱,引起性欲,最后在神像前以性交结束仪式。性力派是印度崇拜湿婆神的湿婆派分化出来的。湿婆派中还有一派称"林伽派",崇拜林伽。林伽即男性生殖器。至今泰国有不少地方立有男性生殖器的雕像供人膜拜。男性生殖器雕像代表湿婆的形象。一些象征湿婆的林迦是供奉在大庭广众之处的,一些妇女膜拜林迦,不是性崇拜,而是膜拜湿婆,求怀孕生子。

民歌中之所以有性爱内容正如上述种种原因,出自一种信仰、观念。当然,当今对于那些不太懂性知识的青少年也会起些负面影响。

三、民间说唱

民间说唱是一种口头讲述与韵语歌唱兼而有之的民间文学。它与其他民艺比较有更多的综合性,它融文学、戏剧(表情、动作)、音乐于一体。相当于民间说唱概念的是泰国"社帕"。据说素可泰时期就有诵念《本生经》风俗。泰语"社帕",意即一种既有押韵的唱词,又有音乐伴奏的长篇故事讲唱。

社帕的最早记载见于大城时期的戴莱洛格纳时代的《宫廷法》:"晚6时表演社帕,晚7时讲述神话故事。"说明当时社帕已很流行。它是古代人们劳动之余,在晚上进行的一种民间娱乐活动。有人考证社帕来自于民间讲故事,后来在讲述故事中有人创作诗词、曲调以至有乐器拍板击打,给曲调以节奏,提高听众的兴趣。这种社帕称"词曲故事"。从讲故事到说唱也是逐步发展而成的。说唱不同于单纯的讲故事,在语言表述方面,不但要求词句精练,还要押韵;不仅要唱,还要有乐器伴奏。它是一种新的民间文学类型。

泰国古代民间有一种信仰,认为听佛教故事是一种功德很高的善行。在这种思想指导下,从听佛教故事到听一般故事逐成习俗。到了大城时期后期,社帕更为流行。它专在吉庆日的晚上说唱《昆仑昆平》故事。说唱时仍有拍板击打。但常是两人对唱,一人一段,有时还带有比赛性质。唱词大多是说唱艺人即兴创作的对歌性质的诗。这种社帕称为"即兴社帕"。这以前的讲唱靠的是讲唱艺人的记忆和背诵。

曼谷时期初,说唱《昆昌昆平》已十分盛行,并有文人参与书面创作某些段落,如拉玛二世、舜通普等。也出现了说唱其他故事,如《西塔依猜》《金螺》《十二姑娘》《四颗黄兰》《帕素吞》等。之后有人选择故事的重要段落配以好听的曲调诵唱,出现了不少有名的说唱艺人。拉玛二世时代出现一种用比帕乐队伴奏并有开场音乐的社帕。这种社帕发展到拉玛四世时代,比帕乐队的乐器有了扩充,比帕乐队的伴奏成为说唱中的固定形式,人们称之为"器乐社帕"。拉玛五世时代又出现了说唱时有演员舞蹈,称"舞社帕"。拉玛六世时代出现"滑稽社帕""舞剧社帕"。

各地的说唱也都有各地的称呼,其表演的形式,如唱的曲调、采用什么诗歌体编唱故事、有无乐器伴奏等。再有说唱什么故事、在何种仪式上说唱等都各有不同。但以中部地区说唱《昆昌昆平》和东北部地区说唱《大本生》最享盛名。

1. 说唱《昆昌昆平》

(1) 说唱《昆昌昆平》的由来

社帕盛行时,民间流传的讲唱故事很多,但都不如说唱《昆昌昆平》故事那么受听众喜爱。它流传广泛而一枝独秀。这原因除了故事情节曲折动人外,还因为它是一对青年男女恋爱故事,在民间流传时能插入调情、性爱方面的词句。

《昆昌昆平》故事来自东北部的真人真事,时间约在大城时期的1491—1529年之间。之后,它以故事形式流传于民间,约100年后才以社帕形式讲唱。起先吟唱部分较少,只在精彩段落上唱,而且还是即兴创作,主要情节还是靠讲述。从流传下来的一段段不连贯的诗歌看,是古人对某段诗歌感兴趣记录下来的。因当时社帕的传承,靠师徒间口头传承,对不是自己门下的弟子保密,所以即使有人记录,人们并不重视,因为有的精彩段落是即兴创作的,在讲唱过程中改编也较多。

(2)《昆昌昆平》故事梗概

故事取材于1491—1529年间发生在素攀城3个年轻人之间的爱情悲剧。

少女娘萍聪慧美丽,与昆昌、昆平为儿时好友。昆昌丑陋但家财万贯,昆平英俊但家境贫寒。娘萍先与昆平成婚,后来,国有战事,昆平受命出征。昆昌乘机要娶娘萍为妻,娘萍不从。战争结束,娘萍见昆平携一寮国女子归来而不快,昆平见昆昌为娘萍盖的新房而生疑,双方因误会而争吵。昆平愤然离去,但又因思念昔日夫妻情意而抢回娘萍。昆昌诬告昆平而使其身陷囹圄,昆昌重新占有娘萍。娘萍生下昆平之子并送回娘家抚养,孩子长大,得知自己的身世,请求国王允许他和父亲一起出征抗敌,国王应允。昆平父子出师大捷荣归故里,从昆昌家接回娘萍。昆昌向国王告发昆平强夺其妻。国王令娘萍当堂择夫。此时,娘萍已心灰意冷,犹豫不决。国王以娘萍一心二属,不能坚贞守一为由,下令处死娘萍。

2. 说唱《大本生》

(1) 说唱《大本生》的由来。

讲唱《大本生》故事是泰国的一种有悠久历史的佛教风俗,大多在泰国阴历十二月至一月出夏节后,过了布施僧衣的时节,在佛寺内举行,由僧侣讲唱。这时候河水已回落,稻谷收割前,正值农民一起做功德、娱乐的时候。在东北部时行在4月举行。在中部,有的在5—6月间举行。说唱活动常常是为佛寺募捐活动。如果纯粹是一次募捐活动,那么其说唱的时间更能随时而定。

《大本生》故事也可称《韦桑敦(เวสสันดร)(施善王子)本生故事》,它原是印度佛教《本生经》中的一个故事。《韦桑敦本生故事》是《本生经》中最重要,也是释迦牟尼最后一次转生的故事。泰语称《玛哈差》(มหาชาติ),意即《大本生》或重要的本生。

《大本生》故事最早是用摩揭陀文(巴利文)写的。流传到泰国后,素可泰时期有人把它译成泰文,但本子遗失。唯一保存下来的泰文译本是大城时期戴莱洛格纳时代译的,称《大世词》。一共13篇(或篇章),1000段。它不是供僧侣说唱用的。大城时期颂昙王时代(1610—1628),由于《大世词》保留的摩揭陀语太多,人们不易听懂,于是出现了长莱体《大本生》。从此,僧侣就便于在做佛事时说唱。说唱普遍后,各地僧侣在说唱时都有创新,也有文人参与写作,于是出现了以莱体为主,间杂"克笼"体和"嘎"体的《大本生》故事。1909年,教育部从各种本子中筛选出最精华的片段,汇编成一本较短并能供僧侣一天说完的《长莱体韦桑敦本生故事》,中国有人把它译成《大世赋》。

在宫廷,说唱《大本生》于每年1月份举行。据曼谷时期拉玛五世的御著《王事礼仪十二月》记述,其举行的规模更为隆重。

在民间,以一天或三天说唱完为多。清晨开始。13篇章由13位僧侣说唱。听众中谁若能自始至终坐在地上一次性听完全部内容,谁将获得最大的功德,来世能见弥勒佛。

(2)说唱《大本生》的风俗

说唱《大本生》常在每年佛教节日——出夏节后。届时,佛寺中的僧侣在念完应念的经后,说唱本生经故事给众信徒听。这种说唱后来在泰国东北部成为一种民间习俗,称"本生经节"[①]。有时,寺院还为了能在一天之内说唱完《大本生》,扩大规模,邀请邻近佛寺说唱好的僧侣来一起说唱。说唱故事用的是一种"长莱"诗体。

念泰国古诗有一定的调子。泰国僧侣以诗文来说唱《大本生》,是带着感情说唱的,并随内容变化而变化,有时还变调,以听众熟悉的曲调来唱。悲伤时,语调缓慢、凄凉,催人泪下;可笑处,用词诙谐,令人哄堂大笑。更受听众欢迎的是一些外加段,它在唱本中是没有的,但它与故事内容有关,多用格仑体说唱。如故事中婆罗门楚措(ชูชก)的妻子很贤惠,服侍楚措很周到,惹得四周邻居家的丈夫都要求自己的妻子仿效,以至打骂妻子使其屈从。这些受委屈的妻子又围攻、指责楚措妻。当僧侣讲到这一篇章时,善于说唱的僧侣会绘声绘色地说唱很多相互打骂、热闹场景的外加段,即兴发挥,别开生面。语言俏皮、妥帖、双关、锋利,使听众身历其境。当僧侣即将说唱完外加段时,四周的激情青年会呼叫"再来一段,老方丈!"一位说唱有名望的僧侣一旦答应在某佛寺说唱的消息传开时,不

---

① 〔泰〕玛里珈·克娜努叻:《民俗学》,奥定萨多出版社,2007年,第55页。

但邻近村镇的信徒欣然前往,而且其他佛寺的僧侣也会纷至沓来。

说唱《大本生》时,最吸引听众的是《楚措篇》等二三个篇章。其他篇章听的人较少,且是些老人,为了功德而听。《楚措篇》之所以受到欢迎,那是泰人的心态文化使然的,即泰人在历史实践中长期积淀而形成的社会心理,以及人们日常的精神状态和思想面貌,诸如人们的要求、愿望、情绪等。

(3)《大本生》故事梗概

韦桑敦是西披国国王帕昭桑差的王子。王子诞生时,该国得一白象,百姓认为这是一个吉祥的预兆。王子从小生性好施舍,长大后与苿他丽成婚。婚后得一子一女,儿子名"差里",女儿名"甘哈"。

格令克叻国发生旱灾,农作物颗粒无收,百姓饥荒。国王吃斋,守戒七日,仍不见下雨。百姓建议国王去西披国求赐白象。国王与随从7人化妆成婆罗门向王子求赐白象,王子应允。当西披国百姓得知消息后,十分气愤,要求帕昭桑差把王子赶出京城流放至翁戈山。帕昭桑差为了国家的安宁,只好应允。王子带着妻儿离城。临行前,王子把自己的财物,计:象、马、车、奶牛、男奴、女奴等各700,施舍给百姓,称"700大施舍"。王子一行4人,每来到一国,该国国王都出城迎接王子,并给予各种优惠,甚至吉叻国国王还要求王子登基为该国国王。王子谢绝。

格令克叻国有一婆罗门乞丐,名"楚措"。求乞得硬币100,托予朋友保管。朋友将钱全花光,没钱偿还,把女儿阿密达许配给楚措抵债。阿密达按妻子职责服侍楚措极其体贴、周到,惹得邻居家的丈夫都要求自己的妻子仿效,以致打骂妻子。这些受委屈的妻子指责、围攻阿密达。阿密达十分伤心,要求丈夫去找奴隶来替代自己。楚措无奈来求王子,正值苿他丽去丛林采摘水果。楚措求赐王子的子女差里和甘哈,王子应允。王子告诉楚措:差里值1000块金块,甘哈值象、马、牛、男奴、女奴各100和100块金块。楚措带走了两孩子。苿他丽回来不见孩子,伤心得晕了过去。

当帕英神得知王子把子女给了楚措后,下凡人间变成一婆罗门向王子求赐苿他丽,王子应允。帕英眼见为实后,把苿他丽还给王子,并答应王子许8个愿。王子许愿。楚措带领孩子误入西披国,来到王家广场,帕昭桑差见两孩子十分面熟,经询问得知是自己的孙子、孙女。帕昭桑差按王子的作价赎回两孩子,并宽待楚措。楚措因吃了不洁食物而死。帕昭桑差带着两孩子及仪仗队去翁戈山迎接王子和莱他丽回京城,继位为王。王子登基后,把财产分成两部分,一部分留作国家开支,一部分施舍给百姓。

四、民间文学中的婚姻习俗

民间文学历来密切联系着各种民俗事象,渗透到各种民俗活动之中,成为多种民俗文化的载体。民间文学所反映的内容,有时是直接的民俗事象。这是显而易见的,不必举例说明。下面就泰国民间文学中所反映的有一定民族特征的婚姻习俗举例如下:

上述《金螺》类型故事中有主人公受岳父考验的情节,泰国民俗学家认为这一情节在泰国故事中频繁出现,反映了泰国农村社会中普遍存在的一种民俗——"入赘婚"习俗[①]。在古代泰国,田多劳力少的家庭不愿把女儿嫁出去,而是选择了把女婿招进门当劳力的入赘婚。当第2个女儿把女婿招进来后,第1个女婿和大女儿要搬出去另建新屋生活。当第3个小女儿招婿进门后,第2个女婿与第1个女婿一样另建家庭。小女婿和小女儿就有责任把父母养老送终,继承遗产。这样在家中作为一家之主的岳父的地位一直处在受女婿的挑战之中,入赘婚家庭中经常出现的是岳父和女婿的矛盾,而不像中国非入赘婚家庭中常出现的婆媳矛盾。因此,泰国故事中出现的岳父考验女婿的情节是泰国家庭中岳父与女婿矛盾的反映。有的民俗学家还联系泰国的宫闱故事(幻想故事)中常有的男主人公"偷走男妖魔的女儿外出流浪,然后再回来杀死男妖魔"的情节说:男妖魔即是岳父。家庭中岳父与女婿矛盾的解决,即是女婿把岳父杀死,意思是女婿顶替了岳父作为一家之主的地位。

泰国民俗学家对宫闱故事分析出两个泰国民俗事象[②]:一个是上述泰国古代的"入赘婚"婚姻习俗带来的家庭中岳父与女婿的矛盾;另一个民俗事象即是泰国家庭中另一对矛盾——大小老婆之间争风吃醋或明争暗斗。造成这后一对矛盾的原因是"一夫多妻"的习俗。

泰国民间文学中的两个民俗事象,都反映了泰国的婚姻习俗——入赘婚和一夫多妻婚姻习俗,这说明这两种婚姻习俗在泰国古代较为普遍。这从泰国的其他民俗事象中也能看到,如民间歌谣"对歌"中的"争宠段"

[①②] 〔泰〕希拉蓬・纳・塔朗:《民俗学理论:民间传说和故事的科学研究方法》,朱拉隆功大学出版社,2005年,第357、213页。

反映的就是大小老婆争风吃醋的内容。有的对歌在男女互相调情时,就有女的说男的家中已有了妻妾的歌词。

此外,还提到了《金螺》类型故事中的"怪胎"现象,但并没有作进一步的分析。据中国学者分析,"怪胎"反映了先民存在近亲结婚的现象。泰国学者是从宫闱文学类型中归纳出来的一个普遍现象。

近亲结婚的习俗不仅在宫闱文学中有反映,而在泰国其他著作中和现实生活中都有例子。如《庸那迦纪年》(9—11世纪)一书中的一个传说故事《辛霍纳瓦传记》中说:

> 那空素贴城有一位大泰族的国王名叫"特瓦干"。国王有30位王子和30位公主,王子和公主长大后,国王让他们结成夫妻,分给财产、侍从,封为藩王,分别前往各地安邦定国。

至于近代以来现实生活中的例子更多,如王族婚配中:曼谷时期拉玛四世的后妃中有两位是拉玛三世的六王子的女儿姐妹。拉玛四世是拉玛三世的同父异母弟。按辈分说,拉玛四世娶了两位侄孙女姐妹。拉玛五世是曼谷时期各王中后妃最多的一位国王,有92人。其中有同父异母的御姐1位,御妹7位。拉玛六世曾与王叔的女儿订婚,按辈分是堂妹,最后没成婚。拉玛七世的王后是他王叔的女儿,也即与堂妹成婚。拉玛九世的妻子即王后,是拉玛五世的第12子的孙女。拉玛九世的王储曾娶其母的哥哥的女儿为妻(后离婚),也即是与表妹成婚。

而在民间,泰国婚姻法许可表兄妹、堂兄妹之间通婚。

五、民间文学与文化

1. 《罗摩本生》等文本与传统文化

"传统文化就是民族传承的基因,它铸成了世界民族的个体,也是今天各民族精神的差异所在。"[①]"传统文化也是相对现代文化而言的,是指过去时态的文化。它有历史性、地域性、民族性、关联性、自身的文化特质等特征。"[②]若具体地说泰族的传统文化,即是上述的暹泰文化。

泰国民俗学家依据西方民俗学家的理论,对印度书面文学《罗摩衍那》与泰国民间流传文本的《罗摩本生》《罗什—罗摩》《哈叻曼》等作了些

---

① 薛明扬、杨志刚:《中国传统文化概论导论》,复旦大学出版社,2003年,第11页。
② 王玉德:《文化学》,云南大学出版社,2006年,第12页。

民俗方面的研究和比较[1]，现作如下简略的介绍：

主题：《罗摩衍那》原是印度的印度教史诗，流传到佛教国家如老挝、泰国就变成了佛教僧人讲述的《本生经》故事中的一个故事。印度《罗摩衍那》中的罗摩是印度教三大神之一"毗湿奴"的化身，到了泰国变成了佛陀成佛前的前生中由菩萨化身的"罗摩"。

情节：有的地方文本，如《罗摩本生》还模仿东北地方最流行的民间文学《辛赛》中的情节作开头。

《罗摩衍那》中的悉达，是因为密提罗国遭灾，要举行祭祀，必须国王亲自扶犁耕地，耕地时，从土里刨出来的。而上述地方文本都说是因为十面魔王伪装成帕英调戏苏查达，苏查达为了报仇，下凡托生悉达。这是受东北和兰那家喻户晓的民间故事《乌沙巴络》中情节的影响。

民俗：《罗摩衍那》中作为爱情专一的罗摩，出现在泰国地方文本《罗摩本生》中却成了一位花心的罗摩，即罗摩又获得妖魔女儿"娘金丽"为妻，迎合了泰国一夫多妻的婚俗。此外，有的地方文本中插入角色陶洪勒玛进入帕耶哈的城市后，调戏当地少女的习俗情节。当角色罗什与罗摩回城时，插入东北风俗"招魂吉祥饭（บายศรี）"的情节。《罗摩衍那》中的罗摩和罗刹曼是同父异母兄弟，但在地方文本中成了双胞胎。这是因为东北民间故事《香发女》中香发女与娘隆是双胞胎。其他东北民间故事中也多双胞胎角色，于是把这一习俗带到了地方文本。

地名：泰国地方文本《罗摩本生》中把《罗摩衍那》中罗摩住的城名"阿瑜陀耶"改成老挝首都名"占特菩里西萨达那"。把《罗摩衍那》中十面魔王住的城名"楞伽"改成柬埔寨一个城市名"因特巴"。

角色名：《罗摩衍那》中的一些次要角色名字在地方文本中被改成地方民间故事中常出现的角色名字。泰国东北有的地方文本把《罗摩衍那》中妖魔的名字"迈耶拉"改成"蛇王"。因"蛇王"的名字常在东北的民间文学中出现，东北人民对它十分熟悉。同样，在地方文本《罗摩本生》中为主人公罗摩增加了一位助手，助手名"玛尼伽"。"玛尼伽"这一角色也是在地方民间文学中常出现的角色。

泰国民俗学家认为印度的《罗摩衍那》故事来到泰国后，在传播过程中为了适应当地的文化、民俗，要经过种种变化和改造，如主题、情节、民俗、角色名字、地名等的变异。其实，泰人把《罗摩衍那》改编为本地的民间文学的过程中，遇上了泰国的传统文化，"传统文化的核心是人的价值

---

[1] 〔泰〕希拉蓬·纳·塔朗：《民俗学理论：民间传说和故事的科学研究方法》，朱拉隆功大学出版社，2005年，第132—135页。

观念。……所谓价值观念,主要包括了人们的人生观、世界观、是非观。"① 泰国自接受佛教以来,已把佛教中的人生观、世界观、是非观作为泰人人生价值的一个重要部分。《罗摩衍那》是印度教的,传到泰国便要适应泰人的信仰或人生价值。主题的改变就涉及传统文化的核心。再有传统文化具有地域性,上述地名、角色名的更改,就是体现了传统文化地域性的特点。最后,传统文化有民族性。如上述民俗中的婚俗、招魂吉祥饭都有泰民族性的特征。

《罗摩本生》等流传文本在传播中,因文化不同发生的变异,不只是习俗或地名的简单变异,接受者常常要对传入的故事的某些成分有所抛弃,并进行再创造的工作。这种变异主要发生在不同传统文化的地区或民族之间。

2. 民间文学与稻作文化

泰国神话中的《青蛙吃月亮》,在"老挝的佬族、泰国的泰族、缅甸的掸族、越南的泰族、印度阿萨姆邦的阿洪泰都认为,月食是青蛙吃月亮造成的,是吉兆,当年会风调雨顺、五谷丰登、国泰民安。……这与壮族对月食和日食的观念是巧合吗?若从他们的历史渊源来看,这不是巧合,而是同根的底层文化"②。这"同根底层文化"是指的"壮泰族群居住的国家都有共同的经济生活即那文化('那',壮族语意为'水田',引申为稻作文化)"③。也即《青蛙吃月亮》是泰民族自己的农耕生活创造的那文化或稻作文化,而其他民族也有类似的神话也是因为有共同的农耕生活,因共同的稻作文化产生相似性的神话。同样,上述《葫芦生出泰族先民的神话》也反映了农业社会的稻作文化,如当郎呈公要回人间时,天神赐给了水牛,水牛与种稻有关。

民歌是伴随着原始人类的劳动生活而产生的。以往泰国大多数人,包括现今很多人从事稻作生产和果木种植。在各类民歌中反映稻作文化的内容相当多,有的只要一看歌名就能联想到稻作生产,如上述《收割歌》《镰刀歌》《扬场歌》等。泰国作为一个稻米生产大国,一年四季有很多有关祈求稻谷丰收的仪式。不少《仪式歌》反映稻谷生产的内容,如一些《招魂歌》《请神歌》则直接为稻谷招魂,为稻作生产的工具、牲口牛招魂。民

---

① 王玉德著:《文化学》,云南大学出版社,2006年,第12页。
② 范宏贵:《从习俗再看壮、傣、泰、佬、掸族的亲缘关系》,载李富强主编《中国壮学》(第二辑),民族出版社,2006年,第40页。
③ 赵明龙:《中国与东南亚、南亚壮泰族群的基本文化特征》,载《东南亚纵横》2010年,第12期。

歌中也会用稻谷生长、生产过程中的现象来作比喻,如"哥似绿稻叶""妹似绿稻穗",把姑娘没有对象比作稻谷缺水等。再有儿歌中反映女子下田劳动,男子在家看管孩子,女子成为稻作文化主力的习俗。从事稻作生产与天气关系密切,在民歌中反映了泰人靠天吃饭的行为和思想,如《游母猫歌》《云巫歌》,都是为了求天下雨,稻谷丰收。即使是请鬼附体的"仪式歌",即一种半仪式的游戏。请鬼魂附体时,人们还会向鬼神附体的人问一些与稻作生产有关的问题,如天气等。

3. 民间文学中的心态文化

泰国民间故事中有两类故事,即笑话与言过其实的故事;讲不完的故事与连环故事,细分则是4类。我们对这后3类故事作一下分析的话,可以看到它们都带有逗乐、幽默的情趣,若再加上笑话这一类,则成为泰国文学中的一大类。这就形成了泰国文学的一大特征,这特征反映了泰人喜欢逗乐、幽默的情趣。有人在谈及这类文学作品时说:"尽管逗乐和幽默的情趣是泰国文学的重要特征,也常见于文学作品中,但作为独立完整的文学作品却并不多,也只是开始在曼谷时期拉玛三世时代,而且是诗歌体的。如像西方式短小的、小说式的散文体的逗乐、幽默文学作品大量地出版和广泛地流传的局面出现在拉玛五世至七世时代,甚至超过当时的爱情小说、冒险小说、悲情小说等。"[①]这是以这类文学作品的流传来说明泰人的逗乐幽默的情趣。

这种逗乐、幽默的情趣是泰国的一种深层文化(心态文化),涉及泰民族的社会心理、价值取向、人伦观念等。一种小说的流行,除了种种外部原因外,人们心中的深层文化是作品流行的基础。

民间诗歌中反映婚姻习俗是相当多的,尤其是对歌。民歌中还反映青年男女的择偶标准。这种择偶标准不是强制性法制、家规,更多的是一种社会心理、社会意识形态,是一种心态文化,是尚未经过理论加工的、流行的大众心态,如要求、愿望等,带有大众性、自发性、日常经验性的特点。

有人总结了泰国民间诗歌中的青年男女择偶标准说[②]:姑娘眼中的佳偶,最好是姑娘熟悉的,并有一定的家族、世族关系的青年男子;有学问,有较高的学历,在工作或学业上勤奋刻苦;有学问也包括剃度出家过的未婚男子这一要求。尽管泰国社会默认多妻,但大多女子不愿委身做

---

① 〔泰〕格拉隆·阿玛叻迪:《拉玛五世至七世时代泰国逗乐、幽默散文》,载《泰国语言和文学》期刊,1993年12月号。

② 〔泰〕泰国民间艺术、游艺和表演编写委员会:《泰国民间艺术、游艺和表演》,索可泰大学出版社,1999年,第380—2页。

小老婆;不喜欢酒鬼、赌棍和打手。如《乔歌》中唱道:"儿将有位管家的郎君,你要挑个如意好丈夫,选好他的家世和血统,他的父母又是何等人,有否抽吸鸦片和大麻,是否醉鬼,家中是否有妻室。"再如《农村舞蹈歌》唱道:"儿想得夫君,没有如意郎。晨醒进赌馆,两手托纸牌。这样的人我不要……"

青年男子心中的佳偶,选择忠贞于丈夫的,家庭较富有,干净整洁,会干家务活,如在农村要会织布、臼米、缸中水满的女子。不喜欢有花心的女孩。姑娘要有女人的仪态和动作。

如《乔歌》中唱道:"若要夸说姑娘好,她要细致和周到。勤干家务勤打扫,勤挑水来勤春米。厨房必须勤擦洗,乱丢垃圾不雅观。去哪都有长辈伴,采摘香蕉不畏远。认认真真守妇道,即使貌丑不嫌弃。"

在选择女子的外貌上,如北部民歌唱道:"眉毛弯弯似柳叶,眼珠黑亮如宝石,嘴唇桃红若槟榔,皮肤细嫩牙齿黑。"这种外貌上的要求又反映了泰国男子对女子的一种民族传统的审美观念。

上述情歌、对歌等。以歌表情、传情以及择偶标准等,较明显地反映了泰人长期积淀下来的社会心理、人伦理念、价值取向、审美情趣等的一种深层次的文化——心态文化。

4. 民间文学与宗教文化

民间文学中的神话与民俗信仰(原始宗教)关系密切。袁珂在其著作《神话论文集》中说:"有萌芽的原始宗教信仰,然后才有根据这些信仰而创造的神话……"先有原始宗教,后有神话。神话是根据信仰而创作的。泰国民间文学中的创世神话,说世界是由天神赐给老公公和老婆婆的牛身上长出的葫芦,天神闻到泥土香下凡等创造出来的。打雷和闪电也是神所为。泰人的主食稻米也是"稻谷女神"赐给的。宗教故事说的都是释迦牟尼如何成佛、菩萨,如何拯救人类的故事。传说、幻想故事中英雄人物不是神、佛、菩萨的化身,就是获得神、佛、菩萨的庇护。这些都来自民俗信仰或婆罗门教、佛教的信仰。

民间说唱,如说唱《大本生》、说唱《五十本生》中的《帕素吞》《金螺》等,则直接说唱佛陀及其转世的故事。

可以说泰国的民间文学充满宗教文化的内涵。

第十一章　民间艺术

民间艺术是各种民俗活动的形象载体,其本身便是复杂纷纭的民俗事象。在社会发生阶级分化以前,原始的艺术是全民性的艺术。物质生产是艺术发生的主要动因。

但人类的精神生产对于艺术的发生也具有重要意义。巫术和原始宗教活动往往结合艺术的创造,音乐、舞蹈和美术成为巫术和原始宗教活动的重要表现方式,或成为实现巫术和原始宗教活动的重要手段。

进入阶级社会以后,艺术逐渐脱离了物质生产和巫术、宗教等活动,成为社会生活中的一个独立部门,同时有了社会上层艺术与民间艺术之分。

民间艺术是在社会中下层民众中广泛流行的音乐、舞蹈、美术、戏曲等艺术创造活动。民间艺术在民俗学中属"精神民俗"。

泰国有的学者把民间音乐、民间工艺单独分类出来。把民间舞蹈、歌舞剧合成一类,称"民间表演艺术"[①];把民间绘画、雕刻、建筑合成一类,称"民间视觉艺术"[②]。

"泰国的艺术是在带有印度教色彩的佛教中以及源自他们长期与孟人和柬埔寨人接触和自由结合而出现的泛灵论中产生并发展起来的。尽管如此,这些艺术仍保持着它们自己的种族特征。"[③]

所谓"泛灵论"即"万物有灵论",它是一种民间信仰。因此,泰国艺术包括民间艺术其宗教性十分突出。

佛教传播十分重视视觉艺术,即佛寺建筑、绘画、雕塑。而其种族特征即民族特征(包括民俗或民俗特征)集中、明显地体现在泰国佛寺的少数王寺中。而大量、普遍、分散的民寺中的民间视觉艺术,其民族特征如表现手法、风格、审美情趣以及用料基本上与王寺中视觉艺术相同。因此为了精简篇幅,民间视觉艺术的民俗及特征体现在本书末章的佛寺视觉

[①] 〔泰〕泰国艺术与社会编写委员会编:《泰国艺术与社会》,泰国素可泰他玛贴拉大学出版社,2003年,第106页。

[②] 〔泰〕泰国艺术与社会编写委员会编:《泰国艺术与社会》,泰国素可泰他玛贴拉大学出版社,2003年,第526页。

[③] 〔泰〕披耶阿努曼拉查东著,马宁译:《泰国传统文化与民俗》,中山大学出版社,1987年,第10页。

艺术中。因此,民间视觉艺术在本书不作为独立章节。

一、民间音乐

音乐,由广大民众自己创造,并广泛传播于民间。泰国音乐与世界各国一样源于生产劳动,更具体说是源自稻作生产,是农事音乐。其内容有:器乐演奏以及为歌曲、歌舞、说唱、歌舞剧等以及各种宗教仪式上伴奏的音乐,统称音乐。因此,泰国传统的音乐有依附性和宗教性的特点。

音乐是一种以乐音相传的艺术。在口、耳、乐器的相互作用中,它又以不断地变异求新保持其绵延不绝的生命力。那些历代不见经传的歌手、乐手,常常随兴所至,尽情发挥,留下他们美妙的乐思。

(一) 泰国音乐的特点

早期音乐只能靠乐器来说明,那时靠的是口头传承,没有乐谱记载等文献资料考证其发展的历史,而依靠其他器物或造物来证明则少之又少。

泰国音乐在发展过程中,古往今来一直受到邻近国家和民族的影响,如中国、印度、孟族、高棉族、马来族等。当代,也受到西方音乐的影响。

泰国音乐的古乐器的制作用料都取之于自然或当地的特产,如木段、竹节、椰壳、龟壳等。泰国音乐不是七声音阶,而只有不带半音的五声音阶。也即是只有五个音级(do、re、mi、sol、la),没有第4、7个音级,不是国际上流行的七个音级。泰国音乐每一个单音程(八度以内)中,其音程的距离是相等的。不像西方音乐其音程的距离是不相等的。有时同一类乐器由于制作材料不一,乐器的音质各不相同。

泰国乐器以演奏者的动作分类,分成弹、拉、吹、打四类乐器。乐器中打击乐器较发达、重要。有的乐队往往打击乐器居多,如比帕乐队(วงปี่พาทย์)。听它演奏乐曲时,可以感到打击乐器的声音很强,节奏感很突出。有时歌者在唱诵时,只敲打一面鼓给节奏就可以了。再如南部乐队在伴奏歌舞时,只要拍打节奏的乐器不停,歌舞就能继续下去,即使没了乐曲的旋律,也没关系。但节奏一停,歌舞就会停止。泰国乐队演奏时无指挥,由打击乐器来控制快慢。打击乐器中的铃最重要,它就是乐队的指挥。所以乐队演奏时的节奏有两个名称,一称"铃节奏(จังหวะฉิ่งฉิ่ง)",一称"鼓节奏(จังหวะหวะหน้าทับ)"。

泰国古代乐曲没有乐谱记录,靠口授、记忆、世代传承。直到曼谷时期拉玛四世,受西方音乐影响后才有乐谱。乐曲分唱曲和演奏曲两类。

古代唱曲在歌唱时常常会拉长嗓音,发出"噢、呕"的声音,没有歌词。唱曲中的歌词大多来自民间歌舞剧、说唱中的歌词,如《昆昌昆平》《伊脑》等。唱曲还细分为自由唱、配合乐器唱、配合表演唱。泰国乐曲曲调委婉而清新,节奏缓慢而鲜明,音域宽广而低沉,多为大调曲式。又因为古代乐曲没有乐谱,乐手演奏凭记忆,因此,好的乐手可以即兴发挥技艺。演奏的乐段、乐章,当时由乐手即兴创作,当演奏完了,乐手自己也不能再重复演奏。

当今泰国民族乐队有三类。一类称"比帕乐队",乐器有:笛、木琴、双面鼓、围锣、孟族双面鼓。这类乐队由于长期以来保持五件乐器的规模,故被称"五件乐"。它是一种以打击乐器为主的乐队。再有一类是"弦乐队",它是由弹拨乐器和拉弦乐器组成的乐队。最后一类为"玛霍里乐队",它由上述两类乐队混合组成。该乐队的演奏者皆为女子,这也是泰国古代沿袭下来的一种民俗。

(二) 泰国民间音乐

泰国民间音乐是产生于民间、流传于民间村社的音乐。泰国民间音乐与民间歌舞一样,是一门古老、原始的民间艺术。起初,与世界各民族的民间艺术一样,乐、歌、舞是合一的,后来才逐渐分开,如原始的劳动歌舞,没有乐器伴奏,以人声的呼喊来给以节奏。后来用工具代替呼喊,如用竹竿、木板等敲击作为乐器。所以乐器中,打击乐器的历史最悠久,泰民族也早就懂得取材于自然制作乐器。这种以打击乐器给舞以节奏也许早于歌谣。民间音乐乐曲简短、多变、地方性强。民间音乐不仅与生产劳动有关,而且还与宗教祭祀等各种仪式相联系。民间音乐在发展过程中也融合了多种民俗事象,如民间歌舞、民间说唱、民间戏剧、民间歌谣、民间体育、民间信仰(在各种仪式上的演奏)等。因此,泰国民间音乐有多种社会功能。

1. 民间音乐的社会功能
(1) 民间音乐与宗教仪式

民间巫术中的器乐吹奏是较早用于仪式上的音乐。后来,婆罗门教、佛教传入后,尤其是佛教全民化后,用于佛教各种仪式上。如佛教斋僧法会,大多由声音洪亮的民间比帕乐队伴奏,从僧侣进家、就座、念经前后,到送僧侣离家回寺,各个环节都要有乐队伴奏。再如在佛教重大节日上巡烛等,以及在耕作前为牛等牲畜招魂、招谷魂等伴奏。

(2) 民间音乐与人生礼仪

在每个人的生老病死的人生礼仪中,如男子的剃度为僧的剃度礼、游那伽、那伽沐浴、招魂时等都会有音乐伴奏。丧事上有专门的民间丧事乐队伴奏,如停尸、火化时都有不同的乐曲,甚至不同的乐队。

(3) 民间音乐与歌舞剧及娱乐活动

民间音乐为各种民间歌舞剧伴奏。如演出前的开场锣鼓、祭拜祖师。演出过程中为每一个角色的动作包括舞姿伴奏,随着角色的不同,比如一般人、帝王贵人、神仙巨魔等,都有不同的乐曲伴奏。演出结束时有《送宾曲》等。曼谷时期拉玛二世时代,为"说唱社帕"伴奏。每年,为佛教风俗——说唱《大本生》伴奏,《大本生》共有13章,每章在开唱时或说唱中都有固定的乐曲。

泰国有些娱乐活动如女精灵附体游戏、民间集体舞——圈舞等,也有音乐伴奏,伴奏的乐器也可能是一件或几件,也可能是一个乐队。

(4) 其他

农业生产中的帮工、集体劳动,如收割、打场、舂米或间歇时,为了消除疲劳唱歌而伴奏。为各地民歌、说唱以及青年男女调情时唱的情歌的伴奏。有时母亲为婴儿唱催眠曲,也有乐器伴奏。

2. 泰国民间音乐的民俗特征

(1) 神圣性。泰人受印度文化的影响认为音乐是神创造的,是神圣的。重要的乐器不用时,被祭供起来;触碰某种乐器前要跪拜;用前要举行拜师仪式;用于宗教仪式中时,被认为是能与神沟通的中介。

(2) 依附性。从上述泰国民间音乐的发展看,早先的音乐就与歌唱、舞蹈、仪式结合在一起。泰国民间歌舞的表演也都有音乐伴奏,可称"民间歌舞音乐"。佛教节日中说唱《大本生》,也有音乐伴奏,这种音乐可称"民间说唱音乐"。为各种民间歌舞剧如孔剧、叻空剧、利盖戏、皮影戏等伴奏的音乐,可以称为"民间戏剧音乐"。近代,有人收集约有1200多首古典乐曲,发现其中大多是《拉玛坚》故事剧的伴奏乐曲。这现象说明泰国民间音乐的依附性强,即很少独立演奏。

(3) 规范性。伴奏各种民间表演艺术时,开场前都有"开场锣鼓",结束时有"收场曲"。演员在表演中扮演的不同角色、表达的不同心情、姿态等都有固定乐曲伴奏。如为民间歌舞剧《拉玛坚》伴奏的乐曲就分有哀鸣曲、愤怒曲等。一些依附性较强的音乐往往变成"专曲专用"。在南部,皮影戏有皮影乐队,利盖戏有利盖乐队,丧葬仪式有加劳乐队等。观众可以凭听到的乐曲,知道正在表演什么歌舞剧,判断剧情发展到了什么阶段等。听到加劳乐队的音乐就知道那家举办丧事。再如南部,每当到了佛教守夏节结束时,佛寺举行"拉佛舟"的活动,必须有乐队伴奏,拉佛舟时把鼓放在佛舟上敲打。有的佛寺在守夏节结束的头天晚上就整夜打鼓直到天亮,成为一种民俗。

(4) 民间音乐与拜师仪式

敬拜传授音乐的师傅是泰国民间音乐中的重要民俗事象。其原因除了泰人相信音乐是神圣的、神创造的以外,还由于音乐的传承主要靠记忆,没有乐谱记载。想学习音乐的人只有通过师傅的言传身教以及自己的记忆外,别无他法。所以师傅在传授中的地位重要、突出,弟子把师傅视同父母。弟子的出道要经过3个与师傅有关的仪式,即求师礼、拜师礼和传授仪式。在这些礼仪中,师傅犹如乐神的化身。平时,弟子对师傅的教导深信不疑,无人敢违背。每当演奏古代乐曲时,人们还害怕某种神秘力量,故在演奏之前,观众和乐师要举行拜师仪式以求吉祥。在演唱歌曲前也先念拜师词,然后祭拜佛陀、工巧之神和乐神等仪式中要请八方神仙、各剧种的祖师,要演奏各种《请神曲》,要为弟子招魂,有《招魂曲》等。

3. 民间音乐与外来音乐

有人研究认为[①]:泰国音乐虽然多受印度影响,但发现泰国乐器制作所用的材料与印度不一样,印度乐器多用当地盛产的葫芦制作。而泰国多就地取材如椰壳、竹子、牡竹,用这些材料制作笛、笙、二胡、琴等。还发现泰国的乐声与印度比,更接近中国。为此,又进一步认为,泰族在南下之前,在中国南方已有自己的音乐。印度对泰国音乐的影响才一千多年,而泰族的音乐史已有好几千年了。

二战后,泰国音乐由于盲目追求与模仿西方音乐,使民族音乐的发展停顿、萧条了二三十年。失去了不少民间音乐的行家、高手。近来,泰国政府和学界注意到了这一问题的严重性,正在大力弘扬民族民间文化,重视民族民间音乐。民族音乐也在不失传统的基础上吸收西方音乐。民族乐队与西方乐队同台演奏,也开始盛行乐器的独立演奏等。

二、民间表演艺术

"我们甚至可以说,泰国民族文化之所以为世人所认识和称道,从根

---

① 〔泰〕泰国艺术与社会编写委员会:《泰国艺术与社会》,素可泰他玛贴拉大学出版社,2003年,第176页。

本上说离不开民间表演艺术的世代传承和发扬。"[①]可见民间表演艺术在泰国民族文化中的地位,它也是了解泰国民族文化的一个窗口。

泰国表演艺术又分民间表演艺术和高层次表演艺术。民间表演艺术是表演形式较简易,地方性、群众性较强而带有民间游艺成分的表演艺术。高层次表演艺术必须是经过培训、练习,有一定的表演程式,可以把演员和观众分开的一种表演。民间表演艺术是相对于泰国高层次、程式化较强的古代宫廷或当今艺术厅的表演艺术来说的。民间表演艺术在发展过程中受到宫廷、高层艺术或外国、西方艺术的影响。近代,民间歌舞和民间歌舞剧常被政府艺术厅加工、改编成为高层表演艺术,并在剧院或出国演出。

民间表演艺术,按上述泰国对民间艺术的分类,是指民间舞蹈和民间歌舞剧。

(一) 民间舞蹈

民间舞蹈是伴随人类历史的发生而起,从人类出现开始,它便是氏族和部落不可或缺的集群活动。

舞蹈是将思想情感通过面部表情、肢体造型、动作韵律表现出来的人体语言艺术。舞蹈总是与音乐或歌曲相结合,很少无伴奏、伴唱的,人们习惯称"歌舞"。民间歌舞的产生与劳动生产关系密切,尤其是农业生产劳动,在劳动间隙、农闲时载歌载舞表达劳动的喜悦,缓解劳动带来的疲劳。

民间舞蹈,属于大众"自娱性"的艺术,在舞蹈艺术中所占比重最大。

泰国宫廷舞蹈受印度影响,它是通过柬埔寨吴哥王朝时期的宫廷舞蹈而影响泰国宫廷舞蹈,而民间舞蹈又受到宫廷舞蹈的影响。

泰民族是一个能歌善舞、喜好欢乐的民族,歌舞活动十分普遍。不同地方也各有自己的地方特色,歌舞也十分丰富。形体动作主要是手掌和手臂动作为主,较多场合上都光脚歌舞。舞者只要按照歌曲的内容和音乐的节拍跳,没有规范的动作和舞姿。民间歌舞、舞蹈时,人们穿着漂亮的民族服装都是为了追求美,不是为了演出,与歌舞的主题无关。民间舞蹈不但与生活、劳动密切相关,而且与宗教仪式相关,也与战争相关。如求雨、祀祝稻谷神、酬谢河神、庆丰收等宗教仪式上的歌舞。有的舞蹈就是从宗教仪式中脱离出来的。古代战争前为了战胜敌人、鼓舞士气要举

[①] 裴晓睿、廖宇夫、易朝晖:《泰国民间文学》,载陈岗龙、张玉安等著《东方民间文学概论》,昆仑出版社,2006年,第3卷,第69页。

行仪式,跳舞。平时战士习武,也有为了表示自己的英勇、强悍等的舞蹈。

泰国舞蹈在风格上各地自有不同风格:北部、东北部舒缓幽静;中部明朗风趣;南部活泼欢快。下面分地区介绍一些泰国舞蹈中较有代表性的舞蹈。

1. 中部舞蹈

(1) 圈舞(喃旺舞)

圈舞原称"单面鼓舞"。因为跳舞时有单面鼓作为主要的敲打节拍的乐器,所以称单面鼓舞。它是东北部"昇舞"的一种,有19种基本动作语汇。平常在民间跳时,不计较死板程式。一般来说舞步很简易,一学就会,不必经过专门的训练。唱也很随意,只要欢快,唱与不唱都行。唱词也不太讲究押韵、高雅。人数也不作限定,来多少,算多少。围圈而跳,单跳、双跳、男女合跳都可。为了融洽、和谐,尽兴而舞。

1944年政府让艺术厅对这种舞加以整理、改编、重新作词、谱曲,同时舞步也掺杂进一些艺术厅规范的基本舞步。规定什么歌曲跳什么舞步。把19种基本动作语汇,融汇提炼为10套基本动作,配有10首歌曲。然后,称这种舞为"标准圈舞",中文译为"喃旺舞"。舞时男女成双成对,亦步亦趋。女子以脸、肢体、手指、手臂向男子作委婉抒情状。男子则环绕女子跳踏相同舞步,以双臂拱护女子的形体而舞。舞姿轻盈典雅,舞曲悦耳动听,手势秀逸明快,手腕上下翻转。舞蹈的花样主要在女子的手臂动作上,其美也在此。这种舞虽经改革、整理,但舞步仍很简易好学,歌也不难唱。舞时,外人可随时加入共舞等,保留了许多民间集体舞群众性的特点。现今,全国流行。在国外,也常向外国人推荐为具有泰国特色的民族舞蹈。

(2) 象脚鼓舞

象脚鼓舞是意译,按泰语音译为"特藤舞"。"特藤"是这种鼓的鼓声,故名。由缅甸传入,一说在吞武里时期,一说在曼谷时期拉玛四世时。舞蹈欢快,常在节日上歌舞,如宋干节、佛像游行、游剎度者(游那伽)等。游行时,游到道路宽阔处,停下来,围圈而跳,解疲乏。伴舞的乐器有锣、钹、铃、拍板。舞者着装打扮模仿缅人,头用花布包扎,穿宽袖衣,穿沙笼。如不方便,也可穿泰式便装。有的舞者脸上可涂脂抹粉,粘贴假胡子,打扮得很滑稽。舞者有什么花样,可自由发挥,甚至摇头晃脑、挤眼弄眉,相互逗乐。也可请路人进来跳。

后来,艺术厅对舞蹈作了改进。规范了舞步、舞姿。经过改进后的舞蹈保留了民间舞蹈的特点。乐器全是打击乐器。加入女演员,女子舞蹈,男演员以象脚鼓为道具为女演员伴舞。其他司打击乐器的男子在奏乐时,在舞台一旁可以做各种风趣的动作。司象脚鼓的演员,把鼓在舞台上一立,可用肢体各部打鼓,如用肘关节等,边打鼓,边做出各种滑稽动作取悦女子。女子则围着象脚鼓而舞,也可打击象脚鼓,做出种种舞姿,又唱又说,相互调情。既风趣,又缠绵。其他乐手在打击乐器时要唱歌,烘托气氛、燃起激情。音乐由慢而快,舞蹈也随之激越,最后在高潮中结束。

2. 北部舞蹈

北部泰人称"歌舞"为"丰"。泰北有不少其他民族。泰北舞蹈有其明显的地方风韵,从舞蹈的名称中能区别不同民族的舞蹈。人民能歌善舞,舞姿妩媚动人。北方舞蹈在发展过程中,也受到中部或宫廷舞蹈的影响。舞蹈中有来自鬼魂信仰、宗教仪式的。

(1) 缫丝姑娘舞

舞蹈反映了北部民间妇女的生产劳动。舞蹈经艺术厅加工,常在剧院舞台上表演。在演出时,男女同台表演,男的为乐手,女的为舞者,但舞者人数不多,1—2人。台上有纺纱机1—2架,旁坐一女子,提示观众这是纺织蚕丝的舞蹈。舞者身穿北部的地方服装,在乐手音乐的伴奏下起舞。舞姿模仿抽丝、缕丝、纺丝、织布等纺织蚕丝的全过程。舞蹈自然、朴实。现今常常把泰北的另一叫"纺纱舞"的舞蹈参入进来,使缫丝姑娘舞更加丰富多彩。

(2) 指甲舞

指甲舞常见于节日、佛日的日子。届时,日将西落的黄昏时分,在长长的去佛寺送供品的队伍的前导,有两列着装打扮十分漂亮的女子,她们就是跳指甲舞的舞者。舞蹈没有规定必须跳什么舞步,要由领队或舞师预先告知。舞者一般都不是专业舞蹈演员,是由女子组织起来的。舞蹈的特点是纤纤十指,除了拇指外,全戴金光闪亮的金属长指甲套,指甲套长10多厘米。上身穿长裙衫,下身着没膝的筒裙。狭长的披带斜挂于肩上,再从肩后直垂至腰间。左边的发髻上垂挂一串长长的花串,悬挂下来直至肩上。她们在打击乐器和竖笛的伴奏下,翩翩起舞,夺目的指甲上下翻舞,花串摇曳,更显婀娜多姿。现今常作为欢迎来自国内外的贵宾或来访者的迎宾舞。

(3) 鬼舞

鬼舞是一种祭祀仪式舞,不是供观看、娱乐的舞蹈。源自泰北古代兰那人的一种鬼魂的信仰,现仍流传在北部清迈府、南奔府地区。兰那人的鬼魂信仰很多,如宗族鬼、土地鬼、祖先鬼等。这种舞蹈是在祭祀祖先鬼的仪式上跳的。一般在村落的中心处,立有祭祀祖先鬼的小庙。每年2—5月收割后的农余时间,同一村落同一宗族的亲友相聚在小庙前举行祭拜仪式,除了供品外,就是一起跳舞。先由1—4人作为鬼的附身者或跳神者先跳,然后随仪式进程其他人加入进来共舞。舞姿有射鸟式、钓鱼式、划舟式等。有锣等乐器伴奏,无唱词,约跳10分钟。

3. 东北舞蹈

东北佬族民众称"歌舞表演"为"昇"(泰语)。东北的高棉族人称"歌舞"为"伦"(泰语)。两种舞蹈的区别是伴奏的乐器,前者以笙为主,后者以胡琴为主。"昇"原先是指一人领唱,多人伴唱的一种唱咏,但唱时伴有舞蹈。后来,有人为了反映民间生活而创作新的舞式、舞步或一种欢乐的歌舞,也叫"昇"。昇舞有竹炮舞、竹笋舞、饭篮舞等。东北舞蹈也有仪式、祭祀舞。

(1)"伦安蕾"

"伦安蕾"为高棉语,意为"臼杵舞"。这是东北高棉族民众在农闲时跳的歌舞,十分流行。早先舞姿没有规定的程式。晚上,姑娘舂米完了后,男女青年用两根臼杵敲打节拍,一个或两个青年男子向女子炫耀自己的技能,跳入在地面敲打节拍的臼杵。舞蹈的特点即为青年男子要随着臼杵的开合、节拍,作上下内外的跳跃。稍有不合节拍的动作,开合的臼杵就会伤及腿脚。其他男女则在一旁围绕臼杵歌舞,给臼杵内的青年烘托气氛。1964年后,有人不断对臼杵舞作改编。如在臼杵中跳跃的演员有了女子,也可几人同跳。着装打扮整齐划一,男穿绊尾幔裤,着圆领短衫,有浴布围腰,中间打结。女着短裙,穿短袖衫。舞步上也作了规范,开始时,先跳节奏较快的拜师舞步。后有快、慢节奏的单腿跳或双腿跳,还有节奏快的特技跳和节奏慢的歌舞跳。最后,演员手拿花盘或水碗向观众撒花或泼水作告别。近来,对音乐也作了改编,臼杵也有了增加,也有的改用竹竿,近似中国西南少数民族的竹竿舞。

现今,臼杵舞除了在舞台上演出外,也常在宋干节、大象节上,在空地、庭园中跳。这时的舞蹈往往人数不限,唱跳自由,花式更多。

(2) 饭篮舞

饭篮舞是泰东北地区佬族喜爱的民间舞蹈,属于东北昇舞的一种。饭篮舞是在欢乐的时日跳的舞蹈。舞蹈表现一群妇女给在田里劳动的丈夫或亲属送饭的情景。舞蹈经艺术厅加工。舞蹈以男乐手用芦笙、鼓、拍板、钹、锣等演奏激奋的乐曲开始,接着,挎着饭篮的不同年龄的妇女们起跳各式舞步、舞姿。然后,又以欢快的舞步满台来回地在飞舞,表示一路上十分愉快。最后把装有米饭的饭篮交给下田劳动的丈夫或亲属。舞者下身穿镶边的刚过膝关节的筒裙,上身着鲜艳的筒袖圆领对襟衫。披带斜披肩上。颈戴金属项链。两耳垂有耳环。手、脚戴有手镯、脚镯。头束高髻。斜挎饭篮于背后。

（3）普泰舞

普泰舞是流传于东北的那空帕侬、色军、莫拉限、加拉信等府泰国佬族的一种祀神舞,也称"长甲舞"。它是一种来自鬼神信仰的舞蹈。那里的人们认为对鬼神除了敬献供品以外,还要以舞蹈作为供品让鬼神观看。

早先,这种舞蹈是祭祀佛陀骨灰或供祭村寨鬼神、祖先仪式上以及传统功德仪式上跳的舞蹈。舞蹈以击鼓开始,然后有芦笙、琴、长鼓、钹、锣、拍板等乐器演奏各种节奏的乐曲,接着少女们翩翩起舞,婀娜多姿。舞姿、舞步各地都有不同。女的舞蹈,男的司乐。舞蹈的特点在于舞者的手指装饰和着装打扮。舞者上身穿黑色七寸袖衫,领子、袖口及衣衫边镶有红边。长发高束,发髻扎有红色蝴蝶结。两耳悬挂长长的银色耳坠。颈挂各种形状的银色项链。下着黑色镶花边的筒裙。披带斜挂肩上。十个手指都戴上金属指甲套,这种金属指甲套不同于指甲舞的指甲套,它更细长,而且指尖上翘,指尖上还有红色毛缨装饰。现今已经过很多改革,常在迎接宾客或各种节日上跳,但仍保留着基本的舞步、舞姿。

4. 南部舞蹈

泰国南部人民较多信仰伊斯兰教,舞蹈受宗教影响,而且在对待妇女的活动方面也有所限制,所以在宗教寺庙及其附近,或宗教节日上是看不到的。舞蹈的流行和发展就受到一定的影响。

笼迎舞（การแสดงรองเง็ง）

笼迎舞是泰南穆斯林的民间舞蹈。这种舞蹈由葡萄牙人或西班牙人带入爪哇或马来西亚,然后流入泰国南部,所以从整体看是一种西方舞蹈。早先仅在当地穆斯林中的王公贵族中流行,由女仆们在迎客或传统仪式中跳。一般民众或妇女是没有机会学跳的。后来,笼迎舞之所以能在民众中流传,是因为泰南玛雍戏的演出,由于演出过程中需要休息或调换布景,就叫女演员出来跳笼迎舞,有时还请男观众一起跳,并受到了大象的欢迎。之后又出现跳笼迎舞的歌舞团,于是在民众中开始流传,并有女演员加入。但流传过程中起了变化,如加入了西方的桑巴、伦巴舞等,使笼迎舞的特色逐渐消失。1951年泰南北大年府有人对笼迎舞进行改编、加工。某些穆斯林机构从马来西亚引进很多乐曲,对舞步、舞姿也进行了规范和提高。现今仍很流行,有时也作为迎宾舞表演。

笼迎舞也是一种男女合跳的集体舞,人数不限。每当欢乐的时分,不分时间和地点,人群中就会合着音乐舞曲舞蹈。若在舞台上表演,一般是舞者10人,配成5对。乐手4—5人,乐器有扁鼓1—2个,锣1个,提琴1把,有时还有1把吉他。男舞上身穿圆领长袖衫,半开襟;下穿长裤,上围一布至膝盖。头戴帽或缠布,脚穿鞋、袜。女舞身穿垂至脚面的沙笼,有纱巾披肩,穿鞋、袜。现今还时行穿着有金银线编织的花布。常跳的乐曲有8套。每套乐曲都有不同的舞步,舞以手、脚为主,尤其是脚要紧跟乐曲的节奏。身形要像迎风花朵那样轻飘、摇曳。男女互不接触。跳有成对或成列的,如是成列,则男女各分一列,中距5—6步。舞蹈开始与结束的时候,男女双方都要向对方行礼,如是对舞,乐曲开始后,男方要行礼邀请女方,女方可不还礼。

5. 民间舞蹈的民族特色

泰国民间舞蹈属自娱性很强的民艺,以农业为主的泰国人民的欢乐歌舞莫过于农业丰收,可以说民间舞蹈的发展离不开农业,也体现了泰民族的稻作文化的成果。而泰族人民传统的心理机制及农业劳动、舟上生活的习惯性生理动态,自然地映射在舞蹈的表演程式之中,创作了具有民族特色的民间舞蹈。这种舞蹈下肢动作幅度小,俯首弯腰,含胸屈膝。手指与手腕动作灵巧,眼神含蓄内在,感情深沉。

有人研究[①]泰国民间舞蹈虽在发展过程中受到印度舞的影响,但它仍保有自己的特色。它不像印度舞活泼、敏捷、动作大而用力。而是缓婉、柔美、动作小。也不像西方舞蹈跳来跳去,很突出下肢动作。而泰舞主要是上身动作,动作也慢。这是因为这些特征都来自船上舞蹈的原因,在船上跳舞不能像印度舞、西方舞那样大动作、蹦跳,否则会翻船或站立不稳的。

(二) 民间歌舞剧

一般学者都认为,最初的文艺样式是综合性的。泰国早期的文艺样式,乐、歌、舞三位是一体的。歌舞剧是在歌舞基础上发展而来的,并加进了文学的因子。

泰国歌舞剧是指有一种故事情节的歌舞。它由歌舞发展而来的,它是由文学、音乐、舞蹈、美术、杂技等多种艺术因素的有机综合,又是多源

---

① 〔泰〕素梅·春沙·纳·阿瑜陀耶:《水》,载克立·巴莫主编:《泰国特征》,泰瓦塔那派尼出版社,1982年,第231页。

第十一章　民间艺术

的艺术,民间歌谣、舞蹈、说唱和滑稽表演为其主要来源。

泰国民间舞剧与专业演员的歌舞剧的区别在于民间歌舞剧是非宫廷化的广大民间中下层的表演活动,流传于民间市井街头、农村田野非剧场化、非大舞台化的表演活动。而专业演员的歌舞剧如当今国家艺术厅培养和组织的专业剧团的演出,他们多是职业化或半职业化的演员,但多数剧目来自民间歌舞剧。大多场合下,泰国歌舞剧的表演演员是光脚表演的。

民间歌舞剧在大城初期已出现,大城末期已初具规模,但不普及。常在新佛寺的落成和新佛像的开光仪式上演出。演员只有三人,全是男子,分别扮演男、女主角和丑角。表演以丑角为主,以逗乐观众为宗旨。常常是由丑角逗乐,直到观众满意为止,之后,剧情再继续发展。一个演员视剧情需要扮演多种角色,此外,不表演时,要在台下伴唱。演员的台词要靠演员即兴创作。服饰有类似王冠的头饰,男子光上身,有链子般饰物斜挂于肩,下穿绊尾幔裤。台上没有布景,只有一张床供演员坐着演出。剧场是临时搭建的四方形棚子,四围无墙,中间有一根柱子,叫欢迎柱。据说是为戏剧祖师立的,演出时,祖师会来此处,保佑演出成功。演出前有拜师仪式和开场锣鼓。

后来民间歌舞剧传入宫中,演员全是宫女,在音乐、服饰、舞蹈、唱词等方面给以提高、改进。这对民间歌舞剧产生多方面的影响,使民间歌舞剧也有了女演员。过去,之所以没有女演员,原因是扮演动物、修道士、丑角等不便女演员扮演[①]

1. 民间歌舞剧的主要剧种

(1) 诺拉——差德里叻空(มโนห์รา——ชาตรี)

"叻空"是泰国歌舞剧的一种。泰语"叻空"两字有人考证[②]:一来自高棉(柬埔寨),高棉称"叻空"为"叻孔帕格鲁那";一来自印尼爪哇,爪哇称"叻空"为"叻安达里约"。泰国诺拉——差德里的舞姿近似印尼爪哇婆罗浮屠大塔(建于8世纪下半叶)浮雕上的诺拉舞姿,又近似印度流浪剧"雅德拉"的舞姿。而演出时给观众祝福,又近似于印度梵剧的"南甸"。但它不是直接受到印度影响,而是通过柬埔寨传到泰国中部,通过爪哇经马来西亚传到泰国南部。它是通过中介传入泰国,也即是间接的。而高棉、爪哇的叻空都源自印度。总之,从叻空剧发展历史看,它来自讲唱故

---

① 覃圣敏:《壮泰传统文化比较研究》,广西人民出版社,2003年,第2794页。
② 〔泰〕泰国艺术与社会编写委员会:《泰国艺术与社会》,素可泰大学出版社,2003年,第290页。

事，但受上述影响。

诺拉——差德里叻空即诺拉叻空和差德里叻空的通称。早先，诺拉叻空、差德里叻空是一种民间歌舞剧的两种叫法。"差德里"的叫法流行于泰国中部，"诺拉"的叫法流行于泰国南部。有人考证"差德里"是因为该剧种多表演帝王将相的故事，所以使用梵文发音。又有人说"差德里"是流行于各地的流浪剧，而印度有一种流浪剧叫"雅德拉"，"差德里"来自"雅德拉"。由于在南部的叻空剧表演的剧目大多表演《五十本生》中的传说故事《帕素吞》中某些情节，而故事中的女主角名叫"玛诺拉"，因此，把南部的叻空剧叫"诺拉叻空"。这两种不同地方的叻空剧都出现在大城时期，是最早的民间歌舞剧，也是其他叻空剧产生的基础。虽然在不同地方表演，但表演方式有很多相同之处，如开场锣鼓、拜师仪式、进入正题表演前的萨他舞、三位男演员（分饰男、女主角和丑角）、乐队、诗歌体的唱词、有12式的基本舞姿等，所以有人把它通称为"诺拉——差德里叻空"。这是泰国最早的歌舞剧。有人说它是民间表演艺术的源头。

后来，这两种不同地方表演的叻空剧有了区别："差德里叻空"在泰国中部表演，有中部人民的地方语和发音。乐队中不使用单面鼓。演员只有三位男演员，扮演男、女主角和丑角。男女主角的着装打扮有别。乐队除了为演员伴奏外，有些对白也要有过门或伴奏。现今已很少表演了。"诺拉叻空"在泰国南部表演，有南部人民的地方语和发音。早先剧团中有巫师。乐队中不使用对锣。在男女主角（都是男的）的着装打扮上不分男女，但都有半人半鸟的人鸟（诺拉）的特征，如有凤尾、鸟翼，戴长长的金属指甲。现今的表演已有女演员加入，演员也不止三人，有幕布、布景，有丑角报幕，剧目也有多种等。而经过泰国艺术厅提高、加工的《玛诺拉》全剧以及其片断《飞翔之舞》在舞台上仍有演出。《飞翔之舞》实际上是孔雀舞，而《玛诺拉》即是中国傣族的叙事长诗《召树屯与楠木诺娜》中的孔雀七公主楠木诺娜，是同一作品的两个不同版本。这种现象在民俗学上称"同源异流"。

（2）外叻空

"外叻空"是一种由诺拉——差德里叻空演变发展而来的歌舞剧，常在泰国中部各地农村演出。早先叫"叻空"，不叫"外叻空"。大城时期第31世王（1732—1738）在王宫内演出一种把孔剧、叻空和舞蹈综合一起的叻空表演。因此，为了区别民间的叻空表演，把王宫内的叻空称为"内叻空"，民间的叻空被称为"外叻空"。

当时的外叻空也只有演员三人，都是男演员。表演的剧目多是折子戏,如《玛诺拉》等,适合于三人的演出。演员自编自唱,并按唱词歌舞。有伴唱,故事情节表演进程较快。丑角的言辞不避下流话。扮演国王的演员与大臣对答时,大臣与平民百姓一样,不使用王语回话。因国王等达官显贵常用木棍打骂下人,木棍成了外叻空的一种象征。演出场地常在空旷的平地上搭建临时演出棚,或寺院内的凉亭等。乐队、演员和伴唱者围坐在棚的周围,轮到某演员演出时会自己站起来到棚中间去表演,演完后,回到原地就座。自曼谷时期拉玛四世开始有女演员加入。女演员的演出逐渐重要,数量也日益增多。演员的着装打扮模仿内叻空。表演剧目也增多,但剧目多是帝王将相、公主王子之类的宫闱故事改编的,其中也有不少来自民间流传的《五十本生》中的《金螺》《帕素吞》故事等,还有民间故事《格莱通》《昆仑昆平》等。由于剧目增多,演员的数量也逐渐增多。丑角表演也日趋重要,常在正剧表演的空隙穿插丑角表演。大多丑角表演与正剧内容有关的争风吃醋、夺爱、第三者插足等内容。

现今的外叻空演出已不多见。但作为民间歌舞剧——外叻空的演出在一些吉祥仪式上如孩子的剃髻礼上和赌场上还有表演。此外,在全国有名的佛殿中、神像旁仍很常见,它是作为一种"还愿舞蹈"出现的。所谓还愿舞蹈,其实是人们向佛或神像祈愿应验后的一种还愿形式,由还愿人出钱雇叻空演员跳叻空舞还愿,但这时的叻空已成了一种仪式舞蹈,而不是表演有故事情节的歌舞剧。不过,这种还愿形式也是泰国及东南亚一些国家共有的民俗事象。

(3)利盖剧(ลิเก)

利盖剧是流行于泰国中部的歌舞剧。泰国华人称它为"字家剧"。有人考证"利盖"两字原是阿拉伯语,是流行于穆斯林中赞颂阿拉的一种宗教仪式。静坐默祷、呼喊阿拉被认为是最高的道行。但为了更好地使自己进入幻觉,必须用心于身体的各部分。久而久之,这种道行起了变化,有人对此加以改良,由静坐改为站立、转身、顿足等,淡化宗教意义,增强娱乐成分。活动地方也由清真寺改为饭店,穿着的服装也由仪式服改为演出服,还有了乐队伴奏,成了一种民间表演艺术。这种表演被人从伊朗带到了印度。后来又有人把它带到印尼的苏门答腊、爪哇,经马来半岛进入泰国南部。传到泰国中部曼谷后,曼谷人称它为"依盖",后称"利盖"。

早先利盖剧不重视舞蹈,以演唱和丑角表演为主。剧团中如果演员缺少时,男演员可以男扮女装,女演员也可以女扮男装。后来传到中部时受到外叻空影响,有了舞蹈。1941年后,也不再有男扮女装或女扮男装的现象。现今的利盖剧已很少演出,城市几乎看不到。

（4）冒拉（หมอลำ）

冒拉是东北部的说唱剧，它重在说、唱故事。据说在曼谷时期拉玛四世至五世时（1851—1910）已有流传。当时东北人民叫它为"拉格伦"。（"拉"意即"诗、歌、曲"。"格伦"意为"一种诗歌体"。中部人民称它为"拉凯"。"凯"意为"芦笙"。叫表演者为"冒拉"。"冒"意为"行家、专家、医生"。）现统称这种说唱剧为"冒拉"。

最初，冒拉时兴各个故事中男女间对答的调情诗歌。冒拉唱时还有芦笙在旁伴奏。后来又出现了一种叫"拉彭"的表演，"彭"东北话的意思是"故事"。拉彭有两种表演形式：一种是说故事或念故事，说得好的冒拉会加入种种格言、谚语、讲历史、说笑话等；另一种是在丧事或产妇坐月子时念故事，模仿佛寺内僧侣的念法。之后冒拉在芦笙伴奏下把自己当作故事中的各种角色而有了动作表演。

1938至1981年相继出现了名叫"拉帕伦""拉佩"的冒拉。表演趋向时尚，如从有开场舞到以舞为主，舞者穿着超短裙。说唱现代故事，穿插流行歌曲。伴奏的乐器有萨克斯管、小号、手风琴、电子琴等西方乐器。不过，现今这两种冒拉已经衰落。

（5）皮影戏

皮影戏是一种表演艺术，在泰国古代是一项十分受大众欢迎的娱乐活动。它用牛皮雕镂成各种不同角色如人、神、动物等，犹如中国剪影似的图案（以下称"皮影"）。有的在同一皮影中有2个或3个角色；有的在角色周围还有宫殿、楼房、丛林山岳、江河湖泊、人间、天堂。雕镂完后，被加固在1或2根竹棍或木棍上。皮影下方留出50厘米左右的竹棍，以便表演者手拿。表演者手持皮影在幕后做跳跃等剧情所需的动作，依靠幕后灯光的照射，把表演者手持的皮影投影在幕布上，观众在幕前观看。在表演时有民族乐队伴奏，有配音演员背诵或吟唱解说词或角色的对话，还时不时地穿插丑角演员在幕前表演。开演前有开场锣鼓或短小的开场皮影戏的演出。剧目有《拉玛坚》《萨穆柯》《阿尼录》《幸赛》等来自佛教文学《五十本生》中的传说故事或当地民间故事。演出的场地一般在村、乡的空地上。泰国的皮影戏有多种，如大皮影、德隆皮影、东北德隆皮影等。

大皮影。泰语称"大皮影"为"喃艾"，"喃"意即"皮"，"艾"意即"大"。有人考证至少在大城时期第27世王那莱王时期（1656—1688）前在泰国中部已有演出的记载。也有人考证在公元12世纪时传入泰国。原先叫"喃"，不叫"喃艾"。后来，流行于泰国南部的德隆皮影传到大城，为了区别，把"喃"改称为"喃艾"，因为德隆皮影戏使用的皮影要比喃的皮影小。

喃的皮影一般在1—1.5米,有些到达2米。其幕布长16米,高6米。伴奏的民族乐队在幕前距幕布4米左右,面向幕布。乐队中有一样乐器,泰语称"格隆"。它是根长2—3米的竹竿,是一种用来敲打节奏的乐器,好似中国的梆子。它由好几个表演者敲打,放在幕后。

有人考证泰国的大皮影的大与其表演,近似印尼爪哇的皮影戏,爪哇人称"瓦扬布叻瓦"。"瓦扬"意为"影子"。"布叻瓦"是梵文,意即"古老、原始"。而瓦扬布叻瓦是历史十分悠久的印尼皮影戏。印尼的皮影戏来自印度的影子戏,其梵文名为"车耶那抚迦",意为"阴影游戏"。影子戏主要表演《罗摩衍那》故事。后来,随印度对外的海上贸易,把影子戏带入缅甸、苏门答腊、爪哇等地,最后传入泰国南部。因此,泰国皮影戏源自印度也是间接的,它又受印尼的影响。

大皮影可在晚上或白天演出。演出前有拜师仪式,有开场戏。如在晚上演出,就会有短小的开场皮影戏的演出和举行神像皮影的开光仪式。

大皮影演出前的开场戏,大多表演《傍晚捉猴》戏。内容是:有黑白两猴,黑猴品性顽劣,喜欢惹是生非;白猴品性善良。白猴常教育或警告黑猴,但黑猴不以为然。于是两猴发生争吵,白猴把黑猴捆绑了起来,要杀它。这时遇见一位仙哲,救了黑猴,并使它改恶从善。开场戏结束。

如在白天演出,模仿叻空剧跳四套舞即为开场戏。表演时,就不需要灯光,而在幕前表演,但表演的皮影要上色。后来发展成为另一种皮影戏,叫"南拉姆",意为"舞皮影"。表演者除了手举皮影表演外,还需要自己舞蹈,边歌边舞。表演者也需要着装打扮。之后,表演者干脆不用皮影,完全由自己表演。由于演员自己表演,其动作不受皮影牵制,动作多样、灵敏,更能表达剧情。进而又因为每次表演都要画脸谱,于是把皮影脸谱,制成头套面具而戴在头上。南拉姆的出现对孔剧的产生具有直接影响。可以说是孔剧的雏形。

目前,大皮影已不见表演,国家将作为传统艺术、文化遗产加以保留。

(6) 孔剧

1) 孔剧的由来

早先,孔剧(也称"哑剧"或"假面剧")曾流传于民间,后来,成为宫廷艺术。"孔"是泰语的音译。有人考证"孔"字与柬埔寨的考尔剧的"考尔"是同一词[①],孔剧表演受到柬埔寨考尔剧的影响。

泰国学者认为孔剧的产生还吸收了泰国的"剑棍对打"中的武打动

---

① 裴晓睿:《东南亚罗摩故事文本的互文性》,载北京大学东南亚研究所编:《东南亚文化研究论文集》,经济日报出版社,2004年,第361页。

作、"搅乳海拉蛇"的宫廷游艺中的众神打扮、大皮影（包括舞皮影）的表演。其中舞皮影的影响最大、最直接，因此，有人认为皮影戏虽然已不见表演，但其艺术精髓已融入进孔剧。举例如下：

孔剧的舞姿来自大皮影表演者的跳跃，泰国民间有句谚语说："叻空舞，孔剧跳"。由于皮影戏的演员手拿皮影，不便手舞，而只能足蹈、跳跃。之后，大皮影发展为舞皮影，舞蹈动作增多。孔剧演员早先以跳为主。后由"跳"发展为各种舞姿。

皮影戏表演时，皮影不会说话，需要手拿皮影的演员配音。之后，大皮影发展为舞皮影，演员戴上了头套面具不便配音，需要专门配音的演员。而戴面具的孔剧演员也不便说话，也要有配音演员。

孔剧的乐队、拍打节奏的重要乐器"格隆"，表演《罗摩衍那》故事时的配舞乐曲基本上都搬自大皮影，即使一些专门词汇也来自大皮影。如孔剧表演时，常是《罗摩衍那》故事中的某一段。孔剧不叫"段"，而叫"套"。这"套"字是大皮影对"段"的称呼。

孔剧中有一种称"幕前孔剧"的剧种，十分接近大皮影的"幕前舞蹈格斗皮影表演"。大皮影有时在表演过程中，表演者会拿着格斗皮影（在皮影上雕镂2角色以上的战斗场面）在幕前跳一段舞，称"幕前舞蹈格斗皮影表演"。之后，大皮影又发展为舞皮影，但皮影戏的布幕还在，这种表演形式更接近布幕前的孔剧演出，幕前孔剧即由此而来。所不同的是孔剧表演有舞台，而大皮影在平地上表演。

另外，孔剧还吸收了内洛坤的表演形式，如剧目、舞蹈细腻、规范，唱腔动听等。

2）孔剧表演的特点

孔剧的表演特点是大部分演员要戴头套面目，因此，头套面具成为该剧种的特色。据说它可以被分成4类，即神、人、罗刹、动物。而从4类的头套面具中又可细分出8类，每一类又可分出很多种头套面具，其中最有代表性的，最能体现民族审美观念的是猴子和罗刹头套面具，分别有30多种和100多种。面具造型生动、夸张，色彩斑斓，可以单独出来成为一件具有民族特色的工艺品。另一特点是演员表演时运用肢体语言——手势和舞姿较其他剧种要多。演员的一些意念和情感的表达，有一部分是靠规范手势和程式化舞姿来表示的。如表示爱，用两手交叉贴于脑前；表示友好，两手臂伸直，两手掌平叠在一起；表示愤怒，把手摩擦颈项或伸指、顿足。不懂这些就会影响对孔剧的观赏。

现今，孔剧已是集歌、舞、音乐、绘画等各种艺术的综合性艺术，并作为泰国传统艺术、高层次的娱乐活动,在节日或重大的礼仪活动中演出。专演《拉玛坚》故事中的片断。1964年以来,经泰国艺术厅整理的孔剧被公认为当今孔剧的典范,也被泰人尊为民族文化的象征。

(7) 木偶戏

木偶戏在古代是一项高级的娱乐活动,常在宫廷重大庆贺活动中、王事仪式上表演,后来逐渐流入民间,成为人们喜闻乐见的一种表演艺术。到了现代,由于电影、电视的普及,木偶戏已很少演出,且多为儿童表演。

有关木偶戏的文字记载,最早见于大城时期。当时表演的木偶戏,人们习惯称"大木偶"或"王家木偶"。木偶大小似人,约1米高。木偶臀部有一木棍,供表演艺人移动木偶用。木偶内有丝线连接木偶的手臂、手指、眼珠等各部位。木偶的服装、动作设计以及剧目模仿内叻空。有舞台,有配唱、旁白、对话,有比帕乐队件奏,有布景。

拉玛五世时期,在泰北还流行布袋木偶表演。它常在民间各种礼仪上表演,如成年礼、剃度礼、葬礼、还愿等。有时也在王室庆典上表演。这种木偶戏,演出过程中有丑角木偶穿插表演,十分受人欢迎。拉玛五世时,还出现了一种"小木偶",也称"泰木偶"。据说是拉玛四世之子维猜参模仿"中国木偶"创制的。

1893年,曼谷时期拉玛五世时,出现了一种由淘·帕雅克赛那设计、创造的木偶戏剧团。初期称"坤淘木偶",后称"棍棒木偶"。棍棒木偶的头部是一件雕刻精美的工艺品,从头到下身由一根竹棍支撑,两手又有两根竹棍联结,顶替了大木偶的丝线牵制。木偶的着装打扮模仿孔剧的角色打扮,但服装似布袋木偶,不露手臂,只露两手,从颈部到下身一布以蔽之,没有双腿,十分简洁。木偶高1英尺。据说棍棒木偶是模仿素可泰的棍木偶制作的,而棍木偶又是模仿当时在素可泰流传的中国海南布袋木偶制作的。棍棒木偶的设计、制作以及操作,实际上是大木偶和泰木偶的混合体。也即是一种棍棒与布袋相结合的木偶。

2. 民间歌舞剧的民俗特征

(1) 举行拜师仪式

泰国的表演艺术,如歌舞剧,包括少数的民间歌舞表演,这一类带有表演性的歌舞,演出前都要有简易或繁复的拜师仪式。拜师仪式有2种:一种在后台举行简或繁的拜师仪式,观众看不到的。一种是舞台下的观众能看到的,如拜师舞作为正式演出前的表演;有时唱拜师歌作为开场,观众能听到。

泰人认为行业中传授技艺的祖师是值得弟子膜拜和尊重的,被称为

"有恩的人",并能给演出带来吉祥和平安。舞台上表演的歌舞、歌舞剧,演员都不穿鞋,光脚。这是因为泰人认为舞台有祖师,穿鞋表演被认为是对祖师不尊重的表现。泰国民间艺术中对各行业师傅的信仰是其基本信仰。至于皮影戏中的皮影、诺拉叻空中的王冠、拜师仪式上供奉的头套面具等都被认为是神圣的,有一定的摆放位置,有的还不许逾越。拜师仪式作为泰国的一种民俗,广泛流行于泰国民间。

现举例外叻空剧的拜师仪式如下:

仪式的场地一般设在后台较宽广的地方,靠墙处设立一多层供桌。供桌的最上层摆放佛像。第2层摆放神像。第3层摆放众神的头套面具,如湿婆神、工匠神、罗刹、修道士、尖顶冠等。供桌的对面放着各种民族乐器。

拜师仪式的主持人必须是德高望重的男或女师长,届时主持人要穿上白衣白裤。先带领弟子点燃香烛,祭拜神、佛、祖师,乐队演奏敬师歌。接着祭拜乐神,乐队演奏相应的乐曲。再膜拜其他神,乐队演奏相应的乐曲。当乐队奏响沐浴曲后,主持人为众神行洒水礼。当乐队奏起撒米花曲后,主持人带领弟子给乐神和祖师送上祭品。之后,主持人祭酒,乐队奏祭酒曲。接着主持人带领弟子围绕供桌和乐队转3圈。主持人给众神头套面具点法粉。拜师结束。

(2) 重视丑角表演

丑角表演的目的是逗乐观众,活跃气氛。这种表演其他国家也有。但自古以来在泰国歌舞剧的演出中十分重要,丑角不是可有可无的角色,丑角表演场场都有。如泰国南部有一种近似叻空剧的穆斯林民间戏剧叫"玛雍"戏。有主要演员四人,其中两人是丑角演员,分第1丑角和第2丑角。两人同时演出,一问一答,笑料不断,逗乐观众。笑料的内容多与演出的剧目有关或大家所熟悉的事情才能获得效果。

值得一提的是泰国歌舞剧表演中的习俗——丑角表演,这一习俗还影响到当今泰国电影和电视片的拍摄中。凡看过泰国影视片的人,都有一个共同的感觉,觉得片中的丑角表演、逗趣镜头要比中国影视片多。究其原因,是泰国承袭了古代戏剧重视丑角表演的传统,从而形成了泰人的一种审美情趣。

(3) 要有开场表演

开场表演在泰国歌舞剧演出中也是自古以来必不可少的表演,成为泰国表演艺术的一大特色。相当于旧时中国京剧演出中的"跳加官"。一般开场表演有两种:一种是各种游戏或游艺的"开场戏",一种是舞蹈。各种游戏有很多,如在大城时期的古典诗歌《萨穆科堪婵》中记述的有:刀剑对打、赛牛、鳄鱼对咬、投矛表演、犀牛对撞等。后来这些游戏不时行了,改为开场舞蹈。

当今的开场演出更趋简易,如利盖戏原先开场表演有多位演员出来演唱祝福歌,男主角和丑角出来自我介绍、预报剧目。现在改为一人出来唱祝福歌和介绍剧情或演员们在台前或幕后唱歌等。有的剧种的开场表演只是开场锣鼓(โหมโรง)之类的乐队演奏。其目的都是告诉观众演出即将开始。

(4) 歌舞剧的演出无结局

歌舞剧的演出大多无结局,如德隆皮影从晚上一直演到天亮,有了阳光后,依靠灯光投影来演出的皮影戏已无法演出了,这才停止。但这时往往表演的故事情节还没表演完,就散场了。观众对演出的故事有无结局并不关注,快乐就好。观众也都知道剧情的发展与结束。再如差德里叻空,只要团长或雇主认为恰当、需要,何时停止演出都可以。再如利盖剧,剧作者作一个提纲式的改编和安排,具体的唱词等细节由演员自编自演。演出时由剧作者一段段告诉演员,所以演员往往不知道下一段演什么,结局又会如何。最后常由丑角出来逗乐观众,观众乘兴而归,不计较故事的结局。

(5) 孔剧表演中的民俗信仰

孔剧表演有一习俗,即不能以男主角罗摩战败,反角十头魔王战死为结局,否则将被认为不吉利。舞台上忌讳没化妆的人员过场,即使是检场人员也要化妆。孔剧只演《罗摩衍那》(在泰国叫《拉玛坚》)故事,成为一种习俗。这一方面来自印度的影响,印度人相信:如果能读或听《罗摩衍那》,可以洗清罪孽,心想事成,长寿,死了能进十六梵天(色界)。另一方面,泰人认为:故事中的男主角罗摩是下凡来镇妖的那莱神的化身,是神;罗摩是一位受人尊敬的英雄,其人品值得学习,如对父母孝顺、对朋友仁义、对妻子忠诚;罗摩还是正义战胜非正义的典型代表;他治理下的国家,人民幸福,对邻邦友好,是人们理想中国王的表率,所以不能战败。出于对法术的信仰,泰南的诺拉叻空剧、德隆皮影剧团中都有巫师,为了求得剧团的吉祥与平安。

(6) 冒拉演出中的"稍"民俗

泰东北冒拉演出过程中有一种泰语叫"稍"的民俗。"稍"的意思是观众戏弄、逗趣演员。这种行为或风俗被东北民众认为是对演员的认可或褒贬。如果演员表演得好,能吸引、拢住观众,给观众以快乐或美的享受,则观众会在演员表演时出来用短小的语句搭腔、对答、插话甚至调笑。如果演员的表演使观众感到厌烦、没味,就没有观众出来搭腔。这一行为或民俗说明了一场演出的精彩与否,要以能否做到演员与观众交流、互动作为衡量的标准。更有人解释说:尽管民间表演艺术缺乏严格的规范,但它依靠好似一种框框、机制的民风民俗,使民间表演艺术得到规范、流传和发展。

3. 民间表演艺术与泰国文学

这里说的"泰国文学",是指泰国传统的古典文学,不是民间文学。文学归属于文化。所以,本节也可以说"民间表演艺术与泰国文化"。

"泰国700多年的文学典籍中,数量多、影响大的主要还是根据民间表演传本整理改编的剧本和说唱文本,如《罗摩颂》《昆仑昆平唱本》《玛诺拉》《萨姆阔》《金螺》等。"[①]。

这说明泰国古代文学的多数,有的还是影响大的经典名著是依据民间表演艺术的传本整理改编的。民间表演艺术是有"脚本"、"唱本"或"剧本"的,虽然它的传授、传承靠的是口耳相传,没有文字记载,但也发现了艺人们为了记忆方便等原因而记录下来的各种残本、片断,包括口头的,统称为"传本"。民间表演的传本对泰国古代文学的影响是巨大的,可以说,民间表演传本成为泰国古代文学创作的一大源泉。

三、民间工艺

民间工艺是满足民众物质生活的需要,也是民众精神需求的产物,在民俗学中属"精神民俗"。早先,有的民间工艺与原始宗教、巫术、辟邪、祈福有关。后来,这方面的作用逐渐淡化,审美、祈福作用突出,作品具有民间艺术稚拙、清新、粗放、自然的艺术风貌。现今,世界各国都由自然经济变为商品经济、市场经济,不少民间工艺走向商品化,制作工艺工厂化,千篇一律地大批量生产。真正的手工艺品是不能复制或模仿的,它是独一无二的、个性化的。这是手工艺品真正的价值所在。

泰国的民间手工艺品主要在乡间农村,那里是手工制作的天堂,也保留着众多的手工作坊。手工艺品的制作有不少仪式和禁忌。如陶制品、灰塑、花台制作等都要做敬师或拜师仪式。制陶过程中还有禁忌,如挖陶

---

① 裴晓睿、廖宇夫、易朝晖:《泰国民间文学》,载陈岗龙、张玉安等:《东方民间文学概论》,昆仑出版社,2006年,第3卷,第69页。

土不能在春耕节那天,因为国王要主持开耕犁地的仪式,国王又是土地的主人(泰语"土地的主人"意即"国王"),所以为了制陶顺利、吉祥,要停一天。当陶制品要烧制时,禁止周日烧,因为周日是火日,烧后会干裂。人们还相信陶器的碎片粘贴家门或柴堆上能驱鬼。东北部,信众编织一种花布,不是为了自己使用,而是用在各种功德仪式上,如剃度礼;或做成施僧布,讲《大本生》时,用这种花布做成坐垫献给僧侣;或编织成2米长、50厘米宽的花布,在举行讲《大本生》功德仪式前献给僧侣挂在经堂上或寺庙前。花布的花纹常用一种六瓣黄蕊白色小花,这种花常在佛日拜佛用。民间相信如用这种花形编织成的布,送给僧侣,献布人将来世像这种花一样纯洁,并得到好名声。

泰国的民间手工艺制品有很多,如民间服饰、各种家具、编织、陶瓷制品、交通运输工具、民间饮食花样、花环花串编织等。下面介绍的是具有民族特色的手工艺制品:

1. **釉底金纹画**(ภาพลงรักปิดทอง)

釉底金纹画是一种民间的工艺美术。早在大城时期戴莱洛格纳国王时期的《宫廷法》(1448年)中已有记载,至今师承有人。它多用于门窗、内外墙壁、屏风、柜门、高脚盘等上的装饰。制作方法是:先用树胶、炭粉、叶、草等调和成一种黏胶涂在要画的底面上,如板面、壁面、金属面等。晒干,如此重复2—3次,然后用白铅在底面上作画。画后,用一种药水涂在画面上不准备贴金部位。涂毕,在整个画面上贴以金箔。最后用湿草纸擦拭贴金箔的画面,贴在药水上的金箔遇到水后会自然脱落,留下贴金部分,呈现出一幅用金色单线勾勒的画面。其底色常见的有红、黑两种。这金、红、黑三色构成了这类工艺品的审美观念。画中的人物造型似同佛寺壁画。

2. **珠母镶嵌画**(ภาพประดับมุก)

珠母镶嵌画是一种民间装饰工艺。装饰前,要挑选光泽发亮、花纹秀丽的珠蚌,将它切割成珠母片,磨平。把花纹图画拓在珠母片上,放在薄板上雕镂。雕后,用胶水粘在花纹图案底稿纸上,用胶漆涂在要装饰的物体上。干后,再涂一层快干漆。将干时,把粘有珠母花纹图画底稿纸洗脱。用砂石磨其面,使花纹逐渐清晰。用磨石、刻刀把不平整的珠母整平。用干芭蕉叶和椰子水的调剂摩擦其面,使漆面光泽。珠母镶嵌画常用在生活用具上,如家具等。著名的珠母镶嵌画有曼谷<u>卧佛寺卧佛像脚底108个吉祥图</u>等。

3. 孔剧头套面具

孔剧头套面具是孔剧演员头上戴的画有角色的面具的头套。头套上不仅仅有面具，还有各种帽子，所以译成"头套面具"。孔剧的角色可分4类，即神、人、妖魔、动物。其头套面具，总共约有百多种造型各异的头套面具。孔剧头套各角色面具，其面部上的五官造型夸张，头盔金光闪闪，装饰华丽夺目，具有鲜明的民族特色，深受国内外游客的喜爱，现已成为泰国一种传统工艺品。孔剧头套面具制作要经过12道工序，十分复杂。因此需要造诣高超的艺人才能做出精美的头套面具。孔剧头套面具是用纸做的，所以对纸质量要求很高。

4. 皮影剪影

皮影剪影是皮影戏表演的主要手段，也是皮影艺人表演的主要道具，又是泰国古代的民间工艺品。它用整张牛皮雕镂而成。泰国皮影剪影可分两类，即单影和故事影。单影为单个人物剪影。它又可分行走影、弯弓影、合十影等。故事影为两个以上人物的剪影，有的人物影四周是还有宫殿、花木等剪影，整张剪影有边框，犹如一幅图画。人、物造型及表现手法似同佛寺壁画。

皮影剪影除上述外，还有皮影神剪影和"剪影王"两种。皮影神也即是皮影的祖师爷，它有三位，分别为修道士、湿婆神、毗湿奴神。皮影神剪影在雕镂时还要有祭供仪式，雕工镂匠要穿着白色衣服，并要求一天之内雕镂完毕。剪影王即一种比普通剪影大的剪影，它被用作礼物送给有地位、受尊敬的人。这种剪影色彩鲜艳、造型优美、雕镂细腻，悬挂在客厅中不仅是件具有民族特色的工艺品，还是件吉祥物。

5. 灰塑

灰塑是泰国的一种民间雕塑艺术，历史悠久。主要用于建筑的装饰，尤其是建筑的山墙装饰。它是泰国民间雕塑的一大特色，特色体现在用料上。它是用本地盛产的贝壳磨成粉末，以甘蔗水等调和成可塑性物质，塑造各种动物像、花纹图案、佛像、神像等。干后，坚固耐久，又有制作细腻、作品分量轻等特点，多见于古代建筑装饰。最早出土的灰塑作品是他瓦叻瓦底艺术时期叻武里府叻武里县的《女乐手》，创作于8世纪。

6. 博桑花伞

"博桑"是村名，位于泰北清迈府桑甘平县内，离清迈约90公里。这里大部分家庭以制伞为生，时行制作桑皮纸花伞和绸布花伞。"花伞"意即绘有各种花卉的伞。

博桑村制作花伞的历史至少已有 200 年了,这里曾是古代泰族人建立的兰那古国。这里的居民是从北部迁徙来的大泰人和来自缅甸掸人,所以有人认为花伞的制作来自缅甸或中国云南。当时制作者多是僧侣。但发展至今天这样的规模,应该说得益于农耕社会,人们利用农闲制作花伞。这也与清迈人在生活中喜欢用伞遮阳的习俗有关,人手一伞成为清迈人的标志。尤其是博桑年轻姑娘打着伞骑自行车,在街上来往穿梭,以至于有人美其名曰"踩车打伞的姑娘",这也就成了当地一道引人注目的风景线。1977 年 10 月,博桑村的花伞在美国举行的国际旅游商品博览会上,从 372 件参赛商品中脱颖而出,一举夺得金奖。从此,博桑的花伞享誉世界。

7. 花台制作

花台的制作是一项十分高超的手工艺,也是泰国的一种传统习俗,已有千年的历史。在制作前,一般艺人在心里都有一个设计蓝图,蓝图要体现艺人美好祝愿主题。一般花台需要一个高脚盘作花台的基座。花台的主体是由很多鲜嫩的叶子、各种花朵和花瓣组成的。不像我们熟悉的插花艺术那样主要是各种花朵。制作过程中,有的用长长的竹签串起多个花瓣,有的用叶子折叠成各种形状,有的还要用针把小花朵、花瓣缝上去,有的花朵是用很多小花拼组成的。上述每一个组成部分的造型都是人工制作的,整台花台的造型又体现了艺人要表达的主题,如吉祥、祈福、祈寿等。花台常常在重大的日子里作为敬献给心目中德高望重的人的珍贵礼品或作仪式中的供品。一件艺术性较高的花台制作作品常常体现了艺人们的个性神韵,制作时艺人的心境禅思,蕴含着艺人的无数吉祥和祝福。花台不仅造型美丽,更有一片真心。

四、民间艺术与文化

泰国民间艺术多与文化有密不可分的联系。

1. 民间艺术与宗教文化

泰国宗教对民俗影响是深远的,就人类世界来说民俗的产生,宗教是一大原因。但我们从宗教文化角度去分析一些民俗事象如民间艺术,也许会更透彻地看到其本质或内涵。

"宗教从意识形态上说,是一种特定的世界观。"[1]

---

[1] 陈麟书、陈霞主编:《宗教学原理》,宗教文化出版社,1999 年,第 8 页。

宗教是一种世界观。那么宗教文化又是什么？这一问题，我们到印度去寻找答案。因为印度文化主要是宗教文化。看看印度人的世界观，也即是他们对世界的看法。

印度人对世界的看法是"一元论的世界本原说"①也即是印度人认为世界是被创造的，世界的创造者是造一切者、原人、生主、太一、遍照者、梵、我、水、火、金胎等。

印度的先民们虽将世界的本原描绘成有具象色彩的造一切者、水、金卵、原人等，但都承认世界有一个唯一的本原存在，万物皆由它而生发，万物的存在和发展皆受其掌控。这种一元论的世界本原说观点可以追溯到吠陀时代吠陀教经籍《梨俱吠陀》，它是印度人世界观中最根本的一种世界观。这个"本原"描绘成有具象色彩的原人等即是各种神。

吠陀教是后来婆罗门教、印度教的前身。也是婆罗门教、印度教信徒的世界观。

"佛教在表面上反对我或灵魂，但又赞成婆罗门教的轮回业报理论，在他们看来，一个人现世的一切是取决于他过去所作的行为，'行善者成善，行恶者成恶'，只有通过在佛教指导下的严格修行，才能摆脱轮回的锁链。"②为此，佛教就不能不承认有轮回的主体——我或灵魂。这里，佛教也承认有我或灵魂，而且认为主观可以改变客观，也即是世界是被创造的。但后来佛陀被神化，成为救世主，"主观"即是佛、菩萨。

依据上述论述，可以分析到泰人的很多民间艺术的本质或内涵充满着"一元论的世界本原说"。

"（印度）艺术家认为，创造力获得除了凭借自身的智慧外，更重要的是依赖于神的赐予，一切艺术都是神谕天启的结果。……古代印度认为文艺是神赐予人间的美，文艺创作是神控制下的行为艺术。艺术家们几乎毫不例外地都要在自己的著作中向大神表示极大的尊敬和敬仰，表达自己对文艺创作极度的虔诚和严肃，以祈求神赐予智慧和灵感。无论集体创作还是个人创作，作者通常都会在著作的开篇，向神表示虔诚的敬意，一如约定成俗的宗教仪式，甫一开始，一定要唱颂诗。"③

本书在"泰国民间音乐的民俗特征"中谈及民间音乐的神圣性，说泰人受印度的影响认为音乐是神创造的。重要的演奏活动前要举行拜师仪式，祭拜乐神等，这好比印度艺人在著作开篇要向神表示虔诚的敬意一样。有的乐器还要像神一样祭供起来。

---

①② 黄心川：《世界十大宗教》，东方出版社，1988年，第135页。
③ 郁龙余等著：《印度文化论》，重庆出版社，2008年，第263页。

泰人受印度文化影响,相信歌舞不是人类创造的,而是神创造的。如艺人相信民间歌舞剧叻空剧的创始者是帕巴罗摩尼神,舞姿来自印度教主神湿婆镇魔时的舞蹈,即印度"舞王湿婆"神像的舞姿。泰国所有的表演艺术都在演出前有拜师仪式,仪式上供奉的都是各种神以及有关本行业来自印度的神像以及佛像。

素可泰艺术时期制作的民间手工艺品小瓷人,这是祭鬼的供品,较多是母亲抱着孩子、男人抱着鸡、妇女拿着扇、象兵骑着战象的瓷像。但发现这些瓷像的头颈上有一圈接缝,这是制作时,其头部是另做的,在烧制前,简单地撅上去的,以便做仪式时容易折断。这种仪式常在被鬼作祟而得病的病人死前做,是为了欺骗鬼,告诉鬼,此病人已断头而死,不要再作祟了。所以,这些手工艺品不是当今人们理解的赏玩品。它是为祭供、信仰而创作的。可以说泰国的佛教美术,也不是一种供人欣赏的美术品而制作的,是为了佛教信仰而创作的。"有人甚至认为,佛教信仰是泰族创立音乐的思想根源。总之,音乐的发展和佛教信仰、仪式有密不可分的联系。"①如"梭"这类民间音乐在北部很流行,有招魂梭、请神梭、教子梭(剃度仪式)等。再如在东北部流行用芦笙伴奏的"冒拉"民间音乐。这与东北人对拍耶天的信奉有密切关系。

泰族戏剧的形成与发展的历程,与新寺庙落成和新佛像的塑造完工有很大的关系。每次举行庆祝仪式,人们都要参加活动。举行像唱歌一样的戏剧演出。唱歌大多采用对唱方式,慢慢发展成为其中有角色、有人物的戏剧。

泰人的鬼神信仰也好,婆罗门教、佛教信仰也好,都信仰鬼、神、佛是世界的创造者。这是一种世界观,其本质和内涵都是与印度一样是一元论的世界本原说。

2. 民间艺术与稻作文化

"民间音乐皆源于传统的稻作农耕文化即农事音乐。农耕文化的特征是农民以土地为本,自给自足。在整个生产过程中音乐除了要抒发农耕劳作的心情,还表达农民祈盼丰收的美好向往。"② 民间音乐与民间歌舞是原始的民间艺术。起初乐、歌、舞是合一的,后来才逐渐分开。原始社会人们大多集体劳动。音乐在稻作生产集体劳动的间隙,音乐为了消除疲劳的歌唱创作乐曲。如《收割歌》《镰刀歌》《扬场歌》《踢米歌》等都是围绕稻作生产而作的农事音乐,源于稻作文化。

---

①② 覃圣敏:《壮泰传统文化比较》,广西人民出版社,2003年,第2781、2780页。

泰国民间舞蹈属自娱性很强的民艺,以农业为主的泰国人民的欢乐歌舞莫过于农业丰收,丰收后的农民为了表达快乐的心情都要欢庆歌舞。如东北部的《饭篮舞》就是为了表达农妇为耕作的丈夫用饭篮送饭而创作的农事舞蹈,有稻作文化的内涵。可以说民间舞蹈的发展离不开农业,也体现了泰民族的稻作文化的成果。而泰族人民传统的心理机制及农业劳动,自然地映射在舞蹈的表演程式之中。

第十二章　民间游艺

"民间游艺"即上述"民间娱乐习俗",属"社会民俗"。

民间游艺是一种以游戏、竞技、娱乐等消遣休闲、调剂身心为目的,而又有一定的模式的民俗活动。它是人类在具备起码的物质生存条件的基础上,为满足精神需求而进行的文化创造,有悠久的历史。民间游艺具有赏心悦目性、竞技激烈性、知识趣味性的特点和严格的规则性特征。

泰人认为游艺与艺术一样不是人创造的,而是超自然力——"神圣"创造的。具体说,这"神圣"即是湄公河流域包括泰国、老挝以至中国西双版纳的傣族信仰的"天神",也即是这些民族的民间神话传说中的神。

古代,不少游艺活动不是随时可进行的,它必须经过仪式后才能进行,如拜师仪式、入场仪式等。有人研究古代泰国仪式后说,仪式由三部分组成,即膜拜和做功德、吃请、娱乐。娱乐是仪式的一个组成部分。这里的"吃请",在古代是指由参加仪式的人自带的食物,大家分来吃。民间游艺活动常在仪式、吃请后进行。另外,有些民间游艺是由仪式(巫术)演变而来的。如鬼藏手巾(捉迷藏),即是由巫术中的"鬼附身"演变为现今的一种儿童游戏。所以,娱乐与宗教仪式(宗教文化)关系密切。

当今,泰国民间游艺分广义和狭义的民间游艺两种。广义的民间游艺包括的范围很广,除了各种娱乐活动外,还包括唱歌、跳舞、民间歌舞,各种表演的民间表演艺术等都可称"娱乐活动""游艺"(泰文叫"甘叻莱")。狭义的民间游艺仅指各种娱乐活动。古代没有民间游艺与民间表演之分。后来,民间歌舞、表演艺术随时代发展而独立出来,才有了区别。民间游艺是自发性的、群众性的、业余性的、娱乐性的,没有表演者和观众之分,有时也会带有些歌舞,但不需要化妆、布景、舞台。它是人们代代相传至今的一种民间娱乐习俗。狭义的民间游艺,只有各种娱乐活动,简言之即"娱乐活动"。下面介绍的是狭义的民间游艺。

泰国的民间游艺可分成:生产性的民间游艺、模拟性的民间游艺、竞技性的民间游艺、语言性的民间游艺。

一、生产性的民间游艺

生产性的民间游艺即与生产劳动有关的活动、游戏。泰国古代是个农业社会,至今仍有很多人从事农业劳动。下面介绍的活动。有的游戏的名目就取自于"牛"等与农业生产劳动有关的事物。

1. 赛舟

生活在江河湖泊周围的民众,每年11—12月间,水会涨满江河湖泊,为了不使水泛滥而影响即将收割的稻谷,人们就组织船只竞赛,意思是想让水很快地退下去。这活动与古代同一目的的宫廷驱水仪式相仿,即把水驱赶下去。只是叫法不同,如"赛飞舟""赛长舟"等,现各地举行的赛舟,不是驱水,而是一项体育娱乐活动。

2. 犁田游戏

两个少年为一小组,几组不限。一人趴在地上,用两手掌撑起,另一人站在他双脚的后面,用手抬起他的双脚,他用手掌代替脚向前行走,好像农民把着犁犁田。哪组先到终点,那组胜。

3. 赛牛车游戏

四个儿童为一小组,几组不限。每一小组的两个人相互搂着脖子,小组的第1人低头钻进搂着脖子的两人的腋下,第4人骑在第3人的背上,好似人搭的"牛车"。50米外设一标记,哪组先到,那组胜。

二、模拟性的民间游艺

模拟性的民间游艺是指孩子模拟各种动物、各种职业的人、鬼的游戏。

1. 鸡鸣游戏(การละเล่นไก่ขัน)

该游戏多在旱季月明之夜或宋干节晚上玩。玩时把孩子分成两拨,每拨七八人。一拨为"鸣方",一拨为"猜方"。两方人数相等,另有一人为"鸡主",属中介人。比赛开始,由猜方推出一代表,双眼用布蒙上,由鸡主送至鸣方。鸣方中出来一人学鸡鸣,让代表猜是谁?如猜对了,代表就留在鸣方;如猜错了,则回到猜方。然后,鸣方成猜方。游戏如此进行下去,到一定时候,哪方人少,则胜。

2. 虎跳涧(เสือข้ามห้วย)

五六个孩子,一人为"虎"。其他人分别一字儿间隔一定距离坐在地上,伸出单腿。虎从每一人伸出的单腿上一一跳过。然后伸出另一腿,叠在已伸出的腿的上方,即加高了虎跳的高度。如果虎顺利跳过,则要继续不断地加高;如坐在地上的人伸出一右手臂加在相叠的两腿之上;再伸出一左臂加在右手臂上;人站起来,双手握住双脚,弓背(像中国的跳背游戏)。如能跳过,则双手握膝盖,再加高,直至跳不过去为止。

3. 卖花游戏

七八个孩子学大人卖花。采摘些野花放在地上,一人为卖花人,一人为买花人,其他人与卖花人暗定自己的花名。买花人来买花时,要与卖花人答对,如问"干什么?"答"来买花"。再问"买什么花?"答"买玫瑰花"。如"玫瑰花"正是其他人中一人暗定的花名,则此人出局。

诸如此类模拟各种职业的人,如卖瓜人、卖坛坛罐罐的人等游戏很多。

三、竞技性的民间游艺

竞技性民间游艺即民间比赛性的体育活动,泰人称"泰国体育"。泰人解说"泰国体育"一词说:"这是一种比赛性的游戏,为了胜负分成格斗双方。每方都要训练有素,直到有能力战胜对方。格斗双方还要有智慧,有计谋,想方设法战胜对方。这样的游戏称为'泰国体育'"[1],也即是民间比赛性的体育活动。由此可见,过去没有"体育"一词,而其所指的内容实际是一种游戏。泰人把竞技性民间游艺分成:用体育器材格斗;动物之间搏斗;人之间打斗。实际上即是当今的民间体育、民间斗赛、民间拳术。

在泰国,民间竞技常带赌博性的,也有罚唱歌跳舞的。在农村,也有用锅灰抹在战败者的脸上的。

1. 民间体育

(1) 斗风筝

泰国把放风筝作为民间娱乐活动的历史悠久,在素可泰时期已有文献记载。历史上传说,风筝还被用于战争,立下奇功。而把放风筝用作比赛,作为泰国的一项体育运动,则是近代的事。

每年泰国阴历二月,是人们放风筝的好时节。曼谷王家田广场、民主广场都是放、赛风筝的好地方。政府还为这项体育运动设"国王杯"和"京都行政署长杯"。

泰国风筝分两类。一类是比赛风筝,有"朱拉风筝(ว่าวจุฬา)"和"北甲堡风筝(ว่าวปักเป้า)";另一类是观赏风筝,样式较多,有金翅鸟风筝、蛇形风

---

[1] 〔泰〕塔瓦·蓬诺托等:《泰国民间艺术、游艺和表演》,索可泰大学出版社,1999年,第673页。

筝、蝴蝶形风筝等。还有一种带悦耳声响的"杜杜风筝（ว่าวดุ๊ยดุ๊ย）"也属后一类风筝。因此，风筝赛也有两种，一种是风筝与风筝的争斗，或称"斗风筝"；另一种是比赛观赏风筝的图案、式样等。受人瞩目的是斗风筝，每年吸引很多国内外游客。

斗风筝常在朱拉风筝与北甲堡风筝之间进行。北甲堡风筝呈四方形，后挂一条长尾巴。在靠近风筝平衡线处有一条下垂的麻绳套，这是该风筝的武器。朱拉风筝呈五角形，比北甲堡风筝大2倍，在靠近风筝处的一段线上有四五个等距带刺的"玉兰钩"，是该风筝的武器。争斗时，争斗双方各有自己的地界，有线划分。哪一方的风筝先被损坏，失去控制或被对方风筝用武器套住，套落在对方的地界内，那一方就算负方。

（2）藤球赛

藤球赛是泰国的一项民间体育活动，也是东南亚各国的一项体育活动，现已正式列入亚运会的比赛项目。原是一项民间游戏。

藤球顾名思义是用藤编制的球，中空，直径约20厘米。玩时，除手以外，身体的各部位都能接送球。玩的方式或比赛的方式也多样。有双方各出三人，场地中间立一网像打羽毛球那样比赛的；有双方各出多人，场的一头设一篮，像打篮球那样玩的，但只有一个篮，悬挂篮的高度、大小也比篮球的网篮高而小。也有各人边踢边跑，比谁快的等。

2. 民间斗赛

民间斗赛是指同一种动物间的搏斗或比赛。即使是同一种动物间的搏斗，在斗前还需要有些规则，如区分动物的个体的大小以及参斗双方动物的情况、条件等都要差不多才能比赛。常见参斗的动物有：牛、鹿、鸡、鱼、蟋蟀等。比赛时有时间、次数的规定。有的还要有一定的场地。

（1）斗鸡

泰国盛行斗鸡。它既是民间的娱乐活动，又是一种民俗，还被当作一项体育活动。现今斗鸡常见于农村，一到农闲，农民聚众斗鸡，并常伴以赌博活动。

参斗的鸡通常要经选择和训练，要耐斗、机敏。选出的鸡大多是孵出后8个月的鸡，经训练后十分善斗。泰南的鸡较善斗。斗鸡不光是娱乐活动，斗必有输赢，鸡主以此表示自己在选择和训练鸡上的技艺。

斗鸡风俗在东南亚各国都有，但每个国家在比赛程序、输赢的标准、场地的要求等方面都各有不同。泰国斗鸡时，双方民众都可喝彩助威。一局10分钟。斗完一局可以让鸡休息，喝点水，擦洗血迹，缝合伤口等。接着再斗，直至分出胜负为止。

第二次世界大战后,政府担心农民沉湎于赌博,荒废农务,曾一度禁斗。1958年斗鸡又被允许,但有诸多限制,如每县只得开设一处斗鸡场,只许在周日设赌。设斗鸡场要登记、批准、交税等。

(2) 斗牛

斗牛在泰国是一项较普遍的民间娱乐活动,泰南最盛行,几乎每个府都设有斗牛场。斗的牛要经挑选和专门训练,还要精心饲养,尤其在斗赛前两日要特殊护理,所喂的草料要经法师念过咒。有的斗牛颈上还系有护牛的红符布,用以避灾驱邪。在斗牛当日,牛主要给牛做入场仪式,法师要给牛贴符箓、挂护身灵物、洒圣水、念咒语,让牛吃念过咒的芭蕉叶,用念过咒的红白线捆牛腿。这一切都是为了让牛主增强战胜对方的信心,驱走一切不吉利的东西,给牛主和牛带来吉祥。因为一头牛在搏斗时受伤或死亡,对牛主来说损失或打击是极大的。然后,把牛领入斗赛场开始斗赛。斗赛以一方的斗牛被斗倒在地,5分钟不能起来为输。如果两斗牛相持不下1小时,便被判为平局。斗牛也伴有赌博,一头常胜的斗牛,身价百倍,赌注也随之剧增。

3. 民间拳术

(1) 泰拳

泰拳是一种能用身体任何部位攻击对方的拳击赛,不同于西方的拳击。据传1569年泰国王都大城第1次被缅军攻陷,王子纳黎萱被作为人质带往缅甸。后来王子用拳术战胜缅甸名拳手,根据赛前约定,王子如胜,能获得自由,结果王子获胜。王子回国后,重整军队,打败缅军。这段传说说明泰拳很早就在泰国流传。

古代泰拳比赛十分野蛮和危险,比赛时没有任何防护工具和规则。两拳用硬布裹住,布上粘有玻璃粉。嘴咬、勒颈、揪头发、冲撞,身体的任何部位都可作攻击或被攻击的目标。

20世纪30年代以来,上述野蛮动作大多已被禁止,并开始戴防护用具和国际拳击手套。比赛时,除脚踢的规则外,其他都按国际拳击规则进行。比赛规定5局,每局3分钟,局间休息2分钟。赛前,参赛者在拳击台上要举行简单的拜师仪式。泰拳拜师时动作很优美,好像是一种拜师舞。这种动作来自孔剧中的68式舞姿。现今,泰拳虽已变成纯比赛的性质,拳击手也以此谋生,成为职业拳手,但它仍是泰人喜欢的一种民间体育活动。电视台经常直播泰拳比赛的实况。

(2) 泰国武术(กระบี่กระบอง)

泰国武术作为民间体育历史悠久,但文字记载见于曼谷时期拉玛二世时代。"泰国武术"泰语意译为"剑棍对打"。泰国武术有表演性和比赛性之分。当今,让游客们看到的多是表演性的。武术用的古兵器,不论是表演或比赛,其兵器的种类分进攻性和防御性两类。进攻性有:刀、剑、棍棒、弓箭等;防御性主要是各种盾牌。另外,兵器还分赛前活动中舞蹈所用的艺用兵器和表演时的对打兵器。

泰国武术表演前有简单的拜师仪式。仪式结束,紧接赛前活动。所谓"赛前活动",近似中国戏剧表演前的"跳加官"。它可分为原地舞、交换场地舞、试探性舞3个步骤。

1) 原地舞,它又可分两种,一种为坐地舞,即两人相对而坐,按规定的舞姿向四个方向舞蹈;另一种是站立舞,舞姿同上。

2) 交换场地舞。双方按规定舞姿,手拿艺用兵器,舞向对方的场地,然后舞回原地,跪下。

3) 试探性舞。双方各把手中舞蹈时的艺用兵器换成对打兵器。接着,双方各拿对打兵器边走边舞,舞向对方的场地。当两人相遇时,可相互用兵器接触,做试探性的动作,然后舞回原地。赛前活动至此结束,表演开始。赛前活动主要有两个目的:一为活动身体;二为试探对方的虚实。

也有更简易的拜师仪式,如泰国北部的刀舞,演员下跪,把两把刀交错放在地上,双手合十,轻念拜师词。而泰国南部近似泰北刀舞表演的穆斯林对打自卫表演,演员们将一个接一个地拜师,演员站着用阿拉伯语念咒语,向阿拉祈求对打表演中平安、对手宽恕、朋友怜爱、观众关爱。

泰人相信经过拜师仪式,这些超自然力会给自己及参加竞技的其他东西带来吉祥,同时也表示了自己的感恩心理和增强自己在竞技活动中的信心。

泰国武术自始至终有音乐伴奏,从拜师仪式开始至表演结束。它有三个作用:一是有节奏感;二是热闹;三是鼓舞双方的斗志。

四、语言性的民间游艺

语言性民间游艺即猜谜语。

1. 泰国猜谜游戏的历史

泰国猜谜游戏起于何时?没有记载,但在《宋干节神话》《五十本生》《西塔侬猜》中,都有猜谜语的情节故事,其历史也十分悠久。猜谜语也会引起赌博,甚至倾家荡产,赌上性命。

猜谜语这项活动至今在泰国仍十分普遍,小孩、大人都很喜欢。它在各地有不同叫法,在南部叫"帕米(พะหมี)",在东北叫"猜字"、中部春武里府叫"佐"等。有人考证"帕米"来自汉语,说泰国这项活动是模仿中国南北朝时期流行在士大夫、诗人之间的猜谜活动。泰语"帕"意即"打",泰语"米"意为"谜"或叫"灯谜"。

曼谷时期拉玛五世时,作为王储时的拉玛六世曾写谜语让宫廷人员猜。后来,王储在云石寺周围搭棚让民众猜,猜中还有小小的奖品。到了他登基为拉玛六世后,猜谜语已十分流行,但多数在上层人士之中流行。王还写谜语在纸上,让人有所选择,然后回答。猜对、猜错用鼓声来示意。对,鼓声紧密;错,敲鼓边,可再猜。猜谜语在上层人士中流行时,猜的人要交工本费。

2. 多种多样的猜谜活动

猜谜语在民众中流行后,玩法有了多种多样。起先,常见于有地位人的丧事上。一般,在远离其他娱乐地点搭棚,为了制造一个安静的环境。棚搭在高出地面土地上,后有阶梯上下。棚前有竹帘,上挂纸写的谜语。每张纸都有编号。猜的人不必交钱,猜对有小小奖品。猜对、猜错同样有信号示意。有摇铃的、敲木头的、吹哨的等。如经多人猜而不中,那么主人会当众告以谜底。

猜谜在民间中流行后,常在收割后或农闲时举行。没有什么规定,任何人都可猜,较多是男子。猜时,可以互相商量,甚至可以到附近佛寺去请教僧侣,再回来猜。有的地方在晚上,点起灯笼,在民宅空地上组织猜谜活动。

在孩子们中间,猜谜前,还要猜拳、猜长短棍、丢铜币等决出谁先猜。有的地方,如有人猜不出,在揭开谜底前,要作出败者受罚的规定。如让他去喝水、被拔鼻毛等。

南部有两种玩法。一种是把人分成两拨,人数不限,但两拨人数要相等。一方为猜方,可以相互商量;一方为出谜语。双方相互轮换,如双方猜对的次数相等,则算平手。如一方猜不出,则要受罚。胜者常常在给谜底前,会问一些羞辱败方的问题。如"挖屎装罐,请尝屎罐,吃不吃?""我把屁握在手中让你嗅,嗅不嗅?"等。另一种玩法是人不分组,一人出谜语,众人猜。如有一人猜中,他可出谜语让大家猜。如没人猜中,那么其他任何一人可站出来出谜语让他猜。如猜不中,他将与上述方法一样被羞辱。

3. 形形色色的谜面

谜语的语句很短小,几句话即可,习惯把它称为"谜面"。谜面的答案称"谜底"。也有人把谜面细分为四部分(四分法),即起句、比喻、特征、催促(激将法)。泰国谜语的起句一般都是"什么呀?"或"这是啥?"。现举例四分法如下:

> 什么呀?(起句)脸短牙长(比喻),尾巴最长(特征),猜不出不是人(催促)。——谜底"锄头"。

但多数不必如此完整,缺一二部分也行。也有把起句放在谜面的末尾。只要说清楚即可。如:

> 王子睡匣中,王后睡匣边(比喻),王子起来捅,王后笑哈哈(特征)。猜中猜不中?(起句)——谜底"火柴"。

还有更简单的,只需两部分。如:

> 什么呀?(起句)上面吃,下面拉(特征)。——谜底"石磨"。

也有的地方谜面的起句带有提示性。如:

> 什么牛(提示性起句)?没有腿(特征)。——谜底"蜗牛"。

也有的地方的谜面前问后答(前是谜面,后是谜底)。机敏的猜谜人听完就答,不会被迷惑。如:

> 四脚动物吃单腿植物,绿头动物吃俯伏动物(谜面),龟吃蘑菇,鸭吃蛤蜊(谜底)。

另外,谜面的用词,也有花样。除了使用一般语言外,还要押韵。如:

> 四只眼睛两耳朵,腿架耳朵真恼火。——谜底"戴眼镜"。

更有人把谜面写成一首诗:

> 早晨四条腿,爬来爬去常哭闹。/中午起变化,成了两腿真奇怪。/待到黄昏时,忽然变成三条腿。/猜猜是什么,这个谜语谁知道?——谜底:婴儿、成人、拄着拐棍的老人。

有的谜面不能从词意上去猜,而是要把谜面中前、后词的辅音字母和声调符号对调才能答出谜底。泰人称为用"转换词"写谜面。

现今,谜语常以社会上的新鲜事或新现象来作谜面,其谜底也有不少是时尚词句。值得注意的是谜底玩弄"文字游戏"。如"什么牛只有水,没有肉?"谜底是"可口可乐"。因为泰语"牛"的发音接近"可"音。有的谜语应用双关语,如"男人什么东西生来俱有的,结婚后与妻子共用?"谜底是"姓"。因为泰国女子结婚后要随丈夫的姓,但又隐含着另一种意思。

第十三章　都市民俗

"都市民俗"[①]也有人称"城市民俗",是当今民俗学为了适应社会的发展的现实、民俗的变异而提出的新理论。"从人类有史以来的民俗传承活动考察,自奴隶社会古代都市兴起之日起,就逐渐形成了村落和都市两大社区民俗共同体类型;同时也一直存在着一种村落与都市民俗交流传播的不停顿的文化运动。"[②]因此,都市民俗早已有之。而之所以当今受人关注,是因为近一二百年来,随着工业社会的迅速崛起,都市面貌的日新月异,由市民创造的民俗与村民已有的民俗形成了明显的两大社区民俗,即过去的传统民俗"乡村民俗"和当今出现的"都市民俗"。

一、民俗的差异

都市民俗与乡村民俗的差异是由多种因素的合力作用的结果,如工业化建设、科技进步、城市建设、市场经济、交通便捷、通信发达、国际接轨、人口流动、思想开放等。差异表现在以下几个方面:

1. 民俗类型

乡村民俗与都市民俗是两种不同类型的民俗。村民生活在广大的、土生土长、较封闭的农村,村民依靠自然条件土地、江河从事自给自足的农业、渔业。市民生活在政治、经济、文化中心的城市,从事各行各业,依靠商贸交易获得吃穿。由于上述的不同造成民俗类型的不同。

2. 传承手段

乡村民俗的传承,是让承传者以亲历、参与的方式,通过口传、观察、跟随、模仿接受民间知识、技能、文化传统并转化成个人习惯,称"直接传承"。都市民俗的传承,承传者不必亲历、参与、敬神拜师等,而是通过书籍、VCD、DVD、电脑、广播、电视、电话等传承,称"间接传承"。

3. 传承对象。

乡村民俗中承传者的较单一,以血缘村落相聚,多是农民。而都市民

---

① 理论部分来自陶思炎等:《中国都市民俗学》,东南大学出版社,2004年,第149—160页。
② 乌丙安:《中国民俗学》,辽宁大学出版社,1999年,第198页。

俗中的承传者来自五湖四海，从事各行各业。乡村民俗中的承传者和传承者都是农民，主要从事田间简单的体力劳动，一般文化程度较低。都市的市民都有一定的专业知识，操作比较复杂，文化程度较高，来自五湖四海，广闻博见。农民有农忙农闲，农闲时有充裕的休息时间。而市民除了节假日，成年忙碌；除了晚上，没有太多的空余时间。

4. 传承关系

乡村民俗的传承者和承传者的关系多以血缘、地缘、业缘、神缘（信仰）的关系相互传承，"非亲不传"。这是因为他们依靠自给自足的农业经济生活，较突出人际关系。而都市民俗的传承，由于市民依靠工资、商店、超市中的商品生活，较突出利益、金钱关系。

二、都市民俗的特征

1. 非农性

市民从事的生产劳动大多是非农性的，如手工业、轻重工业、信息产业、商业等。他们的生产的产品不是为自己需要，是为了销售，为了人民大众而生产。他们的生活靠的是工资、货币、钱，不是自给自足的农业作物。

泰国都市流行的流行歌曲大部分不来自农村田间，而是由都市生活的专业人员、文艺沙龙创作的。电子游戏、网吧已经替代了都市青少年的各种具有农业乡土气息的儿童游艺。

诸如岁时节日民俗也有非农性的特征，如元旦，作为一种世界性的新的年节的产生也不是来自泰国的农业生产，广大农村正值农耕生产的农忙季节，没有浓厚的节日气氛。元旦作为节假日在泰国主要是都市居民的节日。相反，来自农业生产的宋干节作为泰国传统旧的年节，在曼谷因为妨碍都市交通，具有节日特征的泼水活动仅限制在王家田广场举行，节日气氛大打折扣。另外，都市中却广为流行非农性的情人节、愚人节等。泰国第1次儿童节的庆祝活动定在1955年10月的第1个周一举行。此后，每年在这个日子庆祝儿童节。到了1961年，因上班父母没有时间陪自己的孩子过节日等原因，改为每年1月的第2个周六，直到今天。

交通运输民俗中的交通工具，已不是手工制作的木帆船、轿子或来自大自然的动物大象、马等，而是汽车、自行车、轮船、飞机等工业产品。

2. 商品性

泰国都市居民的吃、穿不必像过去那样需要下田耕作、下机织布，而是通过商品流通、市场经济的运作。在都市各种超市、商场都能用金钱买到。作为宗教的圣地佛寺也成为泰国旅游业的重要景点。古代,大象作为泰人的交通、运输工具,当今,也被人们用于商品化的旅游事业。为了销售、利润等经济或商业目的,根据当地原有物质民俗如土特产、工艺品而人为制造各种节日。如泰国博桑的花伞制作闻名于国内外,当地就搞"博桑花伞节",以"节日"名义吸引国内外游客。都市男女青年的婚礼、喜酒都可通过婚礼公司一手操办,只要付钱,不必动员亲朋好友等通过人际关系忙里忙外。生活用品,包括文艺创作、工艺美术品的生产全被纳入商品社会的轨道,讲销路、利润。

3. 多元性

泰国不少都市居民来自五湖四海,外地的农民工,世界各地的异国居民和游客,他们有自己的喜好、审美习俗,这样在市场上就会有各种画派、各种内容的绘画。民俗画、风景画受到国内外游客的青睐。画中的水上集市、农民、僧侣、尖尖的王宫佛寺建筑、水中莲花等反映泰国特征的画面,销售量都很大。再有一些袒胸露肩、卖弄风骚仕女画也能卖到好价钱。这是都市民俗多元性的特征。

泰国都市民俗的多元性特征不仅反映在上述绘画上,在都市的饮食、语言、婚丧习俗、岁时节日等民俗上也有反映,如泰语中夹杂的英文,以及中国潮州话。英语词汇增多,甚至出现在日常生活中,如"再见""手纸""出租车"等英语词汇。泰国都市街头上的各种餐馆,如泰餐馆、西餐馆、麦当劳、肯德基、咖啡厅、中餐馆比比皆是,呈现多元化的饮食民俗。婚礼的多元性更是层出不穷,泰式、中式、西式、穆斯林式、集体结婚、旅行结婚等。泰国岁时节日民俗中,除了佛教节日,还有天主教的圣诞节。年节除了宋干节外,还有元旦。这一些,在单一农业社会的古代泰国乡村是没有的。

4. 娱乐性

泰国现今一些岁时节日民俗的仪式举行已失去了农业生产稻作文化的特征,民俗文化的始生功能逐渐消失,而衍生功能则逐渐强化。一些来自农业生产的节日,如水灯节、高升节等其娱乐成分、商业气氛浓重,甚至不少节日上的选美活动成为人们关注的焦点。旧时的鬼神附身仪式至今已变成宋干节上的成人游戏。文艺创作或表演中的笑话、相声、丑角表演受到普遍欢迎,吃"香"。

5. 变迁性

随着都市居民教育的普及和文化水平的提高,一些民俗文化则会有相应的变迁。如泰国民间信仰中的巫术、法术，由于市民的文化程度较高在都市中很快消亡。而在农村中巫术也附以医药或自制药治病，有的也仅对鬼魂附身的病人治疗。各种民间信仰、佛寺的宗教功能逐渐弱化，各种宗教仪式简化或消亡。而作为与宗教有关的艺术，诸如佛像雕塑、佛殿的装饰艺术、壁画、佛寺的衬托建筑等观赏功能加强，神圣性减弱。工业化带来的钢筋水泥结构的群体高层民居建筑，正在取代来自农业社会独门独院的木结构搭构建筑。

6. 夜生活

泰国都市夜生活的丰富多彩本身就是一种都市民俗，不像农村居民，日出而作、日落而息，晚上基本上没有什么活动。都市居民除了老人、孩子外大多是职业工人，他们白天都要上班、干活，只有晚上、节假日能休息、娱乐，不像广大农村有较长的农闲时间举行民歌活动的创作、歌舞剧的表演。因此，一到晚上，泰国曼谷诸如酒馆、饭店、卡拉OK、歌舞剧场、健身房、酒吧、红灯区的各式霓虹灯照牌、广告，灯红酒绿。各种游乐场所前停满轿车，人头攒动，一派繁华景象。都市人们在劳作之余，借助这种夜生活休闲空间的拓展，使身心得到充分的放松、舒展和休息。

7. 对传统民俗的改造、转化和继承

这也是都市民俗的特征。如上述民间表演艺术中的传统歌舞剧，为了适应都市居民时间少、生活节奏快，不能像以往歌舞剧在农村农闲时演出那样，一演就是三五天。泰国艺术厅对表演艺术加快了剧情发展，选择人们熟悉的精彩段落演出折子戏，增加面部表情等手段来改变、改造传统歌舞剧的演出。另外，对乡村、田头来自村民的歌舞进行提高、加工，使其进入都市剧院演出。

总之，人类社会从农业社会向工业社会发展，建立在工业社会、商品经济基础上的都市民俗是不同于建立在农业社会、自然经济基础上的乡村民俗。这种变化、不同，正在我们生活周围悄悄地发生。时间越长，差别越大。

第十四章　民族文化旅游

民族文化旅游是以特定地域或特定民族的文化为资源而加以保护、开发的旅游产品。旅游是一项综合性的事业,涉及面很广,民俗是重要的旅游资源。"随着民俗学与旅游学的日益发展,两者之间必将随之而产生一门新兴的边缘科学——民俗旅游学。"[①]因此,本章谈旅游,不是与民俗毫无关系的。

民族文化作为资源的旅游,其内容十分广泛,如民俗、信仰、饮食、服饰、建筑等都可作为旅游资源,但必须以民族性和地方性为标志的旅游资源。本章以"民族文化旅游"为题是要突出民族文化来谈泰国的旅游。

泰国旅游业起步于20世纪60年代初,现在已成为泰国的重要经济支柱和主要创汇行业。2016年旅游收入462亿美元,占国内生产总值的17.7%。每年还为泰国提供了600多万个就业机会。

实际上,泰国的旅游资源很丰富,当今旅游业的发展,其花样、名堂更是层出不穷,民族文化旅游也只是旅游资源中的一部分。下面就这一部分的旅游资源作一些介绍,其中不乏与民俗直接相关。

一、宗教、信仰旅游

这里要介绍的是佛寺,包括国王或王族盖建的佛寺——王寺的建筑艺术。因为佛寺建筑与王宫一样,它集中了泰国最优秀的工匠,使用的是最珍贵的建筑材料,创造了最有代表性的泰国艺术,是旅游业中的重要景点,也是最值得让国内外游客欣赏的旅游资源,王寺尤其如此。泰国佛寺有"泰国艺术博物馆"之美称,但确切地说是"泰国佛教美术馆"。

泰国佛寺有"民寺""王寺"之分。拉玛四世创立法宗派后,为了王族、显贵子弟剃度法门,才在王宫外频建王寺,这才有了"王寺"之称呼,而把分布广大民间的佛寺称"民寺"。王寺是由国王或王族成员盖建的。因此,凡规模宏伟、装饰华丽的佛寺大多是王寺。拉玛四世前,只有在王城的王宫内才建筑王寺。

[①] 罗曲:《民俗学概论》,中国社会科学出版社,2010年,第334页。

泰国佛寺(王寺)与中国汉传佛教的佛寺比,其特色在于:(1)佛殿屋顶为重檐多面坡的屋面造型。(2)佛殿屋顶上的攒尖顶的屋顶装饰。(3)佛殿内外装饰画栋雕梁、金碧辉煌,不留空白。(4)佛寺内多佛塔建筑,流行钟体型佛塔。(5)泰国佛寺规模比中国汉传佛教的佛寺略小,但周围有界标碑或亭。(6)佛寺的三角墙装饰绚丽多彩。

(一) 流金溢彩的佛寺

泰国佛寺景观包括佛塔、佛像等佛教艺术。它是泰国古代的造型艺术,如建筑、雕塑、绘画、工艺品等视觉艺术的精华部分、最高成就,也是泰国引以自傲的民族传统艺术,它是泰国文化的重要组成部分。尤其是首都曼谷的玉佛寺,无论是外观造型之宏伟,还是建筑装饰之精美,都冠全国王寺、民寺之首。

1. 玉佛寺

曼谷大王宫东北角的玉佛寺是东南亚的名寺;是大王宫的一部分;是王室举行佛教仪式的地方;是泰国唯一没有僧侣居住的佛寺。它沿袭故都大城王宫内建佛寺的习俗。佛寺占地2.1万平方米,建于1782年,1785年初具规模。以后历代君王对佛寺都进行过修缮。

玉佛寺因供奉稀世国宝玉佛像而闻名遐迩。玉佛像被供奉在玉佛殿中高高的台座上及5层华盖下。殿内装饰极其富丽堂皇。玉佛像前还供有不同造型、不同质地的大小佛像,使殿内气氛更加肃穆。画栋雕梁,壁画满墙,使殿内气氛更加庄重。

(1) 玉佛寺的特色

寺内,除玉佛殿外,大多重要建筑的屋顶有尖顶装饰,这是该佛寺的一大特色。尖顶装饰是王宫建筑的标志,也只有王宫、王寺建筑才允许在屋顶上建尖顶装饰。计有先王殿和帕坎他拉佛堂屋顶的尖顶、藏经殿屋顶上的尖顶、尖顶佛堂屋顶上的王冠形尖顶等。每个尖顶都有赛璐珞、彩瓷、金箔等装饰,璀璨夺目,加之寺内众多佛塔的尖顶,可谓"尖顶排空、千峰竞秀"。其中最引人瞩目的尖顶建筑是藏经殿和先王殿两座紧靠的建筑上的尖顶。先王殿的玉米芯形的巴壤塔尖顶最壮观,它用彩色瓷片装饰,其顶端有冲天分叉长矛,其上又复加王冠装饰。藏经殿四棱锥体的尖顶最秀丽,它是用彩色赛璐珞装饰的。

佛寺的第二个特色是衬托建筑,华丽多彩。最显眼的是色彩斑斓、高6米的巨魔塑像,共有12尊,成对地作为佛寺守护神矗立在各大门的两旁。尊尊身披盔甲,手执魔棍、双目圆睁、青面獠牙,真可谓凶神恶煞。它们都出自古典名著《拉玛坚》中的人物,即十头魔王及其儿子和战友。其次是佛殿、佛堂门口的佛界天国中的各种动物铸像。如先王殿前的上半身是人,下半身是鸟的人鸟(紧那罗)雕塑、青铜人鹿贴金铸像、尖顶佛堂前的手执魔棍的鸟头、人身的青铜金翅鸟铸像,这些栩栩如生、非人非兽、非人非神的形象,却是泰国艺人经过想象,运用想象手法创作的作品。最后是佛殿、佛堂建筑墙面、壁面、梁柱、基台、阶梯、山墙、门、窗包括门楣、窗楣的装饰,无不镶嵌彩色玻璃、瓷片、珠母、浮雕等。殿、堂内画满彩色壁画、大小贴金的铜佛像林立。真可谓流金溢彩、金碧辉煌。

佛寺的第三个特色是佛寺四周长1公里的画廊壁画,也即是《拉玛坚》故事连环壁画。共178幅,绘画面积居泰国佛寺壁画之首。每幅壁画都有诗歌作说明。壁画在构图、光线、透视、色彩等画技方面已受到了西方绘画的影响,但仍保持了强烈的民族传统画法。它是泰国绘画史上转折时期的代表作。

《拉玛坚》已不完全是《罗摩衍那》的翻版,它经过改写,其主题已由宣扬印度教改为宣扬佛教,成了一部深受泰国广大佛教信徒喜爱的佛教著作。在玉佛寺中画《拉玛坚》除了宣扬佛教外,还有一个目的是神化国王。

(2) 玉佛像的来历

关于玉佛像的来历,泰国流传多种充满神奇色彩的传说故事。下面是一种较为普遍的说法:

> 1434年,一个狂风骤雨、雷电交加的夜晚,泰北清莱府一佛寺中的佛塔在霹雳声中倒坍。人们在佛塔的断壁残垣的瓦砾中发现一尊佛像。由于佛像造型一般,没有特色,被请到佛殿内当作一般佛像供奉。一日,一位住持发现该佛像面部鼻端表层灰质剥落,露出内层碧绿的光泽。出于好奇,住持把佛像表层的灰质全部剥去,展现在眼前的竟是一尊完美无瑕的碧玉佛像。奇闻不胫而走,传到清迈王的耳中。王派官员去清莱恭迎佛像。但奇怪的是,驮玉佛的大象,行至清迈和南邦的交叉路口,竟直奔南邦。虽经随从人员反复驱使大象向清迈方向前进,甚至更换驮象,也无济于事。出于无奈,只好将佛像请至南邦一佛寺中供奉,达32年之久。此后,玉佛像几经辗转于清迈、老挝的琅勃拉邦、万象等地。1778年,永珍叛乱,吞武里时期的郑王派兵镇压,直捣万象,将玉佛像恭请到王都吞武里供奉。1782年曼谷时期一世王从吞武里迁都湄南河对岸的曼谷,并在曼谷建造玉佛寺,然后把玉佛从吞武里请至曼谷玉佛寺供奉至今。

2. 卧佛寺

卧佛寺位于曼谷大王宫近旁,建于1688—1703年,占地8万多平方米。佛寺因供奉一卧佛而得名。佛寺的泰语名为"帕切都蓬寺",泰人习惯叫它"瓦颇"。"卧佛寺"是泰国华人对该寺的称呼。

佛寺内有佛像400余尊,其中除了主佛像——卧佛像及各殿内的大、小佛像外,尚有394尊佛像供奉在佛殿的走廊上。这些佛像是拉玛一世在泰缅战争后,从北部收集来的,包括已破碎而后又经工匠修补过的佛像,构成佛寺的一个特色。但由于泰国信奉小乘佛教,只认释迦牟尼为佛,所以这些佛像造型千篇一律、千佛一面,都是佛陀像。

佛寺的主要景观是卧佛像。佛像卧躺在主殿内,长45米,用砖、灰制成,外贴金箔。此佛像制于拉玛三世时期,是泰国第2大卧佛像,也是泰国殿内第一大卧佛像。佛像头顶佛殿天花板,脚底长5米、宽1.5米。两脚底各装饰由珠母镶嵌的108个吉祥物图案。该图案是一件工艺高超的艺术品,也是泰国民间工艺——珠母镶嵌画的代表作。

卧佛寺还以佛塔多而闻名,其中高7米的佛塔有71座,有"塔林"之称,构成佛寺的又一个特色。这些塔建于拉玛三世时期,分布在佛殿走廊周围的亭院内,塔的造型为12角形佛塔,被称为"泰国式佛塔"。塔内安放着王族人员的骨灰。这种塔形的佛塔,在"拐角佛堂"四周还有4组群塔,比上述塔高大。所谓"群塔"是由5个塔建立在一个台基上。群塔建于拉玛一世时期,塔内供奉佛陀的骨灰。此外,在"西佛堂"前,有4座不同颜色、高41米的佛塔,建于拉玛一世、三世和四世时期。其塔面各贴有绿、白、黄、蓝色的瓷片,塔内供有佛像以及国王和王族的骨灰。

佛寺庭园内还分布着各种姿态的林居修行者塑像20尊。在佛寺的内墙大门两旁有高3米的石人像,其中有中国古代武官像、西欧洋人像。此外,主佛殿外廊廊柱之间有拉玛三世时期雕刻的"拉玛坚"故事浮雕154幅。

寺内的德莱佛堂(ทอพระะไตร)是最华丽的建筑,造型为12角的四方殿,屋顶有王冠形尖顶装饰。这说明该佛寺也是王寺。殿的四面各有1抱厦。尖顶装饰和屋顶都镶嵌着彩色瓷片。佛堂前围墙开有一个三开门的院门,各门上装饰着1个尖顶,都是泰式佛塔的尖顶,尖顶塔面镶嵌着彩色瓷片。佛堂与门组成佛寺的又一景观。

卧佛寺是曼谷最大的佛寺,也是佛像、佛塔最多的佛寺。此外,它还是一所"佛寺大学",这一特点为全国其他佛寺所没有。曼谷时期拉玛三世常在卧佛寺内聚集全国的学者、专家、艺匠塑佛像、绘壁画,把各种知识、典籍刻在寺内佛堂、走廊、佛殿、佛亭的墙上、柱子上、石块上等,使佛寺成为人们免费学习知识的场所。因此,泰语简称卧佛寺为"瓦颇","瓦"意"佛寺","颇"意为"觉悟"。它还有"人民大学"或"开放大学"之称。之所以称"大学",而不称"小学"或"中学",是因为这些知识是需要有一定的基础知识的人才能读懂,如刻写的诗词、民间故事、有关绘画的色彩知识、建筑上的计算等,没有一定的文化知识的人、文盲等是学不了、看不懂的。

据说各类知识,计有:医学、按摩、体操、药理、工艺、美术、雕塑、建筑、装饰艺术、文学、民俗、宗教、社会学、德育、政治学等,正好比是一所民俗、文化大学。这些知识有的用绘画画在佛殿墙上、走廊上,如佛传、《三界经》、宋干节故事、本生故事等;有的刻画在石块上,如"拉玛坚"故事等;有些药剂之类的药方,一定要经过用之有效、专家确认后,才被刻写上去的。无论是当时,还是当今,确实是一座集当时全国各类文化艺术知识的宝库、名副其实的开放性的大学。

3. **黎明寺**(วัดอรุณ)

黎明寺位于曼谷湄南河西岸,原是大城时期的古寺,名"玛告寺"。拉玛二世时代改名为"黎明寺",泰语称"阿伦"寺,"阿伦"意为"晨曦"。佛寺内建有一玉米芯形巴壤塔,寺因该塔而闻名,因塔的外形呈"A"字形,所以有"泰国埃菲尔铁塔"之美称。塔建于拉玛三世至四世初期。

玉米芯形巴壤塔塔基周长 243 米,主塔高 67 米。主塔四方各建有一小的玉米芯形巴壤塔,泰国华人因此称它为"五塔寺"。小塔间又各建"蒙托"殿一座,各塔顶高耸直刺云霄,壮丽秀美。各塔面包括蒙托殿墙面上,都有用彩色瓷片镶嵌的花卉图案或各种雕塑像装饰。塔由塔顶、塔身、塔基组成,按佛教教义设计,处处体现佛教文化。

主塔塔顶由上而下是:青铜贴金王冠装饰、冲天分叉长矛、玉米芯塔顶主体、毗湿奴以及由金翅鸟负荷雕塑组成的上下两层的托座。

塔为实心体砖灰结构,因此能使塔高大而宏伟。塔面众多的雕塑和浮雕又给游客增加了神秘感。但这种神秘感对普信佛教的泰人来说是一种神圣感。它是按泰国佛教经典《三界经》的宇宙观设计建造的。按《三界经》的解释,宇宙中心是须弥山。山顶是帝释天及 33 位大神的住处。四面山腰为四天王天,住有乾闼婆神等。山的最低处有三峰山围托,住有妖魔,保卫着须弥山。须弥山山脚有雪山林,为天国人鸟等动物的生活处所。须弥山的四周围有七重香海(七香海)和七重金山(七金山)。七金山外为咸海,海中有人类生活的四大部洲。古代,这种宇宙观被泰人普遍接受。

现用上述佛教宇宙观来解释塔的布局。主塔塔身的神龛中有帝释天骑三头象的雕塑,还有其基台和托座处的大梵天、神猴、妖魔的负荷雕塑和人鸟雕塑,说明主塔象征须弥山。4 小塔之间,各建一座蒙托殿,因托座处有乾闼婆负荷雕塑象征四天王天。殿与殿之间各建有 1 座小的玉米芯巴壤塔,共 4 座。四座小塔象征佛教宇宙观中的四大部洲,四大部洲是人类居住的地方。每座小巴壤塔的神龛中雕有伽尔基骑白马像。伽尔基(พระกัลกิ)是毗湿奴的第 10 次化身,手拿宝剑,要杀尽人间歹徒,确立新教义,挽救众生,创造新世界,所以象征他骑马驰骋于人间。

塔上所有的装饰雕塑全是以本地产的贝壳粉为主要原料的民间工艺——灰塑,所以塔上能有如此多的雕塑装饰,这是一般石雕、木雕所不能替代的。

此外,寺内还有佛殿、佛堂、佛塔、佛足印的四方殿,王冠形尖顶的门楼、佛亭、6 米高的巨魔雕塑、回廊、假山以及中国的石像等。

4. 佛统寺

佛统寺位于曼谷以西约 48 公里的佛统府内。寺因佛统塔而闻名。"佛统"两字是泰国华人对该塔的译名。泰语称"巴吞杰迪",意为"最初的佛塔"。

建塔的时间无以考证,因塔经几次改建或扩建,塔形也有改动。有说是公元前印度阿育王时期所建。但从周围出土文物看,其年代有 7—417 年的,有 417—917 年的。若以此为据,佛统塔应是泰国现存最古老的佛塔了。

佛统塔不仅是泰国最古老的塔,还是泰国最高大的塔而闻名。塔高 120.5 米,塔基周长 234 米,是一座锡兰式钟体塔。塔身呈钟形。塔顶由须弥座、勇武柱、由大而小的相轮组成。塔面贴以中国烧制的黄色琉璃砖,阳光下金光四耀,流于云端,故有"佛统大金塔"之美称。

拉玛四世时期,塔在原塔塔址上进行大规模的扩建,于拉玛五世后期的 1870 年竣工。拉玛四世在扩建时,在现塔的南面建了一座原型塔,高 18.2 米。

佛统大金塔塔身的四面,即东西南北方各建有一佛龛。由于佛塔高大,所以佛龛如佛殿。各殿内供有佛像,以北佛殿香火最旺。该殿内立有贴金佛像一尊,佛像基座放有拉玛六世的骨灰,因此有人称它为"王殿"。王殿与佛寺的大门间有回廊相通,廊前有人行便道环绕,宽 20 米。便道外建有凉亭、假山、佛塔、神庙等。

5. 云石寺

云石寺位于曼谷杜锡区巴莱姆巴拉差运河的西岸。佛寺因有一座泰西合璧的主佛殿而闻名，它建于拉玛五世时代。"云石寺"是泰国华人对该寺的称呼，因主佛殿主体用大理石建造之故。泰语称"宾尊抱劈寺（วัดเบญจมบพิตรดุสิตวนาราม）"。

主殿四面各有一抱厦。左右两抱厦连接回廊，前后抱厦的4根大理石柱子十分突出。由于佛殿主体是大理石构筑，使人感到有古罗马万神殿柱廊的气势。佛殿窗户仿西欧教堂建筑风格，用彩色玻璃拼组成泰国式花纹图案。佛殿建筑的民族传统特色主要体现在屋顶和山墙装饰上，如重檐多面坡屋面造型、凤头鸱吻、凤尾封檐板、莲花柱头、那莱神骑金翅鸟的山墙装饰等。

主佛殿中的清拉佛像是泰国佛像代表作——著名的彭世洛佛像的复制品，它是泰国最美的佛像之一。主佛殿的回廊上陈列着52尊各时期的佛像，姿态各异，有真品，也有复制品，是丹隆亲王从全国各地收集来的，有一定的考古和艺术价值。佛殿后的抱厦佛龛中，立有他瓦叻瓦蒂艺术时期的佛像。此外，还有中国或日本的佛像。因此，佛像是该寺的一大景观。

佛寺内还有佛堂、佛亭、钟楼等建筑，有桥有水，绿满枝头，风景宜人。

6. 立有界标亭（ซุ้มเสมา）的泰国佛寺

泰国佛殿、佛堂周围都立有界标石或界标亭。这是佛教内部的习俗。信众或游客去佛寺时常能在佛殿周围见到界标石亭。它是一块扁平的、约半米高、立在石基上的石块，称"界标石"。因为它不大，所以也常被人忽视。有的界标石立在小小的亭子中，以蔽日晒雨淋，而且有的亭子还装饰得十分华丽，尖顶高耸，称"界标亭"。佛殿周围的界标石一般有8块，它们分别立在8个方向上，如界标石立在亭中，佛殿周围就有8个界标亭。其中以佛殿门前的一块界标石最为重要，凡来佛寺剃度为僧的佛教徒或"那伽"，都要先跪拜这块界标石方能进殿剃度。界标石有单块和双块之分，单块说明该寺为民寺，双块表示该寺为敕建的王寺。双块是两块石块并排而立。

佛殿周围立界标石的习俗，据传来自佛陀在世期间的印度。当时各种宗教常聚集教徒弘扬教义，佛教同样要聚集僧侣聆听佛陀讲道。但佛殿极少，或没有钱建佛殿。于是先圈地盘，佛陀要求在所圈地盘四周埋下石球，并在埋有石球的地面上立界标石作记。所以，界标石是僧侣所占地盘大小或范围的标记。后来，佛教获得发展，要求先建佛殿，后埋石球、立界标石。久而久之，立界标石成为建佛殿的一种习俗沿袭下来，成为泰国佛寺建筑的特色。泰国古代，有些佛殿，还有以山、河、林、树、牛车道、人行道甚至白蚁垤为界标的。

（二）千姿百态的佛塔

佛塔是仅次于佛寺的佛教景观，是泰国宗教、信仰旅游的载体，也是旅游的一大资源。泰国对外旅游广告中常以黎明寺的巴壤塔彩照招徕游客即是一例。

从佛塔在佛寺中重要性分，可分为主塔、陪塔（排塔、围塔）。从佛塔的用处分，有放置佛陀、僧侣及重要人物骨灰的，有放置佛像的，有用作纪念的。

1. 泰国的佛塔类型

泰国常见的佛塔造型，主要有五种：一是巴叻萨塔，二是巴壤塔，这两种都是一种高棉（柬埔寨）式的玉米芯塔顶为象征的塔。三是锡兰（斯里兰卡）式钟体佛塔，亦称"覆钵塔"或"圆锥体塔"。四是十二角型（十二棱锥塔）佛塔，亦称"方锥体塔"。五是五顶塔，一种大乘佛教塔。上述各种类型都是在外来塔形的基础上有所改造，而带有泰国本地特色的塔形。此外，还有其他类型的佛塔。泰国佛塔的千姿百态还体现在塔的装饰上，如塔面用金箔、琉璃砖、彩瓷等贴面，十分华丽。塔基或托座处常有巨魔、金翅鸟、大象、神猴等雕塑作装饰。

（1）巴叻萨塔（เจดีย์ทรงปราสาท）

巴叻萨塔。"巴叻萨"为梵、巴文，意即"国王住的或供奉'神圣'物的有叠层尖顶装饰的宫殿或屋宇"①，巴叻萨塔即为这种形状的塔。塔身常是四棱柱形的宫殿，两棱之间构成的每一平面中间都有佛龛，龛内立佛像。有的龛门装饰华丽，有门楣，门两旁有装饰柱。塔身也有六棱柱形的。这种塔的特征为叠层。叠层有两种，一种是宫殿式塔身多层逐层向上由大到小重叠；一种是塔身顶上的屋檐重叠（一般2—3层，每层装饰简单），与叠层上的钟体小佛塔构成棱锥形塔顶，塔基为层台，如南邦府古谷寺的佛塔、清莱府昌盛巴萨寺的佛塔、索可泰帕玛哈他寺的佛塔等。这种塔因塔顶、屋檐造型的变化而有所不同，又可细分为多种。

（2）巴壤塔（เจดีย์ทรงปรางค์）

巴壤塔。"巴壤"为泰语，意为"高棉式的宫殿"。巴壤塔的特征在塔

---

① 〔泰〕王家学术院：《泰语词典》"巴叻萨"条，阿克孙甲隆特出版社，1982年版。

顶,塔顶同样是层层相叠,往上逐层缩小,但层缩不明显,且装饰华丽,没有小钟体塔作为塔顶。塔顶外形与玉米芯十分相似,好像尖锥体的玉米芯。塔身也是宫殿式的,塔基为多层基台。

巴壤塔是由柬埔寨吴哥寺中的莲花蓓蕾形尖塔的形状发展而来的。它有两种造型。一种基本上保持莲花蓓蕾形尖塔的塔顶形状;另一种是较细长的玉米芯塔顶。塔身呈宫殿形状,塔基较高。莲花蓓蕾形塔顶与玉米芯塔顶都象征须弥山,众神的住处。在泰国,后一种较前一种多,盛行于华富里、素可泰和大城艺术时期。前一种如华富里的三顶塔;后者如大城叻差菩叻纳寺的佛塔。

巴壤塔和巴叻萨塔都受高棉宗教建筑的影响。其中素可泰巴叻萨塔还受缅甸佛塔的影响,它是通过兰那而影响素可泰佛塔建筑的。

(3) 钟体塔

塔身为钟形的塔,称"钟体塔"。塔顶为平台和相轮。塔基为层台。钟形塔又称"覆钵塔",它形似僧侣化缘时拿的饭钵,也称"锡兰式塔"。锡兰式钟体佛塔仿自锡兰,而锡兰的钟体塔仿自印度的桑奇大塔。素可泰时期推崇的佛教是从南部洛坤府请来的锡兰小乘佛教。佛塔造型随佛教盛行而流传到北部和各地。因此,这类塔在泰国流传很广。

塔用砖、灰盖建。塔基由下而上,由圆形基座和 3 层莲花座构成。塔身由覆莲、仰莲、钟口莲 3 层托座和钟体形主体、须弥座、勇武柱构成。塔顶由一定数量的相轮、芭蕉杆、圆珠、芭蕉顶杆、露珠等构成。有的露珠上还以华盖或图案装饰,有的在塔身、塔基的四面建有佛龛和门楼。

(4) 十二角(棱)型佛塔(方锥体塔)(เจดีย์ย่อมุมไม้สิบสอง)

十二角(棱)塔也是钟体塔的一个变种。这种塔的塔身是四方形的,也可说是四棱锥形的钟体,区别于一般圆锥形的钟体。再把每一棱变成三棱,总共十二棱。从平面图看,四方形(四角形)成了十二角形。钟体都比较小,但修长。塔基底层为十二角形台基,上垒三层"亚"字形狮脚台基,从下到上似阶梯式的逐层缩小,最上层托起塔身。每一层台基也各有十二棱。塔名是因为塔身和塔基构成了一个十二棱的锥体而名。塔顶的相轮,每一层都做成莲花形的,似一串莲花,但逐层向上缩小,最上层接塔刹。塔刹为塔杆,杆中间饰宝珠,杆顶饰露珠。在泰国还有十六棱、二十棱的佛塔,但很少。有人称这类塔为"泰式佛塔",所以,另作一种塔形介绍。

(5) 五顶塔

素叻他尼府的猜耶佛骨塔是典型的五顶塔。塔基呈四方形,塔基的平台的四角各建一钟形塔。东南角的钟形塔塔顶处有大梵天四面头像雕塑装饰。四方形塔身的四面各有一抱厦。东、北面抱厦的山墙上雕有观世音像,南抱厦的山墙上雕有弥勒佛像。塔顶分层,向上逐层缩小。每层四方角上都建一钟形小塔。因此,该塔实际不止五塔。五顶塔塔名的由来是因为最上层建一钟形大塔收顶,它与最上层四角的四小塔形成五个塔顶,故名。猜耶佛骨塔按大乘佛教教义建筑,其造型相似于印尼爪哇岛上的曼杜·坎蒂塔。猜耶塔是泰国西维猜艺术时期的建筑。这种类型的塔在泰国很少,因泰国信仰的是小乘佛教。

(6) 其他类型佛塔

以上介绍了泰国5类基本塔形,实际上塔形变化多端,乍看上去大同小异,其实还是大异。此外,还有些不属于上述类型,一般很少见的塔。现举例如下:

清迈府古捣寺的西瓜塔很奇特。塔身由5个西瓜似的球形体相叠而成。每个球体的4个方向上各开有一佛龛。自下而上的球体逐个缩小。高高的塔基呈四方多角形。塔顶为一金属伞盖。"古捣(กู่เต้า)"两字为东北方言,"古"意为"塔","捣"意为"西瓜",古捣寺即西瓜塔寺。据说,塔形仿自缅甸。

那空拍侬府的拍侬佛骨塔也是一座外形较为特殊的塔,其塔身似一个细长的花瓶。塔面上装饰着树形图案,使外形更像花瓶。这种塔,泰国较少,但在邻国老挝却很普遍。而那空拍侬府也正是在泰老边境上,与老挝只隔一条湄公河。古代,在国界线不明显的年代,塔形建造自然会与老挝的塔相似。

泰国邻国的塔形在泰国土地上基本都有了。如上述西瓜塔仿自缅甸,拍侬佛骨塔受老挝佛塔影响,猜耶佛骨塔相似于印尼爪哇岛上的佛塔,巴壤塔又是从柬埔寨吴哥寺中的莲花蓓蕾形尖塔改造而来的。泰国的佛塔真可谓兼容并包,千姿百态,集东南亚佛塔于一国。如果算上锡兰,那又是集南传佛教佛塔于一国,造型多样,装饰华丽,令外国游客醒目。

2. 泰国佛塔建筑的民族特色

随着佛教在印度内外的流传,塔形有了多种变化,各国也各有特点,佛塔也成了佛教的象征。泰国很多佛塔上,尤其是古塔,都设佛龛,佛龛内立有佛像。这是泰国早期佛塔建筑的习俗。

泰国佛塔其造型在佛塔发展过程中,一方面与东南亚不少信奉小乘佛教的国家的佛塔有共同性的造型;另一方面也有自己民族特色,如上述的"泰式佛塔"、黎明寺主塔上的灰塑装饰等。

"象征性"是印度佛教美术的一大"审美观"。而泰国的佛塔建筑也有泰人自己的象征性审美观念,如在多层塔基的上三层四周的塔面上分别有狮子脚、金翅鸟举蛇、众仙合十等雕塑装饰。这些装饰的依据虽出自泰国立泰王的御著《三界经》中的宇宙观,但都经艺人的加工、创作。狮子脚象征宁静、脱离烦恼的雪山林,而狮子是雪山林中的动物;金翅鸟举蛇象征宇宙中心须弥山,因须弥山山脚下有木棉树,金翅鸟住在木棉树上,以蛇为食;众仙合十象征须弥山外围七金山的第一层山持双山,即四天王天,也即天堂,因天堂中有仙女。印度佛塔没有这种象征。

(三)千佛一面的佛像

1. 泰国佛像

由于泰国小乘佛教只信奉一佛一菩萨,一佛即今世释迦佛,一菩萨即帝释天菩萨,所以佛像造型单一,去哪一佛寺,不管殿内供有多少佛像,供的都是释迦佛,可以说"千佛一面"。

泰国佛像艺术从公元 6 世纪前在泰国发现南印度或斯里兰卡阿努拉差菩叨风格的佛像至今,已有一千多年的历史了,佛像也呈多种风格。

泰国现存佛像中以青铜铸的佛像为最多。石雕佛像较少。有名的青铜佛像,如素叨府出土西维猜艺术时期(大乘佛教流行时期)(8—13 世纪)的观音像和那伽光背佛像。其次是木雕佛像,最有名的木雕贴金佛像是彭世洛府帕西叨德纳玛哈他寺的主佛像——清拉佛像。佛像为素可泰时期的作品。手臂、手指不露关节,也无肌肉的突出的刻画,圆润平滑如藕。

(1) "泰国维纳斯"之称的观音像(รูปพระโพธิสัตว์อวโลกิเตศวร)

佛像作品中被泰人奉为最美的菩萨像(大乘佛教艺术)是素叨府猜也县出土的西维猜艺术时期的观音青铜像。像高 65 厘米,下半身及两臂残缺,头冠也有些损坏。面相慈祥,双目下视,双眉间有白毫,略带微笑。头饰精美。发辫垂于两肩。上身穿着羚羊皮,并斜挂缨珞。残缺的左臂有花纹臂钏,左肩上留有羚羊头的观音标志。有人考证,观音像受印尼中爪哇夏连特拉王朝观音像的影响。大乘佛教中的这类菩萨像在泰国极少。

(2) 那伽光背佛像(พระพุทธรูปนาคปรก)

素叨他尼府猜也县的较为独特的西维差艺术时期的触地印(也称降魔印),菩提树叶形那伽光背青铜佛像是该时期的佛像代表作。像后有该像的制作年代,为佛历 1834 年(1291 年),像高 1.6 米。从佛身后中间部位向左、上、右部伸展出来的 7 头蛇装饰被雕成菩提叶形。佛陀坐在由蛇身盘曲并成重叠 3 层的基台上，十分威严。佛像造型来自蛇王保护佛陀在修行时免遭风雨侵袭的故事。这种造型的佛像在泰国不多见。佛像受柬埔寨影响。

2. 具有民族特色的佛像

泰国佛像是在印度佛像基础上发展而来的，在发展过程中也曾受到高棉、孟族等的影响，最终创造了具有民族特色的佛像。值得一提的是素可泰艺术时期（公元 15 世纪）的<u>青铜行姿佛像</u>，现藏于曼谷博物馆，高 60.50 厘米。佛像头发呈小螺发，肉髻上有火焰装饰，椭圆脸，新月眉，钩鼻，略带笑意。身着袈裟，偏袒右肩，衣角似一条宽带搭于左肩。两手呈"施无畏印"。左足立地，右足向后抬起足跟，呈向前蹬步姿势。形体圆润柔美，线条流畅。

佛像雕塑虽有印度佛教雕塑的美学思想作规范，但泰国在创作佛教艺术过程中也有自己的审美情趣或美学思想渗入其中，正如泰国民间谚语所说："臂美如象鼻，腿美如香蕉。"用这个审美观来创作佛像的臂、腿。再如泰国诗歌中形容美女时所说："脸似满月、眉如弓，三道沟颈、鹰钩鼻"。[①]用这审美观来塑造佛像。

为何泰国佛像千佛一面？正如有人解释说："小乘只强调人空（无我），不说法空，大乘则说人、法二空。因此，小乘佛陀观只承认此土成道的佛陀，专门崇拜一佛一菩萨。"[②]泰国小乘佛教佛陀观承认佛陀和帝释天菩萨（帕英）。"大乘佛陀观则承认佛有法、报、应三身，在时间、空间上没有涯际，遍满世界，这就是十方三世诸佛和菩萨。"[③]因此，佛像制作的单一或多样，与信仰大、小乘有关，不是小乘的艺人缺乏创造性。

（四）直观、直觉的佛寺壁画

（1）佛寺壁画

最早的泰国佛寺壁画见于 14 世纪素可泰府西塞差那莱县的七列佛塔寺。画者多是僧侣，因为要有一定的佛教知识。画者多不留名。壁画在发展中也受到印度、锡兰以及中国等的影响。

佛寺壁画以人物画为主。人、物造型以单线勾勒为主，色彩以单色平涂为主，是一种上色较浅的单线平涂画。色彩以自然色为主，喜用褚红、

[①] 〔泰〕玛丽伽·克那努叻:《泰国文学中的女性美》，工艺出版社，1981 年，第 29 页。
[②][③] 丁明夷、邢军著:《佛教艺术百问》，中国建设出版社，1989 年，第 39 页。

蓝、黄、白色。山石、树木的画法受中国水墨画影响。佛寺壁画是画在佛寺内壁上的画。画的内容有《佛史》《十本生》《三界经》、神像、魔鬼像、佛教仪式等与佛教有关的内容。佛寺壁画中除了宗教内容以外，还反映了诸如不同阶层人物的衣食住行、城市青年男女调情等生活方面的内容，以及丧事、节日、礼仪等民风民情方面的内容，《五十本生》等古典的、民间的文学方面的内容。

(2) 佛寺壁画的民族特色

画中的人物是平面的，不是立体的。人、物不讲透视、比例，没有阴影、明暗。人物周围的建筑、山河、树木与人物不成比例，常常是人大、物小。如人坐在屋内，人若站起来，人比屋高。这是因为首先要让观者知道屋里有人，而并不考虑人与屋的比例。壁画中有的人物面部、脚常画侧面，但身子有时画正面。这是因为脚画侧面最能让观者明白这是脚，画正面不好表示。至于面部与身子不协调，据说泰人认为画侧面更能体现人面的美。再如壁画中人物以及佛像的脸型多画成圆脸，眉毛成弓形，鼻似鹰鼻，颏有三道钩等，这都是古代泰人心目中的人体美。再如佛陀身上穿的衣服被画成泰国僧人的袈裟。泰国艺人还创造性地应用印度佛教美术的审美情趣——"想象"。如泰国佛寺壁画中的须弥山、七金山、四大王天、四大部洲、地狱等，都是泰国艺人从《三界经》中描述的佛教宇宙观中想象出来的，现实世界是没有的。有时，一幅画中为了突出人物，如神、佛、国王、王后等或建筑的尊严或重要性常以色彩区分，如用黄色或白色画肤色。有时重要的建筑物涂以红色或贴上金箔。因为泰人认为黄皮肤美，也是泰人的一种审美观念，而红色、白色象征神圣、崇高。至于贴金箔更显珍贵、神圣。因为泰国天气炎热，古代泰人有上身不穿衣的习俗，所以画中的平常人都是光着上身。佛寺壁画中神、佛、菩萨、帝王、后妃等人物的表情的刻画，是以其手势、动作来表达的，不以面部表情刻画为主。这是因为泰国古代民间歌舞剧如孔剧常以手姿、动作表达感情。

以上种种画中的特色都出自绘画者的观念、习俗等，并不考虑是否合情合理，只要观者明白即可，所以说是直观、直觉的写实画风。

总之，可以说泰国佛教美术是泰人的审美情趣、思维方式、价值观念的结晶。说"民族特色"，实际上从文化上说即是泰人的传统文化。若再细加分析，这传统文化中还有其他民族的文化内涵，和高棉文化、孟族文化、中华文化等。

(五) 崔巍雄浑的石宫

石宫是古代柬埔寨人在现今泰国国土上用石头建就的宗教性建筑。

有婆罗门教的石宫,也有佛教的石宫,还有既是婆罗门教又是佛教的石宫。这是因为当时的柬埔寨人既信印度教又信大乘佛教之故。建筑的目的都是为了行善、做功德,或是为了颂扬某人的功德而建。这是当时柬埔寨人的建筑观念。

泰人对这类建筑,亦称"巴叻萨"。这里把"巴叻萨"译为"石宫",是专指由高棉(今柬埔寨)人用石头建筑在当今泰国领土上的宗教建筑,以区别泰国王宫、佛寺内的砖木建筑的王宫、佛殿(也称"巴叻萨")。石宫建筑的结构不同于其他建筑,它自成一体,自有特色。它的特色不仅体现在结构上,还有外观。

首先石宫由石块垒建的塔、殿、门楼等组成,由于石块又大又重的质感,使建筑更加雄伟巍峨。其次,石宫的装饰也很瑰丽,如莲花蓓蕾形的塔顶、山墙、门楼上各种花纹图案的雕塑等,远看怪石嶙峋,近看秀石争辉。它虽没有王宫、佛寺建筑那样五彩斑斓,但却有石块朴实浑厚之感。石宫建筑是泰国旅游业的一大景观,也是保存下来的历史最悠久的旅游景观建筑。

石宫建筑对泰国王宫、佛寺建筑有很大的影响,如巴壤塔、尖顶宫殿等,但与其说建筑上受柬埔寨的影响,不如说在信仰观念上受到其影响。柬埔寨吴哥寺是一座帝王陵墓建筑,建筑中最高大的莲花蓓蕾形尖顶塔顶象征须弥山。须弥山是帝释天及众神的住处,国王的骨灰放在塔内,国王好比神。泰国把吴哥寺建筑上神化国王的观念,反映在泰国巴壤塔、宫殿的巴壤塔尖顶、四棱锥体尖顶的装饰上。区别是:柬埔寨的石宫建筑按婆罗门教、大乘佛教的教义来解释;泰国王宫、佛寺建筑则用小乘佛教的教义来解释。无论哪种解释,中心主题都是为了神化国王。这类石宫在泰国有 28 处,较集中于东北部。较著名的有:武里南府的帕侬隆石宫、呵叻府的劈曼石宫和华富里的三尖顶石宫。下面介绍一个最著名的石宫。

劈曼石宫(ปราสาทหินพิมาย)

石宫位于呵叻府呵叻县劈曼地区。它是一座大乘佛教密宗建筑,是泰国现存石宫中最宏伟壮丽的石宫,有"泰国吴哥寺"之称。建于 1106 年,有人推测建造年代还要早些。

石宫主体建筑外围四方形的回廊和外墙,形成一个"回"字。外墙南北长 220 米,东西长 227.5 米。墙四面的中间各建一"十"字形门楼,以南门楼最为壮观。外墙内,除了西南角外都各有一池。东北角池之南有一劈曼神庙,为 1867 年后泰人所建,供宫廷举行效忠仪式之用。庙南还有一殿。回廊南北长 72 米,东西长 80 米,宽 2.35 米。回廊四面的中间也各有一门楼。回廊中间为石宫主体建筑,它由巴壤主塔和"十"字形殿组成。主塔四面各有一抱厦,因此,塔的平面呈"十"字形,塔顶由大至小分5层,垒成莲花蓓蕾形。5层在这里象征五佛。每层的四角雕以五头那伽。塔宽18米,长32.5米,高12米。南门门楣上雕有那伽圆光佛像,其上方中间也有一佛像。其他各门的托梁、门楣上也都有雕塑,如三世佛、太阳神等。塔的南抱厦接"十"字形殿,殿南有小巴壤塔两个。殿的东南面有一婆罗门殿。

(六) 佛教艺术中的民俗

泰国佛教艺术是指佛寺、佛塔、佛像、壁画。

泰国佛塔多而美的原因来自一种风尚,即泰人普遍认为建塔是一种功德。佛统府的佛统大金塔是泰国的名塔,有关塔的建造或来历,在上述章节中已有介绍。然民间却有自己的答案,它建于何时?何人所建?为何而建?下述民间的传说故事会给你细说分晓:

> 距今2200多年前,在今佛统这片平原上,有一位"帕耶孔"的国王。一天,国王刚得一子,有一位善观星相的国师求见。接见时,国师向国王禀告了一个骇人听闻的消息,说这位刚出世的太子长大成人后,将会杀死其父。国王听后,十分气恼,但又不忍心把儿子杀死。于是命下属将初生婴儿弃于荒山野林之中。不料,婴儿被附近一老妪拾得,并将其抚养成人,成为一名盖世无双的勇士。后来,他率领队伍占领了佛统这个地方,并亲手杀死了国王。不久,他获知被杀死的国王即其生父时,后悔莫及。自感犯下了滔天之罪,终日愁眉不展,不知如何才能赎罪。一日,一位高僧向他建议,说如能建起一座佛塔便可赎罪。于是他建起了这座又高又大的佛统金塔。

这只是一个关于建塔有功德的民间传说,也是对泰国古代建塔成风的一个解释。其实,不仅仅是佛塔,佛寺也是一样。举一个近代的例子:佛统塔扩建时,正是泰国建寺建塔之风盛行之时,其高潮在拉玛三世时代,这股风一直沿袭到拉玛五世时才有所衰落。当时,达官贵人、有钱人都比着建塔、建寺。民间也流行着一句俗语说:"谁做功德建佛寺,谁就能受宠于皇帝老子。"建筑佛寺兼能为自己获得功德,又能受宠于国王。

再如,"每当建设佛寺或制作佛像,常见铭刻祝愿的语句,希望生活或重生于弥勒时代,这是一个无限幸福、理想的时代"①。"也有为了能死后生活在天堂的祝愿,如制作佛像的信徒铭刻在佛像基座上的话:当生命结束后,希望能生活于神界天堂,如兜率天或忉利天等。"② 这就是信众建造佛寺、制作佛像的目的。泰人认为不管雕或铸就的佛像,只要敬献给佛寺,就是人生最高的善行、功德。再以佛像雕塑来说,世界上所有佛像都大同小异,所以信徒们一看就认出来了。因为佛像制作有"32相""80种好"的规范,不是随意创作的。"32相是指印度古代流传的大人物特异生理现象。"③ 佛教把众多大人物的特异生理现象共32相,集中在佛陀像的创作上。如顶有肉髻、眉间白毫、两手过膝、足底有"千辐轮相"等。此外,还有"80种随形好",是随32相而具之好,如头发螺旋、鼻高不现孔、耳轮垂长等,合称为佛身的"相好"。32相和80种好来自印度古代社会的一种习俗。

二、民族历史风貌旅游

民族历史风貌旅游是旅游业中最普遍的内容。每个国家的名胜古迹、王城皇宫、博物馆、纪念像等,历来是旅游者首先关注的焦点。

(一) 镏金尖顶的大王宫

1. 大王宫布局

大王宫位于曼谷湄南河东岸。它是曼谷时期却克里王朝建立后最早盖建的王宫,是该时期盖建的众多王宫之一。它是历代王宫保存最完好、规模最大、最有民族特色的王宫。大王宫始建于拉玛一世的1782年,以后各世王都有修缮和扩建,但大规模的兴建止于拉玛五世末期的1910年。现仅作宫廷举行加冕典礼、宫廷庆祝和仪式活动之用。王宫总面积26万平方米。

王宫布局基本上仿照大城时期大城王宫的布局,即靠河、面北。有外宫、内宫、主宫之分。靠河为外宫,南设内宫,东建佛寺,四围宫墙,间有堡垒。但在建设过程中也稍有变化。大王宫布局可分如下五大部分:

---

①② 〔泰〕泰国艺术与社会编写委员会:《泰国艺术与社会》,素可泰大学出版社,2003年,第163页。
③ 季羡林:《吐火罗文A中的32相》,载《季羡林学术论著自选集》,北京师范学院出版社,1991年。

（1）外宫

外宫位于王宫之北。有萨哈泰萨玛空楼等，现是国家部分机关办公之处。建筑造型都是欧式大楼，建于拉玛五世时代。原先这里是禁卫军军营的泰式楼房。

（2）主宫

主宫位于大王宫的中心部位。由三个群体建筑组成，即以兜率尖顶大殿为中心，包括劈玛叻德雅殿、阿蓬劈磨尖顶殿等；以却克里三尖顶殿为中心，包括蒙萨坛波隆阿殿、拉差萨迪玛霍兰殿等；以安玛玲维尼猜殿为中心，包括派讪塔杏殿、乍格叻帕劈玛殿、拉差勒迪殿等。这里曾是拉玛一世至五世勤政、起居之所，王后、王妃、王子、公主的住处。主宫的大部分建筑是泰国民族建筑，个别建筑受到欧式和中国建筑风格的影响。

（3）内宫

内宫位于大王宫之南，为嫔妃和宫女的住处。原为泰式建筑，拉玛五世改建为欧式建筑。有颂迪帕潘瓦沙殿等王后、王妃住的殿。

（4）悉瓦莱御花园（สวนศิววลัย）

花园位于大王宫之东，有波隆劈曼殿、帕普叻德纳殿、国宾馆、钟楼、凉亭、湖、岛等，多为泰式建筑。

（5）玉佛寺

玉佛寺位于大王宫之东北，寺内建筑都是泰式建筑。

以上五大部分的建筑，除玉佛寺、主宫部分建筑外，大多不向游客开放。最有民族特色的王宫建筑要数主宫部分各宫殿，但能参观的也仅是三大殿的部分宫室。以下对三大殿略作介绍：

2. 大王宫三大殿

（1）安玛玲维尼猜殿（พระที่นั่งอัมรินวินิจฉัย）

该殿建于拉玛一世时代，是国王上朝议政、接见国宾、举行登基仪式等的地方。殿名直译为"因陀罗裁判殿"。殿内有两个宝座，一个是贴金木芙蓉宝座，放置在九重华盖下，造型与中国皇帝宝座相近似；另一个在其后，靠墙，墙上有门通宝座。宝座造型别致，有高高的须弥座，座上建一细长的亭子。亭顶是四棱锥体尖顶，亭下有一托座，外形像船，船的两头各立一个七重华盖。国王坐在亭子中。殿内的四方形柱子有4人合抱之粗。

殿外有一门楼，门楼上建一王冠式尖顶。门外两旁有中国的石人、石狮。大门的一侧及围墙转角处各有一踏台。大门一侧的踏台高与墙齐，踏台下有一很大的台座，上立两根粗大的木柱，供拴象之用，踏台则是为国王上下大象而设。围墙转角处的踏台较低，专供国王上下轿之用。

（2）兜率尖顶大殿（พระที่นั่งดุสิตมหาปราสาท）

大殿，泰语称"杜锡玛哈巴呦萨"殿，直译为"兜率大殿"，泰国华人称它为"律实宫"。宫殿金碧辉煌、重檐飞角，是一座典型的泰式宫殿。殿的平面呈"十"字形，可分东西南北中5殿。屋顶为多坡面重檐屋顶，屋顶上装饰一个七层四棱锥体尖顶，尖顶的托座四面装饰着金翅鸟抓蛇的灰塑。殿的山墙上装饰着毗湿奴骑金翅鸟的雕塑。南殿门外墙上建一小亭式宝座，为拉玛四世接见宫内人员所用。北殿内也有一小亭式的宝座。中殿内有拉玛一世的宝座。东殿内有拉玛一世的卧床。现今大殿内放有国王、王后及个别王族成员的骨灰，作为举行王事仪式的场所。殿建于拉玛一世时代，砖灰结构。

（3）却克里三尖顶大殿（พระที่นั่งจักรีมหาประสาท）

却克里大殿，泰语称"却克里玛哈巴呦萨"殿，直译为"却克里大殿"，泰国华人称它为"节基宫"。殿建于拉玛五世时代，是大王宫建筑中最高大、宏伟的宫殿。殿分3层，主体部分仿西欧晚期哥特式建筑。屋顶是重檐多面坡的泰式屋顶，并建有3个四棱锥体尖顶装饰，是一座泰西合璧的宫殿。上层设有骨灰堂、文物馆等；中层有大厅、会客厅、议政厅、仪式堂等，厅堂的墙上装饰着王徽、先王遗像、王史壁画等；下层，有宾客房、禁卫军宿舍、图书室、古兵器陈列室等。殿内各厅堂，除了古兵器陈列室外，一般不向游人开放。殿前有铜像、柱灯、草坪等。

（4）其他

除三大殿外，在律实宫与节基宫之间的宫墙旁有一宫殿，泰语称"阿蓬劈磨巴呦萨"殿。它建在高高的基台上，与周围高大的宫殿相比，显得小巧玲珑，好似凉亭。它是供国王出巡上下车用的小殿，但它却是典型的木结构泰式宫殿建筑。建筑平面呈"十"字形。有凤头、鸥吻、扭头蛇封檐板、莲花柱头、天仙合十挂落、蛇形雀替。四角飞檐，轻盈若飘。山墙装饰雕以立姿帝释天像。屋顶立一四棱锥体尖顶。殿的表面贴以金箔。

大王宫四周有高大的白色宫墙，间有堡垒、宫门、宫殿。宫门上有各种各样的尖顶装饰。东宫墙还建有素泰萨旺巴呦萨殿，殿的屋顶上有四棱锥尖顶装饰，十分壮观。该殿分两层，上层中间开一大门，门外有阳台，供国王接受百姓朝贺时用的。建于1949年。

（二）挽巴茵行宫（บางปะอิน）

行宫位于故都大城挽巴茵县，原为大城时期巴塞通王所建的行宫。

大城被毁后,京都南迁,行宫荒芜。但经修缮,现今已是一座东西方建筑并重的行宫。

1. 东方建筑

(1) 威哈占仑殿(เวหาสน์จำรูณ)

泰国华人称其为"中国宫殿",中文叫"天明殿"。该殿为木结构建筑,是泰国华人秋德叻训提等人出资建造,献给拉玛五世的。殿为两层楼房,内外装饰及家具大多来自中国,按中国摆设布局。殿的造型似中国广东潮汕一带的殿堂建筑,屋脊有双龙戏珠、丹凤朝阳等装饰。一楼有国王宝座。从一楼到二楼除楼梯外,有人力拉的"电梯";二楼有拉玛五世的中国式龙床和拉玛六世用的中国式书桌,身穿中国清朝皇服的泰国国王像,中国明清两代的瓷器,用中文写的拉玛四世、五世及其后的灵牌位,中国古籍等。殿建于1889年。

(2) 艾萨万贴帕耶阿殿(ไอสวรรย์ทิพยาสน์)

它是一座木结构的尖顶宫殿,建于湖中,大小如亭。泰国华人称其为"湖心亭"。此殿仿照曼谷大王宫内的阿蓬劈磨巴叻萨殿建造。原先殿的落水桩也是木制的,后在拉玛六世时代改建成混凝土的。殿内立一尊拉玛五世纪念像。

2. 西方建筑

(1) 瓦罗帕劈曼殿

殿不对游人开放,只能远远地观赏。殿建于拉玛五世时代,为钢筋混凝土一层建筑,供拉玛五世出巡大城时上朝和做仪式用。建筑外观有很多半圆形的拱门排列着,门之间立有石柱,好似古罗马大圆形演技场的外观。

(2) 石桥上的石像

横跨御河的石桥两侧的石栏杆上,各矗立着拉玛五世从意大利运来的多座大理石雕像,高约2米,都是希腊神话中的女神,如农神、海神、音乐神、爱神、宙斯妻子赫拉天后等。

3. 其他

行宫中有不少纪念碑,其中以"素南泰王妃纪念碑"较闻名,泰国华人称之为"爱情纪念碑"。1881年,拉玛五世爱妃素南泰在行宫中度假。一日,王妃泛舟湄南河,忽然风浪骤起,将船颠覆,王妃丧生。国王闻知,立碑纪念。

此外,行宫内还有观星台、庙堂、凉亭、草坪等。行宫占地面积很大,好似公园。林木葱郁,景色如画。

(三) 意贯千古的古城(เมืองโบราณ)

曼谷东南 30 公里处的沙没巴干府,有一座闻名遐迩的"古城"。它集全国各地的名胜古迹于一地。除个别有名的古建筑外,绝大部分是从 6 世纪至曼谷初期的建筑,时间跨度达一千多年。漫长的岁月,几经沧桑,而游人可在一天之内统窥全豹。因此,其名为古城,实为缩影公园,但它不是把名胜古迹搞成小人国似的盆景公园。而基本上按古迹原样大小仿造,是当今世界上最大的缩影公园。它占地 80 多万平方米,始建于 1963 年,主要景观至 80 年代才完成,泰人称它为"露天博物馆"。从建筑类型看,有佛塔庙堂、亭台宫阙、村庄集市、群像雕塑;从建筑结构看,有石结构、砖灰结构、木结构以及钢筋混凝土结构,它熔世代能工巧匠之技艺于一炉。这里可以饱览泰国传统建筑和传统工艺。古城共有 75 处主要景观。现将重要名胜古迹介绍如下:

1. 进门印象

到了古城,进门前要过一桥,过桥第一景观是按素可泰时期样式建的砖石结构的座台,座台上有一木结构亭式小殿。殿的屋顶是泰式重檐多面坡屋顶,没有花纹图案雕刻的装饰,古朴、简洁。殿内立一四头四手的大梵天坐像,它是古城的标志。大梵天是婆罗门教中的创造神。景观给游人的第一印象是一种宗教的神秘感,似乎古城建筑是依靠神的力量或在神的保佑下建造的。

过了座台,才是古城的大门。大门仿 13 世纪素可泰府宋加洛县帕西叻德纳玛哈他寺的大门建造。门由石块和木板做成,好似营寨之门。门一侧的粗大门柱上立一大梵天四面头像,此门被认为是胜利之门,人过此门能获得吉祥。

进门建筑的布局是泰人自古以来的一种建筑习俗,只是在表现形式上各处有所不同而已。

2. 泰族立国前的古迹

这里的所谓"泰族立国前、后"是按素可泰时期前、后作为划分标准。

(1) 娘乌莎石屋是古城建筑中年代最久远的人类遗址,仿自乌隆府同名石屋。据考证,它是史前社会原始人的往处。

(2) 章黛维塔(เจดีย์จามเทวี)是他瓦叻瓦蒂艺术时期(7—13 世纪)的古迹,仿自南邦府的同名塔。塔呈四方锥尖形,塔身高大,分 5 层,向上逐层缩小。每层每面都有并例的佛龛 3 个,每龛各立佛像 1 尊。塔顶已毁。

(3) 猜耶佛骨塔（เจดีย์พระมหาธาตุไชยา）是西维猜艺术时期（8—13 世纪）的建筑，仿自泰南素叻他尼府的同名塔。

(4) 三尖顶巴壤塔（พระปรางค์สามยอด）是华富里艺术时期（7—13 世纪）的古迹，仿自华富里府的同名塔。

此外，古城还仿造了古代柬埔寨人在泰国现今国土上建的石宫。如劈曼石宫、帕侬隆石宫，以及受石宫建筑影响的巴壤塔，如叻武里府西叻德纳佛骨巴壤塔、玛哈莎拉堪府的古库佛骨塔等。

3. 泰族立国后的名胜古迹

(1) 七顶塔是清盛艺术时期（11—18 世纪）的建筑，仿自清迈府的同名塔。它是一种高台塔身的金刚宝座式塔，与中国北京正觉寺的五顶塔相似。塔身墙面上的众仙合十浮雕有很高的艺术价值。

(2) 素可泰佛骨寺銮佛堂仿自素可泰府素可泰县的同名佛堂。佛堂的屋顶和墙都已坍塌，只残存屋基、高高的两排屋柱和屋柱尽头的一尊高大的合金佛像，很能引发游人思古之情。

(3) 沙拉武里佛足印四方殿是仿沙拉武里府同名殿而建的。原殿建于大城时期的 1620—1628 年，因当时发现佛陀的脚印而建。殿的造型似同玉佛寺中的藏经殿，但殿基很高，有阶梯上下，阶梯两旁有七头那伽装饰。殿内佛足印仿自清莱府帕昭董銮寺中的佛足印。

(4) 讪佩尖顶宫殿（พระที่นั่งสรรเพชญปราสาท）是古城中最漂亮的建筑。它仿自大城初期王宫中的同名殿。当时为了避免柬埔寨和泰北建筑的影响而建的，所以具有泰式建筑的特色。殿作为举行国王登基仪式和接见贵宾、国宾之用。1767 年殿毁于战火。建造时，是依据国内外史籍所记、壁画上所画以及残存殿基建造的。殿的造型与大王宫中兜率尖顶大殿的造型相似，但更显轻盈飘逸，因它的屋脊似弯月，两头有上翘之势。

(5) 普密寺佛堂仿自难府普密寺同名佛堂。原佛堂建于 1857 年。佛堂平面呈"十"字形，四面各有一门，立于基台的大平台上。各门两旁建有那伽装饰的矮墙，墙上有门，人能在平台上绕堂行走。堂内有 1 尊很奇特的佛像，被塑成佛背相对的四尊佛像，成为一尊面向四方的四联佛像。

4. 群像雕塑

群像雕塑是古城的一大景观，共有 7 处，布置在游览景点的过道上。这些群塑都设立在有潺潺流水、万木滴翠、百花争艳的园林之中，所以每一组群雕都可称"花园"。有玛诺拉花园、拉玛坚花园、帕罗花园、格莱通花园、金螺花园、帕阿派玛尼花园、神界等。上述群雕的内容取材于古典文学名著、民间故事和神话传说。如玛诺拉、金螺群雕取材于泰国的《五十本生》。《玛诺拉》即中国傣族长诗《孔雀公主》。拉玛坚、帕阿派玛尼群雕取材于泰国的文学名著《拉玛坚》和《帕阿派玛尼》。格莱通、帕罗群雕取材于同名的民间故事《格莱通》和《帕罗故事》。神界群雕取材于印度婆罗门教主神的神话传说或印度梵文、巴利文的文学著作。这些群雕的内容对于泰人可谓家喻户晓，妇孺皆知。而对于国外游客来说，很多内容则一无所知。但游客却被栩栩如生的形象、离奇壮观的场面、神话般的世界所吸引，纷纷摄影留念。群雕中以拉玛坚、帕阿派玛尼、神界的群雕规模最大。

(1)《拉玛坚》群雕由多组塑像组成，多组塑像围绕人造的溪流急滩展开。正中是十头魔王双手搂抱扭头呼救的悉达，其后是猴王搂住扬蹄暴怒的三头象的脖颈，要拧断象颈。两旁是猴王擒拿美人鱼，拉玛射箭杀玛里，帕里战十头魔王变的蟹和悉达蹈火。

(2) 神界雕塑最壮观。在流向小湖的瀑布上，月神驾驭 10 匹狂奔的骏马，马蹄下飞落的水势使人感到马匹将腾空飞向苍穹。在其附近的塑像有：毗湿奴躺卧在那伽身上，漂游海中，其妻手拿宝扇坐在身旁；湿婆与妻坐在低头翘尾的牛背上；四面八手的大梵天与四手的妻子，妻子四手各拿着神杖、经书、莲花、琴；日神坐在由光明神驾驭的 7 匹马拉的车上。此外，还有骑象的水曜神、骑鹿的木曜神、骑虎的土曜神、战神、爱神、七头那伽等。

(3)《帕阿派玛尼》是曼谷初期诗圣舜通普的代表作，是一部神话性的长诗。帕阿派玛尼群雕立在有级差的水池中，正中为巨大的水妖抱着帕阿派玛尼的雕像。四周有帕阿派玛尼吹笛催眠昏昏欲睡的西素旺和三位婆罗门的一组雕像，还有美人鱼驮着帕阿派玛尼逃离水妖、素瑟空骑龙马、裸体女尼等塑像。

(四) 民主纪念碑(อนุสาวรีย์ประชาธิปไตย)

近代，泰国的纪念像、纪念碑不少，尤其是纪念像，如拉玛一世、五世、六世纪念像，郑王纪念像，坤莹摩纪念像等。其造型都受西方影响，民族特色较少。纪念碑中以曼谷民主纪念碑最闻名。该碑除了造型设计体现了一定的民族特色外，其名声还与 20 世纪几个重大历史事件有关。

民主纪念碑是为了纪念 1932 年 6 月 24 日的政变而建立的。政变推翻了君主专制制，建立了君主立宪制的民主制度，所以称纪念碑为"民主纪念碑"。

碑于 1939 年 6 月 24 日动工，次年同日竣工，至今已有 70 多个春秋。

在这段时间内,民主制一直受到形形色色的非民主势力的挑战。因此,每一次政治上较量的成败,军民流血冲突后,人们都会在纪念碑前举行集会、演讲、庆祝、追悼。尤其是1973年的十月事件和1992年的五月事件,在事件发生的日子里,每天都有几十万人在碑前集会,受到世界各国的关注和报道,碑也因此蜚声海外。

纪念碑的设计很有个性,构思巧妙,匠心独运,紧扣政变意义和日期。碑的正中建一堡垒式的建筑,四面各立一形似机翼的柱子。翼高24米,与堡垒建筑间距各为24米,象征政变的24日。4翼柱的下方装饰着当时民党搞政变时的一系列活动的浮雕。堡垒式建筑的顶端建一高脚盘,这是泰国民族放置神圣物品的盘,也是泰国的风尚习俗。盘上托着一部《宪法》的雕塑,说明宪法高于一切。盘高3米,象征政变发生在旧历3月。因政变当时,国家用的是旧历,它以公历4月为1年的第1个月。政变发生在公历6月,相当于旧历3月。碑的四周放着75尊大炮,象征政变发生在佛历2475年的"75"两个数字。现今,大炮早已被拆除。堡垒式建筑呈六面体,每1面都装饰着1柄宝剑,象征民党的六项政变纲领,即独立、安定、平等、自由、经济、教育。

三、民俗风情旅游

泰国民俗风情旅游的内容十分丰富,开展也很早,赢得了一批又一批国外游客的欢迎,满足了他们对泰国民风民情的好奇和求知的欲望。关于其内容,不少在其他章节已有所提到或介绍,只是介绍角度的不同,如宋干节、孔剧、泰拳等。下面介绍几处景点。

1. 宋干节清迈游

宋干节是泰国的年节,时间是四月中旬,历时三天。泰国欢度宋干节,活动举行最为隆重、热闹的要数清迈。届时,除了人们相互泼水祝福外,有宋干美女花车等各种队伍组成的游行、放生、浴佛、堆沙塔、去佛寺做功德、听经,向僧侣、长辈行滴水礼等民俗风情活动。

清迈是泰国第二大城市,有悠久的历史。有"双龙寺""四方塔"等名胜古迹。"双龙寺"原名"素贴山佛陀骨灰寺",建在素贴山上。因有自下而上306级台阶的"龙梯",实为台阶两旁有四头那伽(蛇)雕塑,中国游客称"双龙寺"。传说没有功德之人则数不清台阶数。还有梅丹大象训练营,观看大象作画、表演和升放孔明灯,乘坐昔时农村的牛车浏览市容,参观栽培培植和批发兰花的"兰花园"和享誉世界的花伞制作,欣赏民族歌舞表演,品味正宗的泰餐和小吃,访问长颈族等少数民族,即少女自七岁起在脖子上套铜圈直至结婚,颈脖因不断套铜圈而拉长。

2. 素帕达水果庄园

泰国罗永府有一个东南亚最大的素帕达水果种植庄园,种植的水果林林总总几乎包括了泰国的全部水果。这个庄园每天对外开放,凡进入庄园的每个参观者可以免费采摘水果吃,吃饱为止。有的水果你可能第一次看见和品尝。

每年,罗勇府都要举行水果节,届时,要选一种水果作为主题,同时也要选出美丽的水果小姐。选出的水果小姐要坐在被水果装饰的花车上游行。多年以来,水果节也成了当地的一种民俗。果农在每年获得水果丰收时都要举行功德仪式,请僧侣念经,感谢果神,祈求来年丰收。

3. 水上集市

红宵楼水上集市扬名国外,是泰国旅游业的观光节目之一,它自有其受人迷恋和流连之处。水上集市在曼谷等其他地方也有,但不能与红宵楼相比。

红宵楼即叻武里府丹嫩萨多县。该县以丹嫩萨多运河命名。运河开凿于拉玛四世时代,外国游客津津乐道的水上集市即在此河上,尤以该河与宋频河交汇处最热闹。"红宵楼"是泰国华人对它的称呼。

炎热的气候使水上集市从清凉的早晨5时开始到10时结束。这里每日曙光初照,满载瓜果蔬菜、花卉豆粟等的舢板便云集河面。园农、商贩利用河的有利条件进行交易。笑声欢语,一片水乡风光,令人领略到泰国古代的一种消费民俗。这里乡民还规定一条守则,即凡进入水上集市的船只,皆应依靠人力划桨行驶,机动船一律不准进入。这为水上集市增添了淳朴的农家情调,久住城市的游客会顿觉耳目一新,一扫都市紧张、烦躁的情绪。

水上集市也不像现代市场那样是目的单一的买卖场所,在水的两岸建起了很多消费或娱乐设施如古式按摩、各种传统手工艺品、旅游纪念品的店铺等。每个店铺都面向江河,方便游客随时上岸、下船。有的船上还有人扮演古代农夫渔父以及传统剧目中的角色,供游客欣赏。

4. 沙没巴干府鳄鱼湖

鳄鱼为热带、亚热带动物,南美洲、非洲、大洋洲、南亚、东南亚各国都盛产鳄鱼。50年代前后,当人们发现鳄鱼的经济价值后,曾一度狂捕滥杀,使世界上的鳄鱼濒临绝境。华裔泰人杨海泉深感只知猎取而无饲养之弊,于1955年在沙没巴干府建立北榄鳄鱼场饲养鳄鱼。经半个多世纪的经营,现已成为世界上最大的人工饲养鳄鱼场。它占地4万多平方米,养鳄几万条。20世纪80年代曾展出1条长8米、重1吨的大鳄鱼,成为当时世界之最。之后,鳄鱼也因此成为泰国受世人瞩目的一大特产。

鳄鱼被公认为世界上最凶残的动物之一。它外表丑陋、性凶残暴,不少人都想一睹鳄鱼的庐山真面目。鳄鱼场为了迎合人们的这种心理,对外开放,办起了旅游景点,增设了驯鳄表演等观赏节目。

驯鳄表演在场内一块占地不大的水泥池中进行,池中间有一块高出水面的平台。平台四周的水中,躺卧着几条大小不一的鳄鱼。一位皮肤黝黑的驯鳄人,从水池中抓起一条鳄鱼的尾巴,把它拖到平台上。然后,驯鳄人一会儿躺在鳄鱼身上,一会儿抱起鳄鱼。看得出他的神情不像抱起一只猫那样泰然自若。据说,驯鳄人被鳄鱼咬伤的事也屡见不鲜。最惊险的是驯鳄人把自己的头伸进鳄鱼的血盆大口中这一刹那,观众无不为他捏把冷汗。

鳄鱼场内依据鳄鱼的大小分成很多饲养区,游人可通过弯曲的天桥或通道观看鳄鱼戏水、抢食、争斗等场面。

此外,场内还有大象、老虎、巨蟒等动物,游人可与它们一起拍照留念。场内的大象表演也十分受人欢迎。

5. 大象村
(1) 素林府大象村

古代,大象是重要的交通、运输工具,也是古战场上的重要战争武器。现今大象除了森林中运输巨木时还能用得上它以外,其他功能已消失殆尽。但由于它身形庞大,为动物之王,加之乖巧、性情温和,很受人们的喜爱。于是在时代进程激流的冲击下,大象的功能趋向旅游事业。很多家象被驯养成表演象,有的还被带往世界各地去表演。自1974年泰国政府颁布禁猎野象的法令至今,现泰国还拥有几千头大象。虽然捕猎野象已被禁止,但泰国仍有许多家庭饲养着家象,不少家庭还不止饲养一头。家象的饲养主要集中在泰国东南部素林府的大象村中。

大象村由来已久。这里生活着一个少数民族,叫库伊族。该族的由来已难考证。但他们是一个善于捕象和驯象的民族,他们的历史与大象密不可分。古代,该民族因向国王提供作战用大象,而不必纳税。现今,禁猎法令没实施前捕获的大象依然生活在捕获人的家中,它们的后代自出生就在政府有关部门注册,政府也会给养象人家一定数额的补贴。大象就这样和捕获人一起生活下来,这就是大象村的来历。素林府为了使独特的大象文化得到传承,还计划尽可能召回流浪在外的大象。

大象村设有一个大象中心。中心常给游客们组织各种大象表演节目,如大象吹口琴等乐器、按音乐节拍跳舞、跨越人体、耍藤圈、投篮球以至古战场象战等。上述节目一般在其他城市的大象表演中也能见到,但古战场象战的表演节目不是到处能见的。它需要宽阔的场地,几十头大象,上百个表演者。这些表演者都要装扮成古代的士兵、将帅或国王,手拿各种兵器。大象也要经过装扮,然后在场地上兵分两方,进行格斗表演。尤其是骑在象背上的敌对双方的国王或主帅手拿兵器首先进行厮杀,十分壮观。

每年大象村都要举行大象节,时间在 11 月 17—18 日。届时,凡出生在素林府的大象,不管在什么地方,都要尽可能地赶回老家,庆祝自己的节日,举行各种大象表演。为了慰劳归来的大象,人们为大象准备了一份世界上独一无二的自助餐。餐桌上摆满各种新鲜水果,随大象挑选。实际上大象是食草动物,平时吃些树叶、竹叶之类的植物即可。

(2) 大象的人性化饲养

现今,泰国饲养大象已十分人性化。母象怀胎需要 2 至 3 年,每胎一仔。不是每头象出生后都会长出长长的象牙,有长牙的象约为象总数的十分之一二。当年出生的小象在大象节中将得到有关部门颁发的出生证书。象出生到 3 岁时,驯象师要为小象做分象仪式,这是一头象一生中重要的日子。仪式由驯象师主持。仪式上驯养师要告诉小象记住母象的养育之恩,祝福小象今后幸福平安,将来成为一头出色大象。之后,小象离开母象,被带往大象学校进行专门训练。每年雨季开始时的守夏节也是素林人团圆的日子。在外地的谋生的素林人都会赶回家乡,家中的大象也会装扮一新迎接家人的归来,因为它也是家庭的成员。泰国大象有自己的医院,医院在泰北的南邦府的大象保护中心,那里有一家世界上规模最大的大象医院。大象治病是免费的。年老的大象还有大象养老院,地点在离南邦府 80 公里处。泰国各地上了年纪或有残疾的大象都集中在这里,这里是世界上第一所大象养老院。大象的寿命比人要长,但大象的暮年是很凄凉的,垂死前大象会离开象群到丛林深处寻找归宿。大象去世时,僧侣会为它念经超度。最后把象埋葬在专门为象设置的墓地上,立上写有象名的木牌。

四、海滩海湾旅游

泰国地处热带,海岸线也长。蔚蓝的天空、碧蓝的大海、洁白的海滩、在风中婆娑起舞的椰林,构成一派旖旎的热带风光。它是泰国旅游业的一大资源和特色。其中海滨浴场、海上风光等旅游项目蜚声海外,尤其是西欧、北欧各国的游客纷至沓来,因而在泰国旅游业中独占鳌头。

1. 芭提雅

芭提雅位于春武里府、曼谷湾东岸,离曼谷约 150 公里处。半个世纪前,它是一个默默无闻、荒僻的小渔村。20 世纪 60 年代越南战争时期,芭提雅海滩曾辟为美军度假、避暑的胜地。1975 年美军撤离后,随着旅游业的发展,在此基础上发展成享誉海外的旅游城市,它有"东方夏威夷""东方之珠"的美称。

芭提雅海滩长 40 公里,蓝天碧水、波平澜微,与椰林、茅亭为伴,交相辉映。海滩除了海水浴场外,还有水上游乐活动,如拖拽降落伞、香蕉船、冲浪滑板、摩托艇、风帆等。海滨建有现代化旅馆、高级别墅、豪华大酒楼、56 层高的海景观光塔,可以远眺暹罗湾,一览芭提雅全景。这里还有海鲜馆、酒吧、夜总会、人妖歌舞表演。除此外,还有百万年石鳄鱼湖,那里有人与鳄的惊险表演。象园文化村主题东芭乐园,园内可以参观、欣赏泰式民族歌舞、大象表演。兰花园内各种兰花,使人目不暇接,美不胜收。

美食有令人口嚼、垂涎三尺的海鲜大餐,有:龙虾、生蚝、老虎虾、炸椒盐皮皮虾、蒸蟹、五味血蛤、孔雀蛤、泰式菠萝炒饭、海鲜鱼丸汤等。

2. 人妖歌舞表演

凡去泰国旅游的游客常会听到一句口头禅说:"没看过人妖(Calypso)歌舞表演,就不能说到过泰国。"去芭提雅旅游有一个重要的娱乐活动,即观看世界上绝无仅有的人妖歌舞表演。芭提雅有两个最大和最早的人妖歌舞团,分别称"蒂芬妮"人妖歌舞团和"阿卡莎"人妖歌舞团。

蒂芬妮人妖剧院坐落在芭提雅的红灯区。剧院为法国古典建筑,装饰着各种人像雕塑,富丽堂皇。剧场的豪华气派,在西方国家也属一流。这样的剧场在芭提雅有两座。每晚各剧场演出两至三场,场场爆满。表演中的人妖个个眉目俊秀、浓妆艳抹、珠光宝气。穿着华丽的服装或"比基尼",袒胸露背,丰胸细腰。在震耳欲聋的音响和出神入化的灯光、布景下搔首弄姿、轻歌曼舞。舞蹈表演的节目有:欧洲宫廷舞、西方现代舞、美国牛仔舞、泰国民族舞、哑剧、滑稽剧等。演唱的歌曲有:西方歌曲、港台歌曲、民族歌曲。但这些通过扩音器传到你耳中的歌声,不是人妖的真实嗓门,是别的歌星歌唱的录音。人妖只会发粗犷、沙哑、低沉的男声。

节目表演中歌舞团紧紧抓住两性人这一特点来表演。如有一个节目,开始时,漆黑的舞台用聚光灯在黑色幕布的中间连接处投射一个白光圈,接着出现一位半身的美男子,西服革履、风流倜傥。之后,半身美男隐去。又出现了一位半身美女,袒胸露背,妖媚动人,也渐渐隐去。两人反复交替隐现多次。突然,舞台灯光大亮,幕布拉开,台上演员实为一人。正如有人诗曰:"社会有点儿错愕,阳刚变阴柔。哲学有点儿乱象,阳爻变阴爻。"①

泰国的人妖表演始于1975年。最初只有四五人,在酒吧作客串表演,观众主要是外国游客。随着旅游业的发展,第一家"蒂芬妮"人妖歌舞团诞生。之后,相继出现了五六家。现今已是泰国旅游业的一大亮点。人妖歌舞表演是一种故意搞乱男女不同性别特征来吸引观众的歌舞表演,可谓"奇";又是一种演出过程中从剧场、服装、剧目等都以西方国家民俗特征为基调的歌舞表演,可谓"洋"。

"人妖"是中国对他们的称呼,泰国人称"两性人"。中国人之所以这样称呼,是因为这类人半男半女、非男非女,近乎妖怪,故称"人妖"。据说真正生理上畸形的两性人极少。平时见到的人妖绝大部分是经过人工处理和特殊的技能训练,是后天造就的。泰国有培养人妖的学校,选择和培养具有美女相的面目、窈窕身材的男孩,从小按女性的性格、行为举止进行训练,还要学习歌舞、器乐。同时,还要吃药、注射女性激素,抑制阳具的发育和施以手术,使男孩的生理向女性生理特征转化。经多年的培养,才能成为一个合格的人妖歌舞演员。

人妖在泰国法律上规定为男子,只有花昂贵的费用做了变性手术,并经医生检查,出具证明,才能成为法律上的女子。因此,虽为男性,但为了表演,为了生计,必须不断地吃药、打针,使内分泌失调,来保持女性的体态和心态。人妖终日在生理、心理上付出过量的劳动,其寿命都不长,40岁左右为正常死亡年龄。人妖上厕所,要视人妖当天所穿的男装还是女装而定上男厕或女厕。

泰国人妖这一社会现象逐渐引起了人们的关注。人妖歌舞演员只是泰国人妖的一部分,而在日常生活中所见的人妖是大部分。有人②分析泰国的人妖现象后认为:有母系社会遗风的泰国,母亲等女性地位较高,心理上对女性的崇拜是泰国有较高比例的"人工人妖"出现的原因。

---

① 毛翰配诗,引自2009年网上。
② 美艺:《"人妖"——泰国奇妙一绝》,载《东南亚研究》1995年,第1期。

3. 普吉岛与攀牙海湾

(1) 普吉岛

普吉岛地处泰南,为全国最小的府,但作为岛屿又是全国最大的一个岛屿,面积为54.30平方公里,周围有大小岛屿39个,岛与大陆有大桥相通。

普吉岛以风光绮丽的海水浴场闻名,很多海滩都是天然的海水浴场,其中以拉怀海滩最有名。洁白的沙滩,惊涛拥雪,点点风帆出没烟海,真是游客理想的避暑胜地。岛西濒临印度洋的素辇海滨,景色迷人,是岛上景观之一。

普吉岛搭游艇去珊瑚岛,珊瑚岛上有多处海滩、丛林,可游泳、戏水。天堂蜜月湾有沙滩排球、浮潜海底世界船。大PP岛有沙弗里(SAFRI)丛林探奇活动。参观燕窝洞,去燕窝加工中心,参观燕窝的采摘和加工。此外,还可游览和观看海龟下蛋、大象表演、猴子学校、圣母娘娘庙、四面佛、珠宝苑。

(2) 攀牙海湾

普吉岛北临攀牙府。攀牙海湾与普吉岛的东海面连成一片,组成一处风景区。海上多石灰岩岛屿,奇峰怪石,犹似中国的桂林山水,所以有"海上桂林"之称。又因间谍片《007(詹姆斯·邦德)》的部分外景拍摄于此,更使其名声大振。

海湾中的达鲁岛有一个三角形的山洞,小船可在洞中穿过,洞顶垂挂各种形态的钟乳石。海中的相依山是由两座挤在一起的海岛构成,岛从海面突然隆起,形似山岛,两山之间有窄缝可以过船。海中的铁钉山上大下小,好似铁钉,直插海底,有"定海神钉"之称。鲤鱼山、母鸡山、双乳峰山都是拔海而起的小山岛。与拔地而起的山峰比,自有另一番意境。碧海泛舟,穿梭于奇形怪状的岛林之中,如入仙境。

结　语

我于1996年写的《泰国》一书，基本上是一本讲泰国民俗的书，有不少泰国的基础知识，它是作为世界知识出版社"各国民俗丛书"中的一本出版的。出版后，反响不错，一些读者感到它是一本适合研究泰国或了解泰国的入门书。近些年来，无论是泰国的情况，还是国内外民俗学理论，都有变化和发展。而我在写作《泰国》一书时，深感民俗离开文化谈，谈不清楚。2007年9月的一天，北京大学外语学院泰语教研室、泰国研究所的薄文泽教授建议我对该书修改、补充，并与我对书的内容、读者对象、出版目的等诸多问题作了商讨和定位。

本书主要是介绍泰国民俗，并不着重于对泰国民俗学理论的探讨。所以介绍泰国种种民俗时，基本上按1998年钟敬文主编的《民俗学概论》一书中的民俗分类章节安排介绍的，而没采用泰国《民俗学》中的章节安排。但有的分类也采纳了泰国学者的观点。本书中的民俗学理论也大多引用了上述《民俗学概论》中的论述，也有其他学者的一些民俗学理论，如陶立璠著《民俗学》、乌丙安《中国民俗学》等。本书是在中国民俗学理论指导下写作的，但也不刻板地照搬。本书也应用了泰国民俗学、民俗学家的理论。泰国是一个佛教国家，又是一个王国，还是一个有迁徙历史的民族，因此，佛教、国王或宫廷、外来文化不可能不对泰国民俗产生深刻、广泛的影响，以致有其不同于一般民俗学理论的探讨，也许这正是泰国民俗的特点。

民俗是人民大众创造、享用和传承的生活文化。它既包括农村民俗，也包括城镇和都市民俗；既包括古代民俗传统，也包括新产生的民俗现象；既包括以口语传承的民间文学，也包括以物质形式、行为和心理等方式传承的物质、精神及社会组织等民俗。本书的主旨是谈"民俗"，但并不是把泰国纷繁多彩的民俗事象简单地罗列给读者，而是应用民俗学理论对民俗进行归纳、分类、分析、探讨，从而系统、学科性地展现民俗，并尽可能地探讨民俗的来龙去脉。

在探讨过程中，着意揭示民俗深层的文化本质。民俗是文化的一个组成部分，借鉴文化研究的成果审视民俗，揭示其中所含的文化内涵，进而看到不同国家、地区、民族，因文化相同，其民俗会有很多相同性，历史上形成众多"文化圈",为此拓宽了民俗研究的范围和视野。可以说:不同民族因文化相同会有相同的民俗,但相同民俗不一定有相同文化。民俗是一种历史文化的积淀,所以某时期的一种文化常与前时期的文化互有传承、变异等关系,使我们看到了民俗的历史演变。这就是本书书名的由来,也是联系文化探讨"民俗的本质"的试图。

本书也引用了一些国内外学者有关中国西南、境外泰族人或与泰国泰族有渊源关系的中国少数民族,如傣族、壮族等民俗方面的比较研究的论文、著作中的观点。目的是为了对泰国民俗有更多、更深的了解。但由于多种原因,有的民俗的考证或与文化联系的论述,会有论据不足的缺点。

民俗是一门涉及多种学科的学科,需要各学科多方面的知识。本人毕业于北大东语系泰语科,深感其他学科知识的贫乏和民俗学基础理论的根底浅薄,所以要写好这本书非常不容易。至此,我愧疚地说,本书只是从民俗学角度介绍泰国的一本了解、研究的入门读物。我只是希望通过本书对泰国有更深入的了解,对民俗学有所了解,从而促进民俗学的流传,以便后人能写出更好的泰国民俗、民俗学的著作。

本书的草稿曾得到北京大学陈岗龙、薄文泽、裴晓睿、金勇等老师以及翁惠提出的宝贵意见,尤其是陈岗龙老师认真、仔细阅读后提的意见,在此表示衷心的感谢。还要感谢李自珉同学,她在我动笔前曾让我有机会去泰国工作、生活两年有余。动笔后又为我代购泰文的泰国《民俗学》一书供我参考。再要感谢妻子吕淑岚担当起全部家务活,使我有更多精力和时间完成写作。最后要感谢北京大学出版社杜若明、胡双宝等有关人员,由于他们的审阅校订和辛勤劳动才能出版成书。

第二版后记

承蒙读者的关爱,本书终于有机会修订了。说实在的,本书在第一次印刷前统稿时,由于病魔缠身,没能仔细审阅,预感到会有不少错误。果然,在印刷后,就发现不少错讹。在第一次重印时由于不能动版大改,因此,仍留有一些遗憾。这次修订,没有作大的修改,主要在文化方面修改、补充较多,其次是对有些模糊不清的地方作了进一步的交待,同时删去了些主观的推测或学界仍有争论的问题等。但未涉及结构性、体例性的修改,最多是局部的少量增删。

另外,此次修订对全书中的一些词汇附加了泰文。这些词汇是指泰文的中文音译和意译词,目的是让初学泰文的读者能看懂,不会误解。当然,有些音译和意译词目前尚无统一的标准译法,笔者所译仅为抛砖引玉,希望同仁共同努力,形成标准译法以惠及学界。有些已有英文译法,或汉语译法无理解难度,就不附泰文了。这次修订还增加了图片,以便读者对所述内容能更好地了解。

此次修订,首先要感谢翁惠老师,她刚从泰国归来,带来了当今泰国民俗最新的信息。翁惠老师认真通读全稿,并提出了针对性的意见。

此次修订还要感谢出版社的编辑同志,尤其是邓晓霞同志的热心关注。她发现有的数据是十多年前的,于是千方百计找来了最新的数据。考虑到读者阅读的方便,采用二维码的技术,呈现更加完整的图片资料。文中加下划线的词语,可通过扫描文后的二维码,看到相应的配图。

泰国民俗是个大课题。在撰写、修改中自己也感到有很大的充实和提高,也因种种原因删去了不少内容,加之自身水平有限,错误仍旧在所难免,敬请专家不吝指正。

主要参考文献

一、中文部分

1. 陈麟书、陈霞:《宗教学原理》,宗教文化出版社,1999年。
2. 段立生译:《泰国当代文化名人——披耶阿努曼拉查东的生平及其著作》,中山大学出版社,1987年。
3. 黄心川:《世界十大宗教》,东方出版社,1988年。
4. 净海:《南传佛教史》,宗教文化出版社,2002年。
5. 李子贤:《探寻一个尚未崩溃的神话王国——中国西南少教民族神话研究》,云南人民出版社,1991年。
6. 梁志明等主编:《东南亚古代史》,北京大学出版社,2013年。
7. 刘丽川:《民俗学与民俗旅游》,同济大学出版社,1990年。
8. 裴晓睿、廖宇夫、易朝晖:《泰国民间文学》,载《东方民间文学概论》,昆仑出版社,2006年。
9. 〔泰〕披耶阿努曼拉查东著,马宁译:《泰国传统文化与民俗》,中山大学出版社,1987年。
10. 〔泰〕披耶巴差吉功札著,王文达译:《庸那迦纪年》,云南民族学院,1990年。
11. 戚盛中:《泰国》,世界知识出版社,1996年。
12. 覃圣敏:《壮泰民族传统文化比较研究》,广西人民出版社,2003年。
13. 陶立璠:《民俗学》,学苑出版社,2003年。
14. 陶思炎等:《中国都市民俗学》,东南大学出版社,2004年。
15. 田禾、周方冶:《泰国》,社会科学文献出版社,2005年。
16. 〔泰〕《泰国文化艺术》编辑委员会编,裴晓睿等译:《泰国文化艺术》,泰国外交部出版,2010年。
17. 王恩涌等:《中国文化地理》,科学出版社,2008年。
18. 王文光、李晓斌:《百越民族发展演变史——从越、僚到壮侗语族各民族》,民族出版社,2007年。
19. 张岱年、方克立:《中国文化概论》,北京师范大学出版社,2014年。
20. 郑晓云:《全球化背景下的中国及东南亚傣泰民族文化》,民族出版社,2008年。
21. 钟敬文:《民俗学概论》,上海文艺出版社,1998年。
22. 仲富兰:《中国民俗文化学导论》,浙江人民出版社,1998年。
23. 黄重言、余定邦:《中国古籍中有关泰国资料汇编》,北京大学出版社,2016年。

二、泰文部分

1. 〔泰〕阿努曼拉查东:《泰国旧俗》,帕莱辟塔雅公司,奥定萨多公司,1977年。

2. 〔泰〕巴空·尼曼赫民:《民间故事研究》,朱拉隆功大学出版社,2002 年。
3. 〔泰〕巴拉腾·克拉素班:《民歌》,泰克莱公司,1985 年。
4. 〔泰〕纪念曼谷王朝建立 200 周年委员会:《泰国文化艺术》,第 3 集《曼谷时期的风俗和文化》,1982 年。
5. 〔泰〕玛里伽·克娜努叻:《民俗学》,奥定萨多出版社,2007 年。
6. 〔泰〕尼蓬·索克萨瓦:《有关泰国民俗的文学》,奈滴滚嘎辟出版社,1984 年。
7. 〔泰〕帕拉诺:《"非人"的传说》,隆讪有限公司出版,第 3 版 2001 年。
8. 〔泰〕攀楷·瓦甲那松:《泰国谚语的价值》,奥地萨出版社,1980 年。
9. 〔泰〕蓬詹·克拉素班:《宗教文学与民俗》,班隆讪出版社,1984 年。
10. 〔泰〕桑弟·莱素库:《佛塔》,民众出版社,1995 年。
11. 〔泰〕塔那吉:《泰国风俗、吉祥仪式和重要日子》,比拉密印刷,儿童中心发行,1996 年。
12. 〔泰〕泰国民间艺术、游艺和表演编写委员会:《泰国民间艺术、游艺和表演》,素可泰他玛贴拉大学出版社,1999 年第 3 版。
13. 〔泰〕泰国社会的信仰和宗教编写委员会:《泰国社会的宗教和信仰》,素可泰他玛贴拉大学出版社,2004 年。
14. 〔泰〕泰国社会与文化编写委员会:《泰国社会与文化》,素可泰他玛贴拉大学出版社,2004 年。
15. 〔泰〕泰国艺术与社会编写委员会:《泰国艺术与社会》,素可泰他玛贴拉大学出版社,2003 年。
16. 〔泰〕《泰国特征》编写组:《泰国特征》第 1 集《历史背景》,泰瓦塔那派尼出版社,1982 年。
17. 〔泰〕维差·素天叻差侬:《泰国礼仪》,华富里女子师范学院出版,1985 年。
18. 〔泰〕希拉蓬·纳·塔朗:《民俗学理论:民间传说和故事的科学研究方法》,朱拉隆功大学出版社,2005 年。
19. 〔泰〕哲·萨德威廷:《文学典故》,班吉出版社,1979 年。
20. 〔泰〕朱拉隆功大学文学院:《导游培训》,朱拉隆功大学出版社,1980 年。

三、影像资料

李晓山总编导:《同饮一江水》,中国国际电视总公司出版发行,2008 年。

配图目录

1. 五件御器
2. 玉佛热季服、雨季服
3. 玉佛凉季服
4. 托钵化缘
5. 春耕节
6. 水灯节
7. 孔剧
8. 斋僧
9. 山墙装饰
10. 泼水节
11. 放生
12. 花烛柱盛会
13. 叠腿侧坐
14. 吉祥饭
15. 剃发仪式
16. 游那伽
17. 比帕乐队
18. 弦乐队
19. 外叻空
20. 釉底金纹画
21. 珠母镶嵌画
22. 曼谷卧佛寺卧佛像脚底108个吉祥图
23. 孔剧头套面具
24. 皮影剪影
25. 灰塑
26. 朱拉风筝
27. 北甲堡风筝
28. 斗鸡
29. 猜耶佛骨塔
30. 伦安蕾
31. 大木偶
32. 黎明寺
33. 佛统大金塔
34. 立有界标亭的泰国佛寺
35. 巴叻萨塔
36. 巴壤塔
37. 方锥体塔
38. 清迈府古捣寺的西瓜塔
39. 拍侬佛骨塔
40. "泰国维纳斯"之称的观音像
41. 那伽光背佛像
42. 青铜行姿佛像
43. 佛寺壁画的民族特色
44. 劈曼石宫
45. 三尖顶石宫
46. 清迈双龙寺的"龙梯"
47. 古战场的象战

扫描下方二维码,可查看以上词语配图